国家社科基金后期资助项目
（编号：15FJK001）

国家社科基金
GUOJIA SHEKE JIJIN HOUQI ZIZHU XIANGMU
后期资助项目

职业教育政策研究

On the Study of Vocational Education Policy

祁占勇　著

教育科学出版社
·北　京·

国家社科基金后期资助项目
出版说明

后期资助项目是国家社科基金项目主要类别之一，旨在鼓励广大人文社会科学工作者潜心治学，扎实研究，多出优秀成果，进一步发挥国家社科基金在繁荣发展哲学社会科学中的示范引导作用。后期资助项目主要资助已基本完成且尚未出版的人文社会科学基础研究的优秀学术成果，以资助学术专著为主，也资助少量学术价值较高的资料汇编和学术含量较高的工具书。为扩大后期资助项目的学术影响，促进成果转化，全国哲学社会科学规划办公室按照“统一设计、统一标识、统一版式、形成系列”的总体要求，组织出版国家社科基金后期资助项目成果。

全国哲学社会科学规划办公室

2014 年 7 月

目　录

导　论

职业教育对国家安全、经济繁荣、民族团结、社会稳定等起着重要作用，发展职业教育不仅有利于实现现代化和产业化，也有利于提升国家的竞争力和整体实力。因此，大力发展职业教育具有十分重要的现实意义。一直以来，国家也通过颁布一系列职业教育政策来大力推动职业教育的发展。近年来，中国职业教育事业发展势头良好，逐步形成了具有中国特色、世界水平的现代职业教育体系，为国家培养了大批合格劳动力和高技能人才，促进了社会就业。职业教育对于国家经济的快速发展产生了重要的影响。但与此同时，职业教育的发展也存在诸多问题和不足，职业教育还不能完全契合社会发展的需要，培养的学生质量有待提高等。为此，党中央、国务院从“技能强国”“工匠精神”“精品制造”“优质制造”等战略高度对职业教育发展做出了一系列重大战略部署，要求大力促进职业教育发展，建立现代职业教育体系。而职业教育的科学、健康发展离不开职业教育政策的有力保障。为了提高职业教育政策决策的科学化、民主化，应对职业教育政策的内涵、本质、价值基础、政策文本进行深入透彻的分析，应超越静态政策本身，找出政策文本的演进逻辑，审视其背后的价值基础，并对其进行因素分析。

为什么要研究职业教育政策呢？一是政策作为一种具体的规制形态，对职业教育发展具有非常深远的影响。职业教育是国家教育事业的重要组成部分，不可避免地会受到国家政策的种种影响。职业教育政策是国家制定的规范职业教育发展的指导性和纲领性文件，对职业教育发展过程中的各个方面具有约束力和规范力。① 职业教育政策不仅保障职业教育的发展，也有利于人们更加清晰地认识职业教育的地位和作用。国家在不同时期颁布了相应的职业教育政策或职业教育法规，对职业教育经费、学生培养、管理体制等各方面给予详细的规定。例如：在 20 世纪 80 年代初期，职业

① 袁振国：《教育政策学》，南京，江苏教育出版社，1996，第 115 页。

教育的发展处于停滞状态，为了切实改变职业教育的发展困境，国家通过颁布职业教育政策，对职业教育的发展给予极大的支持；90年代初期，在职业教育政策的推动下，中国职业教育事业蓬勃发展，普通教育和职业技术教育双轨并行；90年代中期，由于国家宏观政策的调整，职业教育发展速度放缓。可以说，职业教育发展的各个方面都会受到来自国家政策的影响。二是现代社会要求职业教育政策的制定实现民主化、科学化和制度化。既然职业教育政策对职业教育发展的影响很大，其制定就应更严谨、更科学，避免政策制定的随意性和执行不力。① 党的十八大报告强调，要“坚持科学决策、民主决策、依法决策，健全决策机制和程序”。职业教育政策如何实现科学化、民主化、制度化，是目前需要关注和重视的问题。没有研究的教育政策不可能成为好的政策，不关心教育政策的研究也难以成为有价值的研究。② 对国家以往颁布的职业教育政策进行回顾和评析，探究影响职业教育政策的制约因素，有利于厘清职业教育政策演进的内在逻辑，探寻职业教育发展的未来方向，为职业教育政策的科学决策和民主决策提供参考和建议。

研究职业教育政策有什么价值呢？一是为职业教育的科学化和民主化提供理论参考。当今社会是一个民主、科学、法治的社会，相应地，教育政策的制定也应当民主化、科学化、制度化。深入分析不同阶段的职业教育政策，可以使人们对职业教育政策有一个整体的认识，对职业教育政策存在的问题和不足有更深层次的把握，从而为政策的制定提供理论参考，促进政策制定的科学化、民主化和制度化。二是有利于繁荣职业教育政策研究。近年来，随着职业教育的发展，职业教育研究呈现出繁荣的景象，但关于职业教育政策的研究还是一个新兴的领域，还存在许多困惑，而解答这些困惑的过程也是推动研究不断向前发展的过程。目前人们缺乏对职业教育政策的整体性和实然性的基本认知，对中国在社会发展的各个阶段主要颁布了哪些政策、这些政策之间存在什么样的变迁逻辑等问题的研究并不多。因此，对职业教育政策进行深层次分析有利于繁荣职业教育政策研究。三是为全面反思中国职业教育政策提供参考借鉴。对职业教育政策的研究，可以反映出中国职业教育改革和发展的基本状况、发展脉络和主要特点，可以从宏观上和整体上把握中国职业教育政策发展的过程，从中

---

① 祁占勇、于海燕：《我国职业教育政策研究现状分析——以1985～2012年职业教育政策研究论文为依据》，《职教论坛》2013年第28期。

② 袁振国：《教育政策学》，南京，江苏教育出版社，1996，第117页。

观甚至微观上探讨某类职业教育政策或某项职业教育政策的发展。[①] 这有利于人们加深对职业教育的认识，对职业教育的发展进行全面反思，并为今后中国职业教育政策的制定提供参考借鉴。四是为深化职业教育领域综合改革提供实践指导。近年来，职业教育对社会和个人的重要影响和作用日益彰显，但中等职业教育不但失去了以往的优势地位，还面临诸多问题。此外，职业教育的改革与发展也面临一些问题，如经费不足、师资缺乏、体制机制不健全等，难以适应社会发展的需要。只有对职业教育进行改革，才能使职业教育发挥其应有的作用，为国家发展做出贡献。对此，政府应引领和主导职业教育的改革，因地制宜地制定促进职业教育发展的措施和政策，切实解决存在的问题。对职业教育政策进行解剖麻雀式的文本研究，目的是为职业教育的健康有序发展提供实践指导。五是为建设特色化职业教育体系提供政策支撑。2014 年 6 月 22 日印发的《国务院关于加快发展现代职业教育的决定》对职业教育体系做出了顶层设计。此后，《教育部等六部门关于印发〈现代职业教育体系建设规划（2014—2020 年）〉的通知》下发，指出现代职业教育体系是适应经济和社会发展的需要，满足各类人群不同阶段接受职业教育的需求，使各类职业教育相互协调发展的职业教育系统。通过对以往的职业教育政策进行分析，进而找出职业教育政策的演进逻辑，对职业教育发展的问题进行剖析，对职业教育今后的发展趋势做出预测，不但可以为建设现代职业教育体系提供政策支撑，也有利于现代职业教育体系建设实践的开展。

运用什么方法研究职业教育政策呢？一是文献分析法。文献分析法也称历史文献法，通过收集和分析研究各种现存的有关文献资料，从中选取信息，以达到调查研究的目的。本研究的主要目的在于揭示职业教育政策的本质特征、价值取向、发展演变等，重点是分析已出台的职业教育政策文本，因此，本研究将文献分析法作为基本的研究方法。本研究所聚焦的政策文献主要包括中国改革开放以来国家和地方出台的教育政策文本，其中还涉及政策出台时的社会背景、学界的研究与讨论、政策出台后的反响与效果等相关文献资料。这些文本大多散见于国家及地方的法规条例、各政府部门出台的政策文件、会议报告等。本研究通过检索政府网站、新闻报道、教育年鉴、研究报告等进行各种文件的收集与整理，并在此基础上对文献进行分析。二是文本分析法。政策文本分析旨在深入解读政策文本

---

① 石学云、祁占勇：《中国职业教育改革发展的政策走向分析——1995~2008 年中国职业教育政策文本的定量分析》，《职业技术教育》2010 年第 34 期。

的内容，发现文字背后所蕴含的深层含义。它从不同的理论视角来分析政策、法规等各种文本，既有定量的内容分析，也有对政府公文定性的话语分析。① 职业教育政策文本实际上集中体现了职业教育的发展目标、利益主体等，从表面上看，是静态的政策文件。透过职业教育政策文本的表象来揭示其所隐含的职业教育价值取向、质量观念、内容特点及体制机制等的演变，超越静态的政策文件，挖掘政策背后真正的利益动因，正是职业教育政策文本分析的基本目的。对职业教育政策的文本内容进行分析，不仅能让人们对职业教育的发展变迁有更深入的认识，也有利于促进职业教育政策研究。三是统计分析法。本研究运用 Bicomb、SPSS 等软件，使用共词分析、共引分析等多种方法，对职业教育政策研究中的关键词、主题词、作者、引文等共同出现的情况进行分析，以期发现职业教育政策的研究热点、研究存在的问题及拓展方向等核心问题。四是比较研究法。本研究通过对中国改革开放以来不同历史时期的职业教育政策以及不同国家的职业教育政策的比较分析，揭示其异同，鉴别其优劣，以繁荣职业教育政策的研究。

职业教育政策研究包括哪些内容呢？职业教育的发展、提高与繁荣离不开职业教育政策的支撑。研究职业教育政策的根本目的在于推动中国职业教育的大发展和大繁荣，使职业教育与普通教育并驾齐驱。职业教育政策是由党和政府等政策主体制定的，在一定时期内为解决职业教育发展问题、协调相关利益关系、实现职业教育发展目标、满足人们的职业教育需求而制定的规范和引导职业教育相关机构及个人行为的准则和行动指南。它是一个动态发展过程。本研究以职业教育政策的本质特性为起点，运用统计学方法对中国职业教育政策的研究现状进行分析，系统回顾改革开放以来中国职业教育政策的演进逻辑，从文本分析的视角探究中国职业教育政策的制定背景、问题、定位、理念等，审视中国职业教育政策的价值基础，并在此基础上从体制政策、质量政策、经费政策、教师政策等方面对不同国家的职业教育政策进行比较。具体来讲，本研究的内容主要包括以下几个方面：一是导论部分，简要介绍职业教育政策研究的问题提出、研究意义、研究方法、研究内容等。二是职业教育政策本质特性研究。职业教育政策的本质表现在职业教育政策是有关职业教育利益体现和表达的政治措施、职业教育政策服务于国家社会经济的发展和文化的进步、职业教育政策是有关职业教育利益关系的调节器三个方面，职业教育政策具有目

① 涂端午：《教育政策文本分析及其应用》，《复旦教育论坛》2009 年第 5 期。

的性、价值性、系统性、权威性、稳定性、政治性等特征，具有导向、控制、协调、象征、分配、规范等功能。同时，不同时期、不同层次的职业教育政策纵横交错，共同构成了职业教育政策的体系结构，它具有整体相关性、结构有序性、动态稳定性、对外开放性等特点。职业教育政策系统是职业教育政策运行的载体、职业教育政策过程展开的基础，一般由职业教育政策主体、职业教育政策客体与职业教育政策环境构成。三是职业教育政策研究现状研究。改革开放以来，中国职业教育政策研究在成果的数量、应用性、职业教育政策理论体系的建构等方面取得了不小的成绩，但同时，还存在对国外职业教育政策译介较多、对职业教育政策改革与发展的宏观层面研究较多、对职业教育政策文献的思辨研究较多、对职业教育政策内容的研究较多、职业教育政策研究的研究者群体构成相对单一、职业教育政策研究过程中的问题意识缺乏等问题。这就需要学术界不断提高职业教育政策研究的学术水平，批判性地吸收与消化国外职业教育政策研究的理论与方法，促进职业教育政策研究种类的多样化，提升职业教育政策研究主体的相对独立性和自主性。改革开放以来国家针对不同类型、层次的职业教育颁布了形形色色、数量众多的职业教育政策，具有中国特色的现代职业教育体系的雏形正在加速形成中，但是，职业教育在发展中依然存在大量问题。基于政策、为了政策、反思政策是职业教育政策研究的出发点，研究应对职业教育政策文本反映出的不同层次和类型的具有典型性、代表性的问题进行反思，提出可行的改进措施，从而使职业教育政策制定与执行走出困境，为职业教育政策目标的实现保驾护航。据此，本研究以中国知网为数据来源，运用 Bicomb 和 SPSS 等软件，对职业教育政策、中等职业教育政策、高等职业教育政策、农村职业教育政策等研究热点进行共词可视化分析，以展示职业教育政策的研究热点和拓展领域。四是职业教育政策动态系统研究。职业教育政策是包括政策制定、政策执行、政策评估等多个环节的循环往复的动态活动过程。各个环节之间并不是简单的线性关系，而是一个形成了“政策圆圈”，构成了职业教育政策过程与政策环境相互作用的生生不息的连续过程，从而使职业教育政策在制定、执行、评估等过程中得以渐进生成与修正，促使职业教育政策走向科学化、民主化、制度化。本研究在职业教育政策制定方面，研究了职业教育政策制定的影响因素、程序和理论模式；在职业教育政策执行方面，研究了职业教育政策执行的内涵、基本特征、理论模式和影响因素等；在职业教育评估方面，研究了职业教育政策评估的内涵、类型、模式和标准。五是职业教育政策发展演变研究。政策文本的繁荣并不代表职业教育就能取得巨大成就和进步，通过对具有典型性、关键性的职业教育政策文本进行深入透彻的演进逻辑分析，超越静态的政策文本，探寻政策文本的演变逻辑，展望职业教育政策的未来走向，有助于促进中国职业教育事业的繁荣、健康、可持续发展。改革开放以来，中国职业教育政策的发展经历了中等教育结构调整阶段（1978~1995 年）、职业教育多样化探索阶段（1996~2010 年）和建立现代职业教育体系阶段（2011 年至今）三个阶段，反映出了以管理体制调整为手段的职业教育政策形成的动力机制、以政策价值为导向的职业教育政策目标的价值取向、以对人与财的规范为抓手的职业教育政策实施的过程保障、以经济话语为主导的职业教育政策话语。建立中国特色、世界水平的现代职业教育体系必将对职业教育政策提出新的挑战，职业教育政策在未来需要实现动力形成机制由“权责不明”向“统一协调”转变、价值取向由“单一功利”向“多元取向”转变、过程保障由“监管缺失”向“全程监督”转变、政策话语由“官方主导”向“官方主导与民意参与并重”转变。六是职业教育政策文本研究。如果脱离具体的政策文本来谈职业教育政策，会使研究者因不能把握政策发展的脉络而把政策看作一个孤立的事件，对政策的理解变得生硬和简单。梳理相关政策文本的发展脉络，应成为所有政策研究的基础工作。职业教育政策文本分析，不仅可以增进人们对职业教育政策及其政策过程的基本认知，同时也可从整体和结构的层面来探讨教育政策过程，从而厘清制度演变的逻辑和路径。改革开放以来中国已召开七次全国职业教育工作会议（以下简称职教会），对职业教育进行会诊和把脉，用政策手段有力地推动了职业教育的大发展。通过解剖麻雀式的职业政策文本研究，反思职教会召开的背景、探讨职教会对职业教育功能的认识、把握职教会对职业教育问题的政策确认以及厘清职业教育改革过程的特点等，直面职业教育发展中的成就与问题，不仅有利于深化人们对职业教育的意义和价值的认识，而且对于完善职业教育政策具有重要的实践意义和理论价值。中国职业教育政策文本具有不稳定性、非连续性和多权威控制性等特点，也明显青睐师资建设政策与中等职业教育政策。未来，职业教育政策制定主体一要加强对职业教育政策决策的科学研究，尽量避免政策出台的随意性；二要保持政策的稳定性与延续性，尽量避免政策“朝令夕改”；三要强化政策的可操作性与可执行性，尽量避免“上有政策、下有对策”；四要形成多层次的职业教育决策机制；五要注意对政策的适时追踪与评估，尽量避免“只开花不结果”。七是职业教育政策价值基础研究。职业教育政策的价值基础是人们对于职业教育决策活动及其结果的一种价值评价和选择。由于客观条件、政策环境和利益追求的不同，人们对于职业教育决策活动及其结果的价值评价和选择也各不相同。因此，职业教育政策的价值基础不可能是单一的、凝固的、封闭的、并列的，而是多样的、动态的、开放的、多层次的。职业教育政策的价值基础包括以人为本、公平正义、公共利益、效益优化、民主参与五个方面。其中，以人为本是职业教育政策价值基础的基点，公平正义是职业教育政策价值基础的准则，公共利益是职业教育政策价值基础的根本，效益优化是职业教育政策价值基础的关键，民主参与是职业教育政策价值基础的保障。八是职业教育政策国际经验研究。任何国家在推动职业教育改革与发展的过程中都会运用政策手段，都会形成一定的规范准则。一般来讲，职业教育质量政策、职业教育体制政策、职业教育经费政策、职业教育教师政策这四大政策是一个国家职业教育改革与发展所必需的基本政策。

总之，本研究在梳理有关职业教育政策研究成果的基础上，对职业教育政策的内涵、本质、特征及功能进行了分析，阐述了职业教育政策的体系结构、构成系统及其基本特性，有助于加速推进职业教育政策的科学化、民主化和制度化；以定量分析法探讨了职业教育政策研究的现状，不仅阐明了职业教育政策研究取得的成就，而且从理论层面剖析了职业教育政策研究存在的问题及产生这些问题的根源，并据此提出了职业教育政策研究的拓展领域；积极探索建构促进职业教育政策发展的价值体系与文本话语，指导职业教育发展中的利益配置；全面分析了职业教育政策制定、执行与评估的内涵、特征及模式，有利于促进政策制定的科学化、民主化和制度化，有利于推进政策的有效执行，有利于促进政策的可持续发展；以职业教育政策的发展演变与困境反思为前提，探究了职业教育政策的变迁与合理建构，诊断了不同层次、不同类型职业教育政策的现实困境，为职业教育政策的制定、执行、评估等提供了理论支撑；从价值理性的角度出发，分析了职业教育政策的价值涉入，建构起职业教育政策价值基础谱系；对职业教育政策文本进行了分析，提出了完善职业教育政策文本的具有可操作性的方法和路径。

第一章 职业教育政策的本质特性

在现代政治生活和公共生活中，政策是高频次应用词语。政策就是国家、政府、组织等在特定时期内为实现特定目的而确立或制定的一系列行动准则或规则。但在中西方语境下，人们对政策的理解却存在着很大的差异。

美籍加拿大学者伊斯顿（D. Easton）认为，“公共政策是对全社会的价值做权威性的分配”①。政策科学的倡导者和创立者拉斯韦尔（H. D. Lasswell）与卡普兰（A. Kaplan）认为，政策是“一种含有目标、价值与策略的大型计划”②。戴伊（T. R. Dye）认为，“凡是政府决定做或不做的事情就是公共政策”③。显然，西方学者主要是从政策是由政府或其他权威人士所制定的规划，政策是一系列活动组成的过程，政策具有明确的目的、目标或方向，政策是对社会所做的权威性价值分配等方面来把握政策的本质的。

中国学者对政策的认识，则注重强调政党和政府的政策主体地位，强调政策的目标取向而忽略政策的过程特点，例如，有学者认为“政策是国家和政党为了实现一定的总目标而确定的行动准则，它表现为对人们的利益进行分配和调节的政治措施和复杂过程”④。政策可以解释为“人们为实现某一目标而确定的行为准则和谋略”，“简言之，政策就是治党治国的规则和方略”。⑤ 政策是党和政府用以规范、引导有关机构团体和个人行为的准则或指南，其表现形式有法律、规章、行政命令、政府首脑的书面或口头声明和指示以及行动计划与策略等。⑥

---

① Easton, D., 1953: “*The Political System*”, New York, Knopf, 129.

② Lasswell, H. D., Kaplan, A., 1970: “*Power and Society*”, New Haven, Yale University Press, 71.

③ Dye, T. R., 1987: “*Understanding Public Policy*”, Englewood Cliffs, Prentice-Hall, 2.

④ 孙光：《政策科学》，杭州，浙江教育出版社，1988，第2页。

⑤ 王福生：《政策学研究》，成都，四川人民出版社，1991，第2页。

⑥ 张金马：《政策科学导论》，北京，中国人民大学出版社，1992，第3~4页。

中西方学者由于角度不同、价值取向差异而对政策内涵做出不同阐述，这是完全可以理解的。但总体来讲，政策就是政策主体在特定时期为了实现特定的目标而采取的行为准则或行为规范。

第一节　职业教育政策的内涵与特征

通常来讲，教育政策是公共政策的下位概念，它是教育政策主体在一定时期内为实现特定教育目标而制定的行动准则或行动规范，其在外在形态上表现为具体的政策文本。任何教育政策都是以特定的教育问题为逻辑起点的，有其特定的权力属性，是一种对教育利益进行分配的、动态连续的主动选择和发展过程，是对教育政策客体行为的规范性要求。

中国的教育政策研究肇始于20世纪90年代。进入21世纪以来，中国的教育政策研究取得了较快的发展，成立了中国教育学会教育政策与法律研究分会并定期召开学术年会，出版了《中国教育政策评论》等连续出版物以及多部教育政策学专著。同时，有的高校自主设置了教育政策与法律二级学位点，招收博士生、硕士生，培养了一批教育政策研究方向的专门人才。这些都标志着中国教育政策研究正逐步走向制度化和规范化。

在宏观教育政策研究持续发酵的过程中，各级各类教育政策研究也在悄然兴起。作为教育政策的重要组成部分，职业教育政策也引起了学界的关注，受到了人们的重视。

一、职业教育政策的内涵

职业教育主要是以培养技术技能型人才为目的的社会活动。职业教育的发展、提高与繁荣离不开职业教育政策的支撑。研究职业教育政策的根本目的在于推动中国职业教育的大发展、大提高和大繁荣，使职业教育与普通教育互相促进、共同发展。在教育政策研究中，既要探讨基础教育、高等教育等方面的普通教育政策，也要研究职业教育政策；既要思考宏观的教育政策基本理论问题，也要分门别类地深究不同类型教育的微观教育政策；既要关注国外教育政策的“他山之石”，也要立足教育政策的“中国经验”；既要纵向反思职业教育政策的演变，也要深思当前职业教育政策的现实需要；既要把握教育政策的一般性，也要关照职业教育政策的特殊性。那么，何谓职业教育政策？要想明确职业教育政策的内涵，先要从教育政策的内涵谈起。

关于教育政策的内涵，目前还没有公认的权威性说法，学界主要从以下几个维度来界定教育政策。

一是从一般政策、公共政策或社会政策的角度来谈对教育政策的认识。通常来讲，政策是国家、政党为实现一定历史时期的任务和目标而规定的行动依据与准则①，相应地，教育政策就是党和政府在一定历史时期为教育工作制定的基本要求与行动准则②，或者是“政府或政党制定的有关教育的方针、政策，主要是某一历史时期国家或政党的总任务、总方针、总政策在教育领域的具体表现”③。美国教育政策问题专家更是认为，“教育政策的制定与其他政策相比没有更多的自由。……并没有令人折服的理由和根据说明教育政策有如此显著的特征和区别，以至于对它们的研究需要特殊的分析，特殊的概念或者特殊的方法”④。教育政策与一般政策是特殊与一般的关系，教育政策作为公共政策中的有机组成部分，强调教育政策与一般政策的关联有其合理性，但也不能忽视教育政策的特殊性和相对独立性。

二是从行政准则或行为规范的角度来界定教育政策的内涵。教育政策是“负有教育法律或行政责任的组织及团体为了实现一定时期的教育目标和任务而规定的行动准则”⑤。“从狭义上讲，教育政策是指一个国家在一定时期为实现一定的教育任务而规定的调整国家与教育之间、社会各领域与教育之间、教育内部各种关系之间的行动依据和准则。”⑥ 事实上，教育政策作为政府决定做或者不做的事情，其最基本的含义就是一种行动准则或规范，但它有不同的层次和类型，并非所有的教育政策都表现为行动准则或规范，有的仅仅为了鼓励、赞许和支持某种行为。

三是从政策文本的角度来理解教育政策。这种认识的偏颇之处就在于忽视了教育政策的动态运行发展过程。教育政策不仅是静态的政策文本，也是不断发展的过程。教育政策虽然是强制性的文本命令，但也是需要根据时代变化不断进行调整的。泰勒（S. Taylor）等人认为，“政策的含义远远超越了政策文本，它还包括先于文本的政策过程，包括政策文本出台后开始的政策过程，以及对作为一种价值陈述及行动期望的政策文本的修正

---

① 辞海编辑委员会：《辞海》，上海，上海辞书出版社，1979，第3355页。

② 张焕庭：《教育辞典》，南京，江苏教育出版社，1989，第763页。

③ 叶澜：《教育概论》，北京，人民教育出版社，1991，第148页。

④ 〔美〕斯图亚特·S. 那格尔：《政策研究百科全书》，林明等译，北京，科学技术文献出版社，1990，第442页。

⑤ 成有信：《教育政治学》，南京，江苏教育出版社，1993，第201页。

⑥ 孙绵涛：《教育行政学》，武汉，华中师范大学出版社，1998，第93页。

和实际的行动”①。

四是从政策动态发展的层面来诠释教育政策。教育政策是一种有目的、有组织的动态发展过程，是政党、政府等政治实体在一定历史时期，为了实现一定的教育目标和任务，协调教育的内外关系而规定的行动依据和准则。②

基于以上分析，可以这样认为，教育政策是政策主体在综合各方面利益的基础上，为了解决特定教育问题、实现特定教育目标所规定的行动依据和准则的动态发展过程。相应的，职业教育政策就是政策主体在综合各方面利益的基础上，为了解决特定职业教育问题、实现特定职业教育目标所规定的行动依据和准则的动态发展过程。具体来讲，职业教育政策是由党和政府等政策主体制定的，在一定时期内为解决职业教育发展问题、协调相关利益关系、实现职业教育发展目标、满足人们职业教育需求而制定的规范和引导职业教育相关机构及个人行为的准则和行动指南。它是一个动态发展过程。在认识职业教育政策的过程中，既要看到职业教育政策作为教育政策的下位概念，具有教育政策的一般性或共性，也要认识到职业教育政策的特殊性，可以从以下七个方面来把握职业教育政策的内涵。

第一，职业教育政策的活动主体。任何职业教育政策都有特定的主体。从中国现行国家体制来看，职业教育政策的主体主要包括国家权威机构、中国共产党以及各民主党派、团体等复合主体。职业教育政策体现了特定主体的意志。它与个体、学校、企业、家庭等所做出的决定不同，具有法定的权威性，是职业教育政策主体对职业教育资源所进行的权威性价值分配。

第二，职业教育政策的目标取向。任何职业教育政策都是职业教育政策主体在特定时期内为解决特定职业教育问题而制定的。职业教育政策总是要实现特定的职业教育目标的，具有明确的方向性。同时，职业教育政策不是一劳永逸的，而是在特定的历史时期和阶段内起作用，具有时效性；它不是无意识或偶然性的行为，具有明显的目标指向。

第三，职业教育政策的活动过程。“政策是一个有目的的活动过程，而这些活动是由一个或一批行为者，为处理某一问题或有关事务而采取

---

① Taylor, S. et al, 1997: “*Educational Policy and the Politics of Change*”, London, Routledge, 28.

② 孙绵涛:《教育政策论——具有中国特色的社会主义教育政策研究》，武汉，华中师范大学出版社，2002，第11页。

的。”① 职业教育政策是主体服务于特定目标而采取的一系列活动，是与谋略、措施、办法、规定等密切相关的一系列政治行为。而且，职业教育政策的活动过程也是政策主体的一种主动的、集体选择的过程，即“在哲学意义上，政策科学所主张的，实际上是一个主观与客观相统一、主体与客体相适应的过程。……基于这一过程中公共政策问题而涉及的动态因素之多，所以政策科学特别强调‘选择性’的意义”②。

第四，职业教育政策的行为规范。职业教育政策是一种行为准则或行为规范，总有具体的作用对象或客体，主要指出职业教育政策的目标和适用范围，要回答对谁或对什么职业教育事物产生影响，具体规定对象应做什么和不应做什么，规定哪些行为受鼓励和哪些行为被禁止。职业教育政策的规定具有强制性，要求职业教育政策对象必须遵守。职业教育政策作为一种行为规范和准则，应具有可操作性，能够促进特定的职业教育政策目标的实现。

第五，职业教育政策的政策文本。政策文本是职业教育政策在外在形态上的基本表现。从静态角度来看，职业教育政策就是职业教育政策主体针对特定职业教育问题所颁布的不同类型、不同层次的规范性文件，提出了职业教育政策对象必须执行的目标、原则、措施等。职业教育政策文本一般通过规定、措施、方针、准则、计划、方案、纲要、细则、条例等形式呈现出来，一般包括某一单项职业教育政策文本、职业教育领域的政策文本的集合、国家关于职业教育方面的基本政策、元职业教育政策文本四个层次。

第六，职业教育政策的具体问题。职业教育的逻辑起点是职业教育问题。任何时期特定的职业教育目标都是针对特定的职业教育问题而设计的，并力图通过特定的职业教育政策措施来解决职业教育问题。没有职业教育发展中的问题，就没有必要制定职业教育政策。如果对职业教育问题的归纳、认识、理解和概括有误，就会制定出“恶”的职业教育政策，会干扰职业教育正常的发展秩序，导致职业教育走上错误的发展道路。职业教育问题的出现既与特定时代的社会政治、经济、文化和科技等大背景紧密相关，也与特定时期的国内外教育大环境密切相关，更与职业教育本身发展过程中遭遇的障碍息息相关。因此，对职业教育问题不能简单地从职业教

---

① 〔美〕詹姆斯·E. 安德森：《公共决策》，唐亮译，北京，华夏出版社，1990，第4页。

② 张国庆：《论政策科学的缘起及其主要研究范畴》，《北京大学学报（哲学社会科学版）》1992年第5期。

育发展本身来透析，必须从多个层面、多个维度、多个角度来认识，从而使职业教育政策更加科学化与规范化。

第七，职业教育政策的权力属性。政策是一种权力的经济体现，是地方情景中那些被利用和争夺的一系列技术和实践。① 职业教育政策作为一种特定的教育资源，不仅要促进职业教育公平，使职业教育能够面向人人、面向社会，更重要的是保证职业教育的国家属性，体现职业教育政策的权力属性，保障国家的教育主权。从教育权发展演变的角度来看，最初的教育权基本上掌握在家庭、社会尤其是教会手中，家庭教育权、社会教育权占据绝对地位。真正意义上的以国家为主体的教育政策是在现代社会教育权国家化和社会化的进程中，在国家由间接影响教育到直接控制教育的过程中产生和发展起来的。这一过程是教育权从家庭、社会向国家转移的过程，是教育权重新分配的过程。国家通过规定全面的教育政策和目标、制定教育发展规划和计划、筹措教育经费和分配教育资源、编写和审定教科书、审批和设置教育教学机构等来控制教育活动②，根本目的在于保障教育的公共属性，保障公民平等的受教育权。

二、职业教育政策的本质

职业教育政策的本质就是所有职业教育政策实践活动所共同拥有的属性，它渗透在职业教育政策过程的方方面面，并时时刻刻对职业教育政策活动产生影响。职业教育政策的制定、执行都是为了解决一定的职业教育问题，调整职业教育利益关系。职业教育政策的本质集中表现在以下三个方面。

（一）职业教育政策是有关职业教育利益体现和表达的政治措施

职业教育政策是一定社会阶级意志和利益的集中体现。职业教育政策的制定和实施本身既是一种重要的政治行为，又是各种政治行为综合影响的产物。在阶级社会中，不同性质的国家政权和代表不同阶级、阶层利益的政党及其他政治组织，面对的是各种各样、错综复杂且千变万化的职业教育问题。但无论如何，统治阶级都会通过确定职业教育目标等政策手段来保障统治阶级的职业教育利益并限制被统治阶级的职业教育利益。正如马克思、恩格斯指出的，“统治阶级的思想在每一时代都是占统治地位的

---

① 〔英〕斯蒂芬·J. 鲍尔：《教育改革——批判和后结构主义的视角》，侯定凯译，上海，华东师范大学出版社，2002，第19页。

② 劳凯声：《教育法论》，南京，江苏教育出版社，1993，第7页。

思想。这就是说，一个阶级是社会上占统治地位的物质力量，同时也是社会上占统治地位的精神力量。支配着物质生产资料的阶级，同时也支配着精神生产的资料，因此，那些没有精神生产资料的人的思想，一般地是受统治阶级支配的"①。即使在统治阶级内部，也存在着各阶层如何分配职业教育利益的问题。为了解决这些职业教育问题，统治阶级就必须制定自己的职业教育政策，任何职业教育政策的制定和执行都是以维护统治阶级的政治、经济利益为宗旨的。科根（M. Kogan）在描述英国教育政策变化时指出，教育政策是在官僚、经济和社会内部或者相互之间的需求冲突中进行协商，在一个愈加复杂的社会，团体的观念和支持这些观念的意识形态主要被用于建立有着自身发展逻辑的高等官僚化的制度。② 同时，不同社会阶层对职业教育政策也有不同的需求。戴伊指出，一些涉及公众利益的重大教育政策甚至会引发社会全员参与讨论，有的公众甚至期望以自己的教育观点和教育期望来影响国家教育决策。在这种情况下，职业教育政策往往会被人们赋予多种需求和发展目标。例如，在美国，"人们期待学校去完成许多事：解决种族冲突并建立融合的社会；激发爱国主义思想与良好的公民意识；对生活贫困的孩童提供价值感、希望感与认同感……通过学校营养午餐与牛奶计划，消弭营养不良及饥饿；对抗滥用毒品并对孩童进行性教育……换言之，几乎所有的社会问题，皆反映在人们对于学校的需求上面"③。

同时，教育政策的变化在一定程度上反映了阶级力量的变化，职业教育政策作为教育政策的重要组成部分亦是如此。由于职业教育政策是阶级利益的集中体现，所以统治阶级在制定自己的职业教育政策时，首先考虑的是如何维护自己的经济利益，如何巩固自己的政治地位。但是，统治阶级在制定和维护职业教育政策时，又不能不考虑现实的阶级关系、现实的政治力量对比。一定的阶级为了本阶级长远的、整体的利益，往往会在眼前的和局部的利益方面向其他阶级做出某种让步和妥协。职业教育政策在一定程度上便成了各阶级政治力量对比变化的显示器。职业教育政策体现了统治阶级的意志、利益。不同历史阶段的不同统治阶级，其制定的职业

① 〔德〕马克思、恩格斯：《马克思恩格斯全集（第3卷）》，中共中央马克思恩格斯列宁斯大林著作编译局编译，北京，人民出版社，1972，第52页。

② 〔英〕斯蒂芬·鲍尔：《政治与教育政策制定——政策社会学探索》，王玉秋、孙益译，上海，华东师范大学出版社，2003，第13~14页。

③ 〔美〕汤姆斯·戴伊：《公共政策新论》，罗清俊、陈志玮译，台北，韦伯文化事业出版社，1999，第204页。

教育政策虽然在本质上有明显区别，但都是其巩固统治、进行政治管理的基本工具。

（二）职业教育政策服务于国家社会经济的发展和文化的进步

教育是一种培养人的社会活动，“培养什么人”的教育目的问题和“怎样培养人”的教育路径问题是教育的根本性问题。“培养什么人”与不同阶段社会对人的需求有很大关系，如古代社会主要培养“军事人”“政治人”，近代社会主要培养“经济人”，现代社会则注重培养全面发展的“文化人”。“怎样培养人”则与社会经济发展的现代化程度密切相关，如古代社会强调口耳相传，近代社会重视学徒制度，现代社会则关注信息技术变革背景下的互喻学习。但无论如何，教育基本上都要服务于社会经济的发展和文化的进步，具有促进政治、经济、文化、科技等发展的社会功能，正所谓“百年大计，教育为本”“教育强则国强，教育兴则国兴”“教育是国家兴旺发达的不竭动力”。《国家中长期教育改革和发展规划纲要（2010—2020年）》（以下简称《教育规划纲要》）开篇就指出，“教育是民族振兴、社会进步的基石，是提高国民素质、促进人的全面发展的根本途径”，“强国必先强教。优先发展教育、提高教育现代化水平，对全面实现小康社会奋斗目标、建设富强民主文明和谐的社会主义现代化国家具有决定性意义”，“中国未来发展、中华民族伟大复兴，关键靠人才，根本在教育”。《教育规划纲要》还指出，“国运兴衰，系于教育；教育振兴，全民有责，在党和国家工作全局中，必须始终坚持把教育摆在优先发展的位置。按照面向现代化、面向世界、面向未来的要求……推动教育事业在新的历史起点上科学发展，加快从教育大国向教育强国、从人力资源大国向人力资源强国迈进，为中华民族伟大复兴和人类文明进步作出更大贡献”。《教育规划纲要》“序言”的字里行间体现出了教育在促进国家社会、政治、经济发展和文化进步中的独特作用和显著意义。教育作为非生产性领域，其政策本身反映了“政治的”“经济的”“意识形态的”等多方面的要求。鲍尔（S. J. Ball）在分析英国教育政策时指出，对英国教育政策的制定而言，“政治的”因素占据了突出位置，“经济的”因素作为一个大的背景则提供条件和做出制约，而“意识形态的”是一种舞台灯光，焦点对准明星，而幕后的活动都处于黑暗的阴影下。① 但是，教育社会功能的实现不是自觉的，而要依靠国家来推动，尤其是依靠国家制定的教育政策来推

---

① 〔英〕斯蒂芬·鲍尔：《政治与教育政策制定——政策社会学探索》，王玉秋、孙益译，上海，华东师范大学出版社，2003，第11~12页。

动。事实上，在各种教育类型中，职业教育与国家社会经济发展的关系最为密切，职业教育培养的技术技能型人才是国家社会经济发展所需要的，可以直接转化为生产力。

职业教育政策服务于社会经济发展这一本质特性是由国家职能的双重性所决定的。国家作为阶级统治的工具，既要承担政治职能，还要承担社会经济职能。作为阶级统治的工具，国家总是力图把阶级斗争控制在秩序的范围内，努力维持相对稳定的政治局面。它往往根据统治阶级的需要，组织社会经济活动，发展教育事业，管理公共事务，履行管理教育事务的职能。这种职能必然通过国家教育政策体现出来。职业教育政策在执行过程中，通过对各种职业教育资源的利用和对各种职业教育潜能的挖掘，在总体实现职业教育政策目标的同时，也推动了社会经济文化的发展。

（三）职业教育政策是有关职业教育利益关系的调节器

马克思认为，“人们奋斗所争取的一切，都同他们的利益有关”①。而利益是人们通过一定的社会关系表现出来的需要。② 也就是说，所有活动都与各活动主体的利益密切相关。正因如此，伊斯顿认为，“公共政策是对全社会的价值做权威的分配”。这种对政策的理解“暗含这样一个基本的政治学假设，即利益及利益关系是人类社会活动的基础，而政府的基本职能就是对利益进行社会性的分配。公共政策就是政府进行社会性利益分配的主要形式”。“利益是人们结成政治关系的原始动机，而政治关系只不过是人们用来满足自己利益要求的特殊途径。”“社会一切政治组织及其制度都是围绕着特定的利益建立起来的，同时也是为其所由以建立的社会成员的利益服务的。在这其中，国家是以特定的阶级利益为基础和归宿，采取了公共权力形式的政治组织和制度。”③ 由此可以认为，教育利益、教育利益关系是教育领域政治活动与教育政策的基础和归宿。

作为教育政策重要组成部分的职业教育政策，其核心就是要解决职业教育利益分配的问题，所有职业教育政策最终都表现为对职业教育利益关系的处理。对职业教育利益分配的理解，应该既全面又突出重点。职业教育政策的本质首先表现为它是一定社会统治阶级意志和利益的集中体现，职业教育政策所要调控的各种职业教育利益关系实际上是阶级关系的表现

① 〔德〕马克思、恩格斯：《马克思恩格斯全集（第1卷）》，中共中央马克思恩格斯列宁斯大林著作编译局编译，北京，人民出版社，1956，第82页。

② 李淮春：《马克思主义哲学全书》，北京，中国人民大学出版社，1996，第376页。

③ 王浦劬：《政治学基础》，北京，北京大学出版社，1995，第71页。

形式。职业教育政策对职业教育利益关系的分配又是一种反映全体职业教育成员利益的全社会利益的综合性分配。公共政策对利益的分配，是一个动态的过程，大致经历四个环节，即利益选择、利益综合、利益分配与利益落实。① 显然，整个职业教育政策过程就是利益选择、利益综合、利益分配和利益落实的动态过程。利益表达和利益选择是职业教育政策过程的基础；利益平衡和利益综合是职业教育政策过程的核心；利益分配和利益落实则是职业教育政策过程的关键。这种利益分配是对全社会的职业教育利益进行分配，而不是局部的分配；分配活动不是一次就能完成的，而需要进行多次；分配活动总是综合各种利益矛盾后的利益分配；利益的分配应该能够在实践中得到兑现，而不是停留于口头或文本。

三、职业教育政策的特点

英国教育政策学者鲍尔在回顾以往的教育政策研究文献时发现，在主流的政策研究中有关教育政策的研究非常少，更缺乏教育政策理论及其关键概念等方面的资料积累。② 鲍尔认为，解释这种欠缺的一个重要方法就是考察教育政策的性质及其概念的特殊性。③ 这事实上就是反思教育政策的特殊性，探究教育政策的特点。职业教育政策也不例外。人们若想对职业教育政策的内涵有更进一步的认识和了解，也需要深入研究职业教育的特点。

（一）职业教育政策的目的性

职业教育政策是政策主体根据一定的需要而制定出来的，是政策主体主观意识的体现和主观能动性的产物，旨在解决某些职业教育问题、达到某种目的，具有明确的目的性。明确的目的性是职业教育政策的基本特征，没有目的性的职业教育政策是不存在的。《教育规划纲要》开篇就讲道："根据党的十七大关于'优先发展教育，建设人力资源强国'的战略部署，为促进教育事业科学发展，全面提高国民素质，加快社会主义现代化进程，特制定本《教育规划纲要》。"这实质上表达的就是这一纲领性文件的目的，《教育规划纲要》据此提出了"优先发展、育人为本、改革创新、促进公平、提高质量"的二十字工作方针。职业教育政策的目的性特点要求

---

① 陈庆云：《公共政策分析》，北京，中国经济出版社，1996，第9页。

② 〔英〕斯蒂芬·J. 鲍尔：《教育改革——批判和后结构主义的视角》，侯定凯译，上海，华东师范大学出版社，2002，第8页。

③ 〔英〕斯蒂芬·J. 鲍尔：《教育改革——批判和后结构主义的视角》，侯定凯译，上海，华东师范大学出版社，2002，第9页。

职业教育政策的内容必须有很强的针对性，即围绕职业教育政策所要解决的问题和所要实现的目标，有针对性地提出有关行动计划和步骤，避免泛泛而论或语义模糊不清。如《教育规划纲要》第六章分别从“大力发展职业教育”“调动行业企业的积极性”“加快发展面向农村的职业教育”“增强职业教育吸引力”四个方面对职业教育发展进行了具体规划，明确指出，“职业教育要面向人人、面向社会，着力培养学生的职业道德、职业技能和就业创业能力。到2020年，形成适应经济发展方式转变和产业结构调整要求、体现终身教育理念、中等和高等职业教育协调发展的现代职业教育体系，满足人民群众接受职业教育的需求，满足经济社会对高素质劳动者和技能型人才的需要”。《教育规划纲要》第二十一章进一步指出，要开展“职业教育基础能力建设”，“支持建设一批职业教育实训基地，提升职业教育实践教学水平；完成一大批‘双师型’教师培训，聘任（聘用）一大批有实践经验和技能的专兼职教师；支持一批中等职业教育改革示范校和优质特色校建设，支持高等职业教育示范校建设；支持一批示范性职业教育集团学校建设，促进优质资源开放共享”。2014年发布的《国务院关于加快发展现代职业教育的决定》指出，“到2020年，形成适应发展需求、产教深度融合、中职高职衔接、职业教育与普通教育相互沟通，体现终身教育理念，具有中国特色、世界水平的现代职业教育体系”。这一目标任务具体包括四个方面的内容。一是结构规模更加合理。总体保持中等职业学校和普通高中招生规模大体相当，高等职业教育规模占高等教育的一半以上，总体教育结构更加合理。到2020年，中等职业教育在校生达到2350万人，专科层次职业教育在校生达到1480万人，接受本科层次职业教育的学生达到一定规模。从业人员继续教育达到3.5亿人次。二是院校布局和专业设置更加适应经济社会需求。调整完善职业院校区域布局，科学合理设置专业，健全专业随产业发展动态调整的机制，重点提升面向现代农业、先进制造业、现代服务业、战略性新兴产业和社会管理、生态文明建设等领域的人才培养能力。三是职业院校办学水平普遍提高。各类专业的人才培养水平大幅提升，办学条件明显改善，实训设备配置水平与技术进步要求更加适应，现代信息技术得到广泛应用。专兼结合的“双师型”教师队伍建设进展显著。建成一批世界一流的职业院校和骨干专业，形成具有国际竞争力的人才培养高地。四是发展环境更加优化。现代职业教育制度基本建立，政策法规更加健全，相关标准更加科学规范，监管机制更加完善。引导和鼓励社会力量参与的政策更加健全。全社会人才观念显著改善，支持和参与职业教育的氛围更加浓厚。

（二）职业教育政策的价值性

“所有公共政策，尤其是教育政策，都是高度价值涉入的。”① 政策是“一种含有目标、价值与策略的大型计划”②。但事实上，对政策是否需要价值涉入，曾有过两种对立的观点。政策科学的创立者拉斯韦尔认为，政策科学建立在理性实证主义之上，政策分析要坚持科学的方法论。韦伯（M. Weber）也通过以“价值无涉”或“价值中立性”为特征的社会科学方法论为这种倾向提供了强有力的方法论基础。而德罗尔（Y. Dror）等人则认为政策分析不可避免地要引入价值因素，政策科学应以探讨价值、价值协调、价值代价和信奉价值的行为为基本内容，帮助决策者对价值观念进行选择。经过 20 世纪 60～80 年代对实证主义方法论的反思，人文社会科学研究强调“价值涉入”已成为一种趋势。与这一趋势相适应，政策研究和分析的范式也由强调“价值中立”的范式向强调“价值涉入”的范式转变。职业教育政策的决策过程通常受决策者价值体系的制约。一定的价值体系决定决策者的态度、信仰和原则，一定的政策也总带有决策者的价值观念，具体表现在：第一，职业教育政策制定者信奉的价值观不同，其要实现的目标便不同，所指出的行动方向也不相同，必定会影响到事关重大的职业教育政策的制定；第二，在确定哪些是需要有关部门制定职业教育政策加以解决的问题时，即在职业教育政策问题的认定方面，信奉不同价值观的职业教育政策制定者会表现出很大的差异；第三，即使是针对同一个问题，为了同一个目标，持相同价值观的职业教育政策制定者在不同时期也会制定出不同的职业教育政策，引导有关机构和个人采取不同的行动。

（三）职业教育政策的系统性

任何职业教育政策都是在与其他政策相互作用的过程中发挥其功能的，它既是一般政策体系中的有机组成部分，同时自身又有一个相对独立的体系。从横向来看，职业教育政策的系统性一是表现为职业教育政策与其他公共政策、教育政策相互支持与相互制约，形成了有关社会发展的整体政策，如职业教育政策与教育政策，职业教育政策与政治、经济、文化政策，职业教育政策与科技、劳动政策等；二是表现为职业教育内部有一个结构

---

① 〔美〕弗朗西斯·C. 福勒：《教育政策学导论》，许庆豫译，南京，江苏教育出版社，2007，前言。

② Lasswell，H. D.，Kaplan，A.，1970：“*Power and Society*”，New Haven，Yale University Press，71.

严谨的基本职业教育政策体系，既有职业教育经费政策、职业教育课程政策、职业教育教师政策、职业教育体制政策等事关职业教育发展的不同方面的职业教育政策，也有中等职业教育政策、高等职业教育政策等不同层次的职业教育政策，更有民办职业教育政策、农村职业教育政策等不同类型的职业教育政策。这些不同方面、不同层次、不同类型的职业教育政策纵横交错，共同构成了职业教育政策的系统。从纵向来看，职业教育政策的系统性表现为空间和时间两方面的职业教育政策关系：一方面，从空间角度来看，主要表现为中央的职业教育政策与地方的职业教育政策。中央的职业教育政策制定主体包括全国人民代表大会及其常务委员会、国务院及其各部委，地方的职业教育政策制定主体包括地方各级人民代表大会及其常务委员会、地方人民政府等。不同主体所颁布的职业教育政策的效力是有差异的，但基本遵循上位政策高于下位政策、特殊政策优于一般政策的原则。另一方面，从时间角度来看，主要表现为过去、现在和未来的职业教育政策之间既有继承也有创新，在继承中创新，在创新中继承，既体现了职业教育政策的权威性和相对稳定性，也体现了职业教育政策的发展性。

（四）职业教育政策的权威性

公共政策是对全社会的价值做权威性的分配，职业教育政策是国家、政党等政策主体依据教育法律法规及相关法律法规的授权和委托，为实现公民的职业教育权而制定的行为准则，具有合法性和权威性。无论是转化为法律形式的职业教育政策，还是以条文、规定、决定、意见等形式存在的职业教育政策，都具有依靠国家强制力得以贯彻的性质。这也是职业教育政策发挥其功能的基本保障。具体来讲，职业教育政策之所以具有权威性，主要是由以下三个因素决定的：一是职业教育政策的制定主体。只有特定的组织或机构才具备制定职业教育政策的资格，而这种特定性来自法律的明确授权或者是在长期的历史发展过程中逐渐形成的。二是职业教育政策的运作程序和规则，无论职业教育政策的制定还是执行，都必须是法定主体严格按照法定程序进行的，任何组织和个人都不得违反程序和规则，“政策面前人人平等”。三是职业教育政策的实施具有强制性，它依赖于国家强力机构的有效推进，以国家强制力为保障。

（五）职业教育政策的稳定性

职业教育政策同其他政策一样，具有严肃性和稳定性，一经公布，在有效的时间、空间范围内相对保持不变，会保持一定的稳定性并得到坚决的贯彻执行。否则，职业教育政策就无法发挥其功能或作用，人们对职业教育政策的信任程度和执行政策的坚定性程度也会受到影响。但是，职业教育政策的稳定性只是相对的。随着外部环境的变化及职业教育自身因素的变化，人们在执行职业教育政策的过程中，必须根据具体情况做出相应的调整和改革。所以，职业教育政策又具有灵活性与可变性，这主要是由职业教育事业本身的发展所决定的。我们应将职业教育政策的这两方面特性有机地统一起来，使职业教育政策在不断的修改、调整中走向成熟和完善。

（六）职业教育政策的政治性

政治性是职业教育政策的根本特征，直接反映职业教育政策制定者自身的利益和要求。职业教育政策的内容鲜明地体现了政党和国家等政策主体的政治意图。政策属于上层建筑的范畴，直接反映了统治阶级的政治意志和根本利益。在阶级社会中，政策总是代表着统治阶级的利益，具有强烈的政治倾向。政策的制定者总是要把本阶级的利益放在首位。在任何社会中，政策都具有鲜明的政治性。说政策具有政治性，并不等于说政策就是政治。政策同政治既有联系，也有区别。政治决定政策，政策服务于政治。因此，政治是目的，而政策则是为了达到一定的政治目的而使用的手段。在实践中，人们要避免把手段当目的，更要避免把目的当手段。

四、职业教育政策的功能

所谓职业教育政策的功能，简要地说就是职业教育政策在实现一定的职业教育目的的过程中所发挥的功效或所起的作用。它通过职业教育政策的地位、结构、作用等表现出来，它总是在与某种职业教育目标的联系中得到判定。职业教育政策主要具有导向功能、控制功能、协调功能、象征功能、分配功能和规范功能等。

（一）职业教育政策的导向功能

职业教育政策的导向功能是指职业教育政策对从事和参与职业教育活动的人的行为具有引导作用，引导从事职业教育的人的行为或有关事物朝着职业教育政策制定者所期望的方向发展。职业教育政策的导向功能通常表现为两个方面。一是为职业教育事业的发展规定目标和方向。确定职业教育目标就是把复杂的、多面的、相互冲突的、漫无目的的职业教育系统，引向明晰的、单面的、统一的、目标明确的发展轨道，使职业教育有序地发展。如 2005 年发布的《国务院关于大力发展职业教育的决定》，在“明确职业教育改革发展的目标”中指出要“进一步建立和完善适应社会主义市场经济体制，满足人民群众终身学习需要，与市场需求和劳动就业紧密结合，校企合作、工学结合，结构合理、形式多样，灵活开放、自主发展，有中国特色的现代职业教育体系”。这就是对职业教育发展目标的定位。二是为促进职业教育事业发展、实现职业教育政策目标而规定的行动准则或重大措施，以达到教育指导、统一认识、协调行动、因势利导的目的。任何职业教育政策，不仅要告诉人们什么是该做的、什么是不该做的，而且还要使人们明白为什么要这样做而不那样做、怎样才能做得更好。《国务院关于大力发展职业教育的决定》在明确职业教育发展目标的基础上，进一步从“以服务社会主义现代化建设为宗旨，培养数以亿计的高素质劳动者和数以千万计的高技能专门人才”“坚持以就业为导向，深化职业教育教学改革”“积极推进体制改革与创新，增强职业教育发展活力”“严格实行就业准入制度，完善职业资格证书制度”“多渠道增加经费投入，建立职业教育学生资助制度”“切实加强领导，动员全社会关心支持职业教育发展”等方面指出了实现既定职业教育目标应当采取的政策措施。制定正确的职业教育政策，积极协调职业教育利益关系，合理配置职业教育资源，可以保障公民的受教育权利。职业教育政策的“导向”，既是一种行为的导向，也是一种观念的导向。

从作用的方式来看，职业教育政策的导向功能有直接导向和间接导向两种，且在一定条件下两者可以相互转变。所谓直接导向，是指职业教育政策对其调整对象的直接作用；所谓间接导向，是指职业教育政策对非直接调节对象的影响。在制定和实施职业教育政策时，既要看到职业教育政策的直接导向功能的重要性，也要重视职业教育政策的间接导向功能，因为间接导向功能有时也会产生非常大的效果。

从作用的结果来看，职业教育政策的导向功能可能是正向的，也可能是负向的。正向的导向是主要的，是职业教育政策对职业教育发展方向的正确引导，体现了人们对职业教育发展规律的正确认识。在负向的导向方面，不仅仅是错误的职业教育政策会因其违背公共利益而产生负面的影响，而且一些基本正确的政策，在保护多数人的利益的同时也可能损害少数人的利益。因此，职业教育政策制定者的任务之一，就是既要充分发挥职业教育政策的正向导向功能，又要清醒地认识它可能会产生的负面影响。

（二）职业教育政策的控制功能

职业教育政策的控制功能是指职业教育政策对社会中人们的行为或事

物的发展起到制约或促进作用。职业教育政策的出台是为了解决一定的职业教育问题或预防特定职业教育问题的发生。职业教育政策制定者通过职业教育政策对所希望发生的行为予以鼓励，对不希望发生的行为予以惩罚，从而实现对职业教育的控制。职业教育政策的控制功能有直接控制和间接控制两种形式。发挥职业教育政策的控制功能应特别注意对“度”的把握，要注意发挥信息反馈系统的作用，及时反馈，适时调整控制的方向和力度，使政策能够保持发挥积极作用的状态。

（三）职业教育政策的协调功能

职业教育政策的协调功能是指职业教育政策在职业教育发展过程中能起到协调和平衡职业教育与自身及各种社会关系的作用。职业教育事业是一个庞大的系统工程，组成这个系统工程的各个要素之间，如公办职业教育与民办职业教育之间、中等职业教育与高等职业教育之间，存在着各种各样的关系。除此之外，职业教育系统与社会大系统之间也有复杂的物质、信息、能量的交换关系，它们之间有时是“相安无事”的，有时是矛盾重重的，表现为异常激烈的冲突。阿拉（J. Hallak）把能引起摩擦的政策冲突分为三类：一是发生在职业教育部门和政府其他部门的不同利益相关者之间的“全局性或部门间”的冲突，如教育部门与劳动部门的冲突。二是发生在不同职业教育目标间的“部门内”的冲突，如在选拔与平等、数量与质量之间的取舍，又如不同层次、类型职业教育间的冲突。三是在目标确定之后，围绕实现这一目标的方式、手段、步骤等产生的“分部门”的职业教育政策冲突。职业教育政策的重要功能就是化解这些冲突，调解这些关系，保证职业教育事业健康有序地发展。职业教育政策之所以具有协调功能，主要是由职业教育政策的本质属性决定的。职业教育政策是有关职业教育利益的具体体现。作为利益的“显示器”和“调节器”，职业教育政策具有协调功能。

职业教育政策的协调功能具有三个基本特点。一是多维性。职业教育政策所要协调的对象，不是单一的，而是多方面的，协调某一事物正是为了使该事物与其他事物处于相对平衡状态。二是动态性。职业教育政策发挥协调功能的过程，是职业教育在发展中由失衡、不协调状态向平衡、协调、稳定状态转变的过程。三是适度性。职业教育政策在协调职业教育发展过程中的各种不平衡关系时，应掌握利益需求的最佳满足界限，妥善处理各种矛盾和利益关系，如果违背了适度原则，就会引发新的不平衡。

（四）职业教育政策的象征功能

职业教育政策的象征功能是指职业教育政策仅具有符号意义，不产生实质性后果，主要发挥象征性作用。象征性功能不在于职业教育政策的实际作用，或者说职业教育政策制定者对它的期望并非如物质性政策那样，经过各个环节的实施，产生明显的实际效用。它仅仅在于影响公众的看法、观念或思想意识。

（五）职业教育政策的分配功能

伊斯顿最早提出了政策是对社会价值的权威性分配的观点。职业教育政策的分配功能是指职业教育政策主体在职业教育资源有限的前提下对职业教育资源在不同地区、不同部门、不同群体之间的配置进行调节，有些职业教育政策的实施会导致利益在不同地区、不同部门、不同群体之间的分配发生变化，任何职业教育政策都会涉及利益的分配。对公共利益进行分配是职业教育政策的本质特征。职业教育政策的分配功能由以下几方面组成：分配对象，即谁将获得那些可以满足其需求的社会价值或利益；分配标准，即不同群体所获得的价值或利益的数量、比例；衡量尺度，即如何分配才能使最大多数人满意，达到“帕累托最优”。在当前人民群众需求上升的情况下，公共利益的分配是一个十分敏感的问题，许多社会不和谐因素都产生于利益分配的不公。建设中国特色现代职业教育体系，就是要使利益在不同主体间的分配能够科学合理，促进职业教育的和谐发展。

（六）职业教育政策的规范功能

职业教育政策的规范功能是指职业教育政策在保证职业教育的正常运转过程中所起的规范作用。这一功能主要表现为职业教育政策针对目标群体的行为所起的规范作用。教育事业的正常运转离不开基本的秩序和比较合理的行为轨道。基本的秩序是教育事业赖以存在的基本条件之一，比较合理的行为轨道是教育事业向前发展的基本要求之一。但理论和实践都已证明，理性的人都会追求自身利益的最大化，人们在逐利的过程中，如果没有相应的行为约束，冲突和矛盾的激化将不可避免。因此，为了教育事业的存在和发展，必须对人们的行为进行规范和约束。当前，对人们的行为进行规范的手段或方式主要有法律、伦理道德和政策。这几种手段或方式都具有鼓励性和惩罚性的特征，但其强度、保障条件及实现作用的方式又有所不同，因此它们在规范不同行为时的有效性存在区别。法律一直被认为对社会行为的规范具有决定性的意义，但法律本身所具有的稳定性和定型性，使其难以满足瞬息万变的社会需要。伦理道德在某些领域对某些人的行为具有规范功能，但由于其对行为的规范是“软约束”，对那些自觉性差、思想觉悟低的人并没有多少约束作用。对于规范人们的行为来说，法律无疑是重要的，伦理道德也必不可少，但也都不是万能的。我们需要一种能够在既定的法律制度框架内有效解决职业教育问题的新的行为规范，而职业教育政策就是最好的选择。职业教育政策的规范功能主要是通过它的监督作用、惩罚作用和教育作用实现的。首先，职业教育政策具有监督作用，其根本任务在于发现并纠正职业教育事业发展过程中非常规的行为，维护职业教育事业的正常秩序，促进职业教育事业的健康发展。其次，职业教育政策具有一定的强制性，凡是违反政策的行为，都会受到相应的惩罚，且这种惩罚属于外在强制，比伦理道德的内在强制更为有效、有力。最后，职业教育政策的规范功能还可以通过各种教育方式来实现，即对社会成员进行教育，使职业教育政策内化为他们的心理需要，使职业教育政策所确定的行为规范与价值体系成为他们的行为指南，从而保证整个职业教育事业的正常运转。

第二节 职业教育政策的类型与体系结构

对职业教育政策进行分类，首要的任务就是确定分类标准。标准不同，划分的类型就不一样，形成的职业教育政策结构也不相同。从已有相关研究来看，由于不同的学者使用了不同的标准，划分的政策类型比较复杂多样，概括起来，主要包括以下几种：一种是以政策制定的层次及作用范围的大小为标准所做的分类，将政策分成元政策、总政策、基本政策（基本国策）和具体政策（实质政策）几大类；一种是以公共领域的组成方面为标准所做的分类，可将政策分成若干具体类别，如政治方面的政策、经济方面的政策、社会方面的政策等；一种是以政策的功能为标准来划分政策类别，如目的型与手段型政策、改造型与调整型政策、创新型与改良型政策、对策型与引导型政策、直接型与间接型政策、理性与超理性政策、顺序决策型政策等；一种是以政策的重要程度、作用性质、效用时间为标准进行分类，按重要程度可将政策分为重点政策和非重点政策，按作用性质可将政策分为积极性政策、消极性政策、鼓励性政策和限制性政策，按效用时间可将政策分为适时政策与过时政策，过去政策、现行政策与未来政策，短期政策、中期政策与长期政策。

显然，对职业教育政策进行分类的标准并不是单一的，人们可以按自己的标准区分不同的职业教育政策类别。但是，对职业教育政策一味地进行类别方面的探索，把各种职业教育政策类别都详尽地罗列出来，对职业教育政策理论研究与实践操作并无多大益处。对职业教育政策进行分类是为了制定、实施和评估政策，只有从这一目的出发，对职业教育政策进行适当分类才是有价值的。

一、职业教育政策的类型

对职业教育政策的类型进行简单分类是不现实的，以下大致介绍一下一般分类和其他分类。

（一）一般分类

一般分类主要是以政策制定、实施的层次和作用范围为标准进行的职业教育政策类型划分。所谓职业教育的层次是就职业教育政策的纵向关系而言的。一方面，职业教育政策问题具有层次性。职业教育政策的制定与实施是为了解决客观存在的职业教育政策问题，而解决不同层次的职业教育政策问题就要有不同层次的职业教育政策。另一方面，职业教育政策主体也具有层次性。例如，公共权力系统中的教育行政权力系统自上而下可以分成若干层次：中央教育行政机构、地方教育行政机构、基层教育行政机构。不同教育行政机构所制定、实施的职业教育政策也必然具有层次性。基于此，可以把政策主体标准与政策空间标准结合起来，将政策问题涵盖的范围、政策制定主体的地位、政策发挥效用的空间、政策权威性的程度等作为参考因素，将政策划分为元政策、总政策、基本政策与具体政策四个层次（见图 1-1）。

1. 职业教育元政策

在职业教育政策的层级系统中，元政策是最深层的政策。中国有学者认为，元政策是关于政策的政策，是用以指导和规范政府政策行为的一套理念和方法的总称。① 元政策是关于政策方向、政策程序、政策价值的总规定，具有一定的结构，主要包括关于科学制定政策的政策，关于正确执行政策的政策，关于对政策加以延续、修改及终结的政策，关于对政策执行结果加以评估的政策。元政策要回答什么是人们最终必须服从的基本价值、基本方向和基本程序等问题。因此，元政策在最抽象和最基本的层面上承担“分配”功能，即选择方向、规定程序、排列价值。

事实上，职业教育元政策也有不同类型。有的是价值性的元政策。每个社会都有基本的价值观念，元政策是将这些基本价值观念与具体政策选

① 张国庆：《现代公共政策导论》，北京，北京大学出版社，1997，第 22 页。

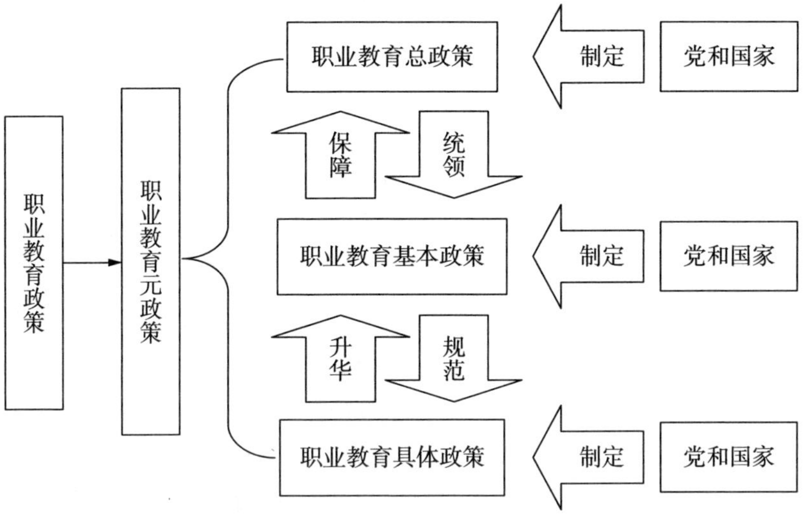

图 1–1　职业教育政策的层次及其关系

择相联系的环节。它从根本上规定了什么样的目标才是值得追求的，如“效率优先，兼顾公平”等。有的是方向性的元政策，它对国家和社会的总体发展方向做出选择和规定。中国政府关于“以经济建设为中心”“改革开放”的基本决策，就是典型的方向性的元政策。有的是程序性的元政策，是关于政策制定系统的政策，它的作用在于确定政策产生的合法路径。所有关于基本政治制度、行政体制及决策程序的规定，都属于这种类型。

2. 职业教育总政策

职业教育总政策是处于国家宏观层次上的，包含执政党和政府实施职业教育的方针、立场和总目标的，要求整个国家在一个较长历史时期中坚持贯彻落实的职业教育政策。在具体的职业教育政策体系中，职业教育总政策是具有指导性与原则性的政策。由于职业教育总政策居于政策体系的核心位置，贯穿于特定历史时期的始终，因而具有较强的总括性、较大的稳定性和权威性。

一般来讲，一个国家的职业教育总政策有下列几种形式：一种形式是执政党领袖、国家元首、政府首脑的正式讲话或报告；一种形式是执政党、政府的正式文件；还有一种形式是宪法的条文。职业教育总政策的地位与特点决定了它具有较大的作用。一方面，它具有指引方向的功能。职业教育政策是为解决职业教育中存在的问题而制定的，但职业教育问题要不要解决、如何解决则取决于对职业教育发展方向的选择。另一方面，它具有统领其他政策的功能。职业教育政策主体在一定发展时期要制定一系列的职业教育政策来解决相应的职业教育问题。要使不同层次、不同领域的职业教育政策形成合力，就要让这些职业教育政策围绕一个总政策形成结构有序的、功能互补的配套体系，否则各种政策各自为战必然导致混乱。

3. 职业教育基本政策

职业教育基本政策是在总政策的制约下，人们为解决职业教育基本领域中存在的主要问题而必须坚持的行为规范。它是国家实施职业教育的原则、依据和行为规范，由立法部门制定，是政策的法律化，在中国主要体现为《中华人民共和国职业教育法》（以下简称《职业教育法》）。它在原则上规定了职业教育的地位、作用、体系结构、方针和原则、办学职责、管理体制和经费渠道。职业教育基本政策是元政策与具体政策之间的中间环节。职业教育基本政策通常是高层次的、大型的、长远的、带有战略性的政策方案。职业教育基本政策具有四个方面的特征。一是权威性。这是指基本政策的制定和发布机关的规格和级别比较高。通常只有中央机关及获其授权的机关才能制定和发布职业教育基本政策。可见，职业教育基本政策是一种高级政策，它有指导和约束具体政策的权威。二是广泛性。职业教育基本政策的适用范围通常是很广泛的。多数情况下，职业教育基本政策的适用范围覆盖整个国家。三是稳定性。职业教育基本政策具有相当大的稳定性且能够长期发挥作用，除非社会出现非常重大的变化，基本政策在相当长的时期内是不会发生根本变化的。四是系统性。职业教育基本政策是一种大型的总体性政策，必然会衍生出一整套具体政策、具体执行步骤和行动方案，形成有内在联系的相互关联的政策系统。

同时，职业教育基本政策具有中介、协调和倾斜的作用。所谓中介作用，是指职业教育基本政策作为连接总政策与具体政策的桥梁，发挥着承上启下的功能；所谓协调作用，是指职业教育基本政策由政府制定并组织实施，发挥着从全局与整体的角度求得职业教育各领域持续、平衡发展的功能；所谓倾斜作用，是指政府可以借助职业教育基本政策来规定一段时期内职业教育中需要重点加以扶持的领域与部门，从而发挥在资源配置上优先照顾、在利益分配上优先考虑的功能。

4. 职业教育具体政策

凡是在总政策和基本政策的范畴以外的政策都可归入具体政策。职业教育具体政策是指行政部门实施职业教育的具体规划、措施以及处理具体职业教育问题时采取的方法和程序，是对职业教育基本政策的强化、细化、变通和补充，是在职业教育基本活动领域中更小的范围内发挥作用的政策。

职业教育具体政策的具体性主要表现在以下几个方面：一是职业教育具体政策是针对特定而具体的职业教育政策问题做出的政策规定，它要解决的问题通常是直接的、有形的；二是职业教育具体政策表现为一系列的行动步骤和行动方案，它是有关机构在日常职业教育活动中直接执行的政策；三是职业教育具体政策必然要求有对应的部门或机构来具体实施；四是职业教育具体政策的实施效果是在经验基础上可以直接观察到并可以评价的。

相对于职业教育的元政策、总政策、基本政策，职业教育具体政策有其自身的特点。一是涉及面广，形式多样。它常常以指示、决定、建议、报告、规则、章程、条例、项目等形式表现出来。二是针对性强，内容详尽。职业教育具体政策完全是联系实际制定出来解决现实问题的规范、准则，它的目标应清楚，实施程序应有效。三是时效性强，变动性大。职业教育具体政策所要解决的是在特定时间中突显出来的职业教育问题，因此对政策制定、实施来说，时间因素就显得至关重要。正因为具体政策的时效性较强，这类政策的变动性也就特别大。四是执行性强，更易操作。从政策运行环节来考察，在具体政策运行周期中起关键作用的是政策执行环节。在具体政策的制定中，政策问题相对比较明确，目标比较确定，不确定因素较少，因此制定起来比较容易。相比之下，具体政策的实施就成为关键环节。在具体政策的实施中，执行机构和人员的选择、实施计划的安排、操作程序的设计特别重要。

（二）其他分类

除了上述一般分类外，还可以依照其他标准对职业教育政策进行分类。

按照政策目标的多寡，可以把职业教育政策划分为单目标政策和多目标政策。

按照政策制定主体的类型，可以把职业教育政策划分为政党的政策、国家的政策和社会团体的政策。

按照政策效力的范围，可以把职业教育政策划分为全局性政策、局部性（区域性）政策。

按照政策产生的效果或分配利益的类型，可以把职业教育政策划分为物质性政策和符号性（象征性）政策。

按照是否在实际上改变了客观对象，可以把职业教育政策划分为实质性政策和程序性政策。

按照政策协调或调控教育活动的方式，可以把职业教育政策划分为分配性政策、限制性政策和调节性政策。

按照政策影响的时间长短，可以把职业教育政策划分为长期政策、中期政策和短期政策。

按照政策制定主体所处的层级不同，可以把职业教育政策划分为中央政策、地方政策和基层政策。

按照政治活动的不同方式，可以把职业教育政策划分为权力型政策、妥协型政策和博弈型政策（竞争型政策）。

二、职业教育政策的体系结构

职业教育政策是以政府教育行政机关为主的国家机构对职业教育事务进行管理的工具。在当代社会中，职业教育管理所涉及的因素庞杂、范围广泛、层次多样、目标各异。要对职业教育活动进行合理、有序的管理和调节，就必须制定和实施多种多样的职业教育政策。职业教育政策的制定者、执行者、评估者和分析者在不同时期、不同层次、不同领域都要与已有的或即将出台的公共政策、教育政策打交道。不同时期、不同层次的职业教育政策纵横交错，共同构成了职业教育的体系结构。

（一）职业教育政策的表现形式

所谓职业教育政策的表现形式，是指职业教育政策以怎样的样式出现，通常有文本和口头两种基本形式。

文本一般称为政策文献，职业教育总政策或基本政策常常被命名为“纲要”“决议”“决定”等，其特点包括：内容覆盖广，简明扼要，更多的是指导性条款而无很多操作性内容；形式较固定，往往以条款排序的形式予以表述；有很强的政策效率。职业教育具体政策的文本表达形式更具灵活性，如规定、办法、通知、意见等，内容也更具体、更有可操作性。

口头是一种政策意向，即在某个较正式的场合，通过某个官方人士之口表达的政府的某种政策意向。它是一种政府的“输出信号”。

（二）职业教育政策的纵横结构

职业教育政策的纵横结构是指职业教育政策体系是由哪些具体政策构成的，以及它们之间相互组合的纵向或横向的关系是如何确定的。

职业教育政策的纵向结构是指依照职业教育政策的某种内在逻辑关系形成的结构。职业教育政策的纵向结构既可以是层次上的，也可以是时间上的。当职业教育政策从层次上来排列时，就可以清楚地划分出中央的、地方的、基层的政策链条，或区分为宏观的、中观的、微观的政策序列。对于任何一个职业教育政策主体来说，假若处在基层的、微观的政策位置或层次上，在规划、执行具体政策时，就必须服从中央、地方已经制定的职业教育政策，必须以宏观、中观的职业教育政策为指导。若将职业教育政策按时间变量来排序，职业教育政策的纵向结构就表现为各政策的顺序排列，即先行政策、现行政策与后续政策。这种区分先后的政策序列对政策的制定和实施也是非常重要的。现行政策总是在先行政策的基础上产生和贯彻的。实施现行政策时，不能脱离因实施先行政策而产生的既定的政策环境，现行政策的运行又在为后续政策的规划做准备。

职业教育政策的横向结构是指不同领域的职业教育政策之间不存在前者派生后者、后者包含前者的情况，强调在同一时间或同一政策位置上多个平行政策间的联系。这些平等政策以横向并列的关系形成组合方式和秩序。对职业教育政策的横向结构，可以依据职业教育政策的内容和政策的主体做进一步划分，区分出并列关系、依存关系与冲突关系。凡是在同一层次、同一时间独立运行的、互不相干的政策，它们之间的关系为并列关系；若几个政策在同一层次、同一时间运行，在执行过程中相互补充、互为制约，它们之间的关系则为依存关系；若同一层次、同一时间运行的几个政策在内容上相互矛盾，在执行时相互争抢资源，它们之间的关系就是冲突关系。对于存在横向关系的诸种政策，职业教育政策主体在对其运行进行调控时，既可以充分利用它们之间存在的依存关系，使不同政策实现资源共享、功能互补并形成合力，又可以消除政策间的冲突因素，使政策间的矛盾尽量减少，乃至化解。

（三）职业教育政策体系结构的特征

职业教育政策体系结构是在长期实践中适应职业教育发展需要和满足优化职业教育结构要求而建立并逐步发展起来的，具有超越人们主观意志的独立属性和特点。

1. 整体相关性

职业教育政策体系结构是由在时间和空间上相互依赖又相互制约的众多单项职业教育政策构成的有机整体，而不是各单项职业教育政策的简单相加。一方面，职业教育政策体系结构是由各单项职业教育政策组成的，是以各单项职业教育政策的相互联系为基础的，职业教育体系结构的变化也是在各单项职业教育政策的联动中实现的；另一方面，单项职业教育政策只有在职业教育政策体系结构中、在与其他职业教育政策的联系中才能存在和发挥功能。职业教育政策体系结构的整体功能和属性大于各单项职业教育政策功能和属性的总和。

职业教育政策体系结构的整体相关性，对于制定和实施职业教育政策具有重大的现实价值。在制定和实施职业教育政策时，首先应充分考虑相关教育政策的相互作用和影响，以免相互掣肘、抵触，抵消政策效力；其次，要注意把单项职业教育政策或问题放在整个教育政策系统中来研究和认识，并以系统整体优化为目标。

2. 结构有序性

职业教育政策体系内各单项职业教育政策的相互联系不是无规则的，而是有序的。职业教育政策体系结构的有序性体现在上下纵横、立体交错的网络联系中。从横向来说，各要素相互联系；从纵向来说，各种层次和等级关系分明。当某项职业教育政策发生变动，相关职业教育政策在体系结构中的地位也随之改变，从而引起职业教育政策整体体系结构的变化。

职业教育政策体系结构的有序性，要求着力研究职业教育政策体系结构中各要素关联变化的方向和“度”。职业教育系统中某个要素的变化必然引起另一些相关要素的变化，这是不以人的意志为转移的，但变化的方向和程度，却是人们可以控制的。

3. 动态稳定性

职业教育政策体系结构的动态稳定性是指职业教育系统在运动中保持某一固定形式和基本意志的方式，它和系统内部调节能力的大小有密切关系。

职业教育政策及其体系结构都有各自要实现的目标，目标的实现不可能是一蹴而就的，因而在实现目标的过程中，政策及其体系结构总是相对稳定的。指导职业教育发展的高层次政策，其目标的实现时间要长一些，因而稳定性大一些；低层次政策的目标比较单一具体，相对容易实现，其稳定性与高层次政策相比也就小一些。职业教育政策稳定性的大小不一，便决定了职业教育政策体系结构的稳定性是一种动态稳定性，职业教育政策体系结构在保持大体稳定的基础上，随时都在进行着新陈代谢，即新政策不断被制定，旧政策不断被淘汰。当这种新陈代谢积累到一定程度，便是理想状态的职业教育基本政策目标和总目标的实现，或是中性状态的职业教育基本政策目标与总目标的校正，抑或最糟糕状态的职业教育基本政策目标和总目标的崩溃。无论出现上述三种状况中的哪一种状况，都会导致职业教育基本政策、总政策的修正和变迁，导致职业教育政策体系结构的“格式塔变革”即结构性转换。

4. 对外开放性

职业教育政策体系结构虽然是由处在一定时空交汇点上的、相互联系和相互制约的各单项职业教育政策构成的一种相对独立的观念结构，但它又是一个动态开放系统，具有对外开放性。一是作为观念结构的职业教育政策系统是对职业教育环境中各种物质利益关系的反映，是职业教育决策主体对特定职业教育问题或利益要求所做出的应答。二是职业教育政策体系结构通过其要素功能和整体功能的发挥，反作用于职业教育环境，促使职业教育环境发生相应的变化，即产生职业教育政策效应。三是职业教育体系结构内诸要素即各单项职业教育政策之间的相互联系、相互制约，也是通过职业教育政策系统与教育环境之间不断进行的物质、能量和信息交换实现的。事实上，任何职业教育政策都是通过调动一定的物质来产生能量，即一项职业教育政策的出台或废止，会导致人、财、物等资源在空间布局和流向上的变动，进而产生一定的职业教育政策效应。职业教育政策效应按其运动方向，可分为外向效应和内向效应。外向效应是指该项政策在实施过程中通过人、财、物等的变动而对教育环境造成的直接影响和冲击；内向效应是指该项政策通过波及、振荡、传递作用，对政策系统内其他相关政策的拉动和制约。显然，职业教育政策体系结构的开放性是职业教育政策的教育管理功能得以实现的保证，也是职业教育政策体系结构的生命活力之所在。

事实上，职业教育政策体系结构的整体相关性、结构有序性、动态稳定性和对外开放性四个特征不是相互游离、互不相关的，而是环环相扣、层层推进的，它们从由内到外的角度共同揭示了职业教育政策的内部运行机制。

第三节　职业教育政策的构成系统

职业教育政策系统是职业教育政策运行的载体，是职业教育政策过程的基础。职业教育政策系统一般由职业教育政策主体、职业教育政策客体与职业教育政策环境构成。从系统发生论的角度看，职业教育政策系统是研究职业教育政策过程的前提或出发点。职业教育政策系统内部各因素的联系是否得当，直接关系到职业教育政策的运行是否顺畅以及职业教育政策的实施效果是否良好。

一、职业教育政策主体

职业教育政策主体（职业教育政策活动者）一般可界定为直接或间接地参与职业教育政策制定、执行、评估和监控的个人、团体或组织。但是，由于各国社会政治制度、经济发展状况和文化传统等方面的不同，各国的职业教育政策过程存在差别，因此职业教育政策主体的构成因素及其作用方式也有所不同。

安德森（J. E. Anderson）在《公共政策》一书中将政策制定者分为官方的和非官方的两大类。官方的政策制定者是指那些具有制定公共政策的合法权威的人们，包括立法者、行政官员、行政管理人员和司法人员；非官方的政策制定者包括利益团体、政党和作为个人的公民。① 琼斯（C. O. Jones）等人在《政策形成》一文中分析了政策提案的来源，将政策提案者（即政策制定者）分为政府内部的和政府外部的两大类。政府内部的提案者包括行政长官（总统、州长、市长等）、官僚、咨询者、研究机构、议员及其助手；政府外部的提案者包括：利益团体和协会、委托人团体、公民团体、政治党派和传播媒介等。②

以下将职业教育政策主体分为官方的职业教育政策活动者和非官方的职业教育政策活动者两类。③

（一）官方的职业教育政策活动者

官方的职业教育政策活动者是指政治体制内的、行使公共权力的职业教育政策过程的参与者，一般包括国家机构、执政党、政治家和官员等机构和人员，体现着职业教育政策的合法性和权威性。权力贯穿于职业教育政策过程之中。职业教育政策制定过程中涉及的权力可分为立法权、行政权和司法权等几个方面。

1. 立法机关

立法机关是职业教育政策主体的一个最重要构成因素，它的主要任务是立法，即履行制定法律和政策这一政治系统中的主要职责。立法机关在西方指国会、议会、代表会议一类的国家权力机构；在中国则指全国及地

① 〔美〕詹姆斯·E. 安德森：《公共政策》，唐亮译，北京，华夏出版社，1990，第44~58页。

② 〔美〕斯图亚特·S. 那格尔：《政策研究百科全书》，林明等译，北京，科学技术文献出版社，1990，第8页。

③ 陈振明：《政策科学——公共政策分析导论》，北京，中国人民大学出版社，2003，第84~99页。

方各级人民代表大会及其常务委员会。按照安德森等人的说法，在西方尤其是美国，立法机关通常能够在独立决策的意义上行使立法权。在中国，人民代表大会是权力机关和立法机关，它是中国制定政策及立法的主要机关，也是政策执行和监控的制约机构。就其法律地位来说，人民代表大会的地位是至高无上的，它决定着中国社会发展的方向。

2. 行政机关

行政机关及其官员是政策主体的一个重要组成部分，尤其是在当代，随着行政权力的扩张，出现了“行政国家”或“以行政为中心”的趋势，行政机关在政策过程中的地位和作用更加突出。在西方特别是美国，无论是政策的制定还是执行，政府的效能在根本上取决于行政领导尤其是总统。总统在立法和政策领导方面的权威大大加强，国会往往将重大的决策权授予总统。在中国，中华人民共和国国务院即中央人民政府，是最高权力机关的执行机关，是最高国家行政机关，而地方各级人民政府是地方各级权力机关的执行机关。政府部门制定的政策具有如下两个特征：一是具体性，行政机关制定的政策绝大部分是党和国家权力机关所制定的政策的具体化，它们要体现党和国家权力机关所制定的政策的基本精神；二是补充性，对党和国家权力机关所制定的政策没有涉及的领域，行政机关有权制定一些补充性的政策规定，以防止出现政策空白。当然，我们也不能忽视行政官员在政策过程中的行为。按照尼斯卡宁（W. A. Niskanen）的说法，一个官员可能追求的目标包括“薪金、职务津贴、公共声誉、权力、任免权、机构的产生、容易改变事物，容易管理机构”①。我们必须注意政府官员在职业教育政策过程中存在的自利动机，防止政策被官员当作谋取私利的工具，而最终损害教育相关者的利益。

3. 执政党

政党尤其是执政党，是政策主体中的一种核心力量。公共政策在很大程度上可以被视为执政党的政策。现代国家的政治统治大都通过政党政治的途径来实现。在现代社会中，政党常常具有某种“利益聚合”的功能，即政党努力将利益集团特定的要求转变为一般的、可供选择的政策方案。西方国家一般采用两党制或多党制，而中国采用中国共产党领导下的多党合作和政治协商制度，中西方政党在政策执行过程中的地位和作用是不同

① Niskanen, W. A., 1971: “*Bureaucracy and Representative Government*”, Chicago, Aldine-Atherton, 38.

的。在西方两党制或多党制条件下，政党首先与权力而不是政策相联系。也就是说，政党的主张转变为国家或政府的公共政策是靠选举来实现的，只有在大选中获胜的、取得政权的政党才能成为直接的政策制定者，才能把它的纲领、主张转变为公共政策。在中国，中国共产党是全国人民的领导核心，它在政策的制定、执行、评估和监控中起着主导作用。作为执政党，中国共产党代表着广大人民群众的根本利益和普遍意志。中国实行中国共产党领导下的多党合作和政治协商制度，各民主党派是参政党，而不是在野党。政协及各民主党派在中国的政策执行过程中发挥着重要作用，发挥着参政议政的功能，因此，政协及各民主党派也是中国政策主体不可或缺的组成部分。

4. 司法机关

作为国家或政府组成部分的司法机关，在公共决策过程中也占有重要的一席之地，它也是政策主体的构成因素之一。司法机关不仅参与政策制定，而且在其中扮演了重要角色。它不仅规定政府不能做什么，而且规定政府应该采取何种行动以符合宪法和法律的要求。

显然，从以上分析中可以清晰地看到，官方的职业教育政策活动者在各自权限范围内从事着职业教育政策活动，充分体现了职业教育政策活动者权力的分散性。因此，在认识官方的职业教育政策活动者时，我们也要关注权力分散性对职业教育政策实践的影响。如前所述，中国的人民代表大会、美国国会等在性质上都是名正言顺的职业教育政策决策主体，在选择或确定职业教育政策时起着举足轻重的作用。在职业教育政策制定过程中，行政机关及其行政长官的地位和作用越来越突出。例如，美国国会常常将一些非常重大的职业教育决策权授予总统，特别是在出现重大职业教育政策问题的时间和领域，总统所拥有的合法权力和行动自由比在其他内政方面所拥有的要大得多。在实行判例法的国家，法院不只是司法机构，而且也是政治机构，是一个对某些有争议的国家政策问题形成最后决定的政治机构。职业教育政策不仅要在众多的权力级别上得以形成和执行，还要面对同一权力级别中复杂的权力分配。人们可能从不同的教室级别、校园级别、地方校区级别、县或行政区级别、地方和中央政府级别来鉴别和研究教育政策。每一个级别都存在权力分配上的矛盾，而且权力是四分五裂、到处扩散的，在同一级别内和各级之间都有功能重叠现象。① 劳顿

① 〔美〕斯图亚特·S. 那格尔：《政策研究百科全书》，林明等译，北京，科学技术文献出版社，1990，第449页。

(D. Lauton) 将英国教育主管部门的权力细分为政治的、官僚的和专职的三种类型。政治家信仰市场力量，在价值取向上尊重学校选择的自由，主张学校独立；官僚（具体指教育主管部门）信仰良好的行政机构、管理体制，以效率为基本取向，倡导通过考试和测试等手段对学校实施中央控制；专职人员（主要指皇家督学）信仰专业主义、经验和实践，以质量为基本价值取向，主张凭印象评价学校。① 鲍尔在劳顿的观点的基础上，又加入了对主要的政策精英（如政治家）、教育政策制定的主要利益团体（如旧人文主义者和工业训练者）及其意识形态的分析。② 同时，派恩(L. Paine) 在关于中国教师政策的案例研究中发现，与教师相关的政策制定通常要求当时的国家教委与其他部委的接触与合作。其中，最常见的是国家教委与财政部、劳动部和科技部等的密切合作。在教育政策制定过程中，国务院需要批准主要政策，并经常协调参与者之间的不同意见。不同级别的主体有不同的权力。例如，国家教委决定大的政策，提供大学前教育阶段的课程大纲和课本，并在很大程度上管理着高校（通过控制大学入学考试系统和决定学术主修课）。省、市教育权力部门管理第二级教育体系（通过对第二级教育入学考试的控制），为大学前教育提供部分经费，控制着高等教育部门的一些非关键领域（财政、招生和部分的工作人事安排）。地方政府向中小学提供大部分经费。③

（二）非官方的职业教育政策活动者

非官方的职业教育政策活动者是指政治体制外的、不直接行使公共权力的政策过程的参与者，主要包括利益团体、公民、大众传媒及智库等。

1. 利益团体

当某个群体提出一项政治要求时，政治过程就开始了。这种提出要求的过程称为利益表达，利益表达的主体称为利益集团。按照美国政治学家阿尔蒙德（G. A. Almond）等人的定义，所谓利益集团，就是指因兴趣或利益而联系在一起，并意识到这些共同利益的人的组合。④ 中国经济学家厉以宁在《转型发展理论》中指出，利益集团是一个不明确的概念，它是以

① 〔英〕斯蒂芬·鲍尔：《政治与教育政策制定——政策社会学探索》，王玉秋、孙益译，上海，华东师范大学出版社，2003，第3页。

② 〔美〕斯图亚特·S. 那格尔：《政策研究百科全书》，林明等译，北京，科学技术文献出版社，1990，第443页。

③ 包海芹：《教育政策的特点分析》，《教育学术月刊》2011年第1期。

④ 〔美〕加布里埃尔·A. 阿尔蒙德、小G. 宾厄姆·鲍威尔：《比较政治学：体系、过程和政策》，曹沛霖等译，上海，上海译文出版社，1987，第200页。

经济利益目的相联系的一种无形组织；所谓利益集团是指这样一些人，他们彼此认同，有着共同或基本一致的社会、政治、经济利益的目的，因此他们往往有共同的主张和愿望，使自己的利益得以维持或扩大。① 由此可见，利益团体是基于某种共同价值、共同利益、共同态度或者某种职业和行业而形成的正式团体、非正式团体等社会组织。其目的在于建立、维持、增进共同利益和共同态度所蕴含的行为模式；其职责是履行利益聚合功能，以保障或增进其成员的利益为最高目标。

制定职业教育政策时出现利益团体间的冲突是常见的。因为国家的资源和政府所能动员的资源是有限的，无法满足所有利益团体的要求，一个利益团体的利益增加必然会导致另一个利益团体的利益减少。在调整和重新分配资源的过程中，往往会破坏原有的利益团体之间的利益平衡，从而直接引发它们之间的利益冲突。当某项政策对某利益团体有利，对另一利益团体可能不利甚至有所损害时，会引起不同的反应。受益者会采取某种行动去支持和维护对自己有利的政策，受损者则会以某种方式去反对或改变对自己不利的政策。职业教育政策制定者就必须运用政策来协调和解决这种冲突，理顺各利益团体间的关系。任何一种职业教育政策如能使大多数利益团体感到可以接受，就表示达到了某种均衡状态。这时，职业教育政策就成为大多数利益团体的一种协调和妥协的产物，也是竞争和斗争的产物。如果利益团体的影响力发生变化，均衡被打破，又会开始新一轮争取均衡的竞争和斗争。由此，职业教育决策从某种角度上可以看作利益团体之间互动、争斗、妥协和缔约的过程。

显然，非官方的职业教育政策实践活动者具有明显的多样性。在西方教育政策研究的发展历程中，“对于利益集团作用的分析也已经成为考察研究实际情况的最常用的标题。各种利益集团的相互影响，所使用的战略，形成的联合组织等，都是大多数教育政策研究者的研究主题”②。对美国教育政策的研究发现，影响美国联邦教育政策的主要利益团体包括公民与专业人士、专业教育者、教师联盟、选民与纳税人、学校委员会、种族及宗教团体等。在地方，教育政策的主要利益团体包括教师、纳税人、立法者（每年必须投票表决经费额度）、大学董事会成员、学校主管和家长等。这些与教育具有利害关系的团体，经常在阅读、写作与宗教等学校的教育内

① 厉以宁：《转型发展理论》，北京，同心出版社，1996，第10页。

② 〔英〕斯蒂芬·J. 鲍尔：《教育改革——批判和后结构主义的视角》，侯定凯译，上海，华东师范大学出版社，2002，第9页。

容、教育改革以及家长选择与学校财物等重要问题上展开争论。① 福勒（F. C. Fowler）将教育政策制定过程中涉及的利益主体划分为教育利益集团和非教育领域的利益集团。教育利益集团包括教师组织、各种学校委员会协会、学校管理协会、教师协会和学生家长等。非教育领域的利益集团包括实业界团体（如贸易协会、制造业协会等）和宗教团体等。② 不同利益团体在教育政策制定中的作用也不尽相同，家长和学生在政治上通常难以有较大影响，因为他们不是缺少统一意见和组织才能，就是缺乏其他政治支持。库姆斯（F. S. Coombs）认为，家长作为一个利益集团，其活动的范围仅限于某些问题，如大学对学生资助项目的增加或减少。学生作为一个有效的利益集团，在其发挥作用时面临着比他们的父母更为棘手的问题。在学生中能拥有一致意见的问题相当有限，即使学生对某些问题持统一的意见，但财力、物力的缺乏又会阻碍其有效行动。由于学生们缺乏经验、政治素质和必要的财力与物力，很少能对学校政策产生深远影响。③ 福勒还发现，随着各利益团体对教育事务的涉入，他们还会逐渐形成全国性的教育政策网络，以统筹协调广泛的力量来影响教育政策。美国教育政策网络的一个典型例子是全美州际教育协会，这一组织是全美州长协会于 1966 年成立的，发起人是哈佛大学校长科南特（J. B. Conant）。全美州际教育协会在其网站上声明，该组织是各州共同努力创建的，目的在于促进各州教育政策制定者和教育领导者之间的信息、观点和经验的交流，以改进公立教育。英博（D. E. Inbar）等人指出，在发展中国家，虽然不可能具体指出所有相关的利益群体，但至少可以肯定存在两个利益群体：一是教育的提供者（主要是指教师）；二是教育的消费者（家长、学生和雇主）。他们认为，前一个群体如果得到很好的组织，就会在支持或者反对教育变革方面形成强有力的力量；后一个群体的力量也很强大，但其力量分散，一般可以划分为不同的文化、职业或者社会经济等亚群体，不同亚群体在教育的数量和质量等方面存在不同的利益取向。④

① 〔美〕汤姆斯·戴伊：《公共政策新论》，罗清俊、陈志玮译，台北，韦伯文化事业出版社，1999，第 204~234 页。

② 〔美〕弗朗西斯·C. 福勒：《教育政策学导论》，许庆豫译，南京，江苏教育出版社，2007，第 141~142 页。

③ 〔美〕斯图亚特·S. 那格尔：《政策研究百科全书》，林明等译，北京，科学技术文献出版社，1990，第 448 页。

④ 包海芹：《教育政策的特点分析》，《教育学术月刊》2011 年第 1 期。

2. 公民

公民是指具有某国国籍并依照该国宪章享有权利和义务的个人。公民表明个人与国家的隶属关系，既包括统治者，也包括被统治者。在当代，公民的含义更多地表达了法治和民主社会的基本准则。公民作为一种政治身份，蕴含着民主的价值，是权利和义务的共同体。法学家们给出的关于公民政治权利的通行定义是："公民依法享有参与国家政治生活、管理国家以及在政治中表达个人见解和意见的权利。"① 政治学家将政治权利定义为："参与政府管理与影响公共政策之权利"② 或"社会成员实现利益分配的政治资格"③，即公民参与并影响公共政策从而得以在政治生活领域作为自决、自主的存在的权利。就其形式而言，公民政治权利是公民参与并影响政治生活的权利。"参与并影响"界定了公民与公共政策的关系，表明公民并不是被排斥于政策制定之外，而是可以参与政策制定并对政治生活产生影响的。在现代民主社会中，公民通过各种政治参与途径，影响或制约政府的教育政策的制定和执行。公民不仅是政策主体的构成要素，也是政策发生作用的对象即政策客体。同时，民主和法治的精神赋予公民在政策合法化中的主体地位，从教育政策科学的角度来讲，公民的主体地位应该体现在教育政策的全过程之中。

3. 大众传媒

决策中的信息总要借助一定的媒体才能传播，大众传媒则是现代社会中最为普遍的信息传播载体。大众传媒对全世界的政治、经济、文化正产生着越来越大、越来越广泛的影响，以至于西方有人将大众传媒称作与立法权、行政权、司法权并列的"第四种权力"。大众传媒对职业教育政策制定的影响与作用体现在它能及时反映职业教育所存在的问题，同时，其传播的信息是经过层层加工和筛选的职业教育政策信息和职业教育政策问题。它建构的"第二现实"影响大众对问题内容及其性质的认知和态度，进而影响职业教育政策议程的建立。由于大众传媒的直接性、迅速性和广泛性，它能为职业教育政策的制定创造良好的公众支持环境，从而扩大职业教育政策的诉求群体，提高社会对职业教育政策问题的认知程度。大众传媒的"焦点效应"可以形成强烈的政策舆论压力，促使职业教育决策系统接受来自公众的愿望和要求。大众传媒是连接政府与社会的桥梁，可以

---

① 许崇德：《中华法学大辞典（宪法学卷）》，北京，中国检察出版社，1995，第788页。

② 林嘉诚、朱浤源：《政治学辞典》，台北，五南图书出版公司，1990，第279页。

③ 王浦劬：《政治学基础》，北京，北京大学出版社，1995，第104页。

提升公众对职业教育政策制定的参与程度，使公众能够公开表达自己的诉求，是实现职业教育决策科学化和民主化的手段。

4. 智库

智库又叫“思想库”（think tank）、“脑库”（brain trust），是职业教育政策主体的一个重要组成部分。它在当代职业教育政策研究中起着巨大作用，是现代公共决策不可或缺的组成部分。它的成熟程度是衡量一个国家教育决策水平高低的重要尺度。作为政策主体的一个重要组成部分，智库具有以改进政策制定为目标、研究人员构成的多学科性、从事政策研究和咨询的相对独立性、运用现代科学理论和先进技术手段等基本特征。教育政策科学的应用性特点，决定了智库是学术部门和实际部门的有机结合，各个智库的服务对象、研究领域和所起的作用不同。智库可以分为以下几种类型：一是官方智库。这类智库通常隶属于不同国家或地区的政府及其职能部门，带有明确的官方色彩，在一定程度上反映了政府的态度、立场和感兴趣的问题。它们直接研究职业教育政策问题，为决策提供咨询。二是半官方智库。西方国家为了让专家们能在民间的环境中工作、运用自己的智慧为政府部门服务，通过各种途径和方式，建立了许多半官方智库。三是民间智库。民间智库是由民间发起，得到基金会和企业资助，为国家机构及官员服务的教育政策研究机构，其最大特点是独立性和客观性。它们熟悉技术方法，不为个人意志所左右，直接体察民情，既超脱又接近实际，其研究成果颇具客观性、正确性、全局性、有效性。四是跨国智库。这是由世界各国科学家、经济学家、企业家、政策科学家组成的、以研究人类全球问题为主的智库。

二、职业教育政策客体

职业教育政策客体指的是职业教育政策所发生作用的对象，包括职业教育政策所要处理的各种职业教育问题（事）和所要发生作用的职业教育成员（人）两个方面。职业教育政策最基本的作用就是充当人们处理职业教育问题时控制以及调整人们之间关系特别是利益关系的工具或手段。

（一）职业教育问题

从事的角度看，职业教育政策所要处理的是职业教育问题。按照马奇（J. G. March）和西蒙（H. A. Simon）的说法，问题就是要达到的状态与观察到的状态之间的距离。从唯物辩证法的观点看，职业教育问题也就是职业教育发展过程中产生的各种各样需要解决的矛盾。安德森则认为，职业教育政策问题可以定义为某种条件或环境，这种条件或环境引发社会上某一部分人的需要或不满足，并为此寻求援助或补偿。职业教育发展过程中存在着各种各样的问题，只有那些能够促使人们去解决的问题才是职业教育政策问题。也就是说，如果问题没有得到表达，就不可能构成职业教育政策问题。

由此可见，职业教育问题及职业教育政策问题不仅是一种客观的存在状况，也是人们主观构造的产物。它是被人们感知、觉察到的状况，是由价值、规范和利益冲突引起的、需要加以解决的状况。因此，问题的严重性程度是与人的主观判断密切相关的。

职业教育问题数量庞大、种类繁多，而且各种问题相互交织在一起，因此，如何加以分类也是一个值得注意的问题。洛维（T. Lowi）根据受问题影响的人数多少及其相关性，将问题分为分配性的、调节性的和再分配性的三种；邓恩（W. N. Dunn）按问题的特性，将政策问题分为三类，即结构良好问题、结构适中问题和结构不良问题。有的学者把职业教育问题或职业教育政策问题划分为实质性的和程序性的两种。实质性问题涉及职业教育活动所产生的实际后果；程序性问题则与政府如何组织和如何采取行动有关。

（二）目标团体

从人的角度看，职业教育政策所发生作用的对象是职业教育成员，这些受规范制约的成员称为目标团体。职业教育政策有大有小，它们发生作用的范围不同，因而所要影响或调节、控制的职业教育成员及其行为的范围也不同。党和国家的职业教育总政策和基本政策发生作用的范围最广，它们所涉及的几乎是所有的成员；而最高行政机关的教育行政部门或地方政府的政策法规发生作用的范围较窄，它们所涉及的仅仅是部分成员，如某一阶层、某一行业或某一部门的就业者或某个地区的居民。

职业教育政策所要调整或规范的是人的行为以及人与人之间的关系，尤其是利益关系。它们鼓励人们从事某些活动，而禁止人们从事另一些活动，引导人们朝着政府所期望的目标前进。社会成员及其形成的利益团体在教育活动中所处的地位不同，社会分工不同，因而必定产生各种不同层次、不同性质的利益要求。这些利益要求相互影响、交流、撞击，就形成了各种利益关系。因此，政策要指导人们处理好全社会成员的利益与各种利益团体的利益之间的关系，解决人与人、人与团体、团体与团体之间的利益冲突，建立起一个有利于安定团结、促进事业发展的利益格局。在这种格局中，国家、集体和个人三者的利益，整体利益与局部利益，长远利益与局部利益都能有效地协调起来。

职业教育政策客体的识别具有不可忽视的重要意义。了解职业教育政策所发生作用的职业教育领域问题的性质和特点，了解职业教育政策涉及的目标群体的需要、利益和心态，有助于制定出适应具体情况、能被目标群体所普遍接受或能被多数人所理解的职业教育政策，有助于职业教育政策的顺利执行，充分发挥职业教育政策的作用，取得预期的政策效果。

三、职业教育政策环境

所谓职业教育政策环境，就是指影响职业教育政策产生、存在和发展的一切因素的总和。伊斯顿在《政治生活的系统分析》一书中将政策环境分为社会内部环境和外部环境两个部分。社会内部环境包括生态系统、生物系统、个人系统以及社会系统；社会外部环境是某社会本身以外的系统，它们是国际社会的功能部分，或者可以将其描述为“超社会”“超系统”环境。① 一般来讲，可以将环境分为自然环境和社会环境两大部分。自然环境主要指一国的地理位置、面积、气候条件、山川河流、矿产资源等，它是人类赖以生存的场所和创造文明的自然前提，对一国的内外政策有一定的影响。社会环境主要包括政治状况、经济社会状况、文化状况、教育状况、法律状况、人口状况、科技状况等，它对职业教育政策有着更为直接且重要的影响。

（一）社会经济状况

社会经济状况或发展水平是一国或地区教育决策的最重要依据。政府要想制定出合理的教育政策，并使它取得预期效果，首要和根本的条件是从本国或本地区的实际情况尤其是社会经济发展的现实出发，任何超越或落后于社会经济发展水平的政策注定会失败。首先，社会经济状况是一国或地区的政府制定职业教育政策的基本出发点。一国或地区的社会经济条件如何、处于何种发展阶段、综合实力如何，这是一国或地区政府做出职业教育决策时必须首先考虑的问题。正确合理的职业教育政策必须符合社会经济发展的实际，这是不言而喻的。其次，经济实力是职业教育政策制定和实施的基本物质条件。职业教育政策过程作为上层领域的政治活动，不仅有其经济的根本动因，而且这一过程本身也必须在与国家或地区的整

---

① 〔美〕戴维·伊斯顿：《政治生活的系统分析》，王浦劬译，北京，华夏出版社，1999，第26~27页。

体经济发展水平相一致的前提下，才能获得贯彻实施所需的财、物等各种经济资源。也就是说，国家或地区的经济实力是职业教育政策制定和实施的基本物质条件，它影响着国家的基本政策倾向和政策实施效率。

（二）制度或体制条件

职业教育政策总是在一定的经济和文化体制或制度下制定和实施的。对于经济发展来说，制度是至关重要的，“没有恰当的制度，任何有意义的市场经济都是不可能的”①。“制度是一系列被制定出来的规则、守法程序和行为的道德伦理规范，它旨在约束追求主体福利或效用最大化利益的个人行为。”② 而体制则是国家机关、企事业单位的机构设置、隶属关系和权责划分等方面的体系与制度的总称。体制或制度为职业教育政策提供外部组织环境。

职业教育政策过程的状况如何，在很大程度上受制于现实体制。因此，职业教育政策的制定或实施，都与体制息息相关。体制或制度条件对职业教育政策系统及其过程的影响主要表现在如下几个方面。首先，职业教育政策的决策，往往要在多个方案中进行选择，选择的结果与体制密切相关。作为职业教育政策决策者，必须考虑到职业教育政策的执行及其所要达到的预期目标。其次，体制的习惯势力的大小和所占优势的程度，影响着人们对各种社会利益和教育问题的认识和表达，影响着这些利益和教育问题得到正确解决的机会。最后，体制制约着职业教育政策的执行。职业教育政策方案与执行机构的利益是否协调也在很大程度上影响着职业教育政策的执行。两者利益一致时，职业教育政策执行机构的积极性就高，职业教育政策执行就会很顺利；反之，职业教育政策执行就会受阻，政策难以落实。

（三）政治文化

美国学者阿尔蒙德将政治文化定义为“一个民族在特定时期流行的一套政治态度、信仰和感情”③。而另一美国学者派伊（L. W. Pye）则认为政治文化是赋予政治过程内容和形式的知识、情感和价值观的总和。一般来讲，政治文化是人类政治生活中的主观意识范畴，是有关政治方面的信仰、

---

① Coase, R. H., 1992: “The Institutional Structure of Production”, *American Economic Review*, 82.

② 〔美〕道格拉斯·C. 诺思：《经济史中的结构与变迁》，陈郁等译，上海，上海三联书店，1994，第225~226页。

③ 〔美〕加布里埃尔·A. 阿尔蒙德、小G. 宾厄姆·鲍威尔：《比较政治学：体系、过程和政策》，曹沛霖等译，上海，上海译文出版社，1987，第29页。

理论、感情、情绪、评价和态度等历史和现实的总和，包括政治意识、政治价值观和政治理想等三个层次。首先，政治意识有两种形态：一种是内在的心理形态，一种是外在的文化形态。政治意识的心理形态是其文化形态的基础和内化，政治意识的文化形态是对心理形态的升华和外化。反映和表达阶级及其政党根本利益和愿望的政治意识形态，就成了教育政策的价值取向和行动准则。其次，政治价值观是政治意识形态的核心内容，是政治主体对客观存在的政治价值关系和政治价值创造活动等的反映。政治价值观一经形成，就以相对定型的观念模式存在，规范和约束政治主体的政治行为，规定教育政策实践的指向。政治价值观既会影响政策目标的确定和方案的制定，也会影响方案的评价，更会影响方案的选择。最后，政治理想是政治主体对政治体系、政治活动和政治发展所寄予的希望和对未来的设计。政治理想在政治社会化的作用下转化为政治信仰，成为政治社会的定向因素和精神支柱，规定了政策的动机、基本目标、基本方向和指导原则。

（四）国际环境

政策环境中的社会经济状况、体制或制度条件和政治文化等是从国内的角度来讲的，一国或地区的政策不但受制于国内环境，而且受制于国际环境。国际政治、经济、军事、外交、科技与文化等方面的情况，是一国或地区在制定与执行政策时必须认真考虑的因素。特别是全球化和信息化浪潮的出现，使得国际环境因素对一国或地区的政策制定与执行的影响日益加强。全球化是当今世界的一大趋势。全球化是指世界各个分散的部分或因素形成紧密联系的世界性网络。它是一种客观的历史进程，即某种不以各国的具体环境、地域、制度、意识形态发展模式等为转移的趋势，其基本内容是各国（地区）的经济、政治、军事、科技和文化等方面密切联系和相互作用。世界各个部分迈向了相互依赖和相互作用越来越紧密的新时代。

第二章 职业教育政策研究的现状

在教育决策走向科学化、民主化、制度化、绩效化、程序化的时代，任何教育政策都要经得起时代的考验，避免教育政策制定的随意性以及教育政策执行中“上有政策、下有对策”等现象的出现。因此，强化对“教育政策研究”和“教育政策分析”的研究，不仅可以使我们充分地认识教育政策中各利益相关者不同的价值取向、利益表达、利益均衡以及利益分配等问题，更有助于促进教育公平，弥合教育理论与教育实践的裂缝。

第一节 中国职业教育政策研究的总体状况

20 世纪 80 年代中后期以来，随着中国教育政策科学研究的不断深入，职业教育政策也引起了学术界的关注。经过 30 多年的探索，中国职业教育政策研究的发展状况如何？为了回答这一问题，我们采用定量与定性相结合的研究路径，以中国知网为平台，以 1980～2012 年为期限，以篇名含“职业教育政策”为标准，在“全部数据”中进行“模糊”搜索，共获得了 295 条记录，剔除 25 条无效记录后，共得到 270 条有效记录。1985 年之前没有一条有关职业教育政策研究的记录，此后 16 年间（1985～2000 年）有关职业教育政策研究的论文数量平均每年约 1.68 篇（共 27 篇）。从 2001 年开始职业教育政策方面的论文数量迅速增加（2001～2012 年共 243 篇，平均每年约 20.25 篇）。

一、变量与指标设定

本研究采用文献检索法，论文样本是从中国期刊全文数据库中检索到的 270 篇有关职业教育政策研究的论文。在分析变量上，具体指标为作者单位、研究主题、研究类型和研究的规范性四个方面。

（一）作者单位

作者单位主要包括高等院校、科研机构、政府机构、民间机构以及其他机构（含中国港、澳、台地区机构和国外机构）。有个别论文未标明作者单位。

（二）研究主题

为了更清晰地展示中国职业教育政策研究的现状和特点，本研究对职业教育政策研究主题进行了二次分类。第一次，依据职业教育政策所包含的内容，将主题划分为比较职业教育政策、职业教育经费政策、职业教育课程政策、职业教育教学政策（包含招生、考试与就业）、职业教育教师政策、职业教育管理政策、职业教育法制、职业教育政策理论与政策过程、职业教育宏观政策发展与改革等。第二次，依据职业教育政策结构类型所包含的内容，将主题划分为区域职业教育政策、农村职业教育政策、中等职业教育政策、高等职业教育政策、民办职业教育政策等。

（三）研究类型

本研究对政策研究类型采用了两种分类法：首先从社会科学研究角度将政策研究分为实证（经验）研究（对通过现场观察、访问和社会调查等方法收集到的第一手资料进行的研究）、规范研究（有着明确价值导向的应然研究）、文献研究（主要对二手资料进行的研究）和思辨研究（主要运用哲学思辨法、逻辑演绎法的研究）四大类；在此基础上再从政策科学的角度将研究类型进一步分为政策理论研究（从学科的角度研究政策理论问题）、政策过程研究（分析教育政策如何制定、执行和演变）、政策分析（对政策目标、实质、特点、影响因素等的分析）、政策评估（对教育政策实施效果和影响的分析，包括描述性的分析和对教育政策本身规范性的评价）、政策倡导（研究的目的是向政府提出政策建议）、政策内容研究（侧重对政策文本内容的描述和介绍）和政策阐释（解释政策出台的目的、意义、作用等）。

（四）研究的规范性

简单地讲，研究的规范性是指已有的研究是否符合基本的研究规范和程序，一般从是否有理论预设、是否有明确的问题意识、是否有文献述评、是否有参考文献四个方面进行评估。

二、统计结果分析

在确定样本、相关变量及指标后，本研究运用 SPSS 13.0 进行统计分析，得出以下统计结果。

（一）作者单位

对1985～2012年公开发表的职业教育政策研究论文数量的统计分析表明，职业教育政策研究方面的论文数量基本呈不断增长的趋势（见图2-1）。

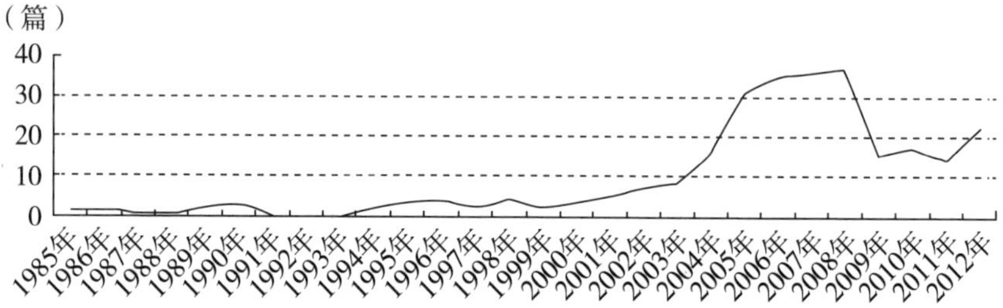

图2-1 1985～2012年职业教育政策研究论文数量变化趋势

对作者所在单位的统计表明，职业教育政策研究的主体主要是高等院校、科研机构和政府机构。其中，高等院校所发表的职业教育政策研究成果在数量上占有绝对优势，是职业教育政策研究的主力军。统计结果还显示，在高等院校中，研究职业教育政策的主要是高职高专院校；在科研机构中，研究职业教育政策的主要是国家科研机构，即教育部职业技术教育中心研究所（见图2-2）。

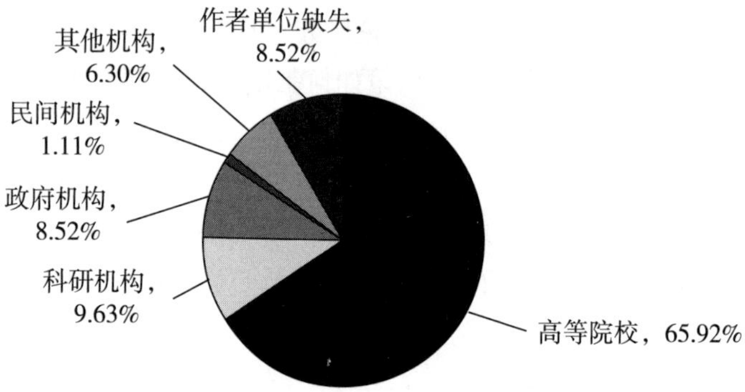

图2-2 职业教育政策研究论文的作者单位分布情况

（二）研究主题

通过对所选取论文的研究主题进行分析，可以大致了解1985～2012年中国职业教育政策研究所关注的主要内容。统计结果显示，职业教育宏观政策发展与改革、职业教育政策理论与政策过程和比较职业教育政策方面的论文占全部论文总数的 85.56%。在职业教育政策结构类型的主题方面，共有 113 篇论文，占论文总数的 41.85%，其中，高等职业教育政策方面的论文最多（见表 2-1、图 2-3）。

表 2-1　职业教育政策研究主题论文分布情况

主题	论文数（篇）	比例（%）
比较职业教育政策	52	19.26
职业教育经费政策	18	6.67
职业教育课程政策	3	1.11
职业教育教学政策（包含招生、考试与就业）	8	2.96
职业教育教师政策	2	0.74
职业教育管理政策	3	1.11
职业教育法制	5	1.85
职业教育政策理论与政策过程	70	25.93
职业教育宏观政策发展与改革	109	40.37
总计	270	100.00

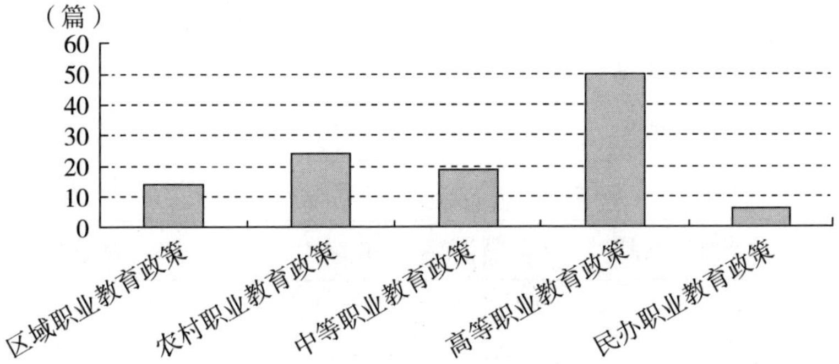

图 2-3　职业教育政策结构类型主题论文分布情况

（三）研究类型

统计结果显示，在职业教育政策研究中数量最多的是文献研究，其次是规范研究，再次是思辨研究，实证研究最少，仅占总数的 4.82%。在七种政策研究类型中，处于前四位的分别是政策内容研究、政策倡导、政策分析和政策理论研究，而政策过程研究、政策阐释、政策评估三者仅占总数的 15.56%（见表 2-2）。

表 2-2 职业教育政策研究论文的交互统计

	政策理论研究	政策过程研究	政策分析	政策倡导	政策内容研究	政策阐释	政策评估	总计	比例
思辨研究	25 篇	6 篇	15 篇	6 篇	3 篇	0 篇	5 篇	60 篇	22.22%
文献研究	3 篇	10 篇	31 篇	5 篇	63 篇	2 篇	4 篇	118 篇	43.70%
规范研究	6 篇	0 篇	4 篇	57 篇	4 篇	5 篇	3 篇	79 篇	29.26%
实证研究	0 篇	1 篇	1 篇	2 篇	3 篇	1 篇	5 篇	13 篇	4.82%
总计	34 篇	17 篇	51 篇	70 篇	73 篇	8 篇	17 篇	270 篇	100.00%
比例	12.59%	6.30%	18.89%	25.92%	27.04%	2.96%	6.30%	100.00%	

（四）研究的规范性

统计结果显示，在全部论文中含有文献述评的仅占 8.52%，含有理论假设的仅占 9.63%，含有明确的问题意识的占 53.70%，另有 39.63%的论文没有参考文献（见表 2-3）。

表 2-3 职业教育政策研究的规范性情况

	论文数（篇）	比例（%）
含有文献述评	23	8.52
含有理论假设	26	9.63
含有明确的问题意识	145	53.70
含有参考文献	163	60.37

三、总体述评

职业教育政策研究是教育政策科学的重要分支领域之一。统计结果表明，中国职业教育政策研究在理论上的提升与丰富、在实践上的拓展与深化始于 21 世纪初期。这一时期，职业教育政策方面的研究成果数量持续增长，且增长速度较快；职业教育政策研究的应用性功能进一步加强；研究重心开始落在本国职业教育政策研究上；职业教育政策研究者开始关注职业教育政策理论体系的建构，越来越注重对职业教育政策的理性思考。总体来说，中国职业教育政策研究仍然处于起步阶段，还存在较大的局限性，主要表现在以下六个方面。

第一，对国外职业教育政策的译介较多，本土化研究偏少。在中国职业教育政策研究中，国外职业教育政策译介类的论文比例高达19.26%。国际化研究多、本土化研究少的问题在一定程度上影响了中国的职业教育政策研究，造成所谓国际化先进理念“水土不服”，也严重制约了改革的成效。

第二，对职业教育政策的宏观研究较多，微观研究偏少，未能很好地处理微观研究与宏观研究的关系。在职业教育政策研究中，宏观研究以整个政策系统和政策过程作为研究和解释的对象，涉及的是地区、国家乃至国际的政策系统及过程，探讨政策研究的一般方法论和分析技术，形成宏观的政策理论即职业教育政策学科总论。微观研究涉及政策系统、政策过程、政策现象的某一部分、方面或环节，构成职业教育政策的分支研究。在中国，职业教育政策研究基本停留在一般理论、宏观分析和方法（总论）上，研究并未分化、成形。

第三，职业教育政策的规范研究和思辨研究较多，实证研究偏少，未能很好地处理规范研究与实证研究的关系。实证研究主要处理的是“事实”，提出的是“是什么”的实然问题；规范研究主要处理的是“价值”，提出的是“应该是什么”的应然问题。职业教育政策研究既要有事实分析，也要有价值分析，要高度重视价值判断在决策行为及过程中的地位和作用。中国的职业教育政策研究目前以文献、思辨和规范研究为主。研究倾向于对职业教育政策文本进行解读和阐释，对职业教育政策问题提出一般性的政策建议，缺乏对复杂真实的职业教育政策现象的深入了解以及以此为基础的理论建构，导致理论与实践相脱离。以文献研究为主的比较职业教育政策研究虽然关注了不少热点政策问题，但其主要遵循“经验—问题—解决”这一思路，缺乏理论高度与深度。

第四，职业教育政策内容研究、政策倡导、政策分析较多，职业教育政策过程研究偏少，未能很好地处理“为政策的研究”与“对政策的研究”的关系。目前，国内职业教育政策研究中有很大一部分是对职业教育政策内容的分析，而有关职业教育政策过程的研究偏少。要改进职业教育政策的制定，离不开对职业教育政策过程的实证研究。透过职业教育政策过程，可以看到影响职业教育政策制定和执行的教育因素及其与政治、经济、社会等外部因素的复杂关系，而对这些因素及其关系的理解和认识，正是改进职业教育政策制定的重要基础。库姆斯在反思美国职业教育政策研究时曾指出，“仅仅对政策过程的认识程度不深这一弱点，就使我们远远缺乏那种可以对可能激发新政策出笼的一些变化作出英明预见的能力，缺乏那种能自信地对某个建议付诸实施将会有何种成果作出预料的能力，缺乏对政策过程进行及时调整修正的能力”①。目前国内只有一些对职业教育政策过程的案例研究，研究成果不多。

第五，职业教育政策研究的研究者群体构成相对单一，跨学科研究能力不足。职业教育政策研究不局限于某一学科，而是一个全新的跨学科研究领域，具有综合、交叉的特点。政策研究的产生和发展需要以大量的知识和方法为基础，大多数社会科学研究的知识和方法都可以运用于职业教育政策研究。目前，高等院校中的研究者是中国职业教育政策研究的绝对主力军，且其中大多数人都是从事教育学研究的。中国职业教育政策研究的理论基础较为薄弱，跨学科研究不够，在本研究所统计的论文中含理论假设的仅占 9.63%。教育学尤其是职业教育学对职业教育政策研究的支持力和针对性非常有限，职业教育政策研究中的跨学科、跨领域的研究亟待加强。

第六，职业教育政策研究的问题意识缺乏，规范性不够，理论基础薄弱，应用性不强，多为职业教育政策内容的阐释和注解，未能很好地处理理论研究与实践研究的关系。职业教育政策研究是一个以行动为取向的研究领域，应体现理论与实践、基础研究与应用研究的有机统一。职业教育政策研究既要研究职业教育政策系统及政策过程，又要揭示职业教育政策现象背后的规律，增进人们对职业教育政策的理解，为解决职业教育发展过程中存在的问题提供知识和方法。今后中国的职业教育政策研究既要加强研究文体的规范性，更要加强研究逻辑或方法论的规范性。

四、中国职业教育政策研究的未来展望

1996 年《职业教育法》颁布，此后党和国家更加高度重视职业教育的发展，明确了职业教育的战略地位，通过颁布大量的职业教育政策来协调普通高等教育与高等职业教育、普通高中教育与中等职业教育的关系，尤其是进入 21 世纪以后，《国务院关于大力推进职业教育改革与发展的决定》《国务院关于大力发展职业教育的决定》《国务院关于加快发展现代职业教育的决定》等教育政策先后颁布，有力地促进了中国职业教育的快速健康发展。职业教育政策的研究者必须树立忧患意识、危机意识、责任意

① 祁占勇、于海燕：《我国职业教育政策研究现状分析——以 1985 ~ 2012 年职业教育政策研究论文为依据》，《职教论坛》2013 年第 28 期。

识，为职业教育政策的民主决策、有效执行、科学评估等提供智力支持。中国职业教育政策研究要想走向成熟和繁荣，必须树立学科意识、问题意识、规范意识、方法意识与国际意识。具体来讲，未来中国职业教育政策研究应着重加强以下几个方面的工作。

第一，加强职业教育政策研究的基本理论和方法论探索，推进职业教育政策研究方法的综合化、灵活化，从而不断提高职业教育政策研究的学术水平。教育政策研究的方法繁多。按研究对象来划分，有个案研究和综合研究；就研究规模或层次而言，有宏观研究和微观研究；按研究方法的性质来分，有定性研究和定量研究。具体研究方法主要有文献法、实验法、比较法、访谈法等。但是，就某一项具体的研究而言，应该依据研究的规模、性质、目标及主客观条件等，灵活地综合运用各种方法。

第二，立足于对中国现实职业教育政策问题的调查研究，增强中国职业教育政策研究的应用性、现实性，批判性地吸收、消化西方职业教育政策研究的理论与方法。一方面，西方职业教育政策研究的理论和方法反映了职业教育政策制定和执行过程的共性及规律，因而具有一定的客观性；另一方面，西方职业教育政策研究不可避免地带有西方社会发展的痕迹和特点。由于社会经济发展水平、政治制度、文化传统和民族心理等方面的差异，各国的政策实践、政策制定及运行过程各具特点，各国的职业教育政策研究必须立足于本国国情及现实的政策实践。因此，中国职业教育政策研究必须处理好职业教育政策研究中的主观性与客观性、国际化与本土化之间的关系，必须立足于中国的国情及现实的政策实践来开展研究，批判地吸收、消化西方职业教育政策研究的理论与方法，建立中国特色职业教育政策研究理论体系。

第三，推进职业教育政策研究种类多样化。综观国内外职业教育政策研究现状，研究的种类大致可归结为如下四大类。第一类是研究一项职业教育政策是怎样制定出来的。第二类是研究怎样才能制定出一项较为理想的职业教育政策。第一类和第二类虽然同是对教育决策过程的研究，但两者截然不同。前者属于动态职业教育政策分析，偏重于教育决策过程的描述和分析；后者主要研究影响教育决策过程的各种主客观因素、策略和方法等，即决策过程的科学化与民主化等问题，偏重于教育决策过程的技术层面，属于教育决策的应用研究，以如何制定好的职业教育政策为目标。第三类是具体研究某一项职业教育政策，属于职业教育政策分析和评价，偏重于职业教育政策本身内容的分析以及实施效果的评价。第四类是对左右职业教育政策走向、统摄教育决策过程并体现在职业教育政策内容中的科学和社会理论的研究，即通常人们所说的指导思想或理论基础的研究。它偏重于职业教育政策理论框架的分析，着重解决贯穿于教育决策过程的指导思想的理论定位问题，并以此来判断职业教育政策的性质。当然，一些大型的、综合性的职业教育政策研究，常常融合了两类以上的研究。

第四，提升职业教育政策研究主体的相对独立性和自主性。随着职业教育政策研究地位的确立与提升及其作用的日益彰显，职业教育政策研究成果越来越受到教育决策者及相关机构的关注，研究主体也表现出越来越强的独立性和自主性。一方面，研究主体获得的研究环境越来越宽松，学术争鸣气氛日益浓厚，有关决策过程的信息获取难度下降、渠道增多；另一方面，职业教育政策研究的体制也为研究者发挥其独立性和自主性提供了保障。除半官方机构和社会机构及一些“独立自由人”对职业教育政策开展相对独立的研究以外，教育决策部门往往也会委托第三方对已发布的政策进行诊断、评价和分析。这一过程通常会把握两个原则：一是决策者、执行者和政策的直接影响者尽可能回避；二是采用国际国内投标的方式。职业教育政策研究者只有拥有了相对独立的地位，才能更加坚定独立自主的立场，获得更大的挑战权威、求真求实的勇气，更加秉持严谨、踏实、有理有据的治学精神。

第五，要逐渐从学科意识的角度来建设职业教育政策学。职业教育政策学运用现代科学理论和技术方法，研究的是职业教育政策的功能机制和运行规律。首先，职业教育政策学是一个综合性、跨学科的研究领域。它不是现有某一学科的更新，而是一个全新的跨学科研究领域，具有综合、交叉的特点。它提倡以问题为中心，而不是以学科为中心的知识产生方法。其次，职业教育政策学是一门行动取向的学科，体现着理论与实践的统一，具有应用性。职业教育政策学的研究对象是职业教育政策实践或实际的政策过程，它的目的和功能是提供相关政策知识，为政策实践服务。因此，它不是纯理论科学或基础研究，而是一门应用性较强的学科。再次，职业教育政策学不仅是描述性学科，也是一门规范性学科。它以价值为取向。政策科学可以说是对一般选择理论的研究，而选择要以价值（观）为基础。职业教育政策学关心事实，更关心价值和行动。它是描述性的，也是规范性的。说它是描述性的，是因为它追求有关职业教育政策性质、原因和结果的知识；说它是规范性的，是因为它重视价值取向和价值评价，它的一个重要目标是创造和批评有关职业教育政策价值的知识主张。最后，职业教育政策学是软科学的一个重要分支。按照一些学者的说法，20 世纪

50 年代软科学的重点是科学学尤其是科学社会学的研究，60 年代其重点是运筹学，70 年代其重点是未来学及预测学，到了 80 年代，其重点已经转向政策科学了。政策科学实际上成了决策科学化和民主化的主要支持学科，它在解决政策问题和促进社会发展方面的重大作用正被越来越多的人所认可。

总之，职业教育政策研究需要处理好基础研究与应用研究的关系，既要切实加强基本理论和方法论的探索，又要加强职业教育政策科学知识在现实职业教育政策问题解决中的应用；处理好实证研究与规范研究的关系，做到事实分析与价值分析并重；处理好国际化与本土化的关系，凸显中国特色；处理好宏观研究与微观研究的关系，深化职业教育政策科学的研究。

第二节 职业教育政策研究热点与拓展领域的共词可视化分析

通过数据收集和整理，文献计量研究可以较为客观地反映某一研究领域的基本状况，避免了传统文献研究偏重于定性归纳、过于主观的问题。① 基于多元统计分析，文献计量研究可以使用共词分析、聚类分析等多种方法，对关键词、主题词、作者、引文等在文献中共同出现的情况进行分析，以探究学科领域的研究热点、研究基础、研究团队等核心问题。遵循共词分析及数据可视化的基本思路，为了更好地展示改革开放以来中国职业教育政策研究领域的热点问题，本研究通过对 2000~2013 年中国职业教育政策研究文献中的关键词进行词频统计，并选取高频关键词进行领域构成分析，揭示职业教育政策的研究热点、各研究热点之间的结构关系以及各研究领域在整个研究中所处的地位及其发展趋势。

一、资料来源与研究工具

（一）资料来源

本研究使用中国期刊全文数据库进行文献搜索，将期刊年限设定为

① 潘黎、王素：《近十年来教育研究的热点领域和前沿主题——基于八种教育学期刊 2000~2009 年刊载文献关键词共现知识图谱的计量分析》，《教育研究》2011 年第 2 期。

“2000~2013 年”，不指定期刊，并分别以篇名为“职业教育”并含“政策”、“职教”并含“政策”、“职业技术教育”并含“政策”、“职业培训”并含“政策”进行标准检索，共获得 626 篇相关文献，剔除报纸评论、人物专访、会议纪要等非研究性文献后得到 479 篇文献。之后，对这些审核过的文献进行规范化处理，如将“职教”“职业技术教育”“职业教育与培训”统一成“职业教育”，从而得到有效的研究资料。

（二）研究工具与步骤

研究工具为 Bicomb 共词分析软件和 SPSS 17.0 统计软件。研究分为六个步骤：第一，在 Bicomb 共词分析软件中建立一个新项目，项目编号设为 1011，格式类型选择“cnki. 中文 . <txt>”；第二，将 479 篇有效文献从本地文件夹输入“选择目录”中，进行提取操作；第三，进行关键词的统计；第四，根据关键词词频阈值设定，导出相应的频次分布 Excel 表格；第五，抽取词频大于等于 6 的 42 个关键词作为高频关键词，建立高频关键词的共词矩阵和相似矩阵；第六，进行聚类分析，将高频关键词共词矩阵导入 SPSS 17.0 中，采用系统聚类，得到关键词的聚类树状图。

二、研究结果与分析

（一）高频关键词确定

关键词是文献研究内容、研究方法的概括和凝练，通过关键词的词频统计可以将非数量形式的文献转换为数量资料进行分析。某个关键词出现得越频繁，表明其受到的关注越多，高频关键词常被用来确定某一研究领域的热点问题。通过对 479 篇文献的关键词进行统计，得到 1786 个关键词。根据齐普夫（G. K. Zipf）的公式，结合中国学者孙清兰提出的高频词与低频词的临界值计算公式及各数量同频词的词频估算法①，最终确定高频低频词阈值为 6，统一同义词后得到 42 个高频关键词（见表 2-4）。

① 于海燕、祁占勇：《我国职业教育政策研究热点的领域构成与拓展趋势》，《教育与职业》2015 年第 7 期。

表 2-4　42 个高频关键词

序号	关键词	出现频次	序号	关键词	出现频次	序号	关键词	出现频次
1	职业教育	192	15	政策比较	16	29	改革开放以来	8
2	政策分析	147	16	政策执行	16	30	高等职业学校	8
3	高等职业教育	65	17	政策环境	15	31	产学合作	8
4	农村职业教育	65	18	政策选择	15	32	民办职业教育	8
5	经费政策	55	19	政策反思	15	33	公平	7
6	国外职业教育	54	20	劳动力市场	13	34	政策评价	7
7	中等职业教育	48	21	培养模式	11	35	终身教育	7
8	区域职业教育	40	22	职业教育体系	11	36	政策评估	7
9	政策建议	39	23	政策创新	11	37	职教中心	6
10	职业培训	38	24	《职业教育法》	10	38	吸引力	6
11	校企合作	29	25	政策走向	10	39	教育改革	6
12	政策综述	28	26	师资队伍建设	10	40	职业资格认证制度	6
13	政策取向	24	27	政策设计	10	41	政策演变	6
14	政策保障	20	28	政策框架	8	42	教育政策	6

（二）高频关键词相似矩阵和聚类树状图分析

为了得到符合尺度分析要求的数据结构，深入揭示两个关键词之间的共现关系，还需将共词矩阵转化为相似矩阵。我们利用 Bicomb 软件“矩阵”中的“词篇矩阵”功能，将 42 个高频关键词生成关键词的词篇矩阵，将词篇矩阵导入 SPSS 17.0 中，依次运用软件中的“分析”“分类”“系统聚类”进行分析，然后选取“相似矩阵”“树状图”“Ochiai 系数”。其中 Ochiai 系数的计算公式为：$S=N_{IJ}/(N_I \times N_J)$ 1/2，即将词篇矩阵中的每个数字都除以与之相关的两个词总频次开方的乘积，然后再将其转化为一个 42×42 的共词相似矩阵（部分结果见表 2-5）。

表 2-5　职业教育政策研究高频关键词的相似矩阵（部分）

	1. 职业教育	2. 政策分析	3. 高等职业教育	4. 农村职业教育	5. 经费政策	6. 国外职业教育	7. 中等职业教育	8. 区域职业教育	9. 政策建设	10. 职业培训	11. 校企合作	12. 政策综述	13. 政策取向	14. 政策保障	15. 政策比较	16. 政策执行	17. 政策环境	18. 政策选择
1. 职业教育	1.000	0.381	0.036	0.027	0.127	0.020	0.031	0.046	0.150	0.105	0.286	0.150	0.192	0.161	0.126	0.144	0.130	0.149
2. 政策分析	0.381	1.000	0.215	0.157	0.056	0.213	0.060	0.196	0.026	0.147	0.094	0.000	0.051	0.000	0.000	0.000	0.043	0.000
3. 高等职业教育	0.036	0.215	1.000	0.000	0.050	0.068	0.054	0.118	0.139	0.040	0.047	0.094	0.101	0.139	0.093	0.093	0.000	0.032
4. 农村职业教育	0.027	0.157	0.000	1.000	0.137	0.035	0.110	0.100	0.163	0.000	0.000	0.096	0.000	0.085	0.032	0.000	0.131	0.066
5. 经费政策	0.127	0.056	0.050	0.137	1.000	0.055	0.487	0.149	0.086	0.087	0.025	0.025	0.000	0.000	0.000	0.034	0.000	0.070
6. 国外职业教育	0.020	0.213	0.068	0.035	0.055	1.000	0.000	0.000	0.000	0.221	0.000	0.180	0.056	0.030	0.136	0.068	0.000	0.000
7. 中等职业教育	0.031	0.060	0.054	0.110	0.487	0.000	1.000	0.183	0.069	0.000	0.055	0.055	0.059	0.032	0.000	0.036	0.000	0.149
8. 区域职业教育	0.046	0.196	0.118	0.100	0.149	0.000	0.183	1.000	0.127	0.077	0.030	0.000	0.000	0.000	0.079	0.040	0.082	0.163
9. 政策建议	0.150	0.026	0.139	0.163	0.086	0.000	0.069	0.127	1.000	0.026	0.061	0.000	0.000	0.000	0.000	0.000	0.041	0.000
10. 职业培训	0.105	0.147	0.040	0.000	0.087	0.221	0.000	0.077	0.026	1.000	0.000	0.092	0.000	0.036	0.000	0.000	0.126	0.042
11. 校企合作	0.286	0.094	0.047	0.000	0.025	0.000	0.055	0.030	0.061	0.000	1.000	0.036	0.039	0.211	0.047	0.000	0.049	0.000
12. 政策综述	0.150	0.000	0.094	0.096	0.025	0.180	0.055	0.000	0.000	0.092	0.036	1.000	0.000	0.000	0.000	0.000	0.000	0.000
13. 政策取向	0.192	0.051	0.101	0.000	0.000	0.056	0.059	0.000	0.000	0.000	0.039	0.000	1.000	0.000	0.000	0.102	0.105	0.053
14. 政策保障	0.161	0.000	0.139	0.085	0.000	0.030	0.032	0.000	0.000	0.036	0.211	0.000	0.000	1.000	0.000	0.000	0.000	0.000
15. 政策比较	0.126	0.000	0.093	0.032	0.000	0.136	0.000	0.079	0.000	0.000	0.047	0.000	0.000	0.000	1.000	0.000	0.000	0.000
16. 政策执行	0.144	0.000	0.093	0.000	0.034	0.068	0.036	0.040	0.000	0.000	0.000	0.000	0.102	0.000	0.000	1.000	0.000	0.000
17. 政策环境	0.130	0.043	0.000	0.131	0.000	0.000	0.000	0.082	0.041	0.126	0.049	0.000	0.105	0.000	0.000	0.000	1.000	0.000
18. 政策选择	0.149	0.000	0.032	0.066	0.070	0.000	0.149	0.163	0.000	0.042	0.000	0.000	0.053	0.000	0.000	0.000	0.000	1.000

Ochiai 系数表示的是关键词之间共现的相对强度，其数值的大小可表明数据间的相似程度，即表明两个关键词之间相互联系的紧密程度。其数值越接近 1.000，表明相应的两个关键词之间的相似度越大；数值越接近 0.000，则表明两个关键词之间的相似度越小。① 对角线上的数值为 1.000，代表高频关键词与自身的相关程度。高频关键词“职业教育”与其他关键词的相似度由大到小（取前四位）依次为：政策分析（0.381）、校企合作（0.286）、政策取向（0.192）、政策保障（0.161）。这一结果说明中国职业教育政策研究者在研究职业教育政策时更多讨论校企合作政策，多采用政策分析、政策价值取向等相结合的研究方式。

对高频关键词相似矩阵进行聚类分析，就可以通过考察关键词之间的联系，把联系密切的关键词聚成一类，由此形成某一研究领域。运用 SPSS 17.0 进行聚类分析，可把 42 个高频关键词分成六大类，表明 2000~2013 年中国职业教育政策研究有六个热点领域。

由图 2-4 可以看出，高频关键词共现文献的数量越多，这类高频关键词的距离就越近，从而聚集成一个研究领域。按照系统聚类分析结果，可将 2000~2013 年中国职业教育政策研究的热点领域分为六个，即职业教育政策文本研究、职业教育经费政策研究、职业资格认证制度研究、民办职业教育政策研究、职业教育校企合作政策研究和职业教育师资队伍政策研究。

三、职业教育政策研究的主要热点

随着党和国家对职业教育的大力支持和空前重视，职业教育政策研究呈现出蓬勃发展的态势。职业教育政策的外部环境正在发生改变，这就要求不断地对职业教育政策做出调整。

（一）职业教育政策文本研究

在此次统计中，出现最多的是关于“职业教育政策分析”的文献，相关研究和界定所采用的是狭义的政策分析，即通过调查研究，分析备选的职业教育政策的优劣，并探寻其内在要义，对该政策进行评估。目前有关职业教育政策分析的研究严格来说是对职业教育政策的研究，包括对职业教育决策、职业教育政策执行及职业教育政策价值的分析。通常采用的研究或论证方法有三种：单纯的定量分析、单纯的定性分析和综合分析。单

① 于海燕、祁占勇：《我国职业教育政策研究热点的领域构成与拓展趋势》，《教育与职业》2015 年第 7 期。

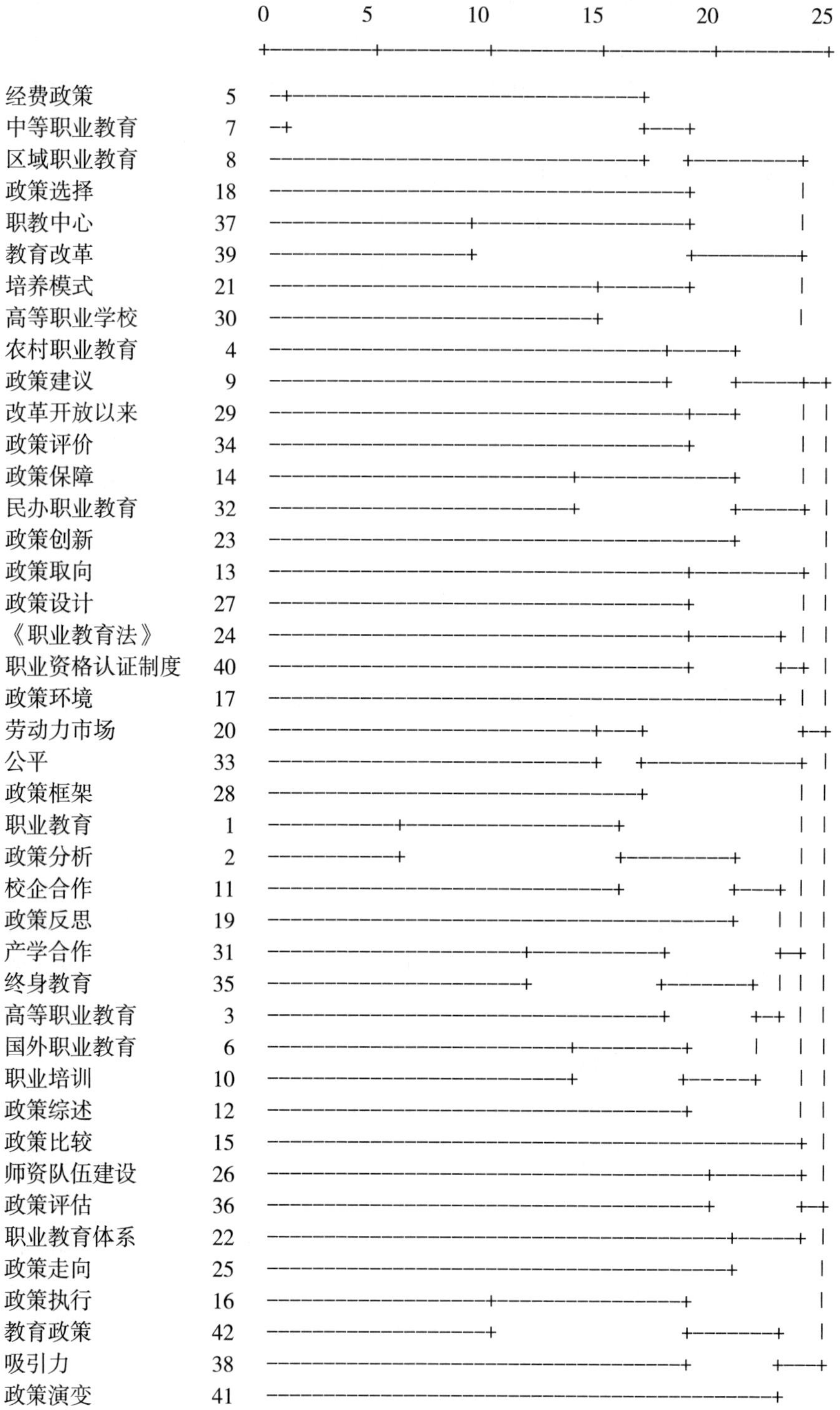

图 2-4　职业教育政策研究高频关键词聚类树状图

纯的定量分析主要是通过对政策的数量、年代、关键词等进行词频统计，重在发现职业教育政策演变的特点及规律。如有研究者通过对职业教育政策文本的数量变化、权威部门构成、政策主题分布等的统计分析，发现中国职业教育政策文本具有不稳定性、非连续性和多权威控制性，师资建设政策与中等职业教育政策受关注。① 单纯的定性分析是指对政策文本中的某一话语进行分析与阐释。如有研究者从培养目标的角度出发，分析改革开放以来中国职业教育政策中话语演变的趋势，认为培养目标主要存在五种变化、四种表述方式和三个问题。五种变化，即经历了由培养“技术员、管理人员、技工”“实用人才”“应用型人才”到培养“技能型人才”“技术技能人才”的转变；四种表述方式，即类型说、岗位说、特征说和综合说；三个问题，即目标内涵不清晰、目标变动太频繁和目标分类不明确。② 对职业教育政策进行综合分析的研究较少，尚未发现具有代表性的研究。

有研究者认为，一般性的职业教育政策分析普遍存在对国外职业教育政策译介多、关注宏观层面研究、注重思辨研究、研究者构成群体相对单一、规范性不够等现象。③ 总体来说，中国学者对职业教育政策的文本分析结论主要集中在理论研究不够深入、方法运用不够综合、研究力量不够强大、研究主体的作用未充分体现等方面。

（二）职业教育经费政策研究

职业教育经费投入不足已成为中国职业教育发展的一大障碍，因此，对职业教育经费进行相应的研究并提出政策建议具有非常大的价值。目前对职业教育经费政策存在的问题的讨论集中在以下几个方面：第一，政策落实不到位。有研究者举例指出，国家规定城市教育附加费的20%用于职业教育，但许多地方城市教育附加费“缩水”或被挤占的现象比较普遍；按照辖区内人均1元的标准设立职业教育专项经费在多数省份得不到落实；在高等教育经费安排上，基本把职业技术学院排除在外；鼓励高等职业院校发展校办产业、提高教学质量和增强“造血”功能的若干优惠政策也因

① 石学云、祁占勇：《中国职业教育改革发展的政策走向分析——1995~2008年中国职业教育政策文本的定量分析》，《职业技术教育》2010年第34期。

② 查吉德：《改革开放30年来职业教育培养目标的政策分析》，《中国职业技术教育》2013年第3期。

③ 祁占勇、于海燕：《我国职业教育政策研究现状分析——以1985~2012年职业教育政策研究论文为依据》，《职教论坛》2013年第28期。

政策不配套而成为空中楼阁。① 第二，政策实施操作性不强。有研究者指出，《职业教育法》等法律法规对职业教育的经费投入问题已经做了一些规定，但这些规定还存在不具体、不系统、可操作性不强、法律责任不明确等不足，特别是对于违反法规的处罚规定非常笼统，对如何保证职业教育经费的增长、如何鼓励企事业单位举办职业教育也没有提出具体的措施。② 第三，经费政策制定和执行的地区差异大。有研究者分析全国的情况后发现，已制订中等职业学校生均经费标准的省市，其计算口径呈现出多样性和差异性。如浙江省在吸收全国其他省市做法和经验的基础上，从本省实际情况出发，省级建立指导标准，市县制定具体标准，允许市县“百花齐放”，省级根据指导意见对市县进行考核；而福建省中等职业教育生均拨款标准政策则是综合考虑中等职业教育办学成本、各级财政承受能力、区域发展差异等多种因素的结果。③

总体来说，对于职业教育经费政策的研究多遵循“以各级职业教育经费投入水平为视角—发现职业教育经费政策的相关问题—提出相应政策建议”的研究思路。然而，对职业教育经费以及职业教育经费政策的制定、执行进行分析的研究却较少，说明目前中国职业教育经费政策研究的角度较少、独立性不足。

（三）职业资格认证制度研究

1996 年颁布的《劳动预备制度实施方案》、1999 年颁布的《关于积极推进劳动预备制度加快提高劳动者素质的意见》和 2000 年颁布的《招用技术工种从业人员规定》先后对相关人员提出了需获得职业资格证书的规定。目前对职业资格证书制度的研究主要集中在以下几个方面：第一，职业资格与职业教育的关系。有研究者认为，职业教育与职业资格证书制度的关系经历了“相互保护—职业教育适应职业资格证书制度—相互衔接”这样一个较长时间的发展演变。④ 同时，也有研究者指出，职业资格和职业教育在互动中还存在两大难题：职业院校双证衔接和沟通存在相当大的

---

① 周劲松、李怡：《高等职业教育经费投入现状分析及对策研究》，《职业技术教育》2008 年第 4 期。

② 郭扬、胡秀锦：《职业教育经费保障机制的构建与思考》，《教育发展研究》2009 年第 1 期。

③ 周凤华：《中等职业教育生均经费政策制定、执行情况及投入模式研究——基于浙江和福建两省的调研》，《中国职业技术教育》2012 年第 36 期。

④ 刘红：《我国职业资格证书制度和职业教育与培训关系的发展历程》，《中国职业技术教育》2006 年第 6 期。

难度、职业教育和职业资格证书始终存在多种不平衡性。这些难题共同导致职业教育与职业资格证书的互动存在障碍。① 第二，学历证书与职业资格证书的衔接。目前双证之间的衔接不通畅，这与“双师型”师资力量不足、宣传不到位、课程开发能力欠佳等职业教育内部原因有关。也有学者认为，这是由重学历证书轻职业资格证书、鄙薄职业教育的传统观念及就业准入制度执行不严格等外部原因造成的。② 第三，职业资格证书的考核、管理制度问题。有研究者认为，职业技能鉴定标准主要适应于技能型、操作型工作岗位，尚未包括服务、技术和管理方面的全部职业，很多急需工种并未被纳入，职业学校的很多专业并没有对应的职业资格证书。③ 有研究者指出，职业资格证书缺乏社会化管理机制，证出多门，管理混乱，种类繁多。④ 第四，职业资格证书制度的功能。职业资格证书有利于提高职业教育质量，加强职业教育与就业市场的联系，提升职业教育的社会地位。也有学者提出，职业资格制度可能对职业教育带来一些负面影响，如该制度可能导致职业学校以考证为目的，带来另一种“应试教育”⑤，从而影响职业学校学生基础理论知识的学习、综合素质的提高及职业道德、劳动习惯等的培养。

总体来说，这些研究大多停留在思辨层面，更多的是总结职业资格证书制度在中国的实施现状与问题，较少运用量化分析；更多的是回答“是什么”，即职业资格证书制度是什么，而较少讨论“怎么办”，也就是如何在理论指导下实施职业资格证书制度等。

（四）民办职业教育政策研究

自《中华人民共和国民办教育促进法》（以下简称《民办教育促进法》）、《中华人民共和国民办教育促进法实施条例》（以下简称《民办教育促进法实施条例》）颁布实施后，各级政府充分认识到大力发展民办教育的重要性。2005 年颁布的《国务院关于大力发展职业教育的决定》首次以中央政府的名义强调要大力发展民办职业教育，把民办职业教育纳入职

① 邢晖、侯兴蜀：《职业教育与职业资格证书互动的障碍及成因分析》，《中国职业技术教育》2005 年第 24 期。

② 黄曹华：《高等职业教育与职业资格证书制度衔接研究》，杭州，浙江师范大学硕士学位论文，2006。

③ 陈光、杨进：《职业教育与职业资格证书》，《中国职业技术教育》2000 年第 11 期。

④ 金宏义、王莉红：《职业教育与职业资格证书制度衔接研究》，《继续教育研究》2009 年第 7 期。

⑤ 蓝欣、吴乃欣：《职业资格制度影响职业教育发展的中日比较研究》，《中国职业技术教育》2007 年第 24 期。

业教育发展的总体规划，加大对民办职业教育的支持力度，制定和完善民办学校建设用地、资金筹集的相关政策和措施。学者们也就相关民办职业教育政策进行了分析。第一，健全民办职业教育的保障机制。有研究者指出，民办职业教育发展的关键在于教师质量的稳定与提高，因此可以通过政策、法规对教师资源进行一定程度的强制性配置，采取因岗设职、公开招聘、严格评聘等措施，同时，健全民办职业学校教师福利制度。① 也有研究者从加大公共财政支持力度的角度开展研究，如有研究者分析了公共财政对民办教育发展的支持政策，指出应区分民办教育的办学层次与类型、民办教育的性质，认为公共财政支持民办教育政策的建立、健全和落实需要配套的保障性政策。② 第二，强调民办职业教育政策的落实。促进民办职业教育发展的关键不仅在于法律条文的颁布，更重要的是在实践中兑现落实它们。有研究者指出，立法之后，还有许多具体问题要考虑、要落实，如税收优惠政策要明确民办学校可以享受哪些税收优惠政策、优惠的范围如何和额度是多少及如何与《营业税条例》《个人所得税条例》协调起来；国家用什么方法鼓励金融机构支持民办教育的发展，是采取由国家给予民办教育适当贴息贷款的方式，还是采取由国家对给予民办学校贷款的银行一定的政策性补贴等手段。③ 另外，政府部门应加强执法与督察力度。

（五）职业教育校企合作政策研究

实行校企合作、工学结合的人才培养模式是培养技能型人才的重要途径，也是职业教育的内在要求。目前，学者们对职业教育校企合作政策的研究主要是按照“问题—对策”的研究思路进行的。职业教育校企合作政策方面的问题主要有：第一，政府主导不足，配套的法律政策不健全。有研究者指出，政府自身对如何发挥主导作用认识不足，相关校企合作的法律和政策制度不健全，导致校企合作多方参与、沟通对话、经费投入的引导和保障机制、监督评价机制等不完善。也有研究者认为，过于强调政府在校企合作中的主导地位，不利于解决中国当前普遍存在的校企合作形式化的问题，在合理的校企合作关系中，政府应当避免过度干预，积极创造

---

① 牛征：《浅析民办职业教育机制》，《教育与职业》2005年第29期。

② 李宜江：《公共财政支持民办教育发展的政策法规变迁及启示》，《现代教育管理》2012年第8期。

③ 刘娜、朱凤玲、兰春：《谈政府对民办职业教育的宏观调控》，《职业技术教育》2003年第19期。

合作条件，促成校企合作利益机制的建立。① 第二，对学校要求多、对政府和企业要求少，中央政策多、地方政策少，财政扶持和税收优惠政策少。有研究者指出，在校企合作的各项政策中，都是以高等职业院校为对象的，各种要求都是针对学校的，而对政府和企业的要求较少。从总体上看，地方政府出台的关于校企合作方面的政策比较少，远没有家电下乡财政补贴等政策那样及时、具体；学校所能获得的校企合作方面的经费主要来源于中央的实训基地建设专项资金；企业基本没有获得校企合作方面的财政和税收优惠。② 此外，还有一种研究思路是“译介—分析—启示”，即先介绍职业教育发达国家和地区成功的校企合作政策，而后分析中国当前职业教育校企合作政策的问题，并提出相应的政策建议。如有研究者介绍了德、美、澳等国在职业教育校企合作方面的政策和制度保障，分析了中国当前职业教育校企合作的法律、政策和制度现状以及校企合作办学相关政策、制度约束和激励方式等方面的问题。③

（六）职业教育师资队伍政策研究

职业教育师资队伍专业化水平普遍不高的问题已经成为制约职业教育进一步发展的重要因素，目前对职业教育师资队伍的政策研究主要集中于以下几个领域：第一，职业教育师资队伍建设的政策研究。有研究者指出，中国的“双师型”教师队伍建设政策从正式提出到逐步完善，经历了从低层次向高层次提升的过程，对象范围由中等职业教育教师扩展到高等职业教育教师，有关政策也从笼统要求向具体化过渡，“双师型”教师队伍的建设目标也从“双师型”向“双师素质”演变和发展。④ 但也有研究者认为，虽然国家颁布的相关政策对职业教育师资队伍建设提出了要求，但是在政策推进环节出现了一些问题，如职业院校的师资队伍仍然以文化课教师、专业理论课教师为主，而实习课教师严重缺乏，聘用的企业高级技术人员及其他方面的专家数量较少，而且由于政策中缺乏对兼职教师的界定，所以偶尔在职业院校开讲座的教师或学校的顾问是否应该被界定为兼职教

---

① 于海燕、祁占勇：《我国职业教育政策研究热点的领域构成与拓展趋势》，《教育与职业》2015 年第 7 期。

② 田平：《高职院校校企合作政策的现状、问题及建议》，《十堰职业技术学院学报》2010 年第 3 期。

③ 陈钢、邱致裕：《职业教育校企合作办学可持续发展的政策和制度保障研究》，《教育与职业》2011 年第 36 期。

④ 于海燕、祁占勇：《我国职业教育政策研究热点的领域构成与拓展趋势》，《教育与职业》2015 年第 7 期。

师也没有定论。① 第二，职业教育师资培养的政策研究。有研究者指出，中国对职业教育师资培养的相关政策导向已经经历了一系列的深刻变革。中国已在法律层面上将职业教育教师的培养纳入师资队伍建设，强调专业师资培训基地的建设，规定职业院校教师必须到企业进行实践，并为职业教育教师提供了更高层次的进修渠道——在职攻读硕士和博士学位。② 第三，职业教育教师资格认定的政策研究。有研究者指出，目前，职业教育师资都由高校输送，对于职业教育师资的资格认定也基本参照普通教师认证标准执行，没有独立的职业教育教师资格认定体系。③ 但也有研究者指出，从政策发展来看，中国政府已经在政策规范层面上进行了积极的尝试与探索，为职业教育教师资格认证体系的构建奠定了良好的基础。④ 总体来说，对于职业教育师资队伍的政策研究偏重思辨讨论、事实堆积与阐述，提出的意见多有雷同且指导宽泛，无法给予政府、学校和企业具有可操作性的建议措施。

四、职业教育政策研究的拓展领域

依据共词分析的理论和方法，对 2000~2013 年中国职业教育政策的研究状况和研究热点之间的相互关系进行量化分析后发现：数量一直呈上升趋势的职业教育政策研究文献主要发表于职业教育研究的专门期刊，研究热点集中于职业教育政策文本、职业教育经费政策、职业资格认证制度、民办职业教育政策、职业教育校企合作政策以及职业教育师资队伍政策等领域，每个研究领域所占比重的差异较大，以职业教育政策文本分析、职业教育经费政策研究为主；各研究领域内部研究重点的差异也较大，仅针对某几个问题做重复性研究。同时，有关研究更侧重对职业教育政策本身内容的分析及对其实施后社会效果的评价，而对政策该如何制定、影响政策制定的因素、如何有效实施政策等的研究则相对薄弱。因此，中国学者今后应加强以下几个相关研究的领域。

（一）深化职业教育相关政策的配套和细化研究

虽然研究者对职业教育相关政策的研究侧重点不同，但大都认为职业教育政策存在着表述不明确、不具体，配套政策不完善，实施效果欠佳，

① 翁吟：《职业教育师资队伍建设的政策研究》，《职教论坛》2009 年第 13 期。
② 翁吟：《职业教育师资队伍建设的政策研究》，《职教论坛》2009 年第 13 期。
③ 刘思聪：《职教师资政策有待完善》，《教育与职业》2009 年第 25 期。
④ 翁吟：《职业教育师资队伍建设的政策研究》，《职教论坛》2009 年第 13 期。

监督力度不强等问题，因此，深化职业教育相关政策的配套和细化研究尤为重要。这就要求研究者在更广的职业教育政策领域，在更新的职业教育政策主题中寻找突破口，不断完善和扩展职业教育政策的研究。研究者既要关注某个职业教育政策本身的细化和改进，更要站在国家战略发展高度对其进行深入探讨；既要关注政府、学校、企业三者之间的关系，又要考虑不同地区的现实差距；既要实现职业教育的大发展，又要注重教育公平和终身教育的理念。

（二）增强职业教育政策研究的应用性和本土化

客观地说，西方发达国家的职业教育政策比中国的更为全面、系统、具体，其政策研究具有较强的可操作性、应用性，在研究方法上体现了综合化、可视化，这都是值得中国研究者学习和借鉴的。目前在校企合作政策、经费政策以及师资认定制度方面中国都有大量的学者在引介西方的研究成果。一方面，由于职业教育政策研究的问题和规律具有一定的普遍性，这种引介是可行的；另一方面，研究者的研究一定会受本国文化传统、社会意识形态等的制约，具有特殊性，所以这种引介又是有条件的。这就要求中国的研究者既要多元地吸收借鉴他国先进的职业教育政策研究理论和方法，又要以中国职业教育现实为基础，努力构建中国特色现代职业教育政策研究体系。

（三）提高职业教育政策研究的专业化

职业教育政策研究是一个专业化的过程，既要分析职业教育政策文本，又要分析这种政策是如何形成、如何执行的，还要对职业教育政策的实施效果及政策环境进行分析，对职业教育政策的价值进行分析。职业教育政策研究是多渠道、多技术层面的。职业教育政策研究是为了实现职业教育政策的目标，因而，所有的政策研究活动都应该围绕这个目标进行。目前中国的职业教育政策研究还停留在一般性研究层面，即研究内容不全面，多关注职业教育政策过程，较少关注职业教育政策环境和政策制定；研究方法使用混乱、浅显，即多使用一般的描述性分析，较少借助经验数据的统计分析。对此，中国必须建立专业研究团队，进行有目标、有主体的研究，提高职业教育政策研究的专业化水平。

（四）丰富高中教育阶段普职融通政策研究

2014 年颁布的《国务院关于加快发展现代职业教育的决定》明确指出，“到 2020 年，形成适应发展需求、产教深度融合、中职高职衔接、职业教育与普通教育相互沟通，体现终身教育理念，具有中国特色、世界水平的现代职业教育体系”。显然，现代职业教育体系影响着职业教育乃至国家整个教育体系的发展与完善，而“普职融通”无疑是现代职业教育体系建设的重要内容。普职教育的相互沟通，需要在育人的系统设计、机制的不断创新、课程的全面衔接、实施途径的科学合理、评价体系的全面改革、招生制度的相应配套等方面进行落实，是全新意义上的“普职融合”。① 目前中国已经初步建立起多层次、多种类的职业教育体系。普职关系研究取得了长足的进步，主要集中在普职关系的理论反思与建构研究、基于劳动力市场的普职结构调整研究、以职业资格证书制度为纽带的普职关系研究、普职关系视域下的职业教育体系研究四个方面。但同时普职关系的理论研究相对贫乏，普职渗透与沟通研究不足，中高职衔接及普职关系未来发展等方面的研究还略显不足。今后研究者还需深化拓展以下三个方面的研究。第一，加强以普职关系为基础的现代职业教育体系理论研究。中国高等教育已进入大众化、普及化阶段，各类高等院校要找准自身的定位，普通高校本科教育应将培养面向创新型国家建设的复合型、应用型创新人才作为目标。中学普通教育与职业技术教育一体化是当今世界各国教育改革的趋势。中国在这方面的研究和实践已经开始，但是迄今为止，中学阶段的普通教育与职业技术教育基本处于割裂状态。张红颖、李润华研究巴西普职一体化的职业技术教育后认为，巴西积极推动中学普通教育与职业技术教育一体化的实践就提供了很好的经验借鉴。② 普职关系理论研究要解决好三对关系：技能与技术的关系、中等职业教育与高等职业教育的关系和职业教育与普通教育的关系。目前关于这些领域的研究还有待深入推进，以真正实现理论指导实践，理论为实践服务。第二，强化普职关系中的课程与教学研究。课程与教学问题是普职关系研究中的核心问题，也是实现人才培养目标的决定性因素。由于目前职业院校与普通院校的课程体系还是相互分离、自成一体的，是两个独立的体系，但是关于课程与教学应该如何开展，目前并没有太多理论的研究，仅有一些介绍国外课程与教学模式的研究。虽然目前中国也在积极进行课程与教学实践，一些地区也进行了试点工作，但在实际教学中还存在各种各样的问题，而且在实施过程中由于监督机制不健全等原因，出现了“南辕北辙”的现象。因此，首先要从理论上加强研究，以理论指导实践，从而更好地开发适合中

---

① 金毅伟：《普职融通是现代职业教育体系的重要维度》，《中国职业技术教育》2014年第21期。

② 张红颖、李润华：《巴西普职一体化的职业技术教育及其启示》，《教育与职业》2013年第11期。

国的课程与教学体系。第三，增强普职关系视域下对学生的研究。一直以来，人们都在想方设法创设各种条件、制定各种政策来努力实现普职融通，但是在实现教育资源整合之后，在各种教育设施配置齐全之后，为什么还是没有产生理想的结果呢？在很大程度上就是因为我们忽视了学生。目前普职关系研究中对学生方面的研究还相对较少，只涉及了学生课程的选择、学生就业的选择等，而忽视了学生是教育中的主体、是发展中的人。任何一种教育都要围绕学生的身心发展特点进行，要考虑学生的兴趣、爱好。在基础教育中对学生渗透职业教育，可以根据实际情况开设相应的职业课程，在学生了解这些基础的职业课程后，引导学生进行职业选择，使学生更好地实现由普通学校向职业学校的过渡。同时，还要加强对普职关系视角下学生实习、创业及技能掌握的研究。高职院校要掌握好眼前和长远的人才供需市场情况，加强对学生基本技能和素质的培养、训练，增强学生的择业意识和主动适应社会的能力。如何帮助毕业生适应这种变化、具备这些素质，以在激烈的市场竞争中选择最适合自己的职业，成功地步入社会，成为职业院校和教育工作者面临的一个课题。目前，在普职还未很好衔接的情况下，对于分流阶段学生的实习、创业等都缺少深入研究，此外，学生技能掌握的评价标准还比较模糊。当前职业教育的发展正面临着质量的考验。《教育规划纲要》提出，大力发展职业教育要“把提高质量作为重点”。

（五）拓展职业院校学生文化素质教育研究

2014年6月23日，李克强总理在人民大会堂接见参加全国第七次职教会的代表时指出，“‘中国制造’享誉全球，国内消费者所享受的产品和服务，总体上也符合当前的社会发展水平，但严格讲，这些产品和服务还不够‘精’、不够‘细’”，“我们与发达国家的差距，很大程度就表现在产品服务的质量和精细程度方面。中国要向中等发达国家迈进，必须要跨越这个‘坎’!”而迈过这个坎的关键在于培养具有完美职业精神的技术技能型人才。职业技能人才应该是高素质、全面发展的人才，更应该是有敬业精神和职业精神的人才。职业教育不仅要培养职业技能，更要培养职业精神。[①] 职业院校是培养技术技能人才的主阵地，但目前一些院校还没有将培育职业精神放到应有的高度。一项对企业的调查显示，在高职院校毕业生最欠缺的素质中，排在首位的是职业道德。企业关注的高职学生的职业

① 李克强：《让“中国制造”升级为“优质制造”》，http：//www.moe.edu.cn/publicfiles/business/htmlfiles/moe/moe_838/201406/170741.html。

品格依次是：责任感、上进心、道德诚信、吃苦耐劳和主动性。由此可见，影响职业院校学生发展的关键因素不仅包括专业技能，还包括道德品质、职业精神。对此，职业院校应尽快建立完善的课程体系，通过实习实训、工学结合和校企合作，在真实的职业工作场景中培养学生的职业精神。① 加强职业文化素质教育不仅是促进中国职业教育健康协调发展的需要，更是深化职业教育改革、提高人才培养质量的本质需要。教育部《现代职业教育体系建设规划（2014—2020年）》明确提出：积极培育和践行社会主义核心价值观，弘扬民族优秀文化和现代工业文明，传承民族工艺文化中以德为先、追求技艺、重视传承的优良传统；切实加强职业道德教育，培养具有现代职业理念和良好职业操守的高素质人才。这为职业院校加强职业文化素质教育指明了方向。目前职业院校职业文化素质教育研究还存在些许问题：一是职业文化素质教育的内涵研究和途径建构研究所占的比例较大，相关研究比较多且集中。二是各方面研究重点的差异也比较大，仅在某个问题上做重复性研究。职业教育和普通教育的职业文化素质的差异性、中等职业院校的职业文化素质教育以及职业文化素质教育的比较等方面的研究相对缺乏，需要做深入探讨。因此，今后应加强以下几个相关领域的研究。第一，加强职业院校的职业文化素质教育的特殊性研究。职业教育作为现代大工业的产物，和普通教育相比，在人才培养目标和培养途径上具有差异性，属于另一种类型的教育。职业教育以就业为宗旨，以能力为中心，不仅要培养掌握某一项技能的专业人才，更要使专业人才具备满足岗位或者职业需要的职业素质。因此，职业院校的职业文化素质教育必须突出“职业性”，将职业文化素养贯穿于教育的全过程。目前大部分研究者没有从根本上区分职业教育和普通教育在职业文化素质教育方面的差异。第二，加强对中等职业院校的职业文化素质教育的研究。从已有文献来看，中国研究者主要将目标聚焦于高等职业院校的职业文化素质教育研究。中等职业教育既是职业教育的不可或缺的一部分，也是中国高中阶段教育的重要组成部分，在高素质的初级与中级技术人员、技术工人的培养方面担负着的重要责任。中等职业院校的学生主要是初中毕业生，大多学生处于青春期，文化水平和职业素养普遍偏低，而从普通教育到职业教育的转换，也为其带来了种种困扰。面对这种情况，深化对中等职业院校的职业文化素质教育的研究显得尤为重要。研究者不仅要探寻中等与高等

① 阙明坤：《打造制造强国需填补职业精神短板》，http：//finance. huanqiu. com/data/2014-07/5068725. shtml。

职业院校学生职业文化素质教育的共性和差异，还要考虑在中高职衔接过程中如何实现职业文化素养教育的过渡和提升。

第三节　中等职业教育政策研究热点的共词可视化分析

中等职业教育是中国职业教育的重要组成部分，是中国教育体系结构中的重要一环，其实施机构主要包括中等专业学校、技工学校、职业中学及各种短期职业培训机构等，其主要任务是为生产、服务一线培养具有良好职业道德的劳动者，尤其是初级与中级技术人员、技术工人，为高等职业教育输送优质生源。随着中国现代职业教育体系建设、劳动者终身职业培训体系建设的加速推进以及高考制度的不断变革，中等职业教育在整个职业教育体系中的战略地位日益凸显。大力发展中等职业教育既有重要的现实依据，也恰逢社会转型期的时代契机。①

为了准确、客观地展示中国中等职业教育政策研究状况，本研究采取共词分析、聚类分析等定量研究方法，对中国中等职业教育政策的研究成果进行全面分析，揭示中等职业教育政策研究的热点领域和存在的问题，并提出未来中等职业教育政策研究的拓展领域。

一、资料来源与研究工具

（一）资料来源

在中国期刊全文数据库中进行文献搜索，采用标准检索，检索控制条件中对期刊年限、期刊类别无限制，以主题为检索条件，以“中等职业教育”并含“政策”为检索词，获得859篇相关文献。为了保证研究的准确性及有效性，剔除人物专访、报纸评论、会议纪要等非研究性文献后得到772篇文献。之后，对文献的关键词进行规范化处理，如将“中职”“中职教育”等关键词合并为“中等职业教育”，从而得到有效的研究资料。

（二）研究工具与步骤

研究工具为Bicomb共词分析软件和SPSS 17.0统计软件。研究分为六

① 李洪渠、龚丽红：《大力发展中等职业教育的现实依据与时代契机》，《武汉职业技术学院学报》2014年第2期。

个步骤：第一，在 Bicomb 共词分析软件中建立一个新项目，项目编号设为 01，格式类型选择“cnki. 中文 . <txt>”；第二，将 772 篇有效文献从本地文件夹输入“选择目录”中，进行提取操作；第三，进行年代、关键词的统计；第四，根据关键词词频阈值设定，导出相应的频次分布 Excel 表格；第五，抽取词频大于等于 6 的 48 个关键词作为高频关键词，建立高频关键词的共词矩阵和相似矩阵；第六，进行聚类分析，将高频关键词共词矩阵导入 SPSS 17.0 中，采用系统聚类，得到关键词的聚类树状图。

二、研究结果与分析

（一）高频关键词确定

对 1985~2015 年中等职业教育政策研究文献的关键词进行统计，得到 1737 个关键词以及每个关键词的出现频次、百分比、累计百分比。根据齐普夫的公式，结合中国学者孙清兰提出的高频词与低频词的临界值计算公式及各数量同频词的词频估算法，最终确定高频低频词阈值为 6，统一同义词后得到 48 个高频关键词（见表 2-6）。通过对高频关键词的整理分析，可初步明确中国中等职业教育政策研究的热点。

表 2-6　48 个高频关键词

序号	关键词	出现频次	序号	关键词	出现频次
1	中等职业教育	463	14	经费投入	42
2	资助政策	120	15	高等职业教育	42
3	中等职业学校	110	16	教育质量	34
4	教育政策	99	17	区域	34
5	职业教育	84	18	办学模式	28
6	教育改革	79	19	中职学生	23
7	教育发展	76	20	高等职业学校	23
8	对策建议	70	21	人才培养	23
9	现状	68	22	基础能力建设	21
10	免费教育政策	56	23	职教中心	20
11	专业设置	55	24	影响因素	20
12	农村中等职业教育	45	25	思考	19
13	师资队伍建设	42	26	招生规模	15

续表

序号	关键词	出现频次	序号	关键词	出现频次
27	院校建设	15	38	域外	11
28	校企合作	15	39	职业农民	10
29	教育财政	15	40	必要性	10
30	公平	14	41	人力资源	9
31	民办职业教育	14	42	工学结合	9
32	农村家庭经济	14	43	专业技能	8
33	中高职衔接	14	44	送教下乡	6
34	普通高中教育	11	45	在校生数量	6
35	普通本科高校	11	46	高技能人才	6
36	教学管理	11	47	学费标准	6
37	教育体系建设	11	48	职教集团	6

（二）高频关键词相似矩阵和聚类树状图分析

只按照高频关键词出现频次进行降序排列和简单分析，是不能充分表达出各关键词之间的密切程度的。要深入揭示两个关键词之间的共现关系，还需将共词矩阵转化为相似矩阵。我们利用 Bicomb 软件“矩阵”中的“词篇矩阵”功能，将 48 个高频关键词生成关键词的词篇矩阵，将词篇矩阵导入 SPSS 17.0 中，依次运用软件中的“分析”“分类”“系统聚类”进行分析，然后选取“相似矩阵”“树状图”“Ochiai 系数”，将其转化为一个 48×48 的共词相似矩阵（部分结果见表 2-7）。

Ochiai 系数表示的是关键词之间共现的相对强度，其数值的大小可反映两个关键词之间相互联系的紧密程度。其数值越接近 1.000，表明相应的两个关键词之间的相似度越大；数值越接近 0.000，则表明两个关键词之间的相似度越小。高频关键词“中等职业教育”与其他关键词的相似度由大到小（取前七位）依次为：资助政策（0.381）、专业设置（0.276）、免费教育政策（0.257）、教育政策（0.239）、教育改革（0.231）、教育发展（0.227）、现状（0.226）。这说明研究者在研究中等职业教育政策时，会较多地探讨专业设置、资助政策、免费教育政策等。

表 2-7　中等职业教育政策研究高频关键词的相似矩阵（部分）

	1. 中等职业教育	2. 资助政策	3. 中等职业学校	4. 教育政策	5. 职业教育	6. 教育改革	7. 教育发展	8. 对策建议	9. 现状	10. 免费教育政策	11. 专业设置	12. 农村中等职业教育
1. 中等职业教育	1.000	0.381	0.165	0.239	0.092	0.231	0.227	0.200	0.226	0.257	0.276	0.167
2. 资助政策	0.381	1.000	0.232	0.057	0.041	0.095	0.120	0.067	0.068	0.114	0.152	0.098
3. 中等职业学校	0.165	0.232	1.000	0.040	0.022	0.100	0.069	0.094	0.108	0.106	0.159	0.015
4. 教育政策	0.239	0.057	0.040	1.000	0.165	0.068	0.117	0.036	0.061	0.054	0.081	0.135
5. 职业教育	0.092	0.041	0.022	0.165	1.000	0.173	0.089	0.026	0.067	0.015	0.089	0.082
6. 教育改革	0.231	0.095	0.100	0.068	0.173	1.000	0.248	0.027	0.068	0.015	0.121	0.067
7. 教育发展	0.227	0.120	0.069	0.117	0.089	0.248	1.000	0.056	0.155	0.031	0.172	0.087
8. 对策建议	0.200	0.067	0.094	0.036	0.026	0.027	0.056	1.000	0.420	0.064	0.000	0.071
9. 现状	0.226	0.068	0.108	0.061	0.067	0.068	0.155	0.420	1.000	0.049	0.016	0.072
10. 免费教育政策	0.257	0.114	0.106	0.054	0.015	0.015	0.031	0.064	0.049	1.000	0.182	0.121
11. 专业设置	0.276	0.152	0.159	0.081	0.089	0.121	0.172	0.000	0.016	0.182	1.000	0.080
12. 农村中等职业教育	0.167	0.098	0.015	0.135	0.082	0.067	0.087	0.071	0.072	0.121	0.080	1.000

对高频关键词相似矩阵进行聚类分析，就可以通过考察关键词之间的联系，把联系密切的关键词聚成一类，由此形成某一研究领域。运用 SPSS 17.0 进行聚类分析（见图 2-5），可把 48 个高频关键词分成五大类，表明

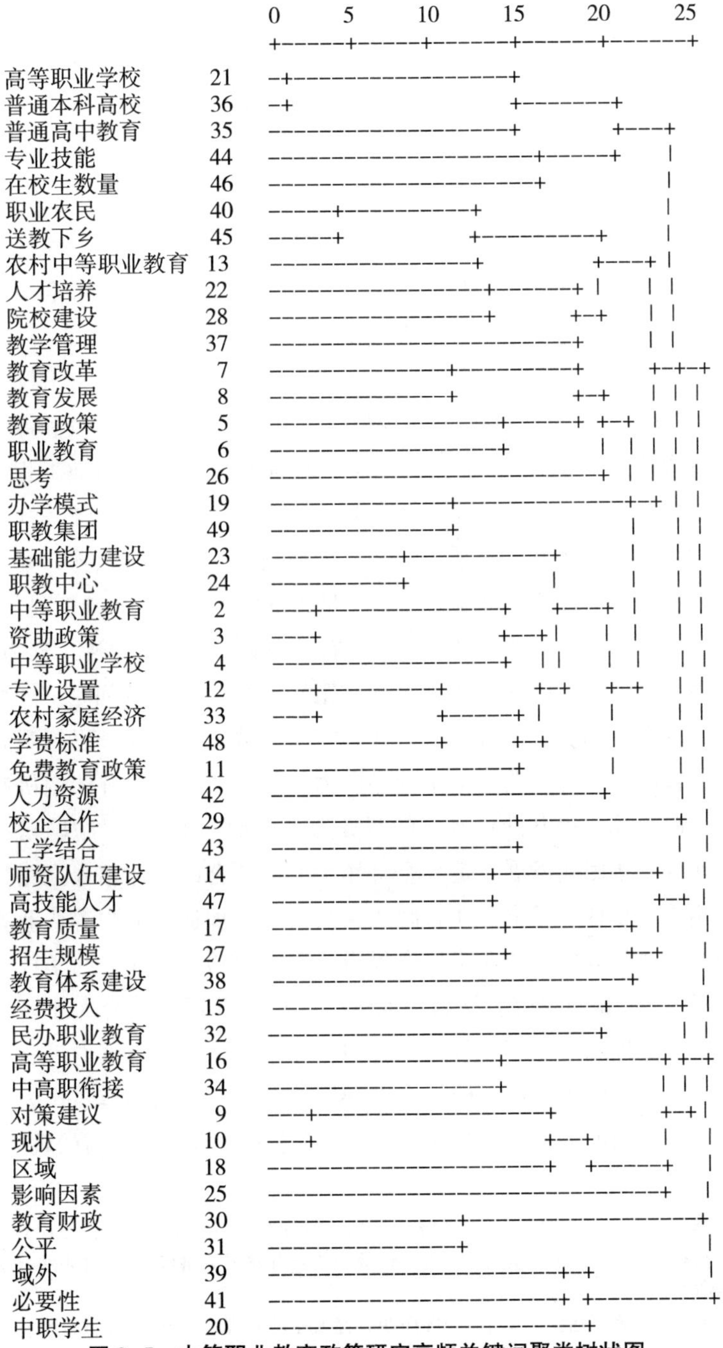

图 2-5　中等职业教育政策研究高频关键词聚类树状图

1985~2015年中国中等职业教育政策研究有五个热点领域，即中等职业教育人才培养模式政策研究、中等职业教育专业设置政策研究、中等职业教育免费政策研究、中高职衔接政策研究和中等职业学校师资队伍建设政策研究。

三、中等职业教育政策研究的主要热点

中等职业教育是中国职业教育的重要组成部分。随着社会经济的快速发展，中等职业教育面临诸多严峻挑战，许多中等职业学校陷入举步维艰的境地，针对中等职业教育政策进行深入研究非常必要。

（一）中等职业教育人才培养模式政策研究

中等职业教育人才培养模式的实质在于：宏观上如何培养职业技术人才的办学模式与微观上培养什么样的职业技术人才的课程模式。① 2005年《国务院关于大力发展职业教育的决定》明确提出，中等职业学校要“与企业紧密联系，加强学生的生产实习和社会实践，改革以学校和课堂为中心的传统人才培养模式”，而且提出实施技能型人才培养培训工程，加快生产、服务一线急需的技能型人才的培养。有研究者认为，经济社会发展需要大批技能型人才和高素质劳动者，但目前中国技能型人才存在总量不充沛、比例失调，结构不匹配、后备不足，发展不均衡、差异明显等问题，中等职业教育的人才培养也存在专业结构不够优化、办学模式较为传统、基础能力相当薄弱、师资严重不足和政策措施落实不够等问题。加快中等职业教育发展，培养大批技能型人才，需要开放思维，提升思想观念的引擎力；完善落实，提升政策措施的导向力；创新改革，提升体制机制的运行力；面向市场，提升助推经济的服务力。② 有学者认为，中国已在推进中等职业教育集团化发展，走校企合作、工学结合的人才培养之路等方面迈出了实质性步伐，但也存在着因产业结构不合理造成的中等职业教育定向不明的普教化倾向、产业集群竞争力不强，制约了企业参与学校人才培养的积极性。③ 也有研究者认为，工学结合是中等职业教育人才培养的有效途径，也是提高中等职业教育质量的重要举措。随着中国中等职业教育的进一步发展，中等职业学校已将推行工学结合人才培养模式作为改革发展的新突破。当前的重点是要建立行业、企业和学校共同参与的政策机制，

---

① 李剑：《五国中等职业教育人才培养模式的文化比较》，《比较教育研究》2001年第6期。

② 高利兵：《安徽技能型人才培养与中等职业教育发展策略研究》，《职业技术教育》2009年第7期。

③ 刘志华、袁虎廷：《山西省中等职业教育人才培养模式研究》，《教育理论与实践》2012年第15期。

采取有效措施，进一步完善学生到企业顶岗实习的制度，努力形成以学校为主体，企业和学校共同管理和培养学生的模式。①

（二）中等职业教育专业设置政策研究

职业教育应培养满足区域经济发展要求，适应区域产业结构调整、升级及优化需要的技能型人才。但是目前存在一种矛盾的现象，一方面，社会对专业人才的需求极大，却无法招到合适的人才；另一方面，中等职业学校的毕业生却找不到工作，难以就业。导致这一现象的根本原因在于中等职业学校的专业设置不能满足市场需求，而这些专业设置的问题归根结底是由于中国中等职业教育专业设置缺乏政策管理。中等职业学校的专业设置是一项系统的工程，受教育内外部诸多因素的影响。② 有研究者认为，中等职业学校如何设置专业，这些专业又如何服务于当地经济建设，是关系到中等职业教育健康发展的大事。但是，不少中等职业学校至今没有固定的专业，更谈不上拳头专业，即使有个别理想的专业，由于专业设置不科学、不合理，专业教师不稳定，教育质量也难以提高。目前各校专业设置存在以下问题：专业设置与人才市场和经济发展不协调、不匹配；未来劳动力分布与当地的产业结构不匹配；从业人员观念陈旧，发展意识不佳；劳力结构性就业与失业并存；某些专业人数不少，但成才、持证或一人多证等适应岗位者不多。因此，要调整专业设置，适应经济体制改革与世界贸易组织的需要；加大课程改革力度，发掘专业设置内涵；发挥学生成绩评定的导向作用，拓宽专业基础，培养专业人才；做优、做强专业，扩大示范专业的效应。③ 有研究者认为，影响中等职业教育发展的根本因素来自内部，包括师资状况、实训基地与设置、专业设置等，其中最为核心的是专业设置。而专业设置又表现出如下特点：专业设置以就业或升学为导向；专业更迭频繁；信息技术类专业发展迅猛；专业设置有失平衡；专业设置随意性较强、多而乱；专业设置的条件配备不足。④ 为提升中等职业教育服务地方经济发展的能力，有研究者认为，中等职业教育专业调整方向应为：根据产业结构和劳动力就业结构调整专业结构，加大对农村中等

---

① 吴广顺：《中等职业教育工学结合人才培养模式改革的探索与实践》，《职教通讯》2012 年第 14 期。

② 余娟、曹晔：《基于系统论下的中等职业学校专业设置影响因素分析》，《教育与职业》2010 年第 14 期。

③ 程志俊：《专业设置的实践与思考》，《中国职业技术教育》2002 年第 21 期。

④ 刘冰、于伟：《专业设置：发展农村中等职业教育的重要环节——基于四省七县的调研与思考》，《教育发展研究》2006 年第 21 期。

职业教育的支持力度，加大城乡联合办学力度，进一步加强产学结合和校企合作，加强专业集群建设和信息技术专业人才培养。① 国家要加强对中等职业教育专业设置的政策引导，规范职业教育政策机制。

（三）中等职业教育免费政策研究

中国政府出台了许多政策来促进中等职业教育的发展，而中等职业教育免费就是党和政府做出的旨在改善民生、促进职业教育事业发展的重大决策。出台中等职业教育免费政策是为了增强中等职业教育吸引力、促进公平正义、顺应建设学习型社会和终身教育体系的要求，但是在实施过程中存在很多问题。有研究者认为，在中等职业教育免费政策的实施过程中，部分地方政府的积极性不高，免费政策没有产生预期的吸引力，补助不合理。② 有研究者认为，进入21世纪后，中央政府通过实施免费政策来推动中等职业教育发展，但由于执行过程中的利益纠葛及执行力较弱，使得职业教育的发展出现了价值冲突及效度不足等问题。实际上，只有在明确执行主体责任的基础上不断强化政策执行力度，在价值冲突中确立利益协调机制，才能保障职业教育免费政策的实施。③ 有研究者认为，以公平为价值取向的中等职业教育免费政策在进行合法性宣传时并未给出足够令人信服的理由，出台中等职业教育免费政策的初衷是增强中等职业教育的吸引力，但城市中上收入家庭根本不愿意让孩子入读中等职业学校，政府只能希望通过免费政策引导和鼓励农村孩子和城市贫困家庭的孩子选择进入中等职业学校学习。这就形成了两个相互独立并且封闭的循环圈，不能合理地实现社会流动。④ 也有研究者认为，中国正面临着大量农村剩余劳动力转移的压力，相当数量的农村青年又难以进入高中，实施中等职业教育免费政策可以吸引农村孩子入学，学习一技之长，改变自身的生存环境。⑤ 但是，提升中等职业教育的吸引力，不能仅仅依靠免费政策，还需要倾听人民的声音，关注人民的利益需求，创造和提供人民参与教育政策制定的

---

① 魏萍萍、汤生玲：《福建省中等职业学校专业设置现状分析与发展对策》，《职业技术教育》2010年第13期。

② 孙玉梅：《中等职业教育免费政策存在的问题及对策分析》，《当代教育实践与教学研究》2015年第6期。

③ 丁留宝、张洁、王为：《中等职业教育免费政策：制度设计、问题及化解》，《教育学术月刊》2014年第3期。

④ 王星霞：《我国中职教育免费政策的合理性危机与调整》，《教育发展研究》2013年第1期。

⑤ 潘建华：《制度变迁语境下中等职业教育发展——兼谈中职助学政策和中职免费政策》，《继续教育研究》2010年第5期。

路径和条件。① 另有研究者认为，在中等职业学校布局和管理体系尚不成熟的情况下，加大中等职业教育的中央财政投入应以诱导地方政府完善学校布局、改革管理体系、提高办学质量为核心目标，近期内不应将全面免费作为加大中等职业教育财政投入的优先选项。②

（四）中高职衔接政策研究

经济的快速发展与综合国力的不断提升，使社会对人才的要求越来越高，实用型技术人才层次上升已经成为不争的事实，中等职业学校毕业生接受继续教育成为社会发展的必然，为此，国家出台了相关政策对中高职衔接进行制度保障，加快建立现代职业教育体系，推动建成人才培养立交桥。2010 年，《国务院办公厅关于开展国家教育体制改革试点的通知》提出："强化省、市级政府统筹发展职业教育的责任，促使职业教育与经济社会发展需求相适应，促进中等职业教育与高等职业教育协调发展。"虽然中高职衔接政策对于增强职业教育认可度和吸引力、促进职业教育人才培养模式和教育教学改革、完善国民教育体系具有重要意义，但政策实施的可操作性与实效性有待进一步提升。③ 有研究者认为，从政府出台的相关政策可以看出，中高职衔接政策的实施主体为省（市）政府教育行政部门、职业院校、行业、企业、研究机构等；中高职衔接政策的实施对象为考试招生、人才培养目标、课程体系、专业设置。虽然主体、对象明确，但是存在政策内容目标过于宏观、实施主体不够清晰、措施可操作性不强、保障措施缺乏等一系列问题。④ 尽管中国出台了一系列相关政策为中高职衔接提供政策保障，国家政策也在不同层面强调了中高职衔接的意义并指明了操作的方向，但要增强职业教育吸引力，还需要破解中高职协调发展的管理体制、社会对职业教育的认识及中高职专业和课程的契合度等关键问题。⑤ 有研究者认为，中高职衔接的问题首先是政府问题，这是一个顶层设计的问题。在政府没有给予相应的政策情况下，中高职衔接是无法正常完成的。中高职衔接存在如下问题：课程设置及课程标准的问题；教学

---

① 王星霞：《中等职业教育免费政策评估研究》，《教育发展研究》2012 年第 17 期。

② 王蓉：《应放缓全面实施中等职业教育免费政策》，《教育与经济》2012 年第 2 期。

③ 刘荣秀：《中高职衔接的现状调查与政策评析——以广东省为例》，《职业技术教育》2010 年第 16 期。

④ 庞世佳、徐涵：《我国中高等职业教育衔接政策的内容分析》，《职教通讯》2015 年第 19 期。

⑤ 黎志键、韦弘：《中高职衔接的政策演变轨迹及其思考》，《继续教育研究》2012 年第 5 期。

目标的问题；层次递进的问题，包括课程标准的递进问题，生源递进的问题，人才培养的递进问题。因此，要健全和完善法律保障体系，建立现代职业教育体系的经费保障体系，改变评估体系，明确中高职教育办学地位、体现层次的递进性，制定中等和高等职业教育的课程标准，调整中等职业教育的“2+1”的办学模式，调整招生政策，完善管理体制、协调各方利益等。① 中等和高等职业教育在课程与教学上的脱节、断层和疏离，是制约中等和高等职业教育实现协调发展的关键因素，影响了现代职业教育体系建设的进一步深化。也有研究者从政策溯源、政策解读、政策诉求三个维度对有关职业教育的文件进行评析，提出了中高职专业衔接体系建设的政策诉求。② 因此，研究者认为尽管国家层面和地方层面在不同时期都出台和颁布了促进中高职衔接的相关政策文件，但中国中高职衔接政策仍然存在着政策缺乏延续性且表述模糊、反馈和监督不及时等问题。因此，要科学制定专项政策，提升政策执行者的素质，建立政策的监督反馈机制。③

（五）中等职业学校师资队伍建设政策研究

中等职业教育能够为中国经济发展提供所需的技能型人才，而人才的培养有赖于职业学校教师对于职业教育规律的把握及其教学效果。师资队伍建设是职业教育生存和发展的关键因素，也是中等职业学校提高自身竞争力的重要途径。因此，应加强中等职业学校师资培训工作，推进中职教育可持续发展。④ 与此同时，加强心理健康教育师资队伍建设，以全面推进和深化中等职业学校德育课程教学改革。⑤ 1997 年出台的《国家教委关于加强中等职业学校教师队伍建设的意见》对中等职业学校的教师数量、来源、培养途径等做出了明确的规定，从政策层面初步构建了职业学校师资培养体系。尽管近年来中国中等职业学校师资队伍建设取得了很大的成果，但与世界发达国家相比，不论是在数量方面还是质量方面还存在很大的差距，影响了中等职业教育质量的提高和中等职业教育地位的巩固。有研究者认为，在中国大力发展现代职业教育的现实背景下，仍需进一步完善相关的政策体系，加强中等职业学校师资队伍建设。一要实现依法治教；

① 刘爱英：《中高职教育衔接的政策诉求》，《中国职业技术教育》2014 年第 11 期。

② 齐守泉：《中高职专业衔接的政策诉求》，《教育与职业》2013 年第 18 期。

③ 刘哲：《关于我国中高职衔接政策的分析与思考》，《职教通讯》2014 年第 19 期。

④ 沈亚强、陈明昆：《中职师资队伍的特征及其培训策略》，《中国职业技术教育》2008 年第 12 期。

⑤ 俞国良：《中等职业学校心理健康教育师资队伍建设：现状、问题及对策》，《中国职业技术教育》2010 年第 21 期。

二要强化执行监督；三要推动政策落实；四要发挥市场作用；五要推进与国际接轨。① 有研究者认为，中国中等职业学校师资队伍建设取得了巨大进步，中等职业学校师资队伍建设实现了由增加数量向全面提升素质转变，教师队伍结构趋于合理、学历逐步提高，中等职业学校师资来源更加明确、稳定，中等职业学校教师管理制度建设由条件宽泛向标准化转变，在职教师培训体系逐步形成，教师队伍培养理念逐步成熟。② 但是，中等职业教育也存在教师数量不足、教师来源单一、教师能力结构单一、师资队伍结构不合理等问题。③ 针对这些问题，有研究者认为，应通过加强宏观管理、实施校企人才双向流动、加强学校内部管理等措施，全面提高中等职业学校师资队伍的能力和水平。④ 同时，国家还应完善教师准入制度和教师发展制度。

四、中等职业教育政策研究的拓展领域

依据共词分析的理论和方法，对 1985～2015 年中国中等职业教育政策的研究状况和研究热点之间的关系进行量化分析后发现，中等职业教育政策的研究热点集中于中等职业教育人才培养模式政策研究、中等职业教育专业设置政策研究、中等职业教育免费政策研究、中高职衔接政策研究与中等职业学校师资队伍建设政策研究。这些研究为推动中国的中等职业教育政策发展做出了重要贡献。今后需要在已有研究基础之上，不断深化以下几个方面的研究。

（一）中等职业教育招生政策研究

随着社会主义市场经济的突飞猛进和技术进步，社会对人才的需求猛增，各中等职业学校都致力于扩大招生规模。扩招促进了中等职业教育的发展，也推动了中国经济的快速发展。中央政府和地方政府出台了一系列旨在扩大中等职业教育招生规模的招生政策。教育部对中等职业学校的招生做出明确的规定，这是一种重要的政策导向。国家对中等职业教育招生进行顶层设计和宏观把控，特别是在政策设计、政策统筹、政策规划、政策引导等方面发挥了主导作用。今后应进一步将市场需求理念纳入中等职

---

① 邵会婷、闫志利：《我国中职师资队伍建设政策：回顾与前瞻》，《继续教育研究》2015 年第 2 期。

② 宁永红、郝理想：《我国中等职业学校师资队伍建设的政策回顾与分析》，《职业技术教育》2012 年第 7 期。

③ 周燕莉：《中等职业教育师资队伍建设探析》，《教育与职业》2007 年第 12 期。

④ 谢勇旗：《浅谈中等职业教育师资队伍建设》，《教育与职业》2005 年第 18 期。

业教育招生政策中，保证招生工作的顺利进行。同时，加强对招生政策执行的监督和评估，保证招生工作的公平公正。中等职业教育招生政策研究对于促进中国中等职业教育质量提升有重大意义。

（二）中等职业教育课程政策研究

要培养能适应社会经济发展需要、满足企业行业要求的技能型人才，中等职业教育课程是不可或缺的重要组成部分。国家要运用政策对课程进行规范、引导，确保中等职业教育的质量。虽然目前已有不少学者对课程政策进行研究，但很少有学者对中等职业教育的课程政策进行研究，中等职业教育课程政策的制定缺乏支撑。今后还应加强中等职业教育课程政策的历史研究，帮助研究者从职业教育课程政策历史发展中吸取教训，也可以为政策制定者提供参考。

（三）中等职业学校学生就业政策研究

职业教育是以就业为导向的。中等职业学校毕业生的就业难问题是急需解决的问题，而要解决这一问题，需要国家在政策层面给予支持。加强中等职业学校学生就业政策的研究可以从学生素质、课程设置、专业设置等方面入手。同时，要以就业为出发点，加强对已有就业政策的研究，如研究订单培养模式能否大范围地解决学生的就业问题以及是否存在人才培养指标与企业要求不符合而导致学生不能顺利就业等现象。

第四节　高等职业教育政策研究热点的共词可视化分析

高等职业教育政策是国家、政府为完成一定时期的高等职业教育目标和任务而制定的战略性行动准则。改革开放以来是中国高等职业教育政策制定、调整和完善较为集中的一个时期，国家先后出台了对高等职业教育影响较为深远的政策，比如“三改一补”“大学办高职”“三不一高”“示范性高职院校建设”“限制专升本”“就业导向”等，对中国高等职业教育的健康、持续发展起到了重要的指导和保障作用：确定了高等职业教育的法律地位，明确了高等职业教育的根本任务，提出了高等职业教育发展的多种途径，改革了高等职业教育的管理体制，明确了高等职业院校的设置标准，总结了高等职业教育人才培养的主要特征，进一步规范了高等职业教育的管理，等等。

对于高等职业教育政策演变的阶段划分，仁智互见。有学者从政策文本研究入手，按照政策的特点、政策出台的动因、政策的实施及评价的分析框架，将中国高等职业教育政策的演进分为四个时期：提出和鼓励发展高等职业教育时期（1978~1990年）；调整改革高等职业教育时期（1991~1995年）；加快发展与制度建设时期（1996~2001年）；高等职业教育的持续发展与特色化建设时期（2002年以来）。① 也有学者按照高等职业教育政策制定的历史背景、影响因素、变化过程及对主要政策内容的分析，把中国高等职业教育政策的历史进程分为五个阶段：第一阶段，酝酿起步阶段（1979~1991年）。这一阶段的主要特征是高等职业教育办学实践的探索先于政策的制定和实施。这一阶段的政策导向是对高等职业教育管理体制、办学形式等基本理论和实践问题进行有益的尝试和探索，初步确定中国高等职业教育发展的轨迹和基础。这一阶段的主要标志是职业大学及其相关政策的产生与发展。第二阶段，积极探索阶段（1992~1995年）。这一阶段的政策导向是提出发展高等职业教育的多种途径，政策的重点放在“根据国情采取积极发展的方针”上，主要解决高等职业教育发展的组织主体、基本格局和办学特色等问题。这一阶段的主要标志是“三改一补”政策的产生、调整和完善。第三阶段，快速推进阶段（1996~1999年）。这一阶段的政策导向是确立高等职业教育的法律地位，明确高等职业教育的根本任务，改革高等职业教育的管理体制。这一阶段的主要标志是《职业教育法》的颁布实施、“六路大军”办高职政策及“三不一高”政策的出台。第四阶段，深入发展阶段（2000~2004年）。这一阶段的政策导向是深入认识什么是高等职业教育、如何发展高等职业教育等根本问题并形成共识，总结高等职业教育人才培养模式的主要特征，探索高等职业教育人才培养的具体措施，制定高等职业学校的设置标准，开展高等职业教育的评估工作。这一阶段高等职业教育的发展思路趋于明晰，政策体系基本完善。这一阶段政策的主题是“规范发展和扩大规模”。第五阶段，稳定完善阶段（2005年至今）。这一阶段政策的导向是稳定基本政策与完善具体政策。政策的重点是内涵建设和提高教学质量、推进人才培养模式改革、推动示范性高等职业院校建设。这一阶段的主要标志是示范性高等职业院校建设的政策制定与实施。②

---

① 陈亚玲：《改革开放以来中国高等职业技术教育的政策文本分析》，《洛阳师范学院学报》2006年第4期。

② 李盖虎、阳桂兰：《改革开放三十年来我国高等职业教育政策的历史进程分析》，《湖南工业职业技术学院学报》2010年第2期。

高等职业教育是职业教育的重要组成部分，高等职业教育的健康蓬勃发展既需要国家政策的引领与规范，也需要政策研究提供理论支持。本研究采用文献计量学中的共词分析、聚类分析等研究方法对高等职业教育政策研究成果进行深入分析，总结高等职业教育政策的研究现状，揭示中国高等职业教育政策研究的热点领域，同时，探究研究领域中存在的问题，并针对问题进行归因、评价与反思。这不仅有利于促进高等职业教育政策的完善和发展，也有助于为高等职业教育政策研究提供事实性依据。

一、资料来源与研究工具

（一）资料来源

在中国期刊全文数据库中进行文献搜索，采用标准检索，将期刊年期设定为“2000～2014 年”，指定期刊类别为 SCI 来源期刊、核心期刊、CSSCI 来源期刊，以主题为检索条件，以“高等职业教育”并含“政策”为检索词，共获得 841 篇相关文献。为了保证研究的准确性及有效性，剔除报纸评论、人物专访、会议纪要等非研究性文献后得到 727 篇文献。之后，对文献的关键词进行规范化处理，如将“高职”“高职教育”等关键词合并为“高等职业教育”，从而得到有效的研究资料。

（二）研究工具与步骤

研究工具为 Bicomb 共词分析软件和 SPSS 17.0 统计软件。研究分为六个步骤：第一，在 Bicomb 共词分析软件中建立一个新项目，项目编号设为 101，格式类型选择“cnki. 中文 . <txt>”；第二，将 727 篇有效文献从本地文件夹输入“选择目录”中，进行提取操作；第三，进行年代、关键词的统计；第四，根据关键词词频阈值设定，导出相应的频次分布 Excel 表格；第五，抽取词频大于等于 6 的 63 个关键词作为高频关键词，建立高频关键词的共词矩阵和相似矩阵；第六，进行聚类分析，将高频关键词共词矩阵导入 SPSS 17.0 中，采用系统聚类，得到关键词的聚类树状图。

二、研究结果与分析

（一）高频关键词确定

通过对 2000～2014 年高等职业教育政策研究文献的关键词进行统计，得到 1369 个关键词以及每个关键词的出现频次、百分比、累计百分比。根据齐普夫的公式，结合中国学者孙清兰提出的高频词与低频词的临界值计算公式及各数量同频词的词频估算法，最终确定高频低频词阈值为6，并统一同义词。为了保证共词分析的效果，根据关键词累计百分比的变化，确定截取高频关键词的阈值。以下选取频次大于等于10的45个高频关键词进行分析（见表2-8）。

表2-8 45个高频关键词

序号	关键词	出现频次	序号	关键词	出现频次
1	高等职业教育	341	24	办学模式	20
2	高等职业院校	230	25	工学结合	18
3	对策	95	26	政策建议	18
4	教育发展	82	27	职业教育	17
5	校企合作	72	28	启示	17
6	人才培养模式	59	29	高技能人才	17
7	师资队伍建设	49	30	示范性高职院校	17
8	区域高等职业教育	45	31	政策分析	15
9	就业政策	43	32	政策导向	15
10	问题	36	33	科研	14
11	“双师型”教师	31	34	经费政策	14
12	教育改革	27	35	教师专业化发展	14
13	课程	27	36	内涵发展	14
14	政策支持	25	37	外国高等职业教育	13
15	现状	25	38	创业教育	13
16	高职教师	25	39	职教集团	13
17	高职生	23	40	实训基地建设	12
18	中高职衔接	22	41	兼职教师	12
19	思考	21	42	产学合作	12
20	教育政策	21	43	高职毕业生	11
21	政策环境	20	44	农村职业教育	10
22	招生政策	20	45	产学研合作	10
23	政策保障	20			

（二）高频关键词相似矩阵和聚类树状图分析

如果单纯按照高频关键词出现频次进行降序排列和简单分析，不能全面反映各关键词之间的密切程度，所以还需要进一步对关键词进行统计分析，深入挖掘关键词之间的内在联系。

为了得到符合尺度分析要求的数据结构，深入揭示两个关键词之间的共现关系，还需将共词矩阵转化为相似矩阵，探寻关键词之间的相关性。我们利用 Bicomb 软件“矩阵”中的“词篇矩阵”功能，将 45 个高频关键词生成关键词的词篇矩阵，将词篇矩阵导入 SPSS 17.0 中，依次运用“分析”“分类”“系统聚类”进行分析，然后选取“相似矩阵”“树状图”“Ochiai 系数”，将其转化为一个 45×45 的共词相似矩阵（部分结果见表 2-9）。

Ochiai 系数表示的是关键词之间共现的相对强度，其数值的大小可反映两个关键词之间相互联系的紧密程度。其数值越接近 1.000，表明相应的两个关键词之间的相似度越大；数值越接近 0.000，则表明两个关键词之间的相似度越小。高频关键词“高等职业教育”与其他关键词的相似度由大到小（取前八位）依次为：教育发展（0.353）、校企合作（0.223）、对策（0.217）、人才培养模式（0.204）、区域高等职业教育（0.194）、思考（0.189）、教育改革（0.177）、课程（0.167），而与农村职业教育没有很大的联系，其相似度为 0.017。这一结果说明，研究者在研究高等职业教育政策时，会较多地探讨教育发展、校企合作、人才培养模式、区域高等职业教育等。

对高频关键词相似矩阵进行聚类分析，就可以考察计算关键词之间的联系，把联系密切的关键词聚成一类，由此形成某一研究领域。由图 2-6 可以看出，高频关键词共现文献的数量越多，这类关键词的距离就越近，由此聚集成一类研究领域。按照系统聚类分析的结果可以将 2000~2014 年中国高等职业教育政策研究分为五个领域，即高等职业教育政策过程研究、高等职业教育师资队伍建设政策研究、高等职业院校学生就业政策研究、高等职业教育招生政策研究、高等职业教育人才培养模式政策研究。

三、高等职业教育政策研究的主要热点

随着《教育规划纲要》和《国务院关于加快发展现代职业教育的决定》的颁布，中国高等职业教育不断蓬勃发展，高等职业教育研究者和工作者还需要开拓创新，不断深化高等职业教育政策研究。

表 2-9 高等职业教育政策研究高频关键词的相似矩阵（部分）

	1. 高等职业教育	2. 高等职业院校	3. 对策	4. 教育发展	5. 校企合作	6. 人才培养模式	7. 师资队伍建设	8. 区域高等职业教育	9. 就业政策	10. 问题	11. “双师型”教师	12. 教育改革	13. 课程	14. 政策支持	15. 现状	16. 高职教师	17. 高职生	18. 中高职衔接	19. 思考
1. 高等职业教育	1. 000	0. 032	0. 217	0. 353	0. 223	0. 204	0. 101	0. 194	0. 091	0. 162	0. 097	0. 177	0. 167	0. 119	0. 076	0. 043	0. 034	0. 058	0. 189
2. 高等职业院校	0. 032	1. 000	0. 216	0. 102	0. 179	0. 120	0. 245	0. 118	0. 131	0. 110	0. 189	0. 063	0. 076	0. 106	0. 145	0. 171	0. 055	0. 000	0. 029
3. 对策	0. 217	0. 216	1. 000	0. 102	0. 048	0. 000	0. 132	0. 092	0. 125	0. 496	0. 129	0. 039	0. 039	0. 041	0. 267	0. 082	0. 107	0. 066	0. 000
4. 教育发展	0. 353	0. 102	0. 102	1. 000	0. 065	0. 058	0. 016	0. 132	0. 051	0. 110	0. 020	0. 191	0. 064	0. 066	0. 000	0. 000	0. 000	0. 047	0. 145
5. 校企合作	0. 223	0. 179	0. 048	0. 065	1. 000	0. 153	0. 034	0. 035	0. 018	0. 039	0. 021	0. 023	0. 045	0. 118	0. 024	0. 024	0. 025	0. 000	0. 026
6. 人才培养模式	0. 204	0. 120	0. 000	0. 058	0. 153	1. 000	0. 000	0. 019	0. 060	0. 000	0. 000	0. 000	0. 050	0. 052	0. 000	0. 026	0. 027	0. 111	0. 028
7. 师资队伍建设	0. 101	0. 245	0. 132	0. 016	0. 034	0. 000	1. 000	0. 043	0. 000	0. 119	0. 411	0. 027	0. 027	0. 086	0. 000	0. 114	0. 000	0. 000	0. 031
8. 区域高等职业教育	0. 194	0. 118	0. 092	0. 132	0. 035	0. 019	0. 043	1. 000	0. 045	0. 050	0. 027	0. 057	0. 000	0. 000	0. 060	0. 000	0. 031	0. 000	0. 065
9. 就业政策	0. 091	0. 131	0. 125	0. 051	0. 018	0. 060	0. 000	0. 045	1. 000	0. 051	0. 000	0. 029	0. 029	0. 030	0. 030	0. 000	0. 286	0. 000	0. 000
10. 问题	0. 162	0. 110	0. 496	0. 110	0. 039	0. 000	0. 119	0. 050	0. 051	1. 000	0. 060	0. 000	0. 000	0. 033	0. 133	0. 033	0. 000	0. 071	0. 036

续表

	1. 高等职业教育	2. 高等职业院校	3. 对策	4. 教育发展	5. 校企合作	6. 人才培养模式	7. 师资队伍建设	8. 区域高等职业教育	9. 就业政策	10. 问题	11. “双师型”教师	12. 教育改革	13. 课程	14. 政策支持	15. 现状	16. 高职教师	17. 高职生	18. 中高职衔接	19. 思考
11. “双师型”教师	0. 097	0. 189	0. 129	0. 020	0. 021	0. 000	0. 411	0. 027	0. 000	0. 060	1. 000	0. 000	0. 000	0. 036	0. 036	0. 036	0. 000	0. 000	0. 000
12. 教育改革	0. 177	0. 063	0. 039	0. 191	0. 023	0. 000	0. 027	0. 057	0. 029	0. 000	0. 000	1. 000	0. 000	0. 115	0. 000	0. 000	0. 000	0. 082	0. 042
13. 课程	0. 167	0. 076	0. 039	0. 064	0. 045	0. 050	0. 027	0. 000	0. 029	0. 000	0. 000	0. 000	1. 000	0. 000	0. 000	0. 000	0. 000	0. 000	0. 042
14. 政策支持	0. 119	0. 106	0. 041	0. 066	0. 118	0. 052	0. 086	0. 000	0. 030	0. 033	0. 036	0. 115	0. 000	1. 000	0. 000	0. 040	0. 083	0. 000	0. 000
15. 现状	0. 076	0. 145	0. 267	0. 000	0. 024	0. 000	0. 000	0. 060	0. 030	0. 133	0. 036	0. 000	0. 000	0. 000	1. 000	0. 160	0. 042	0. 000	0. 044
16. 高职教师	0. 043	0. 171	0. 082	0. 000	0. 024	0. 026	0. 114	0. 000	0. 000	0. 033	0. 036	0. 000	0. 000	0. 040	0. 160	1. 000	0. 000	0. 000	0. 000
17. 高职生	0. 034	0. 055	0. 107	0. 000	0. 025	0. 027	0. 000	0. 031	0. 286	0. 000	0. 000	0. 000	0. 000	0. 083	0. 042	0. 000	1. 000	0. 000	0. 000
18. 中高职衔接	0. 058	0. 000	0. 066	0. 047	0. 000	0. 111	0. 000	0. 000	0. 000	0. 071	0. 000	0. 082	0. 000	0. 000	0. 000	0. 000	0. 000	1. 000	0. 047
19. 思考	0. 189	0. 029	0. 000	0. 145	0. 026	0. 028	0. 031	0. 065	0. 000	0. 036	0. 000	0. 042	0. 042	0. 000	0. 044	0. 000	0. 000	0. 047	1. 000

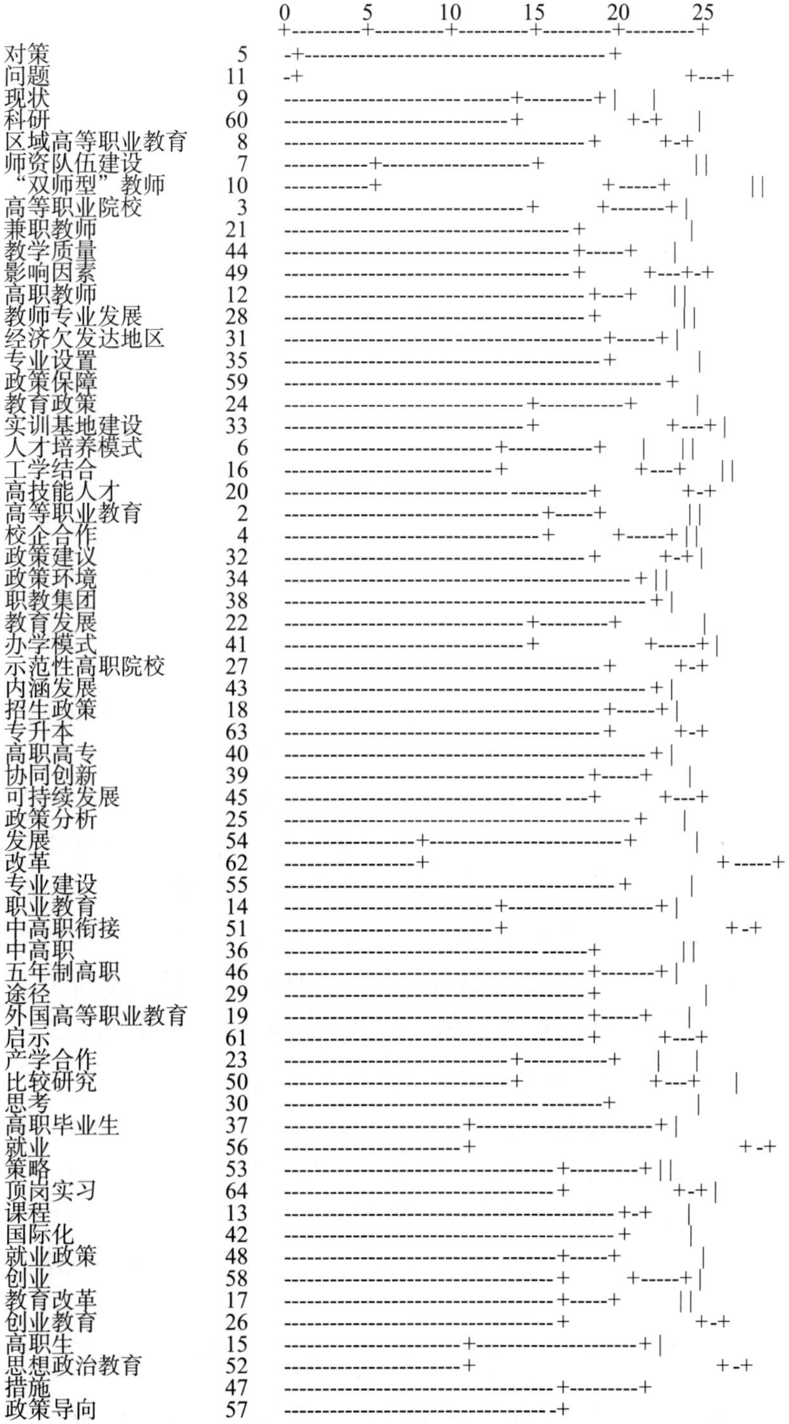

图 2-6　高等职业教育政策研究高频关键词①聚类树状图

① 本图中的高频关键词为出现频次大于等于 6 的 63 个高频关键词。

（一）高等职业教育政策过程研究

高等职业教育政策的过程研究，可以从理论和实践层面考量中国高等职业教育政策制定的合理性、执行情况和价值意义。中国高等职业教育政策的相关研究和概念界定大多从政策发展形成的视角入手，有学者将中国20世纪90年代高等职业教育发展政策的演进分为三个阶段，即以“三改一补”探索高等职业教育办学为主要特征的发展阶段，以积极推进各类高等专科教育转型为特征的发展阶段，以高等职业教育体制改革、规范办学为特征的发展阶段。① 该学者利用政策文本分析法回顾和考量了不同历史时期高等职业教育发展政策的优劣及其与社会实际的适应性。当前除了要对高等职业教育发展政策的阶段进行纵向研究外，还需对某个特定时期颁布的高等职业教育发展政策进行横向研究。沈苏林在解读《教育规划纲要》时提出，高等职业教育改革发展的相关政策若想得到有效实施，科学合理定位是前提，体制机制创新是保证，增强吸引力是健康发展的基础，提高质量是可持续发展的重点。② 他还对《教育规划纲要》中有关高等职业教育改革发展的具体政策进行了介绍。目前除了对高等职业教育发展政策的纵向和横向研究外，高等职业教育政策研究还包括对政策执行情况和价值意义的研究。李小丽对中国高等职业教育政策的价值取向进行探究，并针对其在执行过程中存在的问题进行分析，旨在更好地完善高等职业教育政策，提高其执行效度，深化高等职业教育改革，促进高等职业教育的发展。③ 良好的发展政策只有得到有效的执行，才能发挥政策的价值，才能促进中国高等职业教育的发展。当然，目前的许多高等职业教育政策过程研究还停留在一般性的政策评论阶段，其理论分析框架和研究方法都比较随意，综合采用问卷调查、访谈等手段的研究寥若晨星。

（二）高等职业教育师资队伍建设政策研究

高等职业教育师资水平不高已成为高等职业教育发展的障碍。当前对高等职业教育师资队伍建设政策的研究主要集中在以下几个领域。首先，对高等职业教育师资队伍培训政策的研究。有研究者指出，中国对高等职业院校师资培养的政策导向发生了深刻的改变，即由仅要求建立培训途径

---

① 严全治：《二十世纪九十（年）代我国高等职业教育发展政策的历史回顾》，《职教通讯》2011年第17期。

② 沈苏林：《高职教育改革发展政策分析及实施建议——关于落实〈教育规划纲要（2010-2020）〉的几点思考》，《职教论坛》2011年第10期。

③ 李小丽：《我国高等职业教育政策的价值取向及其执行效度分析》，《职教论坛》2012年第16期。

而不强制培训发展到国家从法律层面上强制规定高职教师培训以及专业师资培训基地的建设，更要求高职教师必须到企业参与实践培训，并为高职教师打通在职攻读硕士乃至博士学位的渠道。① 其次，教师专业化发展政策的研究。有研究者从教师专业化发展现状的角度对中国高等职业教育教师专业化发展进行了分析，认为学校和教师的思想观念不适合高职高专教育的发展，高职高专教师学位学历结构不合理且职称偏低，高职高专教师来源渠道单一。对于这一现状，该研究者提出了创建高水平的技术师范大学、重新审定并提高高职院校专业教师资格以及不断提高高职高专教师的社会地位和待遇等解决对策。② 除了通过优化外部环境来促进高等职业教育教师的专业化发展外，还需要提高教师的学习内驱力。有学者认为，教育行动研究为高等职业教育教师专业化发展提供了切实可行的有效途径，它通过唤醒自觉意识、增强自主组织性、培育专业精神、促进学科专业成长、促进教育专业成长等各种具体路径，积极推动高等职业教育教师专业化发展的进程。③ 良好的政策环境是推动高等职业教育教师专业化发展的动力。谢婷等研究者着重研究了中国高等职业教育教师专业化发展相关的政策法规与制度机制，在回顾中国现行教育制度与政策的基础上，重点围绕现行教师制度对教师专业化发展的作用这一主线，结合高等职业教育教师专业化发展的两个核心问题，提出了关于高等职业教育教师专业化制度的构想及改革的建议。④ 再次，“双师型”教师队伍建设的政策研究。有研究者指出，“双师型”教师队伍建设政策从正式提出到逐步完善，经历了一个较长的过程，“双师型”教师队伍建设政策从笼统要求向具体化过渡，“双师型”教师队伍建设目标从“双师型”向“双师素质”演变和发展。⑤ 但也有研究者认为，在“双师型”教师资格认证方面，尚未建立起一套完善的与高等职业教育要求相符合的高等职业院校师资资格认证体系，对建立“双师型”教师队伍这一政策要求的执行仍然停留在形式层面，对“双师型”教师的实质内涵缺乏政策体系上的统一认证标准，导致目前的“双师”只是持有双证书或某些曾从事过其他职业的教师。⑥ 最后，对高等职

① 翁吟：《职业教育师资队伍建设的政策研究》，《职教论坛》2009年第13期。

② 徐小勇、黎桂芳：《高职高专教师专业化发展现状及应对策略》，《中国成人教育》2009年第2期。

③ 杨林生：《教育行动研究与高职教师专业化发展》，《教育评论》2008年第2期。

④ 谢婷、李弘、徐景峰等：《高职教师专业化发展现行政策分析与研究》，《人力资源管理》2010年第4期。

⑤ 穆晓霞：《浅议我国“双师型”教师队伍建设的政策》，《职教论坛》2009年第35期。

⑥ 翁吟：《职业教育师资队伍建设的政策研究》，《职教论坛》2009年第13期。

业教育师资队伍资格认证的政策研究。许多研究者认为，高等职业院校的教师队伍资格认证要和普通教育系统的教师队伍资格认证相区别，应形成具有高等职业教育特色的教师资格认证体系，但中国还未形成一套健全的高等职业院校教师资格认证制度。当然，从整体上来说，中国高等职业教育师资队伍建设的政策研究还缺乏深入的实践性研究，偏重事实陈述与堆积，阐述的观点和提出的问题大多如出一辙，难以为政府政策的制定和高等职业院校规章制度的推行提供正确的实践依据和具有可操作性的标准。

（三）高等职业院校学生就业政策研究

生存权是人们最基本的权利，而劳动就业权是一个人生存权利的最基本保障。高等职业院校的学生通过接受高等职业教育而获得其期盼的就业岗位，国家的就业政策是促进高等职业院校学生就业的保证。庞海松借鉴国外的就业政策体系后指出，中国保障毕业生就业权益的政策法规还未形成体系，如毕业生的户籍管理制度、在非公有制单位能享受的各种保险福利制度、就业市场管理办法等还有待进一步完善和成熟。① 近年来，随着“双创”的推进，就业政策研究中的创业政策研究日渐增多。纪淑军通过对中国高等职业院校的创业教育政策现状进行分析后发现，创业教育机制存在严重的问题，中国高等职业院校的创业教育观念落后，高等职业院校还未认识到创业教育的重要性。虽然中央和地方各级政府出台了鼓励自主创业的政策，但大多数学生并不知晓这些创业政策。② 在目前严峻的就业形势下，高等职业院校开展创业教育、鼓励学生自主创业是缓解就业压力的有效方式。有研究者认为，开展创业教育是落实教育方针的必然选择，要求各级政府和学校切实落实创业教育政策，开展有针对性的创业培训，提高劳动者的就业和创业能力。③ 但总体来说，对于高等职业教育就业政策的研究多以中国的就业政策文本为分析视角，结合高等职业教育就业政策和创业教育政策实施现状，进而发现高等职业教育就业政策的相关问题，并提出对高等职业教育就业政策的建议，并没有对高等职业教育就业政策进行深入的研究和探索，也没有对高等职业教育就业政策的制定和执行进行探讨，这说明目前高等职业教育就业政策研究的角度狭小，针对性和独

① 庞海松：《构建高职院校就业指导模式的探索》，《教育探索》2007 年第 7 期。

② 纪淑军：《创业富民战略视野下的高职院校创业教育研究》，《中国成人教育》2009 年第 10 期。

③ 成丙炎、姜燕：《创业教育：高职改革和发展的必然选择》，《成人教育》2010 年第 2 期。

立性不足。

（四）高等职业教育招生政策研究

随着高校扩招政策的执行，高校招生规模不断扩大，而高等职业院校的招生形势十分不乐观，高等职业院校生源下滑已成为中国高等职业教育发展的一大障碍。目前，对高等职业教育招生政策的讨论主要集中在以下几点：一是政策变迁的研究。研究者利用倡议联盟框架范式来分析中国高等职业院校招生政策的变迁，按照信念体系与行动目标的不同，将中国高等职业院校的招生政策变迁中的子系统分为三大政策联盟，即传统高考式政策联盟、高等职业单招式政策联盟、注册入学式政策联盟。通过了解政策学习、倡议联盟框架范式在政策变迁中发挥的作用，可以对高等职业院校招生政策的走向进行政策预期与设计。① 二是政策文本的缺陷研究。有研究者通过对全国 39 所高等职业院校的招生政策特别是单独招生政策进行调研，发现虽然目前高等职业教育单独招生政策的影响不断扩大，分层选拔的政策目标已初步达到，系统化选拔录取模式也基本形成，但仍然存在许多政策文本缺陷，如考试成本高、考试方式和培养方式的“职业性和应用性”不强、行政部门监管力度不大等。② 还有学者认为，志愿填报和新生录取中一些歧视性招生政策，导致并加深了考生与家长对高等职业院校的误解。目前的大多数高等职业院校属于大学专科层次，但在志愿填报、录取上不与普通专科院校同时进行，这就使社会产生高等职业院校比普通专科院校低一个层次、高等职业院校新生是“落榜生”的误解。③ 这些招生政策的缺陷导致了一些考生不愿意报考高等职业院校的后果，严重影响了高等职业院校的生源数量和质量。

（五）高等职业教育人才培养模式政策研究

《教育规划纲要》提出，深化教育体制改革，关键是更新教育观念，核心是改革人才培养体制，目的是提高人才培养水平。高等职业教育作为职业教育的重要组成部分，担负着为国家培养技能型人才的责任。而“采用什么样的人才培养政策”“为社会培养什么样的人才”“怎样培养社会发展所需要的人才”，也成为有关学者的研究热点。有研究者从价值取向和

---

① 黄文伟：《政策学习与变迁：一种倡议联盟框架范式——对我国高职院校招生政策变迁的解读》，《清华大学教育研究》2012 年第 5 期。

② 佛朝晖：《高职单独招生政策执行情况的调查报告》，《国家教育行政学院学报》2012 年第 11 期。

③ 黄燕飞：《高职院校招生困难的原因及其对策》，《南通工学院学报（社会科学版）》2002 年第 2 期。

政策目标等方面对高校扩招以来中国政府颁布实施的高等职业教育人才培养政策进行了分析，得出扩招以来高等职业教育人才培养政策的特点，即任务分工、分类管理为人才培养提供了发展空间，促进就业、突出职业特色是人才培养政策的价值取向，教学改革与建设是提升人才培养质量的突破口。该研究者还提出了对高等职业教育人才培养政策的建议：进一步明确高等职业教育人才培养定位，注重宏观管理和指导及高等职业教育人才培养的个性化，深化校企合作，兼顾效率与公平以提高高等职业教育人才的整体水平。① 还有学者通过分析企业参与人才培养的模式，提出关于中国企业参与人才培养政策法规制定的建议，认为当前缺乏可操作性的法规，缺少对企业的激励机制，缺乏监督政策落实的机构。根据中国的实际情况，该研究者提出要构建激励企业参与培养的政策环境，制定具体可行的、适用的人才培养政策法规，政府和企业要加大对职业人才培养的投入等。② 目前，中国高等职业教育人才培养模式主要有校企合作、工学结合等，而社会发展所需要的高技能人才应该由国家、职业院校、企业行业等共同培养。目前，高等职业教育校企合作的制度政策严重缺失，国家急需对高等职业教育进行顶层设计。

四、高等职业教育政策研究的拓展领域

共词分析表明，高等职业教育的研究热点主要包括高等职业教育政策过程研究、高等职业教育师资队伍建设政策研究、高等职业院校学生就业政策研究、高等职业教育招生政策研究、高等职业教育人才培养模式政策研究等。这些研究既推动了高等职业教育政策研究的繁荣与发展，也对高等教育政策的完善提供了指导。高等职业教育政策研究既要深化已有研究，还要加强经费投入政策研究、课程与教学政策研究等。

（一）增强高等职业教育政策的专业化研究

教育政策研究需要一定的研究范式，一是现象学范式，二是诠释学范式，三是批判理论范式，四是符号互动范式。③ 对高等职业教育政策的研究分析要遵循一定的研究范式，以加强高等职业教育政策研究的专业化。

① 李训贵：《高校扩招以来我国高等职业教育人才培养政策分析》，《黑龙江高教研究》2011 年第 7 期。

② 刘选：《企业参与高等职业教育人才培养的政策法规分析》，《交通职业教育》2010 年第 1 期。

③ 孙绵涛：《教育政策论——具有中国特色的社会主义教育政策研究》，武汉，华中师范大学出版社，2002，第 7 页。

高等职业教育政策的专业化研究应该囊括高等职业教育政策的理论与实践研究、历史与现实研究、比较研究、内容研究、过程研究、结果研究等各个方面，不仅要分析高等职业教育政策文本，也要分析政策的形成、执行以及政策评价和政策环境。除此之外，要运用定性研究、定量研究等研究方法，采取全面可靠的资料收集方法，如文献检索、问卷调查、访谈等，将收集到的资料进行提炼、去伪存真、去粗存精，选择有益于研究的资料，再将这些资料进行综合归纳，形成系统化的高等职业教育政策研究资料。但是，目前中国高等职业教育政策研究缺乏专业化的研究团队，研究人员不明确，采用的方法多为单一的定量或定性研究，缺少综合的研究方法；收集的资料多为对事实的描述，缺少深入的调查取证、访谈了解；注重国家层面的宏观研究，而忽视了微观层面的不同地区的高等职业教育政策研究。因此，必须培养高等职业教育政策研究的新生力量，使研究人员兼具理论研究和实际工作的能力，建立专业的研究团队，采用科学合理的研究方法，对高等职业教育政策进行全方位的专业化研究。

（二）关注高等职业教育经费投入政策研究

教育经费投入政策是国家关于教育经费投入的纲领性规定和教育投资指南，是国家在教育领域中表现出来的行动倾向。对高等职业教育经费投入政策进行研究，有助于把握高等职业教育的政策方向，促进高等职业教育的发展。高等职业教育经费投入政策的研究对象主要包括经费投入政策的制定、实施、效益、组成部分以及价值取向等方面。相对于普通教育，高等职业教育经费投入不足是不争的事实，阻碍了高等职业教育的发展。但是，近年来对高等职业教育经费投入政策的研究大多停留在通过政策内容研究，发现存在的政策问题，进而提出政策建议，经费投入政策研究的视角狭小、方法单一，极少从政策的过程、内容、价值等多维角度进行规范化研究。

（三）深化高等职业教育课程与教学政策研究

高等职业教育的课程与教学具有独特性。如职业定向性规定了课程培养目标要与具体的行业、专业或工种的职业方向要求相对应；区域适应性规定了课程的开发、设置、组织和实施应基于特定地区的特定职业需求；行业企业参与性规定行业企业应参与高等职业教育课程的开发、标准的制定、课程的实施。① 因此，高等职业教育的课程与教学政策有别于一般意义上的课程与教学政策。从政策制定方面来看，要确保当地政府、企业、高等职业院校共同参与课程与教学政策的制定，以实现政策制定主体的多样化以及确保课程与教学政策的有效实施。从政策内容方面来看，应加强对不同地区的高等职业教育课程与教育政策的区域性、行业企业参与性的研究。政策制定主体应针对不同地区的经济发展水平，制定相对应的具有特色的课程与教学政策，为当地企业发展提供高技能人才，促进高等职业院校毕业生的有效就业，推动当地社会经济发展。

第五节　农村职业教育政策研究热点的共词可视化分析

农村职业教育政策是指国家决策层或政策制定者为实现农村职业教育目标，在确保政策合法性的基础上制定的指导农村职业教育相关事务的行动纲领和准则。它体现了国家发展农村职业教育的意图，具有一定的强制性，引导并规范着农村职业教育的发展。改革开放以来，中国农村职业教育政策的发展演变主要经历了四个阶段：第一阶段，农村职业教育的恢复与发展阶段（1980~1989 年），此阶段坚守“向农”教育。第二阶段，农村职业教育的改革与发展阶段（1990~2001 年），农村职业教育逐步由“向农”教育转向“离农”教育。《关于深入推进农村教育综合改革的意见》提出要进一步调整和优化农村教育结构。国家出台了“三教统筹”与“农科教结合”的政策。第三阶段，农村职业教育的高速发展阶段（2002~2009 年），主要以“离农”教育为主。随着中国农业产业化经营的步伐不断加快，农业生产率大幅度提升，农村集聚了大量的剩余劳动力，教育部适时实施了“农村劳动力转移培训计划”，提出大力开展农村职业培训，实现农村剩余劳动力向城市转移就业。第四阶段，发展面向社会主义新农村的职业教育阶段（2010 年至今），农村职业教育重新走上了“向农”服务的道路，适应了新农村建设与剩余劳动力转移的新形势。

也有学者指出，改革开放以来，政府的农村职业教育政策是积极的，但也存在一些问题和不足，主要表现为：农村职业教育发展水平和增长速度滞后于城市；农村职业教育师资结构严重不平衡，农村职业院校中技艺

① 南海：《职业教育的逻辑》，太原，山西人民出版社，2012，第 80~81 页。

型师资的比例明显偏低；农村职业教育经费短缺，教师待遇差，人才流失严重。这些问题的根源，既包括农村经济与社会发展落后、职业教育发展环境欠佳，也包括农村职业教育政策本身及政策执行不力。①

有学者进一步指出，中国出台的有关农村职业教育发展的政策与法规，促进了农村职业教育战略地位的确立与提升，优化了农村中等教育结构，提高了农村职业教育的基础能力和服务能力，保障了农村弱势群体的职业教育权益，使农村职业教育实现了稳步发展。但是，现有农村职业教育政策也存在明显不足：以县为主的管理体制不利于农村职业教育均衡发展，综合高中的发展在一定程度上引发了农村职业教育的应试化、市场化倾向，“超人”的政策定位给农村职业教育发展带来了干扰，不利于提高农村职业教育吸引力。②

有学者研究了21世纪以来农村职业教育政策的相关文献后指出，农村职业教育政策研究是农村职业教育政策的方法论或技术工具，贯穿于农村职业教育政策落实的全过程。农村职业教育政策的研究对象广泛、复杂，所以研究范畴也极为广泛。进入21世纪以来，中国农村职业教育政策研究的成果迅速增加，政策研究也开始走向深入，研究已经不限于经验式的总结，理性思考的成分逐渐增大。但是，问题依然存在，主要表现为：第一，就整体而言，大部分的研究还是基于实际经验的对策总结，基础性的理论探究仍显薄弱；第二，关于农村职业教育政策基本理论，如政策的基本理念、价值观、社会目的等的本体性研究有待深入；第三，对国外经验的借鉴不够。未来农村职业教育政策的改进、农村职业教育政策的执行和发展将是政策研究的重要领域。③

农村职业教育作为农村教育的重要组成部分，承担着促进广大农村地区快速发展的重任。为了客观地展示中国农村职业教育政策的研究状况，我们采取共词分析、聚类分析等量化研究方法，呈现农村职业教育政策研究的热点领域，探明农村职业教育政策研究存在的问题，并提出农村职业教育政策研究的拓展领域。

---

① 张林：《农村职业教育政策的历史演变及改革路径探析》，《农业考古》2012年第3期。

② 綦国林、马建富：《农村职业教育发展政策评析与改革创新》，《职业技术教育》2011年第22期。

③ 夏蕾：《新世纪以来我国农村职业教育政策研究综述》，《职教通讯》2013年第10期。

一、资料来源与研究工具

（一）资料来源

在中国期刊全文数据库中进行文献搜索，不限定检索时间及期刊类别，以“农村职业教育”并含“政策”为检索词进行检索，共得到 289 篇文献，剔除报纸评论、人物专访、会议纪要等非研究性文献后得到 270 篇文献。之后，对文献的关键词进行规范化处理，如将“农职”“农村职教”等关键词合并为“农村职业教育”，从而得到有效的研究资料。

（二）研究工具与步骤

研究工具为 Bicomb 共词分析软件和 SPSS 19.0 统计软件。研究分为六个步骤：第一，在 Bicomb 共词分析软件中建立一个新项目，项目编号设为 01，格式类型选择“cnki. 中文 . <txt>”；第二，将 270 篇有效文献从本地文件夹输入“选择目录”中，进行提取操作；第三，对关键词进行统计；第四，根据关键词词频阈值设定，导出相应的频次分布 Excel 表格；第五，抽取词频大于等于 6 的 39 个关键词作为高频关键词，建立高频关键词的共词矩阵和相关矩阵；第六，进行聚类分析，将高频关键词共词矩阵导入 SPSS 19.0 中，采用系统聚类，得到关键词的聚类树状图。

二、研究结果与分析

（一）高频关键词确定

270 篇有效文献有 1367 个关键词，确定高频低频词阈值为 6，然后得到 39 个高频关键词（见表 2-10）。前 12 个高频关键词的出现频次均大于 15。

表 2-10　39 个高频关键词

序号	关键词	出现频次	序号	关键词	出现频次
1	农村职业教育	181	7	新农村建设	25
2	政策支持	53	8	农村职教发展	20
3	职业教育	51	9	新型职业农民	19
4	“三农”问题	36	10	办学模式	18
5	农村剩余劳动力	30	11	专业建设	18
6	对策	28	12	中等职业教育	18

续表

序号	关键词	出现频次	序号	关键词	出现频次
13	问题	13	27	国外经验	9
14	农村职业学校	13	28	教育经费	9
15	师资队伍建设	12	29	教育改革	9
16	农林院校	11	30	农林水利	9
17	农村教育	11	31	财政政策	8
18	职教中心	11	32	城乡统筹	8
19	职业教育政策	10	33	集团化办学	8
20	农业现代化	10	34	免费政策	7
21	农村剩余劳动力转移	10	35	职业教育培训	7
22	城镇化	10	36	欠发达地区	6
23	职业技术院校	10	37	现状	6
24	农村经济	10	38	教育政策	6
25	农业发展	10	39	政府职责	6
26	课程体系	9			

（二）高频关键词相似矩阵和聚类树状图分析

为了能够更深入地探明关键词之间的关系，用 Bicomb 软件对 39 个高频关键词进行共词分析，生成高频关键词的词篇矩阵，将词篇矩阵导入 SPSS 19.0 中，通过系统聚类，选取 Ochiai 系数进行聚类分析，得到一个 39×39 的共词相似矩阵，在相似矩阵中，数值越接近 1.000，表明关键词之间的相互联系更紧密。由表 2-11 可知，高频关键词“农村职业教育”与其他高频关键词的相似度由大到小（取前八位）的顺序为：政策支持（0.379）、新农村建设（0.244）、农村职教发展（0.231）、对策（0.210）、农村剩余劳动力（0.203）、新型职业农民（0.169）、“三农”问题（0.150）、职业教育（0.124）。这说明中国学者在研究农村职业教育时，较多地将农村职业教育与政策支持、新农村建设、农村剩余劳动力及新型职业农民等结合起来论述。

表 2-11　农村职业教育政策研究高频关键词的相似矩阵（部分）

	1. 农村职业教育	2. 政策支持	3. 职业教育	4. “三农”问题	5. 农村剩余劳动力	6. 对策	7. 新农村建设	8. 农村职教发展	9. 新型职业农民
1. 农村职业教育	1.000	0.379	0.124	0.150	0.203	0.210	0.244	0.231	0.169
2. 政策支持	0.379	1.000	0.119	0.168	0.000	0.159	0.086	0.094	0.000
3. 职业教育	0.124	0.119	1.000	0.315	0.207	0.134	0.144	0.126	0.067
4. “三农”问题	0.150	0.168	0.315	1.000	0.125	0.097	0.035	0.153	0.000
5. 农村剩余劳动力	0.203	0.000	0.207	0.125	1.000	0.069	0.075	0.000	0.129
6. 对策	0.210	0.159	0.134	0.097	0.069	1.000	0.000	0.085	0.134
7. 新农村建设	0.244	0.086	0.144	0.035	0.075	0.000	1.000	0.046	0.192
8. 农村职教发展	0.231	0.094	0.126	0.153	0.000	0.085	0.046	1.000	0.053
9. 新型职业农民	0.169	0.000	0.067	0.000	0.129	0.134	0.192	0.053	1.000

为了更形象地展现高频关键词之间的关系，将高频关键词相似矩阵导入 SPSS 19.0 进行聚类分析，得到高频关键词的聚类树状图（见图 2-7）。依据该图，可将农村职业教育政策研究分为四个热点领域，即新型城镇化背景下的农村职业教育政策及比较研究、新农村职业教育培训及影响因素研究、农村职业教育师资队伍建设政策研究和农村职业教育经费政策研究。

三、农村职业教育政策研究的主要热点

农村职业教育承担着提高农村劳动者素质、培养新型农民、为当地发展输送人才等重要任务，是各级各类教育中与“三农”联系最为密切的教育类型。它不仅是职业教育的重要组成部分，也是职业教育发展的重点和难点。党和国家对农村职业教育越来越重视，在有关政策中对农村职业教育的发展做出了明确的规划，关于农村职业教育政策的研究也繁荣起来并形成了相对集中的研究领域。

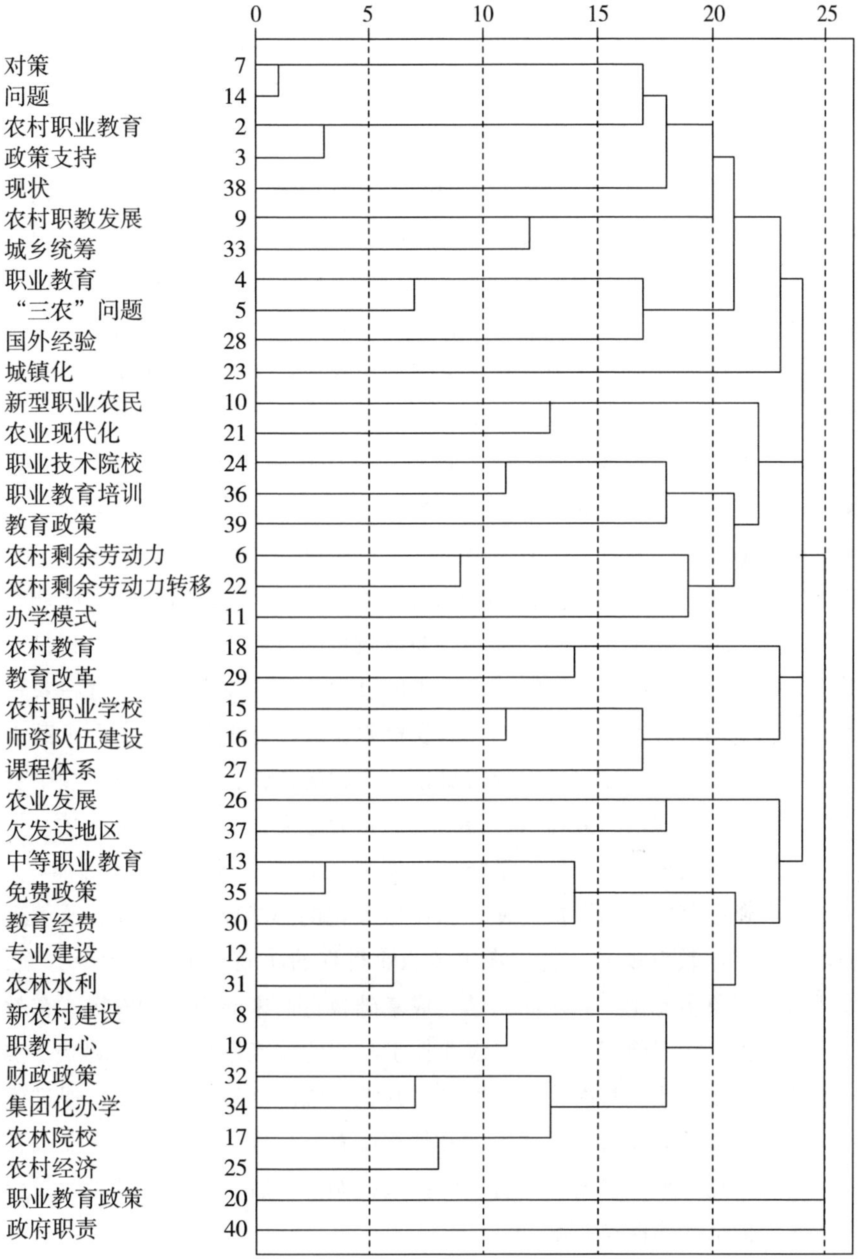

图 2-7 农村职业教育政策研究高频关键词聚类树状图

（一）新型城镇化背景下的农村职业教育政策及比较研究

农村是中国最庞大的人口聚集地，同时也是文化素质较低、生存技能较弱的代表群体的生存地。党的十八大报告明确提出了城乡一体化的新型城镇化发展道路，这成为未来教育改革和发展的重大主题和基本图景。在这一背景下，有关农村职业教育政策的研究也积极关注新型城镇化背景下农村职业教育的发展以及国外农村职业教育发展的经验。

1. 新型城镇化背景下农村职业教育的发展困境及对策

新型城镇化是中国农村现代化的一种必然趋势，也是中国实现现代化的必经阶段。它是经济社会发展的客观规律，也是中国产业经济结构优化、升级与换代在空间地域上的一种必然反映。① 新型城镇化进程一方面使得农村剩余劳动力进城，变为新市民，从事非农业生产；另一方面促使传统意义上的农民变为现代职业农民，从事现代农业。新型城镇化作为一种新的经济形态，必然对农村教育提出新的要求。农村职业教育发挥着促进人力资源转型、提升农业生产技术、改进农业生产结构等重要作用。但是，新型城镇化建设过程中的农村职业教育仍然存在诸多问题。农村职业教育目标定位不准，办成了“离农”教育。农村职业教育忽略了为当地经济建设服务的目标，基本上转变为向城市输送劳动力的“就业教育”，职业教育的布局、结构及规模也制约着农村职业教育的发展。城镇化的进程是劳动力人口、资本、产业布局向城镇集中的过程，要求改变职业教育在农村的布局、结构及规模，而日益扩大的农村职业教育需求与教育资源承载力间的结构性矛盾也更加突出。随着城镇化进程的加快，一方面农村剩余劳动力的职业教育需求越来越大，另一方面企业也需要大量的管理人才、专业技术人才和农技人才，尤其是能够引领现代农业发展的技术人才。② 突破农村职业教育发展困境成为实现新型城镇化的必然要求。首先，改革现有的农村职业教育模式，进一步拓展职业教育的功能。在教育对象方面，实现教育对象多元化，更多面向已完成基础教育而未能升学的农民。在教育内容方面，将岗前职业教育、农业技术与职业技能培训等结合起来，实现教育内容多元化。其次，制定城乡公共教育资源统筹使用政策，促进优质职业教育资源向农村的有序流动和均衡配置。再次，突出农村职业教育的公益性特点，形成多渠道教育资源投入机制。最后，加强农村职业教育的立法，健全法律保障制度。③

---

① 李强、陈宇琳、刘精明：《中国城镇化“推进模式”研究》，《中国社会科学》2012 年第 7 期。

② 谭晓宇、郭金林：《城镇化进程中农村职业教育发展的对策研究》，《当代教育科学》2011 年第 15 期。

③ 谭晓宇、郭金林：《城镇化进程中农村职业教育发展的对策研究》，《当代教育科学》2011 年第 15 期。

2. 国外农村职业教育发展的经验与借鉴

中国农村职业教育一方面需要加强自身的改革与建设，另一方面，要学习、借鉴国外农村职业教育的实践经验。国外农村职业教育发展的成功经验可以归纳为：第一，以立法促进农村职业教育发展。重视农村教育立法，通过立法来调整农村职业教育体系并保障人力、财力、物力的供给，以此培养和造就农村、农业发展所需的实用技术人才，这也是美、日、法、德等国农村职业教育发展迅速的原因之一。第二，政府大力扶持，实行基本免费的教育和培训。政府对于农村职业教育与培训的资金支持，减轻了农民的经济负担，从而激发了农民参与职业教育培训的积极性，极大地提高了农民的科技文化素质。① 第三，农村职业教育有效地为实现农村剩余劳动力转移服务。国家强调农村职业教育要以市场变化和社会需求为基点，主动承担引导农村剩余劳动力转移的任务，并重视农村劳动力的教育与培训，培养农村劳动力新的职业技能，提升农村劳动力的科学文化素质，积极促进农村剩余劳动力的转移。第四，高度重视农村职业教育质量，有效防止教育腐败现象。发达国家都对教育质量予以认真、严格的评估与监控，同时，实行国家职业资格证书制度，严格保证农业职业教育的质量。② 由国外农村职业教育发展的成功经验可知，中国今后需要不断完善农村职业教育法律法规，增强政策的针对性和权威性；加大对农村职业教育的投入，促进农村职业教育的可持续发展；统筹规划，优化资源配置，构建符合社会主义新农村建设需要的农村职业教育新体系。③

（二）新农村职业教育培训及影响因素研究

新农村建设即在城镇化背景下传统农村开展的新的建设。新农村建设主要包括“物的建设”与“人的建设”。最重要的是“人的建设”，即对农民的“建设”。随着城镇化进程的加快，农村的劳动力主要分为两种类型：一种是职业农民，另一种是农村剩余劳动力。因此，加强农村“人的建设”包括：加强职业农民的“建设”，培养新型职业农民；加强对农村剩余劳动力的“建设”，实现农村剩余劳动力的转移与就业。

---

① 王敏、赵云芬：《论国外农村职业教育的经验在我国的借鉴意义》，《教育与职业》2008 年第 30 期。

② 范安平、张释元：《发达国家的农村职业教育：经验与借鉴》，《教育学术月刊》2009 年第 11 期。

③ 刘颖：《发达国家农村职业教育研究述评及对我国的启示》，《职教论坛》2015 年第 18 期。

1. 新型职业农民的培训

新型职业农民是具有较高素质的，主要从事农业生产经营，并以此为主要收入来源的从业者。新型职业农民是农业产业化向现代化转型和发展过程中对农村人才的必然要求，其核心含义是农民的职业化。① 目前，中国农业和农村的现代化水平、农民的科技水平及农业生产技术不断提升，但总体来说，中国新型职业农民培训工作还存在不少问题，与农业现代化要求还有一定的距离。第一，新型职业农民的培训尚未引起足够重视。各级党委和政府对新型职业农民的培训认识不足，导致工作重视不够；培训资金的使用缺乏系统的筹划和考核；培训单位的培训师资和培训条件建设不足，很多农业企业和农民的参与度不高。第二，教育培训内容尚未得到科学设置。大多数培训内容由培训单位自行组织编写，一些培训内容未能切合市场需求，缺乏统筹与前瞻性，难以保证培训效果。第三，教育培训方式尚未紧贴“三农”实际。培训未能考虑每个学员的不同层次和不同需求，以及产业布局和季节性的不同，导致培训的针对性不足。② 针对新型职业农民培训的不足，有学者对其影响因素进行了分析。第一，制度性因素。新型职业农民的培训既要注重农民基本文化素质的提升，又要实现农民职业技能的提高，培训目标比较多元。另外，政府部门、事业单位、培训机构、行业企业、民间协会组织等都可能出于职业要求或利益驱动，在特定条件下成为新型职业农民的培训主体，导致培训形式复杂化。第二，经济、文化和资源条件因素。一定地区的工业化、城市化水平及农业现代化程度影响着培训的财政供给、资源配置和要素支撑；文化条件影响着培训的师资、技术人员及文化设施等；资源条件主要指当地的优势产业及其比较优势，项目、经济组织和技术、人才优势，这些对于培训效果也有影响。第三，农业发展因素。一定地域农业发展的水平与方向会影响培训的效果。第四，人员因素。新型职业农民的培训效果还会受到农民自身的培训意愿及培训需求的影响。③

2. 农村剩余劳动力转移培训

美国著名发展经济学家刘易斯（W. A. Lewis）认为，剩余劳动力是指边际劳动生产率为零或者负数的劳动力。吉利斯（M. Gillis）等在《发展

① 陈正华：《新型职业农民培训理论与机制》，《高等农业教育》2013 年第 5 期。

② 马万顺：《新型职业农民教育培训刍议》，《职教论坛》2014 年第 3 期。

③ 赵帮宏、张亮、张润清：《我国新型职业农民培训模式的选择》，《高等农业教育》2013 年第 4 期。

经济学》中指出："发展中国家劳动力最为明显的特征之一，就是绝大多数人口都从事农业生产劳动，普遍存在着多种劳动力利用不充分的主要形式。"那些不离开农村的、未能得到充分就业的劳动力，即"隐性"失业者；那些离开农村或必将离开农村的剩余劳动力，可以称为"农村剩余劳动力"。① 从世界范围来看，农村劳动力向城市的流动是经济发展到一定程度的必然现象，是伴随着经济发展的规律性现象。劳动力的流动是一个地区乃至国家的工业化与城镇化互为促进、互为因果的现象。2003 年《2003—2010 年全国农民工培训规划》出台，这是中国第一次专门针对农民工培训问题出台的权威性规划，标志着中央政府首次将农民工培训问题提升到战略高度。② 各地不断加强对农民工培训工作的指导，开展了形式多样的农民工培训活动，并取得了一定的成效。但是，当前农民工培训工作还存在许多问题，主要表现为对农民工的有效需求了解不够，培训的有效供给不足，转移培训缺乏系统性、针对性和实效性等。③ 农村剩余劳动力培训的问题主要受培训资金投入不足、培训内容缺乏针对性、户籍制度限制以及配套政策缺乏（主要是指农民剩余劳动力的再就业、子女入学、医疗等方面的政策）等因素的影响。

（三）农村职业教育师资队伍建设政策研究

农村职业学校是发展面向农村的职业教育的主力军，肩负着培养现代职业农民及促进农村剩余劳动力转移的重任。提升农村职业学校的办学质量，关键是要建设一支高素质的农村职业教育师资队伍。随着国家对农村职业学校师资队伍建设的政策和资金支持力度的加大，师资队伍的数量与质量都有了明显提升，但也存在一些问题与困难，主要表现在：第一，师资队伍内部结构不合理。首先，农村职业教育师资队伍来源单一。目前农村职业学校师资引进方式多为公开招聘，师资引进渠道单一。另外，职业学校缺乏自主权，行业、企业优秀人才进入职业学校任教的渠道不畅。④ 其次，师资队伍整体素质不高，主要表现为专业教师的知识能力结构不能

① 王传军、高启达：《浅议农村剩余劳动力转移的现状、困境及对策》，《中国科技信息》2008 年第 14 期。

② 胡洪斌、张晓智：《农村剩余劳动力职业培训的经济博弈分析》，《教育与职业》2009 年第 6 期。

③ 胡洪斌、张晓智：《农村剩余劳动力职业培训的经济博弈分析》，《教育与职业》2009 年第 6 期。

④ 吴友峰：《农村职业教育师资队伍建设机制探讨》，《科学咨询（科技·管理）》2013 年第 5 期。

很好地适应技能教学的要求。农村职业学校的大多数专业教师来自基础教育学校，没有企业生产实践或农业生产实践的经历。在课堂教学过程中，他们动手能力较差甚至脱离生产实践活动，很难培养出有较强操作能力的实用人才。第二，师资队伍成长的外在环境缺乏。农村职业学校师资职后成长平台缺乏，教师缺乏足够的成长机会。第三，对农村职业学校师资队伍的政策性支持欠缺。有关农村职业教育的政策并未对农村职业学校教师的身份、地位、职称及薪资待遇做出规范，制约了农村职业学校教师的成长。解决与调整好现有的问题，才能促进农村职业教育师资队伍的建设，进而确保农村职业教育的质量。一要完善农村职业学校教师结构。学校应制定有关专业教师培养的规划和制度，挖掘现有教师队伍潜质，促进学校内部教师的合理流动。① 有关部门应促进农村职业学校教师来源多元化，给予农村职业学校一定的用人自主权，使其根据自身办学需要选择专业对口的人才。同时，扩大学校体制之外的教师来源，积极引进企业优秀的技术工人、工程师及农业生产与技术人才等，实现师资来源的多元化，促进师资结构的合理化。二要创建农村职业学校教师发展的机制。“学校主导、教师主体、校企合作”，建立教师培养平台，促进教师成长。学校在建设好校内培养平台的同时，积极构建校外培养平台。例如，建立高等学校、职业学校的进修与交流学习基地，建立企业实践培训基地，以促进农村职业学校教师的发展。② 三要加强对农村职业学校教师的政策制度倾斜。制定农村职业学校教师准入政策，完善现有教师聘任制度。同时，制定向农村职业学校倾斜的编制政策，提高教师的待遇、工资、福利，合理设定职称评聘的比例。③ 另有研究者根据“从学校到工作”模式，提出了农村职业学校师资队伍建设的多种途径。首先，进一步加强普通高校毕业生在农村职业学校的教学实践。其次，实行新入职教师到企业或职业学校参加上岗培训制度。在师资培训基地开展加强新教师教学能力和实践能力的培训，提高其专业教学胜任能力。再次，开展“双岗置换”培训或交流，即职业学校即将毕业的学生与职业学校的教师进行岗位互换学习，职业学校专业教师与企业技术人员开展挂职锻炼。最后，建立聘请职业学校优秀教师、

① 亢利平：《农村职业学校专业教师队伍建设因素分析及对策建议》，《成人教育》2014年第12期。

② 曹福祥：《浅论农村职业学校教师专业成长问题与解决策略》，《职业》2014年第23期。

③ 高林：《关于黑龙江省农村职业教育教师队伍的研究》，《科技资讯》2015年第7期。

企业优秀工程师技术人员及农业生产技术人员到学校教学的机制。①

（四）农村职业教育经费政策研究

教育经费是教育事业顺利发展的重要保障。1980 年 4 月教育部发布《关于实行新财政体制后教育经费安排问题的建议》，明确了地方政府在发展农村职业教育中的财政责任。之后国家对农村职业教育财政政策不断进行调整，2003 年进一步明确了农村职业教育的投资体系：在国务院领导下分级管理、地方为主、政府统筹、社会参与。国家还要求地方政府进一步加大公共财政对农村职业教育的投入。2003 年第一次全国农村教育工作会议进一步明确了农村职业教育的经费保障与学生资助等问题，"十一五"期间农村职业教育的总投资近 50 亿元。② "十一五"期间，中央和地方政府所采取和实施的支持农村职业教育的转移支付政策，实际上形成了农村职业教育投入模式的新框架。③ 另外，中央政府与地方财政共同努力，从 2011 年开始实施农村职业学校学生免费教育，"生活费资助+免学费"的农村职业教育资助模式得以形成。④ 随着城镇化进程的加快及国家对农村工作的重视，国家对农村职业教育的投入不断加大。但就目前来说，中国农村职业学校的办学条件依然薄弱，办学经费欠缺，今后还需要进一步做出调整。我们或可了解、借鉴发达国家的农村职业教育财政投资模式。发达国家农村职业教育经费投入主要有两种类型：一是国家或政府的直接性财政投入。在国家颁布的法律或者法案的相应条款中，都直接规定或者明确了国家财政投资的比例与数额，涉及配套的各项事业经费和专项使用经费。二是政府部门要求企业或私人投入一定比例的经费用于职业教育领域。⑤ 基于政府的财政支持和多渠道的资金来源，发达国家对农民基本实行免费的教育和培训，激发了农民参与职业技术教育培训的积极性，极大地提高了农民的科技文化素质。法国的农民培训经费主要来源于政府和农业发展协会。加拿大的绿色证书培训的费用也不用受训者本人负担，青年农民参加培训是免费的。英国实行义务职业教育，政府对农民和农业工人参加技术培训提供经费补助，参加培训的人员不但不需要交纳培训费用，而且每

① 周琪、曹晔、盛子强：《农村职业学校专业教师培养培训的 STW 模式构建》，《职教论坛》2015 年第 21 期。

② 李华玲：《对我国农村职业教育财政政策的回顾与建议》，《职教论坛》2013 年第 31 期。

③ 雷世平：《试论构建我国农村职业教育投入新机制》，《职教通讯》2007 年第 2 期。

④ 李华玲：《对我国农村职业教育财政政策的回顾与建议》，《职教论坛》2013 年第 31 期。

⑤ 刘颖：《发达国家农村职业教育研究述评及对我国的启示》，《职教论坛》2015 年第 18 期。

周还可以得到25英镑的补助工资。①

四、农村职业教育政策研究的拓展领域

近年来中国农村职业教育政策研究不断成熟，但更多侧重于对农村职业教育政策内容的研究，对存在的问题提出改进策略与建议，而对于如何制定有关农村职业教育政策、如何论证和评价政策、如何增强政策对农村经济发展的适应性以及如何合理设置农村职业教育专业等问题研究不足。因此，未来农村职业教育政策研究应该加强对相关领域的探讨。

（一）加强农村职业教育政策设计及其评价研究

农村职业教育政策设计必须考虑农村发展的现实状况以及农村职业教育所面临的社会背景。在制定农村职业教育政策时，政府及相关部门应该考虑以下几个方面的政策措施，以保障政策的连贯性、稳定性。在招生政策方面，继续扩大职业教育面向农村地区招生的规模。在办学政策方面，鼓励和支持城乡职业教育开展多种形式的合作办学。在财政政策方面，完善职业学校经费保障机制，推行农民免费职业技能培训。在办学政策方面，重点扶持“涉农”专业尤其是现代农业相关专业的开发和建设。②

改革开放以来陆续出台的有关农村职业教育政策指导了中国农村职业教育的发展，并产生了一系列积极效应。第一，理念前瞻的重农政策确立和推升了农村职业教育的战略地位。第二，大力发展规模的政策从根本上调整和优化了农村中等教育结构。第三，政府主导的经费政策促进了职业教育基础能力建设和服务能力的提高。第四，惠及人人的资助政策保障了农村弱势群体的职业教育权益。第五，农村倾向的保护政策确保了农村职业教育的平稳发展。③ 关于农村职业教育政策评价的研究也论述了农村职业教育政策的贡献，包括农村职业教育学校数量增多、专业设置多样、办学主体多元、师资培养多渠道等。④ 这类研究文献多从政策的文本内容来谈农村职业教育政策的积极作用，即政策对当时农村职业教育发展的规范、指导与建设作用，而非从政策实施结果、人才培养结果、再就业农民的薪

① 王敏、赵云芬：《论国外农村职业教育的经验在我国的借鉴意义》，《教育与职业》2008年第30期。

② 吴忠香：《面向农村发展的职业教育政策设计》，《职教通讯》2010年第11期。

③ 基国林、马建富：《农村职业教育发展政策评析与改革创新》，《职业技术教育》2011年第22期。

④ 李峻：《三十年来农村职业教育政策评价与建议》，《国家教育行政学院学报》2008年第5期。

资水平、对农村经济发展和城镇化建设的贡献来论证农村职业教育政策的积极意义。有关农村职业教育政策的不足则被简单表述为“政策中一些命令式的表述、缺乏计划性和可操作性的监督措施，消减了政策的执行力，导致政策落实不到位”①。诸如此类的政策评价相对简单、单薄，缺乏科学性与说服力。

（二）强化农村职业教育政策价值研究

本研究在文献检索中，以“农村职业教育政策”并含“价值”为主题进行检索，共检索到三篇文献，对文献内容进行甄别，只有一篇涉及农村职业教育政策的价值分析。由此可见，中国农村职业教育政策的价值分析研究相对较少。教育政策价值主要存在于教育政策的制定过程与教育政策的决策过程。职业教育政策的制定实际上就是教育决策主体的价值选择，政策问题就是价值问题。职业教育是实现人的全面发展、实现社会公平、促进经济发展的有效途径，因此发展职业教育成为政府所信奉的价值观，体现着元价值的追求。政府的隐价值则是要在短时间内达到经济利益的最大化、政绩的最大化和现有资金使用效率的最大化。决策主体的元价值和隐价值之间必然会形成冲突，而政策价值的不断调整正是对这种冲突的调整。中国农村职业教育政策价值的不断调整变换也说明了这一点。改革开放以后，中国首先在经济领域提出“效率优先，兼顾公平”的价值取向，之后又扩展至教育领域。在这一理念的指导下，中国调整了农村中等职业教育结构，大力开展了农民职业教育，使农村职业教育成为农村教育改革的“龙头”。②“教育公平”的价值理念是在20世纪90年代的教育政策中体现出来的，农村职业教育政策在宏观教育政策价值理念的影响下，逐步向公平迈进。目前，关于农村职业教育政策价值研究的文献是从人的立场，即受教育者的立场出发，论述农村职业教育政策的价值。但是，农村职业教育政策并不是只有这一个立场，例如，农村职业教育还要服务于当地经济的发展，服务于当地城镇化建设等。具体来讲，农村职业教育政策价值研究应从以下方面入手。一是“向农”还是“去农”。二是“守农”还是“离农”。三是“强农”还是“轻农”。据国家督导团的实地调研，有不少地区的中等职业学校和县级职教中心为农服务的能力比较弱，不适应培养

① 李峻：《三十年来农村职业教育政策评价与建议》，《国家教育行政学院学报》2008年第5期。

② 曲铁华、李楠：《改革开放以来我国农村职业教育政策影响因素及特征研究》，《河北师范大学学报（教育科学版）》2014年第1期。

培训有文化、懂技术、会经营的新型农民的需要，也没有设计培养新型农民的项目，这些都不利于改变这些地区“三农”实用人才短缺的状况。① 此外，农村职业教育城市化的问题非常严重，农村职业教育成为与农村无关的教育，基本上是复制城市的教育内容，最终目的是让农村的孩子通过高考逃离农村，成了脱离“大地”的教育。② 一方面，家长和学生“脱农壳”的思想严重。大部分农村家长花钱让孩子接受教育，最直接的目的就是希望孩子脱离农村，将来有一个好工作、好职业、好归宿，以求获得较高的货币收益和身份收益。另一方面，现行的农村职业教育与农民的实际需求相背离。农村职业学校的课程中缺少农业生产需要的实用技术和管理技术，教学内容不能反映最新科技成果，缺乏先进性和示范性，培养的学生不能满足农业现代化发展的要求，为农业和农村经济服务的能力不强。③

（三）关注新农村建设与农村职业教育的适应性研究

新农村建设是党和国家提出的一项重大历史任务和战略目标。新农村建设的目标是：生产发展、生活富裕、乡风文明、村容整洁、管理民主。要实现这一目标，就必须培养有文化、懂技术、会经营、高素质的新型农民。④ 农村职业教育对此发挥着不可替代的作用。第一，发展农村职业教育有利于推动农村文明建设。农村职业教育通过开展文化、科技、卫生“三下乡”活动，可以促进农民思想道德建设，丰富农民精神文化生活，促进农村文化繁荣。第二，开发农村人力资源。农村职业教育致力于为每一位农村劳动者提供职业教育与培训，使其掌握一定的技能，充分挖掘其创业致富的潜能。⑤ 第三，实现农村剩余劳动力的顺利转移。通过教育和培训，使向城镇转移的农民掌握专业知识和劳动技能，能够在城市就业和生活。第四，促进农业科技进步与现代农业的发展。另外，新农村建设也为农村职业教育的发展提供了广阔的发展空间与政策支持。⑥ 可以说，农

① 刘巧利：《中国农村职业教育政策的变迁：办学方向的视角》，《教育学术月刊》2013年第9期。

② 柳园：《农村职业教育：问题与出路之二：一个必须的追问：姓“农”还是姓“城”》，《教育与职业》2010年第31期。

③ 吕海燕：《农村职业教育与新农村建设关系浅析》，《辽宁行政学院学报》2011年第10期。

④ 赵新亭：《农村职业教育在社会主义新农村建设中的作用》，《继续教育研究》2007年第6期。

⑤ 赵新亭：《农村职业教育在社会主义新农村建设中的作用》，《继续教育研究》2007年第6期。

⑥ 吕海燕：《农村职业教育与新农村建设关系浅析》，《辽宁行政学院学报》2011年第10期。

村职业教育是新农村建设的基础，新农村建设是农村职业教育发展的动力。当然，目前农村职业教育的发展面临着一系列的问题与困难，如农村职业教育办学条件差，办学设施不完善，实验实习基地不足，资金投入不足，专业及课程设置不合理，学生质量依然较低等。面临着诸多问题与困难的农村职业教育如何适应新农村建设的需求、新农村建设的具体成果与农村职业教育之间有何关系等问题应当在今后的研究中得到重视。只有这样才能促进农村职业教育的准确定位、长足发展以及新农村建设的顺利进行。

（四）深化农村职业学校涉农专业建设研究

农村职业学校的办学目标是大力开发农村人力资源，同时实现农村剩余劳动力的顺利转移。农村职业学校的专业建设关系着学校的发展方向与办学特色，是实现办学目标的关键性因素。有关农村职业学校专业建设的研究文献表明，农村职业学校的涉农专业偏少，有“离农”倾向，没有体现出农村职业教育的特色。例如，很多农村职业学校都开设了电子、计算机等专业，这与农村特殊的市场情况脱节，与当地的人才需要脱节。农村职业学校要牢记自己的办学宗旨——服务“三农”。农村职业学校具有特定的历史使命，它并不是职业培训机构，只求为企业源源不断地输送现实的劳动力。农村职业学校主要培养的是未来新农村的建设者，是国家的后备劳动力。① 因此，农村职业学校的专业设置要充分考虑到农村文化的特征、区域经济的特点和新兴产业开发的需要，必须与当地的产业结构和经济社会发展相适应。农村职业学校应大力建设特色专业。所谓特色专业就是具有明显的地方特色和专业特色，为当地及邻近地区相应产业发展培养人才，引领农村科技进步的专业，如蔬菜专业、食用菌专业、药材专业、花卉专业、旅游服务专业等。当然，学校特色专业的设置要以自身的客观条件、当地经济发展特点和市场情况为依据。②

（五）拓展农村职业教育培养目标研究

目标具有导向作用、基础作用、凝聚作用、激励作用和标准作用。农村职业教育的培养目标直接决定了农村职业教育的发展方向，决定了农村职业教育的模式、教育内容等，甚至在一定程度上决定了其教育对象（农民及其子女）的命运。农村职业教育的培养目标应该是：培养具有创业意

---

① 关晓会、祁占勇：《农村职业学校发展中的问题及对策研究》，《职教通讯》2013 年第 7 期。

② 胡忠泽、王立克、金光明等：《浅谈农村职业教育专业结构的调整》，《安徽科技学院学报》2008 年第 5 期。

识与经营能力的新型农民；有针对性地培养技术型、技能型城市新型农民工；有针对性地为当地第二、第三产业培养合格的劳动者；为高一级学校培养与输送合格的新生。① 事实上，中国农村职业教育目标的定位处于不断变化当中——从服务农业发展到服务国家政治运动，到服务农村经济全面发展，再到服务新型农民培养。② 1994 年颁布的《国务院关于〈中国教育改革和发展纲要〉的实施意见》指出："职业教育的培养目标应以培养社会大量需要的具有一定专业技能的熟练劳动者和各种实用人才为主。"2005 年温家宝同志在第六次职教会上的讲话中也指出："我国职业教育的根本任务，就是培养适应现代化建设需要的高技能专门人才和高素质劳动者。"这是职业教育的培养目标，而农村职业教育的培养目标理应与职业教育的培养目标保持高度一致。③ 然而长期以来，在城乡二元思维影响下，城乡职业教育发展采用双重标准，实行"双轨制"，农村职业教育受到不公正的对待。从社会发展进程来看，"留农"的职业教育和"离农"的职业教育这两种目标定位是相互关联、缺一不可的，都有其存在的价值，但在不同的发展阶段，对二者的选择应该是有主次之分的。"如果说我国要实现和谐社会建设的战略目标，必须快速有效地解决'三农'问题，完成城市乡村均衡发展，那么，农职教作为重要的手段，实行'离农'教育为主、'守土'教育为辅的办学目标定位选择，乃是审时度势与时俱进的明智之举。"④

2005 年颁布的《国务院关于大力发展职业教育的决定》也指出，"职业教育要为农村劳动力转移服务"，"职业教育要为建设社会主义新农村服务"。按照新时期国家的战略规划和职业教育自身发展的要求，农村职业教育应积极调整办学路向，将培育适应国家经济建设需要的技术技能型人才作为自己的培养目标，加快中国新农村的建设步伐。

---

① 柳园：《农村职业教育：问题与出路之二：一个必须的追问：姓"农"还是姓"城"》，《教育与职业》2010 年第 31 期。

② 彭华安：《新中国成立以来农村职业教育政策的演进逻辑》，《教育理论与实践》2013 年第 24 期。

③ 周晔：《城乡一体化背景下的农村职业教育如何定位？——对几个本源问题的思考》，《城乡教育一体化与教育制度创新——2011 年农村教育国际学术研讨会论文集》，2011，第 212 页。

④ 周青：《农村职业教育办学目标定位的双重选择》，《经济与社会发展》2007 年第 2 期。

第三章　职业教育政策的动态系统

从政策科学的角度看，职业教育政策是包括政策制定、政策执行、政策评估等多个环节的循环往复的动态活动过程。泰勒等人认为，“政策的涵义远远超越了政策文本，它还包括先于文本的政策过程，包括政策文本产生之后而开始的政策过程，以及对作为一种价值陈述及行动期望的政策文本的修正和实际的行动”①。同时，职业教育政策的各个环节之间不是简单的线性关系，而是形成了一个“政策圆圈”，是职业教育政策过程与政策环境相互作用的、生生不息的连续过程。伊斯顿曾使用简明的示意图来描述这个过程（见图 3-1）。从政策过程示意图可以清晰地看到，政策就是一个动态系统，在与环境的交互中不断进行输入与输出活动，从而使政策在制定、执行、评估等过程中得以生成与修正，促使政策走向科学化、民主化、制度化、程序化和绩效化。

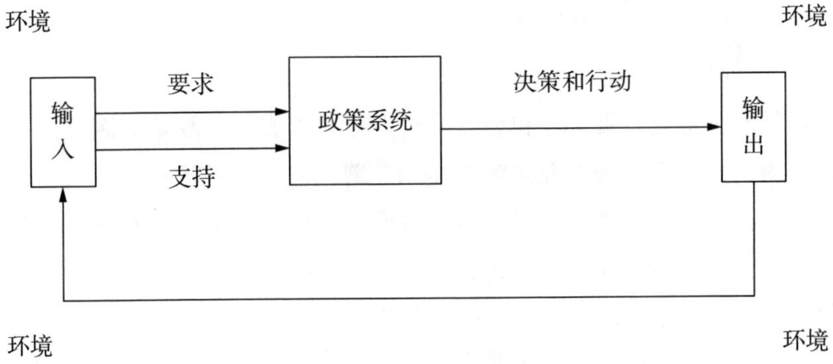

图 3-1　政策过程示意图②

① 刘复兴：《教育政策的四重视角》，《清华大学教育研究》2002 年第 4 期。

② Easton，D.，1953：“*The Plitical System*”，New York，Knopf，240.

第一节　职业教育政策的制定

职业教育政策的制定是职业教育政策过程的起点。近年来，有学者开始对职业教育政策的制定进行研究，并且提出了一些很有价值的观点。比如，有论者认为，职业教育政策的制定实际上就是代表政府行使权力的教育决策主体的价值选择。一项职业教育政策的出台必然面临如公平与效率、长远收益和眼前利益等诸多矛盾，可以说教育决策主体的价值是一个复杂的价值体系，由表及里地反映在主体的元价值、隐性价值和显性价值之中。政策的制定过程其实就是决策主体价值寻求、价值选择、价值实现、价值创造、价值分配的过程，是价值矛盾斗争和抉择的过程。

总体来讲，职业教育政策制定研究的深度与广度还很不够，尤其是对职业教育政策制定的影响因素、程序和理论模式等的认识不足，对职业教育政策的针对性和特殊性的揭示还不够深刻。

一、职业教育政策制定的影响因素

职业教育政策的制定包括问题认定、政策议程、方案决定、政策合法化等几个环节。职业教育政策在制定过程中，直接或间接地受到政治、经济、利益集团、民意、媒体等诸多因素的影响。

（一）政治状况

任何政策都是阶级意志和利益的集中体现和表达，政策的制定是一种政治行为。美国学者威尔逊（W. Wilson）曾给政策下过这样的定义：政策是由政治家即具有立法权者制定的而由行政人员执行的法律和法规。政策的本质特征就是阶级性。政策具有明显的政治统治功能。政治统治是统治阶级以政治统治集团的形式，通过政策建构政治权力主体与其他社会政治力量和社会成员之间的权威与服从关系，以对全社会进行政治行为控制。职业教育政策是国家控制职业教育的重要工具。政治统治的根本目的是维护统治阶级的长远利益，在形式上不受阶级内部某一阶层或利益集团左右，相对超脱，常常被用来表达统治阶级的根本利益，并以国家机器维护公共政策的权威性。① 虽然职业教育政策的外在表现具有公共性特征，但它实

① 李静野：《公共政策的政治统治功能与政府活动的有效性》，《学术交流》2009 年第 3 期。

质上还是统治阶级意志的体现。统治阶级会根据其统治需要，授权教育权力部门对职业教育利益、职业教育资源进行协调分配，对各种职业教育组织关系进行规范和监督，对职业教育发展进行合理科学规划和部署。具体来讲，职业教育政策制定作为一种政治行为，一会影响职业教育目标的确定和方案选择，国家在制定职业教育政策时必须有明确的政策目标，具体政策目标因政策而异，但实质上是一致的，即都体现了统治阶级的利益、理想和愿望；二会影响职业教育政策制定的具体方式；三会影响职业教育政策制定的质量和效率；四会影响职业教育政策方案的选择。

（二）经济状况

经济状况是职业教育政策制定的重要基础。一是国家或地区的经济状况决定了职业教育政策的基本构架、规模和方向，决定着政策的必要性、可能性和效果。经济状况是职业教育政策制定的出发点。一国或地区的经济状况将决定它能把多少人力、物力和财力用于为改善职业教育状况而进行的各种活动之中。合理的职业教育政策必须与社会经济发展的实际相符。二是经济实力是职业教育政策制定的基本物质基础。政策的制定必须基于国家或地区的整体经济发展水平，以获得相应的财力、物力等方面的充分支持。三是经济实力会直接影响职业教育政策的实施效率。

（三）教育环境

教育环境主要包括三个方面。一是职业教育传统。职业教育传统常常以一种“遗传基因”的形式作用于现实，影响人们的思维方式和价值观念，使人们不自觉地带着特定的观念去制定职业教育政策。二是职业教育现状。职业教育政策反映了职业教育现状，制定职业教育政策旨在解决职业教育中存在的问题。三是职业教育理念。教育理念是对教育的基本观念和信仰倾向。“理念在特定的制度结构下会对一定的政治人物产生重要的观念影响，从而推动他实施某项新的政策，所以理念也是政策变革的重要推动力。理念对政策的影响不是直接的，而是通过一定的渠道来实现的。”① 政府制定职业教育政策时必然秉持了某种职业教育理念。

（四）公民参与

公民参与，通常又称为公共参与、公众参与，包括公民试图影响职业教育政策和职业教育公共生活的一切活动。公民参与有三个基本要素。一

---

① 彭华安：《新中国成立以来农村职业教育政策的演进逻辑》，《教育理论与实践》2013年第24期。

是参与的主体。公民参与的主体是拥有参与需求的公民，既包括作为个体的公民，也包括由个体公民组成的各种民间组织。二是参与的领域。社会中存在一个公民可以合法参与的公共领域，这一公共领域的主要特征是公共利益和公共理性的存在。三是参与的渠道。社会上存在着各种各样的渠道，公民可以通过这些渠道去影响公共政策和公共生活。①

公民参与是职业教育政策制定的客观要求，公民参与职业教育政策制定，既是政府实现决策科学化、民主化、法制化的有效途径，也是公民直接或间接地影响政府决策和实现自身利益的有效方式。公民的有序合法参与，保证了职业教育政策在制定过程中能够最大限度地维护公民利益。实际上，职业教育政策的整个运行过程都是以公民为基础的。这是因为，一方面，职业教育政策诉求大多来自公民或团体组织。任何一项职业教育政策诉求总是来自社会的实际需要。公民参与有助于职业教育政策制定者充分考虑与重视广大人民群众的利益和愿望，并把职业教育政策目标的制定建立在符合这种利益和愿望的基础之上，以减少政策的盲目性，提高政策的合理性。另一方面，公民也是职业教育政策执行的主体，公民参与有利于职业教育政策的有效执行。

（五）专家和专业化知识

由于受教育水平、经济状况、生活环境、社会地位等因素的影响，公民在参与职业教育政策制定的过程中会表现出极大的不平衡性。非理性因素极易左右公民情绪，进而导致公民参与效率低下，甚至会导致职业教育政策在制定过程中走向狭隘、偏颇、急功近利。此时，专家的专业知识和理性思考就显得非常重要了。职业教育政策的制定必须充分吸纳专家的建议，这些建议是职业教育政策制定科学化的前提条件和有力保证。

在职业教育政策制定过程中处理好专家学者与政策制定者的关系非常重要。如今的决策过程越来越复杂，专家学者应该在参与职业教育政策制定方面发挥更大的能动性，政府则应该努力更系统地采纳有关专家的专业建议。

（六）传统媒体与网络媒体（社会舆论）

传统媒体在中国一直担负着“上行政治沟通”的职责，是沟通“党的

---

① 吴绍琪、郑红莉：《公民参与公共政策制定的制约因素及其对策研究》，《辽宁行政学院学报》2008 年第 6 期。

政策”和“民众呼声”的桥梁，其基本功能就是将社会中的各种情况、动态和问题传递给决策中枢。这种沟通既可以通过公开的形式进行，也可以通过“内部参考”的形式进行。议程设置理论认为，在现代社会中，大众传播媒介影响民意的方式在于它为公众设置了某个时间内的中心议题，对社会上产生的种种议题施加了不同的关注度和报道方式，拥有较多关注的议题就逐渐在公众议程中占据优势，并因此影响社会舆论的形成。传统媒体对舆论的表达总结、热点的引导、民意的形成以及公共政策的制定都具有重要作用。

网络媒体的出现和发展给民意带来了新的表达平台，打破了传统媒体在信息发布和舆论形成上的垄断地位，在社会与政治过程中扮演了越来越重要的角色。借助互联网展现出的民意能在更大程度上反映民众实际的呼声，具有更加真实的特点。通过网络媒体这个平台，公民可以更加便捷地参与社会活动，参与职业教育政策的制定过程，促进职业教育决策的科学化、民主化。网络使大众的声音更加集中，并逐渐形成颇具影响力的网络舆论，这深刻地影响了职业教育政策的运行。网络舆论在一定程度上反映了不同群体对某个事件的观点和利益诉求，为职业教育政策的价值取舍、利弊权衡提供了一个重要依据。衡量一项职业教育政策是否合理、有效的一个重要标准，就是大多数人民是否满意、是否拥护。因此，职业教育政策的制定必须以舆论为依据，保证职业教育政策体现大多数人民的利益。

（七）利益集团的博弈

美国学者杜鲁门（D. B. Truman）认为，利益集团是一个具有共同态度的群体，通过影响政府而向社会中的其他群体提出一定的利益要求或某种声明。利益集团作为一种政治社会现象，最早出现在 18 世纪末的北美。20 世纪以来，随着经济社会的不断进步，社会利益集团在世界各国涌现并迅速发展，并且已经对各国政治、经济、社会生活等各个方面的公共政策产生了重要影响。由于意识形态的差异以及国情的不同，中国的利益集团与西方的利益集团有着明显的不同。

公共选择理论认为，利益集团的行为动机及其原则都符合“经济人”假设，即追求自身利益的最大化。职业教育政策的制定是对职业教育价值和资源的调整与重新分配。中国社会利益集团对职业教育政策制定的影响与西方社会利益集团相比，具有自身的特点。

二、职业教育政策制定的程序

职业教育政策的制定过程是相当复杂的，不仅受到政府部门、公务人员和决策体制等的影响，还受到政府外部的利益集团、研究机构和大众民意等因素的制约。因此，把职业教育政策制定过程简单地看作一种线性或理性化过程的倾向是危险的。

一般来说，对职业教育政策制定有两种理解方式，一种是把职业教育政策制定理解为整个政策过程，包括政策问题、政策议题、政策决策、政策执行和政策评估等几个阶段；一种是把职业教育政策制定理解为政策形成（policy-formation）或政策规划（policy-formulation），指从问题界定到议案抉择以及合法化的过程。前者是从广义上理解职业教育政策制定的概念，它把政策执行、政策评估等环节称为后政策制定阶段；后者是狭义的概念，认为职业教育政策制定过程与职业教育政策执行过程是两个完全不同的阶段。一般来讲，我们所探讨的职业教育政策制定过程就是从狭义上来理解职业教育政策制定，它主要涉及职业教育政策制定到底经过了哪几个阶段（process）以及与之相关的在此过程中各政策主体（actors）之间如何相互作用这两个根本性的问题。

关于中国职业教育政策制定过程的分析，可以借鉴著名政策专家安德森在《公共决策》一书中提出的分析框架。他认为政策形成涉及三个方面的问题：一是公共问题是怎样引起决策者注意的；二是解决特定问题的政策意见是怎样形成的；三是某一建议是怎样从相互匹敌的可供选择的政策方案中被选中的。① 根据这一观点，可以把职业教育政策制定过程分解为职业教育政策问题的确认、职业教育政策议程的建立、职业教育政策的决策、职业教育政策的合法化四个环节或阶段。

（一）职业教育政策问题的确认

职业教育政策问题的确认是整个职业教育政策制定过程的起点。“问题的挖掘和认定比问题的解决更为重要。”② 职业教育问题总是客观存在的，而且种类繁多、数量巨大，是职业教育政策研究的起点。但是，要成为职业教育政策问题，取决于特定的问题能否引起公众和政府部门的关注，即职业教育问题能否转化为公共教育问题再转化为职业教育政策问题，并进一步合法地进入职业教育政策的议程，最终成为职业教育政策。袁振国

---

① 〔美〕詹姆斯·E. 安德森：《公共决策》，唐亮译，北京，华夏出版社，1990，第65页。

② 李成智：《公共政策》，北京，团结出版社，2000，第83页。

曾指出教育问题转化为教育政策问题的几个标准。第一，教育问题的影响有多大。该问题是全国性的问题，还是地方性的问题或某一地区的问题。该问题是持久性的问题，还是突发性的问题。第二，问题是否清楚。问题的本质是什么，起因是什么，涉及的主要对象是哪些人。第三，问题的严重程度。问题客观上严重到了什么程度，在人们认识中严重到什么程度，这是一个相对的问题，因为它离不开一个人的主观判断，拥有不同的价值观念、态度立场和认识水平的人对问题严重程度的认定往往是不同的。对这两种程度差异的正确判断，直接关系到政策的及时性与分寸。第四，影响问题的因素。问题是由教育自身的原因引起的，还是社会问题在教育上的反映。第五，代价。一个教育问题什么时候成为一个政策问题，在什么地方成为一个政策问题，通过什么方式解决以及解决到什么程度等，都要考虑教育问题的代价，即考虑解决某一问题付出的代价大还是获得的回报大。第六，是否具有导向性。政策是否优先考虑代表发展和变化的未来趋势的问题。第七，是否可以评估。政策是否具有明确的目标和目标达成的指标。① 总之，问题的性质、广度、严重性与代价等是影响教育政策问题认定的关键性因素。

职业教育问题的客观性不能取代职业教育政策问题的主观认定。就理论而言，职业教育政策制定过程是从问题形成到合法化的一个连续性历程，此过程常常被视为线性的、理性的与受控制的，但实际上职业教育政策过程是一种政治活动，在所有阶段都会有不同主体的价值与利益涉入。因此，职业教育政策过程通常很难是一个理想化的理性决策过程，而是一种协商的过程。为了减少领导者的主观愿望和个人的价值偏好对教育政策的影响，在认定职业教育政策问题时必须注意两点：一是让尽可能多的人参与对职业教育政策问题的认定，尽量照顾到各方面的利益群体，尽可能多地倾听来自不同方面的声音。2004 年国务院批转了教育部制定的《2003—2007 年教育振兴行动计划》，这个指导之后五年教育实现新跨越的行动方略的起草过程历时 15 个月，广泛征求了各方面意见与建议，各专题组先后召开研讨会和座谈会上百次，形成专题报告和方案 70 多个。征求意见的范围涉及教育部内的老同志、部属高校、不同地区学校校长、教师和专家学者代表等，使得文稿在集思广益的基础上得到不断的修改和完善。② 2010 年中共中央、国务院颁布了《教育规划纲要》。从 2008 年 8 月《教育规划纲要》

① 袁振国：《中国教育政策评论 2001》，北京，教育科学出版社，2001，第 1~4 页。
② 周大平：《振兴教育新计划的出台背景》，《瞭望新闻周刊》2004 年第 12 期。

研制工作启动，到2010年5月审议并通过，再到7月正式印发，政策制定周期将近两年，主要经历了调查研究、起草论证、公开征求意见等阶段。在《教育规划纲要》制定过程中，国家成立了11个重大战略专题组；14个有关部门通力合作、全程参与，进行了40多轮修改，召开了1800余次会议，社会各界通过各种渠道提出意见建议460多万条，研制的调研阶段共形成500多万字的调研报告。二是采取程序化的问题认定方式，即按照一定的程序，通过科学的文献调研和实地调研、严格的定量定性分析来认定教育政策问题，避免一些人为因素的干扰，避免一些不经过讨论和深入研究就由领导者独自做出决定的现象。

（二）职业教育政策议程的建立

并非每个被界定为职业教育政策问题的问题都由政府来解决。为了有机会最终成为政策，问题必须要细化为政策议程，即制定政策以解决问题的议论、商讨、规划的议事程序。这一过程中不同政策主体之间的交互作用将最终决定政府对职业教育政策问题的作为或不作为。

一般来讲，政策议程包括系统议程和政府议程两种。① 系统议程是由那些被政治社区的成员普遍认为值得公众注意，并由与现存政府权威中的立法范围内的事务相关的一切问题组成的。系统议程本质上属于讨论议程，表现为众说纷纭的情形。政府可以从大众传播媒介甚至从平时的谈话中了解人们对国家大事和各种社会问题的意见，但这并不是说问题就进入了政府议程，因为它还未受到党和政府的关注，基本上还处于一种社会的广泛的讨论当中。恰恰由于这种社会的广泛讨论，才形成了一股强大的社会力量，使政策制定者注意和认识到这些问题，经过政策分析把它列入自己的议事日程。这是政策议程的第一个阶段。

政府议程是由那些与公共官员密切相关并能引起官员积极关注的问题组成的。政府议程是行动的程序，是决策机关和人员依照特定程序解决有关问题的实际活动过程。它比系统的程序更具体、更明确。

事实上，系统议程和政府议程是政策议程的两个不同阶段，两者有着本质区别。系统议程一般由一些较抽象的项目组成，其概念和范围都很模糊，仅是发现问题、提出问题，可以不提出政策方案或解决办法。政府议程则更确切和具体，它是对政策问题进行界定或陈述的阶段。问题经过一定的描述，为决策系统正式接受，并被采取具体方案予以解决的时候，系

① 〔美〕詹姆斯·E. 安德森：《公共决策》，唐亮泽，北京，华夏出版社，1990，第69页。

统议程就转变为政府议程。

在一般情况下，一个政策问题提出的过程是：先进入系统议程，然后再进入政府议程，最后成为政策问题。但实际上，很多问题可能不经过系统议程而直接进入政府议程。因为政策决策者可能根据自己对社会发展变化的研究分析，主动寻找问题，把它列入自己的议事日程。当然，一个问题即使能够顺利进入政府议程，最后也会出现不同的结果。例如，决策者经过研究可能很快制定出相应的政策，也可能由于渠道不畅、机构重叠、行政不力、效率低下而做不出任何决定。

已进入系统议程的问题并不一定能进入政府议程。同样，进入政府议程的问题，也并不一定会进入系统议程。有时，一个政策问题已引起大众的普遍关注和讨论，甚至专家学者和研究机构已对它加以探讨，但政府并没有把它列入政府议程，有时甚至会采取措施阻止其进入政府议程。出现这种情况有多种原因：或是问题本身的性质、规模和影响尚未达到应该或能够解决的程度，或是问题的表达方式和途径不符合既定的组织体制和工作程序，或是决策者判断失误，或是问题涉及决策者本身的利益等。有时也会出现一个政策问题已被列入政府议程，但大众还没有注意到的情况。

（三）职业教育政策的决策

当职业教育政策议程确定之后，就要进行政策决定，即进入决策阶段。

中国的职业教育决策经历了由传统经验型决策向理性型决策再向现代综合型决策的发展。新中国成立初期，教育政策科学化水平较低，主要是根据经验来进行决策，而且大多是模仿、移植国外（主要指苏联）的教育政策。改革开放之后，教育决策得到极大的改善，决策的科学化、民主化水平不断提高，并走出了一条从点到面、由浅入深、循序渐进的渐进式决策和综合式决策之路。决策民主化就是共同进行政策选择，强调政策过程符合公众利益。从中国的决策实践来看，无论是教育体制的改革、素质教育的推进和九年义务教育的普及，还是职业教育的大力发展和基础教育课程改革，都力图体现这一点。另外，由于中国实行民主集中制，所以在进行教育决策时采取的是团体决策与精英决策相结合的模式。这样既可以防止政策决策过程中的个人专断和一言堂，又能防止极端民主化和无政府主义的倾向。职业教育决策的程序应当规范、严格，但这样带来的影响是双面的。有规则、有程序体现了民主，但有时可能造成效率低下或创新不足。在恰当时机做出决策，既可以更好、更真实地反映广大人民群众的利益和要求，又能减少因议而不决而付出的决策成本，提高决策效率。

（四）职业教育政策的合法化

职业教育政策合法化就是指职业教育政策方案获得合法地位的过程。在对职业教育政策方案做出决策之后，必须将该方案变为真正具有权威性的政策，使之能够得到有效的执行，这就是政策合法化问题。它是政策制定过程的最后一个阶段，是政策执行的前提。不同的领导体制、政策方案和合法化主体往往会有不同的合法化程序。这里主要涉及行政机关的政策合法化过程与立法机关的政策合法化过程。中国职业教育政策合法化的行政审批程序是在国务院、教育部及地方政府和教育行政部门等几个不同的层次上展开的。从宏观上讲，职业教育政策合法化的行政程序发生在中央与地方这两大层次上；从微观上讲，职业教育政策合法化的行政程序发生在教育部各司、处、科等部门的各个行政系统环节中。

职业教育政策经过一定实践检验并具有相对稳定性之后，可以以法律的形式体现出来，即职业教育政策的法律化。政策法律化，顾名思义，就是政策向法律的转化，具体说，是指享有立法权的国家机关依照立法权限和程序，将成熟、稳定且有立法必要的政策转化为法律。它实际上是一种立法活动，所以又称政策立法。政策法律化的过程就是立法的过程，其程序也就是立法的程序。这里的“法律”或“法”是广义的概念，包括宪法、（最高国家权力机关制定的）法律、行政法规、地方性法规和规章等。政策法律化是政策合法化的一种重要而又特殊的形式。①

职业教育政策转化为职业教育法律，当然就获得了合法地位，具有了执行权力且有国家强制力保证实施。从这一点上讲，政策法律化是政策合法化的一种重要形式。但是，从政策过程来讲，职业教育政策合法化属于政策制定的范畴，是政策方案获得合法地位的过程，政策方案未经合法化就不具有执行效力。而职业教育政策法律化则不同，它一般是将已经过实践检验证明是成熟、稳定的政策转化为法律，即该政策已经处于执行阶段，而不是制定阶段。从这点讲，职业教育政策法律化与政策合法化又是不同的，只能说是政策合法化的一种特殊形式。当然，职业教育政策法律化也不是把政策原原本本地转化为法律，而是一个重新制定政策或者说是立法的过程。从政策包含法律的角度讲，法律也是一种政策，立法阶段也就是政策制定阶段，法律草案也是政策方案的一种。这种政策方案的合法化过

① 陈振明：《政策科学——公共政策分析导论》，北京，中国人民大学出版社，2003，第224~239页。

程同时也就是法律化的过程。在这里，政策合法化过程与政策法律化过程是同一的。

凡是以法律形式体现的职业教育政策，都必须经过立法机构法律程序的审批。职业教育政策获得立法机构审批通过，便完成了合法化过程。

三、职业教育政策制定的理论模式

曾有研究者对中国职业教育政策制定的理论模式与框架进行了研究。有研究者以三种典型的社会-经济理论模式为依据，将职业教育政策的理论模式划分为完全竞争市场论（perfect competition market theories）、社会整合论（theories of social integration）和公共选择论（public choice theories）。① 三种模式代表了在职业教育发展中处理政府干预与市场选择之间的关系时政府的政策选择与制度安排模型。也有学者区分了职业教育政策制定的设计模式和内生模式，并指出中国职业教育要获得可持续发展，必须实现从设计模式向内生模式的转化。

职业教育政策制定模式属于理论模型。理论模型是指一组概念或命题按照其相互作用的本质联系被组织在一起，从而形成的一个逻辑结构严整的网络或框架。它是在合理假设的基础上，经过删减真实系统或实在系统的非本质性因素并凸显其本质因素，抽象而成的逻辑系统。② 教育政策制定模式是对教育政策制定的程序和步骤的概括③，是政策的理论工作者在总结政策实践的基础上进行理论探索的结果。

职业教育政策制定模式是指制定职业教育政策的组织和人员通过什么样的方式去应付或解决面临的政策问题。政策制定的程序都差不多，都要经历确定问题、拟订政策目标、设计方案、选择并最终确定方案等几个环节，但不同的政策在制定过程中会有不同的指导思想、方法和特征。由于这些不同，形成了不同的政策制定模式。很多学者认为，教育政策制定（决策）模式的研究是对教育政策制定的本质性研究，研究教育政策制定模式才能更加深入地了解什么样的教育决策模式能制定出更科学民主的教育政策。从现阶段来看，中国的教育政策制定模式研究较少，仅有几位学者对教育政策制定模式进行过探讨。

袁振国等人认为，教育政策制定模式是对教育政策制定的程序和步骤

---

① 刘德恩：《职业教育政策的理论模式分析》，《职教通讯》1999年第10期。

② 宁骚：《公共政策学》，北京，高等教育出版社，2003，第80~81页。

③ 袁振国：《教育政策学》，南京，江苏教育出版社，2001，第119~120页。

的概括，可以分为两大类：一类是教育政策制定的目标模式，包括理性模式、渐进模式、综合模式。这三种模式都是从政策制定者所期望达到的理想角度来探讨的。理性模式提出了一个标准；渐进模式中改良是核心；综合模式努力追求最优化。另一类是教育政策制定的构成模式。团体模式是问题进入政府政策议程的一个途径；精英模式中少数人对政策拥有较大的影响；制度模式关注“形式”对“内容”的影响；系统模式中政策是政治系统的产出。对于不同的教育问题，应采用不同的制定模式，也可以综合运用决策模式。①

祁型雨对教育政策制定模式进行了比较深入的研究。他认为，教育决策（即教育政策制定）是由特定的环节组成的一个连续的过程，每个环节本身也可以概括出多种教育决策模式，并且各教育决策模式是互相联系的，构成一个统一体。他把教育决策过程看成由输入与支持、运筹与磨合、输出与反馈三类范畴按一定结构组成的系统，然后具体分析了每类范畴内不同维度的教育决策模式类型。②

任何一种政策制定理论模式都有其合理性。一般来讲，政策制定的理论模式主要包括以下八种。③

（一）理性主义模式：决策追求最优解

理性主义模式又可称为纯粹理性模式（pure rationalism model）或全面理性主义模式（rational-comprehensive model）。根据这一模式，为了做出一个理性的决策，政府的决策者必须知道所有的社会价值偏好及相对权重、所有可能的备选方案，以及每一备选方案可能产生的所有后果；必须能够估计每一政策方案可能得到或者失去的社会价值比例，能够选择最经济有效的政策方案。林德布卢姆（C. E. Lindblom）将（纯粹）理性模式的要点概括为：（1）决策者面对一个既定的问题；（2）理性人首先应该清楚自己的目标、价值或要求，然后进行优先顺序排列；（3）能够列出所有达成其目标的备选方案；（4）调查每一备选方案所有可能的结果；（5）比较每一备选方案的可能结果；（6）选择最能达成目标的备选方案。④

显然，理性主义模式表现出来的是一种对“客观理性”的追求。这种

---

① 袁振国：《教育政策学》，南京，江苏教育出版社，2001，第119~162页。

② 祁型雨：《利益表达与整合——教育政策的决策模式研究》，北京，人民出版社，2006，第145~360页。

③ 谢明：《政策分析概论》，北京，中国人民大学出版社，2004，第126~156页。

④ Lindblom, C. E., 1968: “*The Policy-making Process*”, Englewood Cliff, Prentice Hall Inc., 13.

可谓理想化的决策模式，或许反映了在民主社会中人们对于科学合理的公共政策的一种强烈要求。然而，理性主义模式所建立的假设基础与现实情况存在太多的差异，而且它忽视了决策过程的复杂性，片面夸大理性方法尤其是定量分析方法的地位和作用，因而受到了来自各个方面的批评。

（二）有限理性主义模式：决策追求满意解

西蒙批评（纯粹）理性概念及模式，提出有限理性的概念及模式。西蒙认为，（纯粹）理性概念是依据古典经济学和统计决策论而发展起来的。它包含了如下四个先决条件：（1）存在着数种可以相互取代的行为类别；（2）每类行为都能产生明确的结果；（3）经济主体行为产生的结果拥有充分的信息或情报；（4）经济主体拥有一套确定的偏好程序，以便让他依其所好，选择他以为适当的行为。西蒙和马尔奇（J. G. March）认为现实的决策者面临着的是这样一种情境：（1）模糊并且没有得到明确界定的问题；（2）有关选择方案的不完备的信息；（3）有关“问题”背景和基准的不完备的信息；（4）有关假定选择方案所达致后果的不完备的信息；（5）有关价值、偏好和利益的内容和排序的不完备的信息；（6）有限的时间、技术和资源。

考虑到人的认知能力和决策资源的制约，有限理性主义模式并没有像理性主义模式那样去追求一种“客观理性”，相反，它追求的是一种“主观理性”。因此，决策者寻求的不再是理想化的最优方案，而是基于自身决策条件的“满意”或“足够好”的方案。同理性主义模式相比，有限理性主义模式的一个合理性表现在它所建立的假设基础上。西蒙摒弃了传统的“经济人”理论，提出了“行政人”的概念。“行政人”具有如下特点：他充分意识到把握决策环境中的各个方面的相互关系是不可能的，自觉地承认他对行政形势的看法往往过于简单化，且只满足于“满足”的标准而不愿追求最大限度。① 行政人理性与传统理性的概念不同，因为它没有将一个额外范围中的事实纳入考虑，这些事实与情感、政治权力、群体互动、人性和脑力健康相关。正是因为减少了决策所需收集的信息的数量，决策者做出一项政策需要花费的成本也会有所降低。

虽然有限理性主义模式更能够真实地反映决策过程，并突出了非理性因素在政策分析中的重要性（这一模式并未全盘否认理性的作用），但是，它还是没有跳出理性主义模式割裂目的与手段联系的窠臼。决策通常被形

① 范锡兵：《渐进选择：非理性主义?》，《政治学研究》1996 年第 3 期。

式化为一种手段-目的关系：手段一般被理解成是根据最后独立确定的目的（先于手段之前确立）进行评估和选择的。① 因此，这两种模式都遵循着这样一条路线：即先确定明确的目标，再以此为指导，选择合适的手段。事实上，人们的价值偏好并非固定不变的，人们的许多行为也受到社会环境的影响。所以，割裂手段和目的之间的联系进行方案的抉择，便潜藏着方案偏离目标要求的可能性。

（三）渐进主义模式：新政策是对旧政策的补充和修正

林德布卢姆批评理性概念及理性主义模式，并提出了渐进主义概念及模式。该模式在不同时期有不同的名称：它最初被称为“渐进主义”（incrementalism），后来被叫作“边际调适科学”（science of muddling through），后又变成“断续的渐进主义”（disjointed incrementalism）。虽然名称不同，但是其内涵却基本一致。如果说西蒙主要是从理性的角度来修正、补充理性概念及理性主义模式的话，那么林德布卢姆则可以说是另起炉灶，提出了一种全然不同的决策模式。

渐进主义模式把政策制定看作各种政治力量、利益团体相互作用、讨价还价的过程，把政策制定看作对过去的政策进行修正、补充的渐进的过程。

显然，渐进主义模式比前两种模式更贴近政治生活。利益集团对政治生活影响日益增大是现代政治发展的一个重要的特点。因此，一项政策是否能够得到有效的支持，取决于它对于不同利益集团的损益状况。与理性主义模式和有限理性主义模式相比，渐进主义模式追求的不仅是经济合理性，而且是更进一步的政治合理性。同时，渐进主义模式更符合在当今社会变化频繁的背景下人们追求平稳的心理。渐进主义模式强调政策只不过是对原有政策做出的边际性调整和矫正，并不鼓励创新。在面对一个复杂的政策问题时，运用渐进主义模式制定的政策确实更能节约成本。许多渐进主义模式的批评者认为，做得更好通常意味着偏离渐进主义模式；渐进主义模式的支持者则认为，对于复杂的问题的解决常常意味着更加熟练地运用渐进主义模式，并且极少偏离。② 渐进主义模式看到了政策制定过程中的政治、价值等因素的作用，注意到政策的连续性和稳定性问题，但是却低估甚至否定了理性分析在政策研究过程中的地位和作用，而且具有明

① Lindblom，C. E.，1959：“The Science of ‘Muddling Through’”，*Public Administration Review*，2.

② Lindblom，C. E.，1979：“Still Muddling，Not Yet Through”，*Public Administration Review*，6.

显的保守倾向。

(四) 精英模式：政策是精英们价值偏好的反映

精英主义政治思潮是精英模式的直接思想来源。精英主义产生于19世纪末、20世纪初，精英主义的基本假设是：任何社会都存在着统治者和被统治者两大阵营，统治者是极少数，他们占据社会统治地位，垄断统治权力和分配社会价值的权力；被统治者是为数众多的群众，他们不拥有权力，对社会事务冷淡而缺乏积极性。这些少数统治者就是一个社会的精英，被统治者则构成社会的普通大众。一个社会的精英总体上可以分为两类：一类是掌握重大政治决策权的政治精英；另一类是统治阶级中的其他成员。第一类精英由处于最高地位并握有极大权力的极少数人组成，他们制定和颁布政策。第二类精英是第一类精英的支持者和后备力量。政治学家一般关心国家权力体系中政治精英的活动，但他们也发现，在许多政治体系中，最高权力并非掌握在政治领导人手中，而是被经济、军事、宗教等其他领域中的精英所享有。

在政策研究中，精英模式首先为戴伊和齐格勒（H. Zeigler）在《民主政治的讽刺》一书中所倡导，他们总结出精英模式的十个基本特征，其中比较重要的有：（1）公共政策反映人民的需求少于反映精英的利益与价值；（2）公共政策的变迁与革新来自精英重新界定其价值，由于精英倾向保守，因而导致政策变迁为渐进的、非革命的，公共政策虽然经常被修改，但很少被全面更替；（3）精英影响大众甚于大众影响精英，大众最多只能对精英的决策行为具有间接的影响，因为大众大多是无知的、掌握信息不多且冷淡的；（4）公共政策反映精英的偏好，政府机构官僚只负责执行精英所决定的政策，政策的流程为从精英到大众，精英塑造大众舆论多于大众塑造精英舆论。① 精英理论虽然并没有明确表示公共政策会违背大众福祉，但却隐含着大众福祉的责任理应由精英来承担这一观点。

政策学者在运用精英模式解释现实政治生活和具体政策时，还进一步发展出“精英-大众”互动的模式。该模式认为：由精英单方面决策、实施的政策，往往会给大众生活带来重大影响，如果精英的政策能像经济增长政策那样提高大众生活水平的话，大众就会支持精英的政策；如果大众的生活受到威胁并发生困难的话，他们会对精英产生不信任感，对政策也会反感。在后一种情况下，大众会采用对社会发泄不满或支持外部反对势

① 林水波、张世贤：《公共政策》，台北，五南图书出版公司，1982，第46~47页。

力的形式表达自己的意愿，精英接收到这种由大众以杂乱的方式表达的反馈后，会试图采取办法“操纵大众”，以转移、消除大众的不满。当这种手段也不奏效时，精英就不得不修改或放弃当初的政策。而一旦精英与大众的偏好不一致时，精英偏好将占优势。①

精英模式在公共政策研究中是一种颇有争议的理论模式。但正如一些政策学者所指出的，精英模式也是一种分析政策过程的有用模式，它可以帮助我们了解决策的形成过程和各类精英（包括政治精英、经济精英和文化媒体精英等）在公共政策制定中所起的重要作用。

（五）制度模式：政策是组织的产物

公共政策的制度模式起源于传统政治学的制度理论。传统政治学的研究范围包括历史、法律和制度的研究。在传统政治学看来，政治实际上不仅是历史和法律的体现，还包括明显的政治现实即政治制度，后者主要包括立法机构、行政机构和司法部门。因此，传统政治学对政府制度给予了极大关注，其研究主要聚焦于描述特定政府机构的形式或结构、职能、权力、责任、程序和合法性等，目的在于详细地描述政治制度，这类研究构成了政治学中的制度化理论。

制度化理论强调机构的形式或结构，因此能很好地运用于政策分析。政策学者认为，政府机构的组织、安排和程序对公共政策有着重要的影响，在政策分析中决不能忽视这方面的问题。因为归根结底，公共政策是政府部门通过这些权威性的机构制定的，公共政策是政府部门的产出。制度就是一整套长期存在的人类行为的规范化模式或规则、结构等，它们会影响决策和公共政策的内容。制度规则和结构的影响常常不是中立的，相反，它们常常对社会上一部分人的利益有利，而对另一部分人的利益不利。政府制度的结构也可能对政策结果（或公共政策内容）产生不同的影响。政府机构赋予公共政策三种特定的性质，即赋予公共政策某种程度上的正当性（legitimacy）、普遍性（universality）和强制力（coercion）。所谓正当性，是指“政府政策一般被视为具有法律上的权威”，其实就是政策的合法性；而政策的普遍性，是指唯有政府的政策才“得以扩展至社会上所有的人”，即政府政策对全体社会成员具有普遍的适用性和约束力；政策的

① 〔日〕大岳秀夫：《政策过程》，傅禄永译，北京，经济日报出版社，1992，第101~102页。

强制力，是指只有政府可以合法地监禁违反政策者。①

制度可以基于严谨的建构，以促进某些政策的产出，并防止其他政策的出现。因此，可以利用制度研究，探究制度安排与公共政策内容之间的关系。制度模式关注政府制度安排及其对公共政策产出的影响，这是它的优势所在，但由于它很少关注政府机构实际上是如何发挥作用的，仅限于静态地描述政治制度，缺少对这些政治机构作用的动态解释，因此也遭到了一些政治学家的批判。批评者称早期的制度派理论家是只关心描述而不过问解释的“超现实主义者”。

（六）团体模式：政策是团体利益的平衡

团体模式的理论渊源是政治学中的团体理论，它由本特利（A. Bentley）于1908年创立，以后又为政治学者和对政治现象感兴趣的社会科学家所发展和运用。团体理论可以划分为两类，一类是以本特利为首的整体论者，他们强调团体活动就是政治的全部，当团体得到充分说明时，有关重要事情也就得到了说明；另一类团体理论家则认为，虽然团体行为是政治的中心因素，但是对政治团体的描述并不等于描述了政治的全部。这两种理论观点对政府及其在政策过程中的作用也有不同的看法，前一种理论将政府仅仅看作“团体压力的记录器”，不同的利益团体为获取他们的利益展开竞争，政府只负责公布竞争结果；后一种理论则认为在政治系统的角逐中，政府的决策机构是势力最为强大的团体，政府机构本身是一个特殊的利益团体，它们有着自身的利益追求，并为此与其他利益团体展开竞争。但两种理论观点都很重视利益团体对国家政治活动的影响，这一点为政策学者所吸收和借鉴，并最终形成了公共政策分析中的利益团体模式。

根据利益团体模式，任何特定时间的公共政策都是团体间相互竞争所达成的均衡结果，公共政策是政府为协调和处理不同利益团体之间的利益冲突所做的一种妥协。不同利益团体的相对影响力存在差异，公共政策总是反映了强势利益团体的利益需求和主张。所谓利益团体，即拥有共同态度的团体，团体的影响力主要取决于他们的数量、财富、组织强度、领导艺术、接近决策者的途径及内部整合程度。公共政策反映的是利益团体的力量均衡（团体的相对影响力），随着各团体的力量和影响的消长，公共政策将变得有利于其影响力上升的那些团体的利益，而不利于其影响力下

① 〔美〕汤姆斯·戴伊：《公共政策新论》，罗清俊、陈志玮译，台北，韦伯文化事业出版社，1999，第20页。

降的那些团体的利益。团体模式主张从团体竞争的角度来描述一切有意义的政治活动。

利益团体模式确实有助于分析公共政策，但它只是政府接触问题的一个方式而已，它并不能解释所有的问题如何被列入政府议程，也很少解释政府的常规、重大政策或权力的变迁。

（七）系统模式：政策是政治系统的输出

公共政策形成的系统模式起源于政治学中的政治系统理论，其代表人物是伊斯顿。伊斯顿认为，政治系统是一群相互关联的结构与过程，它可进行权威性的价值分配。环境、反应、反馈、输入和输出等是描述一个政治系统的基本变量，其中，输入和输出是政治系统与其环境的互动，输入表现为环境对政治系统的刺激和影响（政治系统的输入有两种，即“要求”和“支持”）；输出表现为政治系统对环境系统的反应或对环境的反作用（政治系统的输出也有两种，即“言语称述”和“执行”）。政治系统就处于与环境不断地进行输入、输出的动态转换过程之中。

根据政治系统理论，公共政策是政治系统的输出，是政治系统对外在环境所施加压力的反应。政治系统的环境，由政治系统以外的社会经济、文化、自然、生物等各种系统组成，环境向政治系统输入“要求”（表现为个人和团体为了满足自己的利益而向政治系统提出采取行动的主张）和“支持”（即团体和个人接受权威性政治系统为满足各种要求而做出的决定或采取的行动）。输出的政策又可能会产生新的要求，反馈给系统后会导致新的政策输出。政治系统如此循环往复，公共政策便不断地产生。

系统模式对政策分析的价值在于，它提供了一种基于系统环境审视公共政策制定的影响因素的视角，例如影响政治系统的重要环境因素有哪些？环境的输入如何影响公共政策制定及其政策内涵？政策产出如何通过反馈环节影响环境和政治系统？但系统模式没有涉及系统转换过程的“黑箱”操作，即没有揭示政治系统的内部运行机制，因而它也并不能很好地说明决策是如何做出的，政策是怎样在政治系统这一“黑箱”中产生的。

（八）过程模式：政策是程式化的政治行为

过程模式又被称作“功能过程理论”“政策生命周期理论”。功能过程理论主要建立在政治学的结构功能理论基础之上。结构功能理论最先产生于社会学和人类学领域，后来也被一些社会学家用来解释政治活动和政治现象。20 世纪 60 年代之后，结构功能分析已经成为政治学中主要的研究和解释模式之一，阿尔蒙德、米切尔（W. C. Mitchell）和阿普特

（D. Apter）等都是比较有影响的政治结构功能分析家。结构功能分析方法试图通过剖析政治结构和政治功能揭示政治系统运转的规律。它将对政治功能活动的分析置于整个政治系统的运行过程之中进行考察，分析政治过程的不同阶段所包括的功能活动，这种分析为公共政策形成的过程理论模式奠定了基础。

政策科学的创立者拉斯韦尔于 1956 年提出了一个包括情报、建议、规定、行使、运用、评价和终止七种政治功能活动在内的政策过程理论。1978 年，琼斯也提出了一个由问题认定、计划发展、计划执行、计划评估和计划终结五个阶段组成的政策过程分析框架，每一阶段又由不同的功能活动组成，例如问题认定阶段包括感知、定义、聚和、组织和呈现等几种活动，计划发展阶段的活动包括形成、合法化和拨款。通过将涉及众多因素和活动的政策过程分解成若干阶段或环节，并对每一阶段加以解剖和分析，过程模式简化了复杂的政策过程。它也成为迄今为止一种整合政策科学知识特别是政策过程知识的方便框架。当然，与其他模式一样，过程模式也有其局限性。由于这一理论强调的是功能范畴，可能会导致研究者忽略政策形成中的政治等各种因素的影响。同时，它对于公共政策过程与政策内涵之间的联系也缺乏深究。

总之，政策制定的理论模式是政策科学家经过多年的研究从实践中总结出来的，各种理论模式都有其合理性，也都有其局限性。在实际运用中，具体选择哪一种理论模式进行分析，要根据具体的教育政策问题做出决定。例如，从利益团体的角度对职业教育政策进行分析，有助于理解职业教育政策过程中的各种矛盾冲突及其产生的根源。而精英理论对于理解职业教育问题如何被提上国家政策议事日程及政策如何发展演进，具有较好的解释力。因为精英相较一般大众而言，具有更加敏锐的洞察力，往往能够比大众更早和更好地洞悉国家政治社会生活中的各种矛盾和冲突，并且能够将这些矛盾和冲突很好地公之于众，或告知政府相关部门以引起关注。

不同群体对职业教育政策有着不同的需求，对职业教育政策制定的目标要求也不同。群体和个人参与职业教育政策制定的方式不同，他们在职业教育政策制定中的权力和影响力也不尽相同，并且各群体之间还存在复杂的互动关系。这些都会使职业教育政策制定过程复杂化。考虑到职业教育政策制定的复杂性，在职业教育政策研究中，研究者应根据不同的政策问题，综合运用多种理论模式展开分析。尤其是在当代，随着职业教育政策在国家政治和社会生活中的重要性不断提升，职业教育政策制定的目标、涉及的利益团体和机构权限等都越来越复杂，单一的政策制定理论模式已经难以完全解释职业教育政策过程，需要综合运用多种理论模式对职业教育政策过程做出分析。

总而言之，各种政策制定理论模式为职业教育政策制定提供了重要的理论来源和分析工具，每一种理论模式都指明了教育政策制定中的不同方面，对于理解职业教育政策制定过程的制度框架、议程设置、功能活动和政策产出等皆有助益。但每种理论模式也各有缺陷，在具体运用过程中要根据实际情况来选择运用哪种理论模式或哪几种理论模式进行分析，还应针对不同的职业教育政策制定的制度背景，根据具体情况对已有理论模式做进一步的修订、发展和完善。

第二节　职业教育政策的执行

20世纪80年代以来，党和国家对职业教育日益重视，频频出台职业教育政策。然而，在文本呈现一派繁荣的同时，中国职业教育发展还没有达到政策预期，政策失效问题明显。当前，关于职业教育政策执行的研究主要表现在研究职业教育政策执行问题和如何加强职业教育政策执行两个方面。一方面，研究者们主要从执行失效的表现、失效的原因分析、增强执行效度的对策等方面研究职业教育政策执行问题。有学者从政策学的角度认为影响职业教育政策执行的因素主要有：政策本身的效力问题，政策执行主体的价值观错位问题，政策执行者的素质问题，政策执行的监督问题。也有学者从历史文化学、社会学、政策科学等多学科的视角对这一问题予以多维分析。还有学者认为，普通教育与职业教育沟通难、职业学校自身存在诸多问题、政府对职业教育的职责履行不到位、政策行为和管理行为脱节、政策本身缺乏一些配套措施及中国传统文化观念中官本位思想根深蒂固等构成了中国职业教育政策执行失效的系列原因。另一方面，研究者们提出了建设性的方案。有学者认为，为了提高政策的效度，政府需要做到以下几点：（1）适当加大对职业学校生均经费的投入；（2）调动企业参与职业教育的积极性；（3）制定与政策配套的措施；（4）大力促进普职沟通，尤其是教育思想的沟通等。还有学者认为，要实行责任追究制，加强社会宣传，营造良好的政策执行氛围、强化人民代表大会的监督职能等。

事实上，职业教育政策执行研究的当务之急是要明确职业教育政策执行的特殊性，分析职业教育政策执行的基本特征，据此加强对职业教育政策执行影响因素的针对性研究，并基于职业教育政策执行的理论模式来反思职业教育政策执行的有效性。

一、职业教育政策执行的内涵

政策方案一旦合法化并公布之后，便进入政策执行阶段。政策执行是在政策制定完成之后，将政策所规定的内容变为现实的过程，是为实现政策目标而重新调整行为模式的动态过程。

（一）职业教育政策执行的含义

政策执行是政策执行者通过建立组织机构，运用各种政策资源，采取解释、宣传、实验、实施、协调与监控等各种行动，将政策观念形态的内容转化为实际效果，从而实现既定政策目标的活动过程。

而具体到教育政策执行，也存在着诸多认识。教育政策执行是指政策执行者依据政策指示和要求，为实现政策目标、取得预期效果而不断采取积极措施的动态行动过程。① 所谓教育政策执行，就是实现教育政策目标，将教育政策内容转变为教育现实的过程。② 教育政策执行，就广义而言，教育问题认定、教育问题建构、教育政策分析、教育政策评估、教育政策执行、教育政策终结与教育政策检讨等都属于教育政策执行。“狭义言之，教育政策执行专指教育主管机关制定完成之教育政策、教育方案、教育预算及教育计划，在教育组织、教育人力及教育资源限定下，某段时间所进行的教育政策。”“教育政策执行是将教育政策付诸实践的过程，在教育政策内容的指导下，对教育实践进行改造的相对独立的过程，它不再重问题本身的分析和研究，而是重教育实践。”“教育政策执行是教育政策执行者按照一定的政策方案，运用各种政策资源，在一定时期内为实现政策目标，把教育政策所规定的内容转化为有效现实成果的双向互动过程。”③

基于以上概念，可以认为，职业教育政策执行是政策执行主体综合运用各种手段，将职业教育政策的观念、目标、内容转化为职业教育发展中的行动、现实、结果，为培养社会需要的技术技能型人才、为国民素质的提高提供服务的过程。

职业教育政策执行的本质，实际上就是将职业教育政策目标转化为现

---

① 袁振国：《教育政策学》，南京，江苏教育出版社，2001，第286页。

② 吴志宏、陈韶峰、汤林春：《教育政策与教育法规》，上海，华东师范大学出版社，2003，第59页。

③ 胡春梅：《教育政策执行概念的分析》，《辽宁教育研究》2005年第1期。

实结果的过程，是对与受教育权相关的资源进行分配的过程，它表现为遵循政策目标进行变革、将政策付诸实施的各种行动的总和。

（二）职业教育政策执行的地位与作用

“政策执行作为将政策所规定的内容转化为现实的过程，在政策活动及其生命过程中具有至关重要的地位与作用。”①

1. 职业教育政策执行决定了教育政策方案能否实现以及实现的程度和范围

政府为了有效地管理国家和社会事务，必须根据社会政治、经济、文化发展的需要和态势，针对现实生活中的重大政策问题，及时、正确地制定职业教育政策方案。正确的职业教育政策方案要变成现实，则有赖于有效的政策执行，如果没有政策执行，再好的政策方案也只能是一纸空文，也实现不了政策目标。

2. 职业教育政策执行是检验政策正确与否的唯一标准

一项政策正确与否，最终必须由实践来检验，实践是检验真理的唯一标准。凡是经过贯彻执行，促进了社会进步和生产力的发展，并得到群众拥护的政策，就是正确的政策，否则就是错误的政策。通过政策执行，不仅可以检验政策，还可以不断充实和完善政策。若在执行中发现问题和不足，则需予以修正和弥补，促进政策质量的提高，最终解决政策问题。正是从这个意义上说，职业教育政策执行是检验职业教育政策正确与否的唯一途径。

3. 职业教育政策执行是政策过程的中介性环节

一方面，任何教育政策都不可能是完美无缺的，需要在政策执行过程中不断修正、充实和完善。决策者要根据教育政策执行过程中实际情况的变化来修正和完善教育政策，以提高教育政策的可行性和有效性。另一方面，任何教育政策都有时效性，它只能在一定的时空范围内起作用，超出这一范围，这个教育政策就会失去效用，就要被新的教育政策所代替。制定新政策要以事实为依据，尤其要以前一项教育政策执行后的反馈信息为基本依据。因此，职业教育政策执行是职业教育政策过程的中介性环节。

---

① 陈振明：《政策科学——公共政策分析导论》，北京，中国人民大学出版社，2003，第260页。

二、职业教育政策执行的基本特征

职业教育政策执行是职业教育政策得到落实与实施的中介和桥梁，没有职业教育政策执行，职业教育政策制定所确定的政策目标就会落空，职业教育问题就不能得到有效解决。但职业教育政策执行也有其特殊性，职业教育政策执行不可能解决政策所确定的所有政策目标。我们需要对职业教育政策执行的基本特征有充分的认识和了解，以全面地把握职业教育政策执行的本质规定性。①

（一）对象的适用性与范围的有效性

所谓对象的适用性，简单地说，就是指一定的职业教育政策只适用于一定的对象。职业教育政策对象亦称目标群体，是指职业教育政策作用和影响的对象，职业教育政策的执行首先要弄清楚该项政策的适用对象，否则会使政策失去权威性和严肃性，甚至还可能闹出笑话。当然，人们不应该过于狭窄地理解对象的适用性，实际上一些与教育政策的执行效果有关联的人也应被视为政策对象，不妨将他们称为间接的政策对象。这就要求执行者不仅要针对政策的直接对象落实政策，而且还应该做好政策的间接对象的思想工作，以利于教育政策的有效执行。

所谓范围的有效性是指一定的职业教育政策只有在一定的范围内执行才有效。一般说来，除上述对象限制外，职业教育政策执行过程要受以下两方面的限制：一是地域限制。职业教育政策执行要有明确的地域范围，且它只能在这个已经规定的地域范围内起作用。如一个国家制定的教育政策只能在这个国家内实施，而不可能到别的国家去贯彻。根据一定条件制定出来的教育政策，其执行的地域范围就更加明显了。如国家制定的有关政策性规定在全国范围内执行，但具体如何执行，各省、直辖市、自治区可根据当地实际情况制定实施细则，且只在其所辖行政区域内有效。二是时间限制。职业教育政策执行有明确的时间范围，其中包括职业教育政策执行的生效时间、失效时间及有效的行为过程期限。只有在规定的时间范围内得到执行的教育政策，才是有效的。

（二）影响的广泛性与决策的层次性

由于职业教育政策执行往往涉及众多的因素和变量，所以对人们的社

---

① 王世忠：《关于教育政策执行的涵义、特征及其功能的探讨》，《培训与研究——湖北教育学院学报》2001 年第 1 期。

会生活有着极其广泛的影响。首先，职业教育政策执行常常需要建立庞大的执行组织，动员众多的人员，筹集所需要的各种资源；其次，在职业教育政策执行过程中，广大的目标群体能真正地感受到政策的作用和影响；再次，一项新的重要职业教育政策的执行会对其他正在执行的政策产生影响，社会政策体系的整体结构会由于一个新因素的出现而产生相应变动；最后，职业教育政策制定过程中的一些没有被认识到的潜在问题在执行的过程中还会涌现，带来一些始料未及的变化和影响。

职业教育政策执行是一个需要不断调整的动态过程，因此职业教育政策执行者就要依据职业教育政策的原则和自己所具备的条件不断选择和决定自己的行动措施。在执行上级发布的职业教育政策的过程中，各级执行机构的领导者需要结合本地区、本部门的特点制定切合实际的职业教育政策执行措施，各级执行机构的工作人员也要据此制订自己的具体行动计划，尤其是基层的职业教育政策执行人员则更应根据自己所处的特定环境，按照职业教育政策和计划处理各种实际问题。因此，职业教育政策执行不是一个简单的照章办事的过程，而是一个由一系列不同层次的决策组成的过程。

（三）原则性与灵活性

职业教育政策是国家为完成职业教育任务、实现职业教育目标，协调职业教育的内外关系所做出的一种战略性、准则性的规定。它本身体现了一定社会政治的本质和教育的规律，其执行过程具有高度的原则性。这种原则性，是由职业教育政策的本质所决定的，如果原则性遭到破坏，职业教育政策的性质就会改变，职业教育政策的积极作用和执行效果也将遭到破坏。因此，在执行职业教育政策时，一定要严格遵循职业教育政策执行的原则，也就是说要按职业教育政策本身特定的服务对象和作用范围去贯彻落实。

执行职业教育政策不仅要讲原则性，还要讲灵活性，也就是在原则允许的范围内采取灵活的做法。中国职业教育总的政策、基本职业教育方针政策，都是具有方向性、原则性的规定。它们是明确的，但又不是很具体，因此执行者需要结合本地实际情况对它们进行具体化。

执行职业教育政策的灵活性、原则性是统一的。因为有原则性，才能有职业教育政策的严肃性和权威性；有灵活性，才能使职业教育政策不至于教条和僵化。灵活程度的临界点，以不超过原则规定的界限为准。

（四）执行的阶段性与连续性

职业教育政策的执行和职业教育政策目标的实现都只能分阶段逐步进

行。职业教育政策执行既要着眼于最终目标，又要立足于近期目标，把两者有机地、科学地统一起来，特别要防止超阶段的执行行为。例如，在缺乏必要的社会心理基础或必要的准备工作的情况下，强行执行职业教育政策就有碍于职业教育政策目标的实现。与职业教育政策执行的阶段性密切相关的是它的连续性，这就是说，在整个职业教育政策执行过程的各个阶段之间存在着前后相继的内在联系。职业教育政策执行过程是阶段性和连续性的统一，因此，执行者应充分注意各个执行阶段的衔接和统一，不能只顾上阶段目标而影响下阶段及其他阶段目标的实现，而应该在实现上阶段目标的过程中积极为下阶段目标的实现创造条件。

（五）执行的协调性与同步性

职业教育政策执行是各种政策要素在空间上分配、重组、展开和运动的过程，其中任一要素及各要素的分配方式、比例、组合结构等的发展变化，都会直接影响到整个职业教育政策执行的进程。例如为解决高中教育阶段的普职比例问题，党和国家领导人多次做出讲话、批示，教育部门也专门颁布了有关高中阶段教育普职比例和谐发展的政策性文件，但一些地方主管部门在具体执行过程中，仅仅关注普通高中的升学率，而忽视职业高中的发展，导致两者的比例长期处于失调状态。执行者要认识到职业教育政策执行在空间上具有的协调性和同步性，善于运筹各种职业教育政策要素，使整个职业教育政策执行过程成为一个要素得当、结构合理、功能优化的动态系统，这样才能“少投入，多产出”，减少系统内耗，以最佳的方式和途径实现职业教育政策目标。

（六）目标的统一性与途径的多样性

在职业教育政策执行过程中，其执行目标不论是在时间上还是在空间上都具有统一性，这是职业教育政策执行的内在特点和要求。如果执行机构的领导者及具体执行人员在主观上忽视了这种统一性，则会造成整个职业教育政策执行系统的紊乱，出现巨大的内耗，不利于职业教育政策目标的实现。因此，执行者在执行职业教育政策时要密切注视各方面、各阶段的进展，一旦发现目标冲突或整个执行活动进展得不平稳，便要及时调整，以保证职业教育政策执行目标的动态统一。当然，职业教育政策执行目标的统一性并不意味着职业教育政策执行途径的单一性。在坚持职业教育政策执行目标统一性的前提下，还必须坚持职业教育政策执行途径的多样性。

三、职业教育政策执行的理论模式

20 世纪 70 年代中期以后，政策学者纷纷从不同的角度来研究影响政策执行的因素，形成了种种政策执行的理论模式。以下主要介绍六种理论模式。①

（一）过程模式

史密斯（T. B. Smith）是最早建构影响政策执行因素及其过程模型的学者，他在《政策执行过程》（1973）一文中提出了一个描述政策执行过程的模型（见图 3–2）。

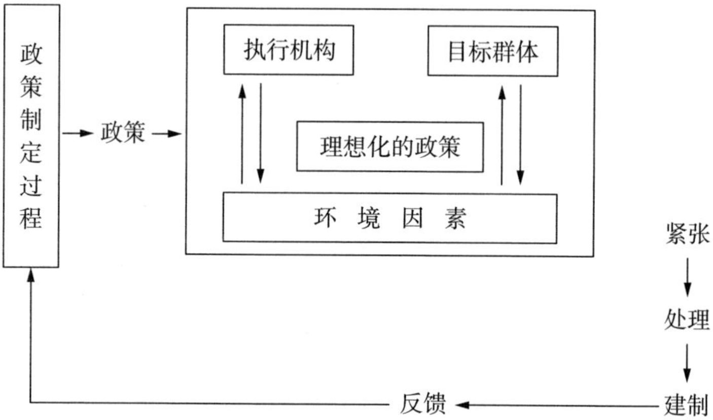

图 3–2　政策执行的过程模式

史密斯认为，政策执行过程中所涉及的重大因素有四个：第一，理想化的政策，指合理、正确的政策。第二，执行机构，指政府机构中负责政策执行的单位。第三，目标群体，亦即政策对象，政策的直接影响者。第四，环境因素，指政治、经济、文化等环境中那些影响政策执行的因素。"具体地说，政策的形式、类型、渊源、范围及受支持度、社会对政策的印象；执行机关的结构与人员，主管领导的方式和技巧、执行的能力与信心；目标群体的组织或制度化程度、接受领导的情形以及先前的政策经验、文化、社会经济与政策环境的不同，凡此等等均是政策执行过程中影响其成败所需考虑和认定的因素。"②

① 陈振明：《政策科学——公共政策分析导论》，北京，中国人民大学出版社，2003，第 284~289 页。

② Smith，T. B.，1973："The Policy Implementation Process"，*Policy Sciences*，2.

(二) 互动理论模式

这一理论模式的提倡者是麦克劳克林（M. McLaughlin），其主要代表作是《互相调适的政策实施》(1976)。麦克劳克林认为，政策执行过程是执行组织和受影响者之间就目标手段进行相互调适的互动过程，政策执行的有效与否取决于两者相互调适的程度。麦克劳克林的这一理论模式主要包含以下几点：第一，政策执行者与受影响者的需要和观点并不一致，基于双方在政策上的利益，彼此必须放弃或修正其立场，寻求一个双方皆可接受的政策执行方式；第二，政策执行者的目标与手段富有弹性，可因环境因素或受影响者需求和观点的改变而变化；第三，这一相互调适的过程是彼此处于平等地位的双向交流过程，并非传统理论者所说的“上令下行”的单向流程；第四，受影响者的利益价值与观点仍将反馈到政策上，以致左右政策执行者的利益、价值与观点。这种互动关系可用图 3-3 来表示。①

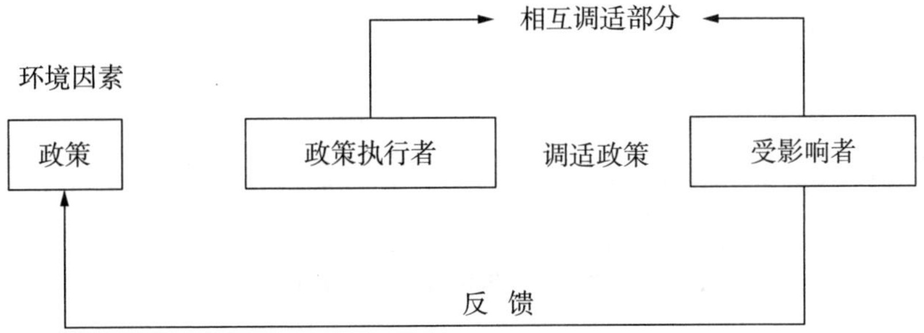

图 3-3　政策执行的相互调适过程

(三) 博弈模式

这一模式是以近代政治学中的“博弈”概念观察执行过程中相关参与者就政策目标的达成所做的谈判、评价与妥协的互动情形。博弈论认为，在冲突和竞争的情况下，每一参加者都寻求得到最大的收获，并把损失降到最低。美国公共政策学者巴达克（E. Bardach）是用“博弈”概念来分析政策执行过程的主要代表。他把政策执行过程视为一种赛局，认为其间包括下列因素：(1) 政策执行人员，即竞赛者；(2) 利害关系；(3) 策略与技术；(4) 竞赛的资源；(5) 竞赛规范（取胜的条件）；(6) 公平竞赛的规则（即不得作弊）；(7) 竞赛者之间信息沟通的状况；(8) 所得结果的不稳定程度。巴达克认为，政策执行的有效与否，取决于各方参加者的

① 桑玉成、刘百鸣：《公共政策学导论》，上海，复旦大学出版社，1991，第 44 页。

“战略”选择。

（四）循环模式

当代美国公共政策学者赖因（M. Rein）和拉宾诺维茨（F. F. Rabinovitz）于 1978 年提出了政策执行的循环理论。他们把政策执行过程分为三个不同阶段：（1）纲领发展阶段；（2）资源分配阶段；（3）监督阶段。他们认为这三个阶段是循环的，而非直线单向过程，同时，循环过程亦受到环境条件的冲击与影响。他们还强调每一阶段必须奉行三项政策执行原则：（1）合法原则；（2）合理原则；（3）共识原则（见图 3-4）。①

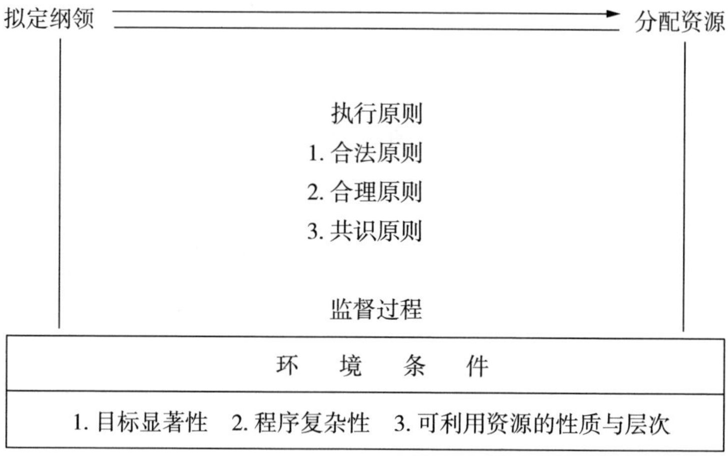

图 3-4　政策执行的循环模式

政策执行的循环理论侧重分析政策执行要素的重复影响力，并强调环境因素对政策执行过程的影响也是具有重复性的。

（五）系统模式

这是范米特（D. S. van Meter）和范霍恩（C. E. van Horn）提出的模型。范米特和范霍恩提供了一个系统模型，以说明执行过程中影响政策产生的几个相关因素：（1）政策标准与目标；（2）政策资源；（3）组织间的沟通与强化行动；（4）执行机构的特性；（5）经济与政治环境；（6）执行人员的意向。系统模式如图 3-5 所示。②

---

① 桑玉成、刘百鸣：《公共政策学导论》，上海，复旦大学出版社，1991，第 46 页。

② van Meter D. S. , van Horn, C. E. , 1975: “The Policy Implementation Process: A Conceptual Framework”, *Administration & Society*, 4.

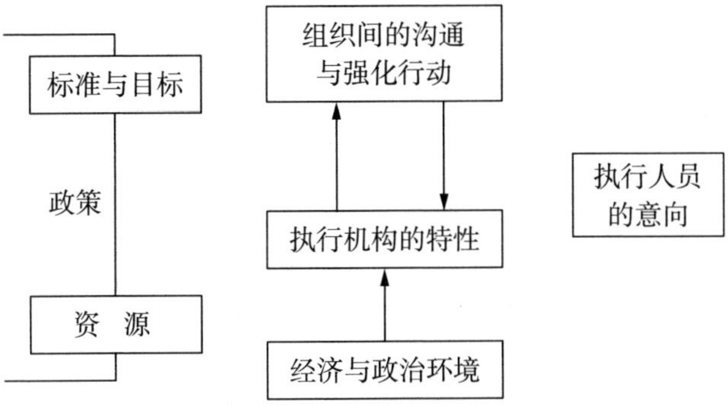

图 3-5　政策执行的系统模式

（六）综合模式

这是萨巴蒂耶尔（P. Sabatier）等人提出的模型。他们建构了一个完整的理论模式，可称为综合模式。他们认为影响政策执行各个阶段的主要因素可分成三大类：（1）政策问题的可行性；（2）政策本身的规制能力；（3）政策本身以外的变数。每一大类又可细分为几个小类（见图 3-6）。①

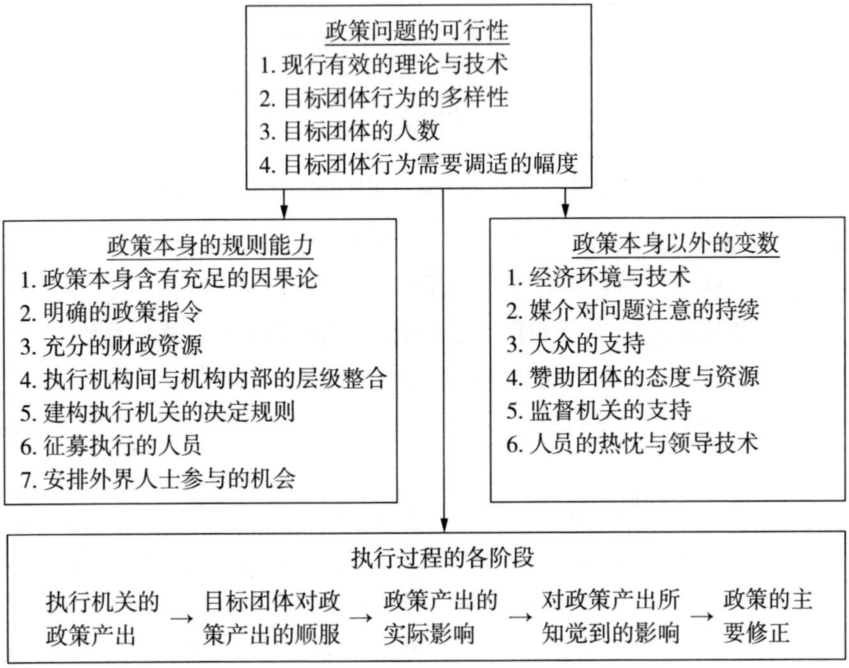

图 3-6　政策执行的综合模式

① Sabatier, P., Mazmanian, D., 1980: "The Implementation of Public Policy: A Framework of Analysis", *Policy Studies Journal*, 4.

综合上述各种见解，结合中国的实际情况，可将影响职业教育政策有效执行的因素归纳为政策问题的特性、政策本身的因素以及政策以外的因素（见图 3-7）。

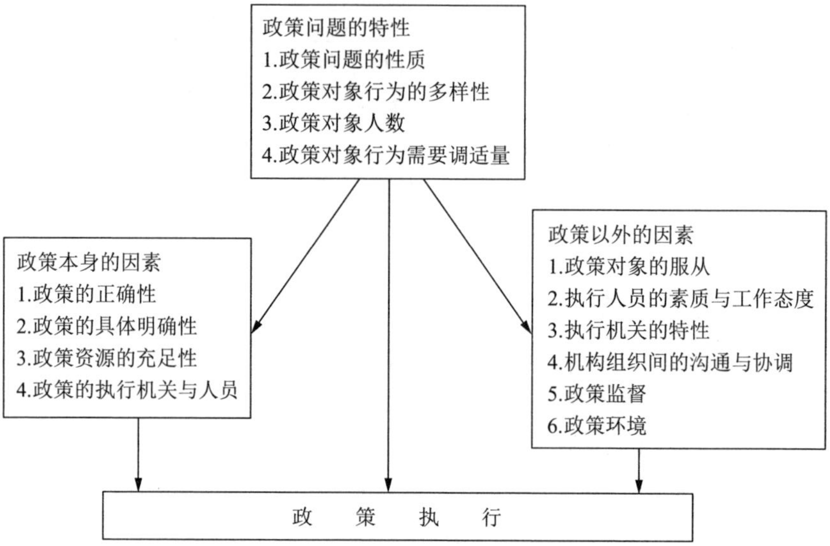

图 3-7　影响政策执行的因素

四、影响职业教育政策执行的因素

一般来讲，影响职业教育政策执行的因素主要有政策问题的特性、政策本身的因素以及政策以外的因素三个方面。①

（一）职业教育政策问题的特性

职业教育政策问题的性质、政策对象行为的多样性、政策对象人数及其行为需要调适量，都直接影响到职业教育政策的有效执行。分析这一问题有助于职业教育政策执行人员根据不同问题采取不同的措施，做到有的放矢。

职业教育政策执行的有效与否，首先与所要解决的职业教育政策问题的类型和性质密切相关。越复杂的问题，执行的难度越大。如敏感的政治性政策、涉及人们利益分配和调整的经济政策、涉及众多领域的多种综合性政策、创造性较强的改革政策等。职业教育政策执行中所触动的权力关系越多，涉及的机构和人员越多，政策目标越宏大，要调整的利益关系越

① 陈振明：《政策科学——公共政策分析导论》，北京，中国人民大学出版社，2003，第 289~294 页。

多，规范的技术操作等级越高，政策执行的难度也就越大。一般来说，全面性政策的执行难度比局部性的大；高层级政策的执行难度比低层级的大。而在同一层级，同属于局部性的政策，也可因业务内容的简单或复杂导致执行难度存在差别。

职业教育政策所要规范的政策对象的行为种类越多，就越难以制定清楚明确的规则，用以约束政策对象的行为。职业教育政策问题所涉及的政策对象人数的多少，也影响着职业教育政策执行的效果。一般说来，职业教育政策涉及的人数越少、越明确，职业教育政策执行就越容易、越有效，反之，职业教育政策执行就越困难。

职业教育政策对象行为需要调适量的大小，也影响到职业教育政策执行的效果。人们受到历史传统等的影响而养成一套行为模式，常习惯于某种成规，倾向于保守。要想全面改变人们的思想行为，十分困难。因此，为了实现职业教育政策目标，行为需要调适量越小越好，中国职业教育采用渐进式改革，从某种意义上说，正是基于以上考虑。

（二）职业教育政策本身的因素

在职业教育政策领域，许多政策不能达到预期效果，执行中困难重重，在很大程度上与职业教育政策本身的缺陷有关。因此，分析职业教育政策本身是如何影响职业教育政策执行的，有助于制定更加科学、合理的政策，促进政策的有效执行。

1. 政策的正确性

职业教育政策的正确性是政策有效执行的根本前提。正确的政策符合社会发展的客观规律，代表人民的根本利益，能够促进社会发展，给人民带来利益，能被执行者所认同、被政策对象所拥护，从而得到有效的执行。反之，职业教育政策执行必然会在政策执行者、政策对象的消极应付或抵制中被搁置。职业教育政策的正确性，首先要求内容正确、方向正确，其次要求政策制定具有科学的理论基础、严密的逻辑关系、科学的规划程序。

2. 政策的具体明确性

职业教育政策的具体明确性是职业教育政策有效执行的关键所在，是职业教育政策执行者的行动依据，也是对职业教育政策执行进行评估和控制的基础。一项职业教育政策若想得以顺利执行，从操作和技术上来说，必须具体明确，即职业教育政策方案和目标具体明确、职业教育政策措施和行动步骤具体明确。同时，职业教育政策的具体明确性还要求职业教育政策目标是切合实际并可以达到的，是可以进行比较和衡量的，职业教育政策目标的完成必须是职业教育政策执行者职权范围内的事；职业教育政策方案应该指出所期待的结果，并明确规定完成的期限。模棱两可、含混不清的政策自然令人无法执行，也容易导致职业教育政策界限不清和职业教育政策随意变通。

3. 政策资源的充足性

无论职业教育政策制定得多么具体明确，如果负责职业教育政策执行的机构和人员缺乏必要的、充足的、用于职业教育政策执行的资源，那么也不能达到预期的目标。因此，职业教育政策要涉及职业教育政策资源的具体规定，一般说来，主要有经费资源、人力资源、信息资源和权威资源。

必要的经费和人力是职业教育政策执行的物质基础。职业教育政策的执行应以用最小的投入获最大的产出为原则，投入多并不一定产出多，因为其中还有许多管理问题需要解决。因此，在职业教育政策执行活动中投入的经费和人力资源都要适量。

信息是职业教育政策执行活动的必要条件。职业教育政策要保证职业教育政策执行者有畅通的信息渠道和足够的信息来源，否则，执行者就无法制订出切实可行的行动计划，也无法对职业教育政策执行过程实施必要的控制。实践证明，职业教育政策执行中的某些失误或困难，常常是因执行者缺乏必要的信息而造成的。

权威是职业教育政策执行的根本保证，是职业教育政策有效执行的一项特殊而重要的资源。职业教育政策执行的基本特点是，需要很多人的共同活动，而共同活动首先要有一个起支配作用的权威。没有权威，就不可能形成人们共同的、相互协作的活动；在各行其是的境况下，是无法实现政策目标的。建立职业教育政策的权威，就是要使政策成为国家的意志，迫使每一个执行者服从它。当前，中国职业教育政策执行过程中存在的“上有政策，下有对策”等现象，就是职业教育政策权威性不够的一种表现。

（三）职业教育政策以外的因素

影响职业教育政策执行的因素，除了职业教育政策问题的特性、政策本身的因素以外，还有以下一些因素。

1. 政策对象的服从

政策对象是指职业教育政策直接作用、影响的对象。职业教育政策能否达到预期目的，不是职业教育政策制定者一厢情愿的事情，也不是职业教育政策执行者能够完全决定的事情，在很大程度上取决于政策对象的态度。政策对象顺从、接受政策，职业教育政策执行就会成功；政策对象不顺从，拒不接受政策，职业教育政策执行就会失败；政策对象只部分接受，也会加大政策执行的难度。可见，政策对象对职业教育政策顺从和接受的程度是影响职业教育政策有效执行的关键性因素之一。

职业教育政策目标是多种多样的，但它总要表现为对一部分人的利益进行分配和调整，表现为对一部分人的行为进行制约或改变。一般情况下，政策对象对职业教育政策的顺从和接受程度既与政策对象对政策成本利益的衡量有关，也与政策对象行为调适量有关。如果政策对象认为一项职业教育政策是能够增加自身利益的或行为需要调适量较小，就容易接受该政策。如果政策对象认为一项职业教育政策是无益的甚至剥夺了自身利益，或行为需要调适量过大，就容易拒绝该政策。这就要求职业教育政策制定必须符合社会发展的客观规律，代表人民群众的根本利益，而且政策对象行为需要调适量比较适中，这才能利于人们对职业教育政策的服从和接受。

2. 执行人员的素质与工作态度

任何一项职业教育政策最终都要靠执行者来实施。职业教育执行者对政策的认同、对政策执行的投入、创新精神、对工作的负责、较高的政策水平和管理水平是政策得以有效执行的重要条件。现实中职业教育政策的变形走样，在一定程度上是职业教育政策执行者的素质不高和思想观念上的错误导致的。职业教育政策执行者缺乏必要的知识和能力，对某项职业教育政策理解不透，把握不准其精神实质，就会导致职业教育政策在传达、宣传、执行中失真、失当、失误。当职业教育政策执行者身兼政策对象和执行者的双重角色时，会为了局部或个人利益钻政策空子，搞“上有政策，下有对策”，对上面政策或是硬顶或是软拖或是执行起来马马虎虎。另外，职业教育政策执行者的政策水平和管理水平直接影响到职业教育政策任务的完成。如果职业教育执行者尤其是领导者没有把握政策实质的能力，就很难争取到职业教育政策执行所需的种种资源，很难做好职业教育政策实施的宣传指导工作并制定出正确的实施方案，很难沟通和协调好各种关系。可见，提高职业教育政策执行者的素养是至关重要的。

3. 执行机构组织间的沟通与协调

沟通是职业教育政策执行过程中各级组织人员进行信息交流、传递的过程，是对政策目标及其相关问题形成统一认识的方法和程序。有效的沟通是政策执行成功的重要条件之一。一是从纵向沟通来看，上级机构的政策必须通过有效的沟通渠道传递给执行者。而执行者对政策的支持程度也取决于上级机构对政策的解释和执行者对政策的了解，并且上级机构对执行情况的了解也只有通过沟通渠道方可获得。二是从横向沟通来看，由于一项政策的实施常常涉及众多机构和执行人员的分工合作，而执行人员在分工合作过程中难免会产生分歧、误会、隔阂甚至矛盾冲突，这就需要他们通过有效的沟通来交换意见、看法，弥合分歧，消除误会、隔阂，化解矛盾冲突，加深彼此之间的了解，提高政策执行的效率。三是从执行者与政策对象之间的关系来看，政策对象对政策接受与否以及接受程度的高低在很大程度上取决于他们之间的沟通。政策对象不可能自发地接受政策。执行者不仅要通过沟通渠道将政策指令传递给政策对象，更要通过沟通渠道向政策对象说明政策所具有的意义和制定政策的理论依据与时代背景以及推行政策所要达到的目的，让他们理解和掌握政策，从而积极主动地接受和执行政策。

职业教育政策协调是管理组织为了顺利实现政策目标而谋求自身统一和谐、自身各相关要素匹配调剂及协作分工的一种行为方式。在政策执行过程中，发生矛盾是常有的事。如计划本身不周密、不符合实际，客观情况也会出现一些意想不到的变化。各执行机构所处地位不同、利益不同，执行者的知识、智力、经验、性格及看问题的角度不同，出现意见不同和利益矛盾是很正常的。这些主客观情况都需要通过协调来解决。缺乏协调将导致本位主义、各自为政以及资源浪费和效率低下。因此，协调也是职业教育政策有效执行的条件之一。

职业教育政策协调可划分为三个层次。一是执行机构内部的协调，即每个层级执行领导者对所属部门及工作人员所做的协调。它可通过具体的计划制订、工作的分配和对工作进度的检查等进行，也可通过提供工作上所需的人力、物力、财力等来进行。二是执行机构之间的协调，包括上下级执行机构之间的协调和平级执行机构之间的协调。上下级之间应保持经常的密切联系，下级执行机构有责任向上级执行机构汇报情况、请示工作，上级执行机构要对下级执行机构进行工作布置、指导和检查，及时答复下级执行机构提出的困难与问题。横向联系是当代管理活动的一个十分重要的内容，平级执行机构应相互沟通信息、主动配合、协作。三是执行机构与其他机构之间的协调。为了保证国家和政府制定的政策能顺利推进，执行机构必须与社会团体、企事业单位紧密配合、良性互动。

4. 政策环境

任何一项职业教育政策的执行都会受所处社会环境的影响和制约。适宜的环境有助于职业教育政策的有效执行，不适宜的环境必将妨碍职业教育政策的顺利实施。影响职业教育政策执行的环境因素主要有政治环境、经济环境和社会心理环境等。

五、职业教育政策执行失真的表现

政策失真有广义和狭义之分，广义的政策失真泛指政策运行过程中出现的一切与政策内容不符、偏离政策目标、违背政策精神的现象，它包括政策执行前的方案失真、政策执行中的行为失真和政策执行结束后的目标失真与评估失真等；狭义的政策失真，从表层意义上讲是指在政策实施过程中出现的政策执行及其结果与政策目标、政策内容不相符合的客观社会现象。① 教育政策执行失真就是指教育政策在执行过程中出现的与政策内容不符、偏离政策目标、违背政策精神的现象，它不包括政策执行前的方案失真和政策执行结束后的评估失真。教育政策强调操作性和对现实进行直接干预。这一方面决定了那种脱离实际的、不能化为实践的教育政策必将丧失其价值和生命力，另一方面也表明要反对那种有了政策也不合理落实的做法。“重制订、轻行动，有文本、没执行”的政策实践难免会遭遇失真或低效的尴尬。所谓的“轻行动、没执行”并不是说执行者对教育政策没有反应，而是强调这种反应的“虚假性”与“扭曲性”。② 职业教育政策执行失真主要表现为替换性执行、选择性执行、象征性执行、附加性执行、残损性执行、机械性执行等几个方面。

(一)“你有政策，我有对策”——替换性执行

在职业教育政策执行过程中，当执行机关所执行的政策对自己不利时，它们很可能会用地方的土政策取代国家的职业教育政策，使执行的内容完全背离原职业教育政策的要求，使上级的职业教育政策难以得到贯彻落实。职业教育政策的替代性执行是一种最为严重的执行偏差，它严重地伤害了职业教育政策的严肃性和权威性。

(二)“曲解政策，为我所用”——选择性执行

这是指职业教育政策执行者有意对政策原来的精神实质或部分内容进行曲解，导致职业教育政策无法真正得到贯彻落实，甚至产生与初衷相悖的结果。

① 茹阳：《试论我国教育政策执行中的失真及其矫正对策》，《沈阳农业大学学报（社会科学版）》2008 年第 2 期。

② 茹阳：《试论我国教育政策执行中的失真及其矫正对策》，《沈阳农业大学学报（社会科学版）》2008 年第 2 期。

（三）“软拖硬抗，拒不顺从”——象征性执行

这是指在职业教育政策执行过程中，执行者只做表面文章，或只做宣传而不见具体的操作性行动，职业教育政策并未落到实处，导致职业教育政策成为一纸空文。比如一些地区和学校在执行职业教育政策时只是象征性的，或者执行起来虎头蛇尾、敷衍了事，甚至抗拒执行；一些部门在执行职业教育政策时相互推诿，不仅难以实现职业教育政策的预期目标，还造成了职业教育政策资源的极大浪费。

（四）搞“土政策”——附加性执行

所谓“土政策”，就是打着贯彻上级政策要结合实际的旗号，自立一套，自行其是，谋取私利。附加性执行指的是职业教育政策执行者在执行过程中附加了一些原职业教育政策目标所没有的内容，把本不可行的事情变为可行之事，影响了目标的实现，使原职业教育政策的外延扩大，调整的范围、力度、目标和政策对象超出了原职业教育政策的要求。

（五）“断章取义，各取所需”——残损性执行

这是指职业教育政策执行者在执行过程中无视职业教育政策的整体性和系统性，断章取义，为我所用，有利的就执行，不利的或与自己利益价值相矛盾的就放弃执行，造成职业教育政策残缺不全。如一些地方执行机构在执行职业教育政策时，只强调职业教育政策赋予的权利，而放弃义务、无视政策责任，把职业教育政策视为自己谋取权力或利益的工具。

（六）“生搬硬套，缺乏创新”——机械性执行

这是指职业教育政策执行者在执行过程中，过分夸大职业教育政策的原则性，无视职业教育政策的灵活性，不因地制宜，而是机械地、教条式地执行。

第三节　职业教育政策的评估

职业教育政策是否科学、有效，在制定阶段和实施阶段就要进行审查与监控。比如，制定出来的职业教育政策要由专门的机构进行政策分析，职业教育政策方案选定以后要经过职业教育政策合法化环节，在职业教育政策执行中还要对实施的效果进行跟踪验证。但是，这些对职业教育政策进行的检验还是初步的，因为一项职业教育政策还没有终止前的检验只是

局部性的、阶段性的，还不是最终的评估。下面就对职业教育政策的评估进行探讨。

一、职业教育政策评估的内涵与作用

职业教育政策评估是职业教育政策分析的重要方面，是一种具有特定标准、方法和程序的专门研究活动。在相当长的时间里，教育政策评估并未引起人们的重视。作为教育政策分析中不可或缺的一环，教育政策评估在教育政策分析中有着重要意义。教育政策评估是依据一定的标准和程序，对政策的效益、效率及价值进行判断的一种政治行为，目的在于取得关于这些方面的信息，以将之作为决定政策变化、政策改进和制定新政策的依据。职业教育政策评估作为教育政策评估的一个重要组成部分，是按照一定的标准和程序，对职业教育政策的问题、制定、执行、评估与变更的过程和效果及其影响因素进行的事实判断和价值判断，是一个贯穿职业教育政策周期的动态发展的活动过程。政策评估在职业教育政策周期中占有极其重要的地位。①

（一）职业教育政策评估是检验政策的效果、效益和效率的基本途径

一项职业教育政策投入运行后，究竟有没有达到预期目标、产生预期效果，或产生了哪些非预期的连带效果，这都需要进行科学的评估工作。也就是说，评估人员要密切关注政策执行的动向，收集相关的资料和信息，再加以科学的分析、论证，得出可靠的结论，以确定该项政策是否有好的效果、执行过程是否有效。

（二）职业教育政策评估是决定政策走向的重要依据

一项职业教育政策在执行过程中总会呈现出一定的走向。伴随着职业教育政策目标的逐步实现，该项职业教育政策是应该继续、调整还是终结，都必须依据一定的客观资料予以确定。能够提供这种客观资料的有效活动，只有职业教育政策评估。职业教育政策的走向一般分为三种情况：第一，政策继续，即通过科学的评估，发现该政策所指向的问题还未得到解决，其政策环境也没有发生大的变化，基于这种情况，适宜用原来的政策继续指导这个问题的解决。第二，政策调整，或称政策革新。如果一项政策在执行过程中遇到了新情况、新变化并明显表现出不适应，那就必须对原有

---

① 本部分参考了陈振明所著《政策科学——公共政策分析导论》一书的第 313 页至第 315 页，该书由中国人民大学出版社于 2003 年出版。

政策进行调整或者革新，以适应新变化，更好地实现政策目标。第三，政策终结，也就是完全终止原来的政策。政策终结分为两种情况：一种是政策目标已经实现，原有政策的存在已经没有意义，这个政策周期自然终结；另一种情况是政策环境或问题本身发生了非常大的变化，原有政策已明显不能解决问题甚至会使问题变得更为严重，而且调整也无济于事，这时就需要终结旧政策，代之以新的、更为有效的政策。为了避免终结旧政策带来的混乱，旧政策的终结应与新政策的出台保持同步。无论是政策的继续、调整还是终结，都必须建立在科学、系统、全面的政策评估基础上。

（三）职业教育政策评估是合理配置资源的有效手段

政府的职业教育政策资源是有限的，但政府部门要同时执行多项政策，那么，哪项职业教育政策该投入多少政策资源，也就是说职业教育政策资源怎样配置才最为合理呢？只有通过职业教育政策评估，才能确认每项政策的价值，并决定投入各项政策的资源的优先顺序和比例，以达到最佳的整体效果。同时，在职业教育政策评估中，也可以对照以往的政策资源分配情况，总结经验，吸取教训，使政策活动高效进行。

（四）职业教育政策评估有利于决定政策的循环形式

对职业教育政策的评估构成一个政策周期的结束，同时又标志着下一个政策周期的开始。接下来的职业教育政策应怎样运行，只有通过评估才能确定。如果职业教育政策是好的，执行也很有成效，政策循环的方式就是政策延续。如果在职业教育政策执行中发现政策条件发生改变，或政策资源配置不合理，或政策目标有问题，政策循环的方式就是政策革新。若经评估证明职业教育政策目标已经达到，或政策环境已发生根本变化、原有政策已无法执行，或原有政策存在问题、执行中的负面效应日趋严重等，政策循环的方式就是政策终止。

（五）职业教育政策评估是决策科学化、民主化的必由之路

在现代社会，国家管理活动中重要的一环就是政府利用政策来调整、组织社会生产和社会生活。随着社会的发展，各种新情况和新变化层出不穷，单靠传统的经验来做出决策已经应付不了复杂的决策问题。实践证明，经验决策必须向科学决策转变，而政策评估正是使决策迈向科学化的必由之路。通过职业教育政策评估，不仅可以检验政策的效果、效益和效率，更合理地配置政策资源，形成一种优先顺序和比例，而且可以与时俱进，随时把握情况的变化，对政策做出继续、调整或终止的决定。从另一个角度来看，通过职业教育政策评估得出的结论体现了科学性，为下一步的民

主决策奠定了坚实的基础。因此，职业教育政策评估对于职业教育决策的科学化、民主化是不可或缺的。

二、职业教育政策评估的类型

职业教育政策评估可以按不同的标准进行分类，但过多过细的分类并没有太多的实用价值。从评估的实际情况出发，职业教育政策评估可以分为以下三类。

（一）正式评估和非正式评估

这类评估是依据评估活动的方式来划分的。正式评估是指事先制定完整的评估方案，由专门的机构与人员按严格的程序和规范所进行的政策评估。由于评估机构与人员具有专门的知识与素养，评估的资料详尽真实，评估方法手段先进，因而这种评估的结果比较客观、可信。

非正式评估是指对评估者、评估程序、评估方法、评估资料都未做严格要求而进行的局部的、分散的政策评估。虽然非正式评估的结论不一定非常可靠、完整，但其形式灵活、简单易行，有广泛的适用性。

这两种评估可以有机结合起来运用，如以正式评估为主，将非正式评估作为必要的补充。

（二）对象评估、社会评估与自我评估

这类评估是依据评估者的不同来划分的。对象评估是指由政策对象进行的评估。由于政策对象是政策的承受者，他们对政策制定与实施的利弊得失有最真切的感受，对政策的成果最有发言权。因此，这种政策评估可以获取第一手资料，可以对政策成效做出真实的估计，其结论具体、真切。但这种评估也有不足之处，政策对象只是社会成员的一部分，提供的资料虽然真实，但有较大的局限性。

社会评估是指在政策系统之外进行的评估。通常有两类：一类是政府等公共部门委托的专业评估；一类是社会成员自行组织的评估。对象评估与社会评估可以统称为外部评估。政府委托评估是政府部门委托专业的咨询公司、营利或非营利性的研究机构、大专院校的专家学者所进行的政策评估。这种评估的优点在于评估者在一定程度上能置身于政策系统之外，从而使评估具有较大的客观性；实施评估的机构与人员一般都具有专门的评估理论与知识、方法与手段、实践与经验，从而使评估具有较高的可靠性。但这种评估也有其局限性，主要是评估机构与人员容易受到委托者对经费和资料的限制，评估的客观性与公正性有可能被削弱。

自我评估是政策系统内部进行的评估。这种评估的优点在于，评估者中有政策的制定者与执行者，对整个政策过程有全面的了解，掌握大量的第一手资料，使评估的结论较为可靠。另外，从评估的实用性来看，政策系统内部评估的结论可以直接用于政策调整，容易产生效果。但这种评估也有其缺点，由于评估者是政策的制定者与执行者，可能会因为顾及政绩而夸大成绩、回避失误，可能会考虑部门的局部利益而产生片面性，可能会受到机构内部利益和人际关系的影响而失去公正性。

（三）方案评估、执行评估与终结评估

这类评估是依据评估实施的阶段来划分的。方案评估是在政策实施前进行的评估，因此又称预评估。由于政策还未执行，因此评估是预测性的。评估者往往根据以前积累的经验，运用现代计算机技术进行模拟运行，对方案执行后可能会出现的效果做出分析与估计。这种评估的优点在于评估的结果可以直接用来指导政策的实施，特别是可以采取措施将可能出现的政策负面效应减到最小。但这种评估终究只是预测性的，还不是实际的结论。

执行评估是在政策实施过程中进行的评估。虽然政策执行还未结束，但其效果、效率、效益已经表现出来，特别是政策方案中存在的缺陷、政策资源配置中的问题、政策环境中某些条件的改变等已经暴露出来。这种评估的优点在于评估中所获取的资料都是即时的、具体的，评估的结论是真实的、可靠的。另外，评估的结果也能直接用于对正在执行中的政策进行调整。但由于执行过程并未结束，所以评估带有过渡的、暂时的性质。

终结评估是指政策执行完成后的评估，这是对一项政策的最终评估。由于政策已经执行完毕，最终效果、效率、效益已经成为客观存在，评估的结论是对政策全过程的总结。这种评估要求对政策全过程有充分的认识，对政策实施后的结果有全面的把握，对以往的方案评估、执行评估有详尽的了解。

方案评估主要用于为政策执行提供指导，执行评估主要用于对政策运行加以控制，终结评估主要用于对政策制定提供指导。这三种评估分阶段贯穿于政策的全过程。

上述不同分类的评估可以结合起来使用。无论是对象评估、社会评估、自我评估，还是方案评估、执行评估、终结评估，都可以是正式评估，也可以是非正式评估。

三、职业教育政策评估的模式①

在西方政策评估实践中，形成了各种各样的模式。如何对这些模式进行分类，是政策评估学者一直研究的问题。古巴（E. Guba）和林肯（Y. S. Lincoln）提出以“组织者”（organizer）作为焦点来进行分类。通常，所选择的价值标准就是评估的“组织者”，这样根据“组织者”的不同就形成不同的评估模式（evaluation model）。以古巴和林肯的观点为基础，德国学者韦唐（E. Vedung）在《公共政策和项目评估》（1997）一书中，从社会科学的更广阔的视角出发，赋予了“组织者”更抽象的含义，从而提出了一个关于政策评估模式的系统分类框架。

韦唐从政府干预的实质结果入手，按“组织者”的不同将评估模式分为三大类：效果模式（effectiveness model）、经济模式（economic model）和职业化模式（professional model）。效果模式由一个相当大的、各不相同的团体组成。除了传统的目标达成模式（goal-attainment model）外，效果模式还包括附带效果模式（side-effects model）、无目标模式（goal-free model）、综合模式（comprehensive model）、顾客导向模式（client-oriented model）和利益相关者模式（stakeholder model）。经济模式与效果模式的不同在于前者总是关心成本，而后者是忽略成本的。经济模式的两个基本变种是生产率模式（productivity model）和效率模式（efficiency model）。职业化模式并不直截了当地关心评估的内容，因为它把重点放在了执行评估的人身上。最著名的职业化模式是同行评议（peer review），强调专家的作用与角色。按照韦唐的概括，政策评估模式的分类如图 3-8 所示。

- 评估模式
  - 效果模式
    - 目标
      - 目标达成模式
      - 附带效果模式
    - 结果——无目标模式
    - 系统单元——综合模式
    - 利益相关者的关心等
      - 顾客导向模式
      - 利益相关者模式
  - 经济模式
    - 生产率模式
    - 效率模式
      - 成本-利益分析
      - 成本-效能分析
  - 职业化模式——同行评议

图 3-8　政策评估模式的分类

---

① 陈振明：《政策科学——公共政策分析导论》，北京，中国人民大学出版社，2003，第 317~325 页。

（一）目标达成模式

目标达成模式是探讨评估问题的传统方法，它主要由两部分组成：目标达成评价，关注的是结果与政策（项目）目标是否一致；影响评价，关注的是结果是不是由政策（项目）所造成。目标达成模式有三个步骤：第一，明确政策（项目）目标以及政策目标的真正含义，并将它们按重要程度加以排序，再把它们转变成可以测量的客体；第二，测定这些预定目标实际上可在多大程度上实现；第三，弄清楚政策（项目）促进或阻碍目标实现的程度。可见，该模式是以预定的政策（目标）作为评估的标准和“组织者”，评估的主要任务是判断预定的政策（项目）目标是否已经实现以及项目在多大程度上有利于目标的实现。

同其他方法一样，目标达成模式既有优点也有鲜明的缺陷。其优点在于：一是体现了民主；二是提供了客观的评估标准；三是具有简单性。其缺陷在于：第一，忽略了成本；第二，在目标不清的情况下难以运用；第三，不考虑意料之外的结果；第四，忽视了公共政策制定中隐秘议程的作用；第五，忽视实施过程。

（二）附带效果模式

附带效果模式正好解决了目标达成模式的问题，关注非预期的、预料之外的政策效果。附带效果是指政策目标范围之外的影响，与主要效果——政策制定者有意识地想要得到的主要实质性影响——相区别。附带效果模式的特征是预定目标仍然是基本的“组织者”，但要充分考虑到附带效果的存在。

要认识附带效果，应该把政策活动中可能出现的反常效果和零效果相区别。反常效果是指产生的与预期目标完全相反的结果；零效果是指政策在目标范围内没有产生任何影响。反常效果和零效果都产生在目标范围之内，而附带效果产生在目标范围之外。

附带效果模式遭遇的主要挑战是判断价值时应采用什么样的标准，对此，韦唐也没有明确的分析。但他指出，应勾画出主要效果并由委员们和其他评估的使用者去明确它们的价值，计算全部价值的方法是将知道的每一个单独附带效果的价值与主要效果价值相加或者相减。

（三）无目标模式

无目标模式最初是由斯克里文（M. Scriven）设计的，他猛烈抨击评估者沉迷于预定的干预目标，被牵着鼻子走。无目标模式的“组织者”是结果——不管是计划内还是计划外的结果。评估者的主要任务是全面观察政策实施，然后找出所有相关的效果。无目标模式对政策效果持广阔的视角，它帮助评估者全面关注结果，尤其是一些可能被忽视的结果。无目标模式与附带效果模式的主要区别是：附带效果模式仍然是“基于目标”的，同时辅之以对各种附带效果的考察评估；而无目标模式则完全抛开政策的预定目标和其他事前标准，只分析研究结果，单纯判断结果的价值。

可见，无目标模式是针对目标达成模式忽视附带效果，在目标模糊时束手无策的弊端而提出的，因此，其应用领域也十分广泛。但是，它完全忽视评估标准和预定目标，只依赖于决策者和权力使用者的公正判断，这显然容易导致主观因素的介入，影响评估的客观公正性。此外，这种模式在实践中还存在难以操作的困难。斯克里文认为，政策的效果要和顾客以及受影响的人们的需要相比较，但评估者如何查明需要呢？从方法论上来说，找出需要比描述结果更困难。

（四）综合模式

综合模式的评估范围比目标达成模式广泛得多。该模式认为，评估不应只局限在已得到的结果上，而至少应包括执行甚至还包括计划。综合模式与目标达成模式的主要区别在于目标达成模式关心的是预定的和实际的结果是否相符，而综合模式除了关心结果，也包括判断政府干预的计划、决策和执行。从系统论的观点看，公共政策可分为“投入”“转换”和“产出”三个阶段。综合模式在每个阶段中区分了描述和判断两个范畴。描述范畴又细分为意图和观察；判断则分成标准和判断。整个干预过程被分成了 12 个单元（见表 3-1）。

表 3-1　综合模式的框架

阶段	内容
投入阶段	描述： ① 意图（目标是什么样的，希望得到什么样的效果） ② 观察（发生在这一阶段的活动的相关数据；对现状的描述）
	判断： ① 标准（作为比较基础而使用的价值准则） ② 判断（比较意图、观察和标准的过程）

续表

阶段	内容
转换阶段	描述： ① 意图（政策如它所计划的那样得以执行吗） ② 观察（实际的执行和政策交付）
	判断： ① 标准（作为比较基础而使用的价值准则） ② 判断（比较意图、观察和标准的过程）
产出阶段	描述： ① 意图（政策所预期的结果） ② 观察（政策实施结束后所收集的与实际结果相关的数据）
	判断： ① 标准（作为比较基础而使用的价值准则） ② 判断（比较意图、观察和标准的过程）

从表中可以看出，综合模式将整个评估活动划分得细致而全面。每一阶段细致而全面的描述为评估工作提供了丰富的信息。从信息到判断，步步递进，使主观判断建立在客观描述的基础之上。而且在每个阶段，政策价值的实现都被衡量到了，因此，这种评估模式是相当完整的。但是，综合模式也存在一些缺陷，如只关注官方的具体目标，不重视成本等。此外，模式的 12 个单元的设计在实践中很难理解，也很难操作，使综合模式在实际应用中容易遇到阻碍。

（五）顾客导向模式

顾客导向模式将政策干预对象的目标、期望、关心甚至需要作为评估的组织原则和价值准则。顾客导向评估的核心是政策（项目）是否使顾客的关心、需要和期望得到满足。

什么是顾客导向？奥斯本（D. Osborne）和盖布勒（T. Gaebler）在《改革政府》一书中指出："顾客导向的政府"向顾客提供选择，"把各种资源直接交到顾客手中，让他们选择服务的提供者，从而开始让顾客坐到驾驶的座位上"，并且"为顾客建立后果负责机制"。[①] 应用顾客导向模式的关键是定位政策（项目）的顾客，得出顾客对政策（项目）的看法。价

① 〔美〕戴维·奥斯本、特德·盖布勒：《改革政府——企业精神如何改革着公营部门》，东方编译所编译，上海，上海译文出版社，1996，第 152 页。

值的多元化是顾客导向模式的一个显著特征。评估者会要求顾客对服务的某些方面做出判断和发表看法，而不同顾客的需要和对公共服务的满意度肯定是不同的，顾客可以在评估中表达不同的意见甚至是相互冲突的观点。

顾客导向模式的最大优点在于体现了民主和参与。但是，顾客的价值标准以个人利益倾向为准，顾客因个人价值的多元化难以形成对政策总的看法。而且，顾客导向模式要获取顾客的看法和需要，这要花费很多的时间。因此，顾客导向模式不能成为评估的唯一模式，而只能起补充作用。

（六）利益相关者模式

利益相关者是指所有对政策（项目）的目标和执行感兴趣，并对其具有影响的团体和个人。它和顾客导向模式相似，它们的主要区别是顾客导向模式关心的对象是受影响的一组利益群体，而利益相关者模式关心的是所有对象。运用利益相关者模式首先要找出对政策（项目）的出台、执行和结果感兴趣的主要团体和个人。

利益相关者模式有许多优点，归纳起来主要表现在三个方面：(1) 知识性。利益相关者形成的对附带效果和执行障碍的看法为评估者提供了可进一步研究的知识。(2) 应用性。传统的目标达成模式的评估结果往往产生不了什么影响，因为评估者处于孤立地位。而利益相关者模式增加了被关心团体的真正利益被评价的机会，使信息更符合不同利益相关者的真正需要，提高了评估结果应用于实践的可能性。(3) 目标管理性。利益相关者模式为没有目标或目标不清楚的政策评估提供了解决问题的策略。在利益相关者模式中，评估者应描述各个不同利益相关者的价值观而无须做任何评判，而最好让利益相关者去做评判。利益相关者模式的缺陷有忽视评估成本、耗费资源、缺乏对利益相关者的明确界定及信奉实用主义等。

（七）经济模式

同效果模式相反，经济模式最典型的特征是关注成本。经济模式可以分为生产率模式和效率模式。

1. 生产率模式

生产率，简单地讲，就是产出与投入的比率。如何判断生产率的高低？韦唐在以色列政治学家德罗尔提出的政策评估常用价值准则的基础上进行了更深入的研究，形成了以下十条准则：①过去——已经取得的生产率和过去的相比较。②国内比较——同一国家或行政区域相似组织间生产率的比较。③国际比价——不同国家相似组织已得到的生产率的比较。④水准基点——和过去最好的经验相比已取得的生产率如何？⑤目标——已取得的生产率符合政治主体的目标吗？这个结果与市政府的目标一致吗？⑥顾客期望——满足顾客的需要吗？⑦利益相关者期望——满足利益相关者的需要吗？⑧职业准则——生产率满足已被接受的职业准则吗？⑨最小化——生产率是否满足最小化的要求？⑩最优化——生产率是否与最优化模式一致？①

2. 效率模式

效率通常被当作公共行政的价值。效率可以从两个方面来测量：成本-利益分析和成本-效益分析。在成本-利益分析中，政策的投入与产出都用货币单位测量；而在成本-效益分析中，投入根据货币单位计算，而产出则根据真实效果计算。

经济模式是在经济学方法被引入政策科学领域后迅速形成并广泛应用的一种模式。它克服了所有效果模式的共同缺陷——忽视成本，从而把成本即政策投入作为一个重要指标纳入评估范畴。经济模式在现代政策评估中因为数字的精确性而广受推崇。但是，必须注意，经济模式不是万能的，它在对政策的社会影响、象征性的效果和软目标等无法用数字精确表达的政策的评估上是无能为力的。此外，它忽视了民主社会政府干预的其他价值准则，比如公正、公平、民主等。

（八）职业化模式

职业化模式指职业人员根据他自己的价值准则和执行的质量标准来评估其他人员的执行情况，主要是同行评议，如律师评估律师、教授评估教授、外科医生评估外科医生等。同行评议特别着力于对评估对象做一个全面的质量判断，在一些技术性领域，政治官员们把规划和讨论专业性的技术问题留给受过良好教育的专业人员去完成。实施同行评议首先要选定同行。这个同行应该是具有比被评估的同事具有更专业的知识的专家，并且他们是独立的，并没有开展这一领域的工作。其次，评估者与被评估者应相互作用，评估者应认真考虑被评估者的观点，而被评估者要提供相关的资料。职业化模式主要应用于公共生活中的一些目标较复杂、技术难度较大的领域。

四、职业教育政策评估的标准

职业教育政策评估是一种紧紧围绕职业教育政策效果展开的活动。为

① Vedung, E., 1997: "*Public Policy and Program Evaluation*", New Brunswick and London, Transaction Publishers, 259~260.

了弄清楚一项职业教育政策的效果究竟是好是坏，是否实现了预期的目标，就必须先建立起一套评估的标准，即进行价值判断的尺度。没有标准将无法对一项职业教育政策进行正确客观的评估。这些标准是所要分析问题的核心所在，此外，较早说明评估标准也有助于日后避免出现选择个人偏好的方案的倾向。① 但是，在现实的政策活动过程中，由于政策涉及面广，参与人数众多，政策过程中的变量很多，因此难以设定一个统一的、能被绝大多数学者共同认可的标准。邓恩将评估标准分为效果、效率、充足性、公平性、回应性和适宜性。② 中国台湾学者林水波、张世贤认为，评价标准大致包括投入工作量、绩效、效率、充足性、公平性、适当性、执行力和社会发展总指标。③

事实上，建构职业教育政策评估标准体系需要考虑三个原则：标准必须反映职业教育政策的属性特征；标准必须具有全面性，能反映职业教育政策的整个过程；标准在技术上有可行性，既能进行收集和加工，又能在量化的基础上加以分析。基于此，可以认为，职业教育政策评估有如下五个标准：生产力标准、效益标准、效率标准、公正标准和政策回应度。

第一，生产力标准。生产力标准是职业教育政策评估的首要标准。解放生产力、发展生产力是社会主义的一个本质要求，因此，评价一项职业教育政策好与坏、正确与错误、进步与落后，关键是看它能在多大程度上解放生产力，促进生产力的发展。

第二，效益标准。它以职业教育政策目标的实现程度作为衡量职业教育政策效果的尺度。它所关注的是职业教育政策的实际效果是否与预定目标相符合，在什么程度上完成了预定目标，还存在怎样的偏差。在运用这个标准时，必须注意几个因素：一是职业教育政策目标必须明确具体，评估效果才有依据；二是要分析绩效的充分性，衡量职业教育政策是否充分地实现了目标要求；三是要分析职业教育政策的总体效应，即职业教育政策实施之后，给社会带来了什么影响，产生了什么结果；四是要注意职业教育政策的全部效益，以便进行客观而全面的评估。

第三，效率标准。这是指职业教育政策效益与政策投入之间的比率。效率标准有两种基本评估形式：一是单位成本所能产生的最大价值；二是

① 〔澳〕欧文·E. 休斯：《公共管理导论》，彭和平等译，北京，中国人民大学出版社，2001，第2页。

② 〔美〕威廉·N. 邓恩：《公共政策分析导论》，谢明等译，北京，中国人民大学出版社，2002，第2页。

③ 林水波、张世贤：《公共政策》，台北，五南图书出版公司，1982，第521页。

既定目标所需要的最小成本。它所研究的是一项职业教育政策的投入量是多少，有无产出，产出多少，投入与产出的比率是多少，有无其他一些最有效而成本又最小的途径和方法等，其目的是寻求能以最小投入获得最大产出的政策。效率标准和效益标准不同。一个最有效率的职业教育政策并不一定能够取得最大效益，同样，一个效益很大的职业教育政策也未必就是最有效率的政策，两者很难同时具备。

第四，公正标准。这是指在职业教育政策实施后，与该职业教育政策有关的社会资源、利益及成本在社会不同群体间公平分配的程度。公正是衡量职业教育政策的一个重要标准。一项好的职业教育政策应该是努力实现公正、合理分配的政策。一项职业教育政策很有效率，又能取得较大的效益，但却不一定是一项好的职业教育政策，其原因有可能是造成了不公正的利益分配。一项好的职业教育政策必须兼顾公平与效率，只有建立在公平基础上的效率才是真正的效率。

第五，政策回应度。这是指职业教育政策实施后对特定团体需求的满足程度。以职业教育政策回应度为评估标准，目的是从总体上衡量职业教育政策对社会的宏观影响。只要政策对象认为一项职业教育政策满足了自己的利益要求，焕发出较高的热情和积极性来促进社会进步，则该职业教育政策的回应度就高；反之，该职业教育政策的回应度就低。

总之，从应然层面来讲，我们可以充分地把握职业教育政策评估的本质、类型、模式和标准；但从实然层面来讲，职业教育政策评估十分复杂，会受到政策目标的不定性、政策影响的广泛性、政策资源的混合性、评估信息的短缺性、评估资源的短缺性、评估结果的忽略性、主观人为的抵制性等诸多因素的制约。因此，建构一个完全客观的、能够满足各方面需求的职业教育政策评估体系在现实中是不太可能的。即使在制定职业教育政策时提出了具体的目标，但随着职业教育政策执行过程的推进，职业教育政策目标又会不断变化。如果评估仅仅依照固定的目标进行，显然不能全面地反映政策的实际结果和影响。同时，某些职业教育政策执行往往需要很长时间，政策影响难以厘定。如果用特定的预期目标来评定一项职业教育政策的得失往往不能准确把握住政策的核心。虽然对政策效果的测量可以循序渐进地进行，然而对于许多职业教育政策尤其是事关教学和人才培养质量的职业教育政策的评估，最好的办法是推迟最终的评估。

第四章　职业教育政策的发展演变

中国职业教育肇始于古代以“师徒制”“子承父业”为主的技艺之学，但其在正统教育体系中的地位低下，难以得到官方的关注与支持。中国近代教育是在西方列强的坚船利炮声中从创办新式学堂开始的，而新式学堂又是以职业技术学堂为主的，如京师同文馆、上海广方言馆、福州船政学堂、天津武备学堂、广东水陆师学堂等。1904 年颁布施行的《奏定学堂章程》（亦称“癸卯学制”）将职业教育正式列入学制系统，职业教育的制度化、专门化有了制度保障。在“癸卯学制”的推动下，一批应用技术型专门学堂发展起来，范围涉及农业、工业、商业、法律、商船等各个领域。1913 年南京临时政府颁布的“壬子癸丑学制”基本因循清末学制，仍将职业、实业学校列入正式学制，此类学校包括教授高等学术、养成专门人才的专门学校，以及教授农、工、商必需知识技能的实业学堂。1922 年的新学制将乙种实业学校改为初级职业学校，将甲种实业学校改为高级职业学校或高级中学农、工、商、家事等职业科。该学制还进一步指出，小学、初中和高级中学中兼设或增设职业科，加大了职业教育在整个教育体制中的比重。抗日战争时期，国民政府调整政策，加强后方建设所需中级技术人才的培养，采取了一系列措施，基本维持了职业教育在非常时期的发展。中华人民共和国成立后，国家颁布了一系列政策来促进职业教育尤其是中等职业技术教育的发展，加速培养各行各业急需的专门人才，大量兴办了农业中学、职业中学和各种形式的技工学校，使中等教育结构发生了很大的变化。改革开放以来，中国职业教育迎来了难得的发展机遇。审视改革开放以来中国职业教育发展演变的基本特点及存在的问题，对推进中国职业教育政策的科学化、民主化的进程具有十分重要的意义和价值。

第一节　改革开放以来中国职业教育政策的发展阶段

当前，中国的经济发展到了一个关键时期，要完成经济的转型升级和现代化建设等诸多任务，而促进教育的发展，不仅有利于缓解就业压力、提高劳动力素质、增强职业转换和流动，还有利于促进经济发展方式的变革，实现现代化和工业化。职业教育是现代教育体系的重要组成部分，有利于促进中国现代化建设，提升中国的综合实力。对职业教育政策进行全面分析，有利于促进职业教育政策制定的科学化，进而促进职业教育的顺利发展。

为了厘清职业教育政策的发展变化，依据职业教育发展的阶段性特征及相应关键政策的颁布时间，以下将职业教育政策的发展划分为以下三个阶段。

一、职业教育政策关注中等教育结构调整阶段（1978~1995 年）

1978 年，邓小平同志在全国教育工作会议上指出，要使各级各类教育协调发展，要更多兴办中等专业学校、技工学校。之后，教育部依据全国教育工作会议的指示，开始了中等教育结构调整的试点工作。1978~1995 年，国家采取了一系列措施改革中等教育结构，主要包括以下三个方面。

1. 在普通高中增设职业技术课及职业技术班

1980 年 10 月，国务院批转教育部、国家劳动总局《关于中等教育结构改革的报告》①，指出职业技术教育的基础非常薄弱，面临大量技校停办、中等教育结构单一、与经济发展相脱节等问题，中等教育改革势在必行。1980 年《报告》还提出，要对普通高中的课程进行改革，普通高中要逐步增设职业教育课，由学生选择课程。1983 年 5 月，《中共中央、国务院关于加强和改革农村学校教育若干问题的通知》② 指出：提高劳动者素质，造就农村需要的人才，是农村建设的一个重要因素，职业教育在农村发展中起到了巨大作用；发展职业教育是振兴农村经济的重要措施；要逐步增加农业高中，力争农村各类职业学校在校学生数达到或略超过普通高

① 为使行文简洁，本章将之简称为 1980 年《报告》。
② 为使行文简洁，本章将之简称为 1983 年《通知》。

中；农村各类职业学校不仅要传授基本知识和技能，还要把教学和生产相结合，文化课与职业技术课大致按三比一安排。1991 年《国务院关于大力发展职业技术教育的决定》① 提出，在普通教育中要大力开展职业指导，因地制宜地在适当阶段引进职业技术教育。

1983 年，教育部、劳动人事部、财政部、国家计委联合发出了《关于改革城市中等教育结构、发展职业技术教育的意见》②，指出要将部分普通高中改办为职业中学、职业学校，办学部门可以单独或合办。1983 年《通知》也提出在农村普通高中开设职业技术班。1985 年哈尔滨市某区政府根据实际情况，在一所普通中学试办了四个职业班，开设了电工、商业会计、装潢美术三个专业，这些专业的毕业生就业率几乎达到了 100%，而且就业去向都非常好，积极良好的毕业出路受到了社会的极大关注和好评，该中学的招生数也持续增长。③

2. 将普通高中改办为职业技术学校并新办各类职业学校

1983 年《意见》针对职业教育的发展指出，目前主要工作是改革中等教育，中等教育结构的改革主要是高中阶段教育的改革，在城乡广泛举办职业学校，适当将一部分普通高中改办为职业学校。1991 年哈尔滨市一中学改办为职业中学，学校逐步形成了较强的规模效益，增设了办公自动化、旅游、计算机、服装等六个专业，班级人数也猛增至 29 个，在校生增加到 845 人。在此期间，学校得到了各方面的扶持和关怀，拥有一技之长的毕业生在市场上崭露头角，得到了社会的认可。职业教育显示出它旺盛的生命力。④

与此同时，国家也提出要新办各类职业学校。1980 年《报告》指出，办学形式可以多样化，企业、行业、个人等都可举办职业学校。1983 年《通知》指出，各地要因地制宜地增办一些职业高中和各类职业学校，这些学校的毕业生主要回农村参加工作，为当地农村的经济建设服务。1985 年《中共中央关于教育体制改革的决定》⑤ 提出，在职业教育办学问题上，提倡各单位积极参与，鼓励各单位自办或联合办学，还鼓励个人和其他社

---

① 为使行文简洁，本章将之简称为 1991 年《决定》。

② 为使行文简洁，本章将之简称为 1983 年《意见》。

③ 周正：《谁念职校——个体选择中等职业教育问题研究》，北京，教育科学出版社，2009，第 54 页。

④ 安莹莹：《改革开放以来我国职业教育政策的变迁逻辑及走向》，西安，陕西师范大学硕士学位论文，2016。

⑤ 为使行文简洁，本章将之简称为 1985 年《决定》。

会力量办学。

3. 平衡普通高中与中等职业学校比例并实施中学阶段分流制度

1983 年《意见》指出，要改革和兴办中等职业学校和技工学校，各地要因地制宜地调整普通高中的比重，到 1990 年时实现职业学校学生的数量和普通高中学生的数量大体相当。1985 年《决定》也提出，要在 1990 年左右实现职业学校招生数和普通高中招生数相当。1991 年《决定》指出，要使职业学校学生数量不断增加，力争超过普通高中的招生人数；在扩大招生的同时，还要注重职业学校的质量，重视示范学校的兴办和发展。

1985 年《决定》强调目前中等职业教育的发展是主要任务，学生一般应从中学阶段开始分流，初中毕业生可以选择升入普通高中或中等职业学校，高中毕业生可以选择升入大学或高等职业院校，使职业教育和普通教育相互沟通。1985 年《决定》是推动职业教育发展的一份重要文件，它不仅对以往的相关规定进行了强调和进一步说明，还对一些问题做出了新的规定。1991 年《决定》对分流问题做出了更进一步的规定：在城市，学生可选择在高三分流，提前接受预备性职业教育；在农村，学生可灵活选择多种学习形式，如三年初中学习加一年职业学校学习等。

自 1980 年起，国家在一些中学里开设了职业班，加上各地政府的努力，职业学校出现了“数量多、生源好、就业好”的局面。到 1985 年，中等职业学校在校生数占高中阶段在校生总数的 35.9%左右，其中，职业高中的学生数占高中阶段在校生总数的比例由 1980 年的 2.7%迅速增长到 1985 年的 15.9%。1985 年《决定》颁布后，中等教育调整效果明显，职业学校增多，中等职业教育发展势头良好。① 1978 年中等职业技术学校在校生数仅占高中阶段在校生总数的 7.6%，1990 年中等职业技术学校在校生数占高中阶段在校生总数的 47.6%，改变了中等教育结构单一化的局面，实现了普通教育与职业技术教育并行，教育结构更加合理。职业教育在 1993 年实现了 1985 年《决定》提出的发展目标，即中等职业学校学生数与普通高中学生数的比例基本达到 1∶1。②

1978~1995 年，在国家政策的推动下，职业教育展现出了新的生机和活力。概括来讲，这一时期的政策有以下三个特点。

---

① 安莹莹：《改革开放以来我国职业教育政策的变迁逻辑及走向》，西安，陕西师范大学硕士学位论文，2016。

② 安莹莹：《改革开放以来我国职业教育政策的变迁逻辑及走向》，西安，陕西师范大学硕士学位论文，2016。

第一，政策目标主要是调整中等教育结构。由于中等教育结构单一，所以国家通过普通高中开设职业班、兴办职业高中等途径来调整中等教育结构，成效显著。1985 年与 1980 年相比，高中阶段的中等专业学校学生人数增长了 26.4%，农业职业高中人数增长了 4.8 倍，技工学校人数增长了 9.1%，接受中等职业教育的总人数为 415.6 万人，比 1980 年提高了 17.2 个百分点。1996 年，中等职业学校招生数占高中阶段招生数的 57.68%，达到了这一时期的较高水平。①

第二，政策覆盖面广，不仅对职业教育的总体发展方向做了规定，也对职业教育的经费、质量、管理等做出了详细说明。1983 年《意见》指出，职业技术教育的发展改革，需要多个部门齐心协力发挥作用，各部门要明确职责、切实履行职责，教育部门要协同其他部门制定相应的措施规划等。1985 年《决定》指出，要改变以往直接向学校划拨经费的办法，根据学生数量核算经费，并且给予专项补助。

第三，政策之间体现出较强的承续性，后面的政策通常会对前面的政策进行补充和发展。例如，1980 年《报告》对增设职业技术课做了简要的说明，1983 年《通知》又对增设职业技术课做了具体的规定和说明，以便各地根据实际情况采取相应的措施。

二、职业教育政策多样化探索阶段（1996~2010 年）

随着社会经济的发展，中国对外交流合作的增多，社会对高技能人才的需求不断增长，但中国职业教育由于学生质量及办学条件的局限，尚不能满足这一需求，所以国家重视高等职业教育的发展。同时，国家也意识到要推动农村的发展必须办好农村职业教育，提高农民素质，推进科学技术在农村的应用。中国职业教育政策由此进入了多样化的探索阶段。

1. 推动职业教育进入依法治教的新阶段

1996 年 9 月 1 日《职业教育法》正式实施，它以法律的形式对职业教育的地位和作用予以肯定，并对职业教育内部的各个方面予以规范和保障，如政府、学校、企业等在职业教育中的权利和义务，职业教育的人才培养模式，学生的培养与考核等，为职业教育的发展奠定了法律基础。《职业教育法》的颁布与实施是中国职业教育发展史上的重要里程碑，有利于职业教育的改革和发展。

① 和震：《我国职业教育政策三十年回顾》，《教育发展研究》2009 年第 3 期。

2. 促进中等职业教育持续发展

由于20世纪90年代后期国家政策调整、高校扩招、职业教育自身出现问题，中等职业教育的发展举步维艰。2002年，在国家一系列政策的支持下，中等职业教育出现了规模性复苏，在曲折中向前发展。

这一时期，国家开始重视高等职业教育的发展。1996年6月第三次职教会召开，李岚清同志在讲话中指出，目前高级技术工人严重短缺，甚至在发达城市高级技术工人数量也严重不足，高等职业教育难以满足人才需求，要想扭转这一局面，必须对高等职业院校进行改革，根据市场需求来开设相关专业，将一些中等职业院校转变为高等职业院校。① 1996年颁布的《职业教育法》规定职业教育包括初等职业教育、中等职业教育和高等职业教育三个层次，并提出各层次职业教育由各级职业学校举办。该法明确了职业教育的层次，并对高等职业教育的地位做了规定。1999年6月，《中共中央国务院关于深化教育改革，全面推进素质教育的决定》提出，要大力发展高等教育，到2010年，同龄人口的高等教育入学率要提高到15%左右。该文件还对高等职业技术教育的办学模式做出了规定。在这之后，高等教育开始扩招，1999年高等教育扩招46%，本科在校生人数由原来的260多万人增加到410多万人，专科在校生人数也由原来的70多万人增加到80多万人。②

2002年，《国务院关于大力推进职业教育改革与发展的决定》对职业教育取得的成绩予以肯定，但同时也指出职业教育发展存在一些问题，如有些地区的职业教育得不到应有的重视，职业教育经费不足，培养的学生难以适应社会需要等。这一文件还指出，要更加重视高等职业教育的发展，扩大高等院校的数量规模。这一文件也对职业资格证书、就业、经费投入与管理等问题做出了详细的规定，具有很强的针对性和可操作性。2002年《教育部办公厅关于加强高等职业（高专）院校师资队伍建设的意见》对高等职业院校的师资问题做了具体说明，明确了如何提高教师的教学水平、如何建设兼职教师队伍、如何建设“双师型”教师队伍等问题。

3. 给予农村职业教育较多的政策倾斜

《职业教育法》指出，要重视农村地区职业教育的发展，帮助少数民

---

① 李岚清：《努力开创职业教育工作的新局面——在全国职业教育工作会议上的讲话》，《中国职业技术教育》，1996年第7期。

② 安莹莹：《改革开放以来我国职业教育政策的变迁逻辑及走向》，西安，陕西师范大学硕士学位论文，2016。

族地区和偏远地区发展职业教育，要求当地政府积极采取措施。2002 年《国务院关于大力推进职业教育改革与发展的决定》提出，要更加关注和重视农村职业教育的发展，农村职业教育的发展要与当地经济发展相适应，要继续推进农科教结合和基础教育、职业教育、成人教育的“三教统筹”，农村职业教育还要与科技部门、企业加强合作，推动农村的产业化。2010 年《教育规划纲要》提出，农村职业教育要注重涉农专业的开设，加强对农民的培训，使农民具有基本文化知识，掌握农业技术。这一文件不仅对促进农村职业教育发展的具体措施做出了详细说明，还对农村职业教育的定位和目标做出了规定。

4. 给予民办职业教育鼓励和支持

《民办教育促进法》对民办学校设立、管理、奖励等做了详细规定，确立了民办教育的法律地位和作用。2005 年《国务院关于大力发展职业教育的决定》提出，要落实《民办教育促进法》，采取多种措施支持民办职业院校的发展。在民办职业院校建设方面，要制定用地、资金筹集等方面的措施；在对教师和学生的保障方面，也要平等对待；在鼓励和支持民办职业教育发展的同时，也要依法依规加强对民办职业院校的管理；鼓励民办职业院校和国外学校开展合作，采取措施吸引国外学生就读，帮助学生开拓国外就业市场；民办职业院校可以通过资金入股获得发展资金，学习国外先进办学经验，提高自身的办学质量。

5. 促进职业教育公平

这一时期职业教育政策的多样性还体现在国家对残疾人、妇女、少数民族及东西部地区的职业教育均衡发展的关注和推动上。职业教育政策从重视量发展到重视质，开始关注教育公平。这一时期政策的颁布，大大推动了职业教育的健康有序发展。

《职业教育法》规定，国家要采取相应措施，帮助妇女、失业人员、残疾人接受职业教育。在加快少数民族和民族地区职业教育方面，2000 年 7 月，《国家民委、教育部关于加快少数民族和民族地区职业教育改革和发展的意见》指出，要积极采取措施克服不足，要坚持以“因地制宜、按需施教、灵活多样、注重实效”的原则来发展职业教育。

三、职业教育政策强调建立现代职业教育体系阶段（2011 年至今）

近年来中国经济的高速发展、产业的转换升级及产业结构的调整，对人才的素质和技能都提出了新的要求，但职业教育的发展还不能满足这些要求，因此，建立和完善现代职业教育体系非常迫切。《教育规划纲要》提出，职业教育要贯穿人的一生，在注重培养学生知识和技能的同时也要重视培养学生的职业道德。同时，该文件还指明了现代职业教育体系必须具备的三个基本属性，即要适应经济发展的需求、要体现终身教育理念、要体现职业教育协调发展。2014 年 6 月，《国务院关于加快发展现代职业教育的决定》提出，要加快职业教育的发展。该文件提出，“到 2020 年，形成适应发展需求、产教深度融合、中职高职衔接、职业教育与普通教育相互沟通，体现终身教育理念，具有中国特色、世界水平的现代职业教育体系”。2014 年 6 月，教育部等六部门发布了《现代职业教育体系建设规划（2014—2020 年）》，对职业教育发展的目标、要求做出了规定。综合上述政策文件的相关表述，现代职业教育体系主要应具备以下五个要素。

1. 适应发展需求

适应发展需求是指职业院校要面向市场，不断调整发展方向。国家要增强职业院校的自主性，使职业院校能够自主处理学校事务，灵活地根据市场变化调整专业设置等，从而更好地适应社会需求。职业院校在专业设置上，要定期做好市场调查，进行市场人才供需分析，并依据科学的数据分析结果调整专业；在课程开设上，要保障相应的实践操作课程时数，并开设相应的人文课程。国家应鼓励办学主体的多元化，采取税收减免等措施吸引企业、行业等共同办学，鼓励社会、个人捐资助学，支持职业教育的发展。

2. 产教深度融合

职业院校要使教学内容与实际生产保持一致，使学生的技能学习能满足生产需要。在校企合作上，校企双方可采取多样化的合作方式，如订单培养、企业在校中设厂等，使学生可以在企业观摩学习生产过程，也可进行实习实践。在管理上，可设置专门机构，由学校和企业领导共同商讨、管理。在技术创新机制上，学校、企业和科研部门可合作研发新产品和新技术，也可共同完成国家的一些科研项目。这样不仅有利于提高技术水平，也有利于增加收益。在民族工艺传承上，职业院校应注重民族文化和工艺的传承，开设相关专业。这不仅有利于传承民族文化和工艺，也有利于职业院校办出自己的特色，从而更具有市场竞争力。

3. 中高职衔接

第一，中等职业院校和高等职业院校应加强沟通和合作，在培养目标、课程内容等方面要注意做好衔接和沟通，避免课程内容的重复或缺乏衔接。

第二，完善学历、学位证书和资格证书制度，加强不同层次职业教育的衔接。第三，建立从中职、高职、本科到研究生的培养机制，改变以往职业教育“断头”的局面。这样既能满足学生继续学习深造的教育需求，也能使学生在专业技能的学习上更加深入，有利于培养社会所需要的高素质、高技能人才。

4. 普职相互沟通

普通教育和职业教育要相互沟通，在课程开设、资源共享、学分转换等方面实现沟通、合作。首先，普通学校可开设一些职业教育的课程，增强学生的实践能力，职业院校也要重视通识课程的教学，提高学生的基本素质。其次，普通学校和职业院校应加强资源共享。无论是职业院校的学生还是普通学校的学生，都可以选择通过考试进入自己心仪的学校学习，普通学校和职业院校在课程和学分上应当互相认可。普通学校和职业院校可以进行教师互聘，共享场地和教学设施。

5. 体现终身教育理念

终身教育包含职业辅导教育、职业继续教育和劳动者终身学习。职业辅导教育指普通学校要开设相应的职业技术课程，比如劳动课、指导课等，为学生提供相应的职业教育，以使学生获得更好的发展。职业继续教育指各类职业院校和培训机构要向各类人群提供不同种类的职业技术培训，以便他们更好地就业和进行职业技术转换。劳动者终身学习指要让职业技术教育贯穿劳动者的一生，使劳动者在任何阶段都可以选择自己需要的职业技术内容进行学习，促进劳动者的终身学习和发展。

现代职业教育体系建设规划体现出开放性、完备性、发展性、灵活性等特征。开放性体现在职业教育要根据社会经济的发展，对人才培养的目标、结构等进行相应的调整。同时，职业教育应面向各类人群，贯穿人的一生。完备性体现在职业教育不仅要和普通教育相沟通、融合，而且职业教育内部也要建立涵盖中职、高职、本科、研究生教育的体系，学生可以获得更深入的学习机会和更多的发展。发展性体现在职业预备教育、职业教育、职业继续教育贯穿人的职业发展全过程。这样有利于发展学习者的职业能力、促进学习者职业技能的提升和职业的转换，还有利于满足学习者不同阶段的需求、促进个人发展。灵活性体现在随着普通教育和职业教育的沟通，职业教育和普通教育开始尝试建立学分互认等制度。凡此种种都表明，职业教育要更加注重内涵发展，致力于办人民满意的教育。

第二节　职业教育政策的演进逻辑

对改革开放以来职业教育政策的深入分析，可以使人们对不同阶段职业教育的特征有深入的认识，对职业教育政策的演进逻辑有整体的把握。根据有关学者的归纳，教育政策分析模式可以概括为四种，即发生学取向的分析模式、过程取向的分析模式、目的取向的分析模式和政策话语的分析模式。对一个具体教育政策的分析，往往需要综合运用多个分析模式。①发生学取向的分析模式主要围绕政策本身的形成和发生进行分析，解释和分析教育政策的产生机制。过程取向的分析模式主要强调对教育政策的实施进行过程性分析，重视的是教育政策的实践过程。目的取向的分析模式指的是从政策目标的角度对教育政策进行分析，研究对象主要是教育政策与目标之间的关系。政策话语的分析模式主要通过话语分析的方法来探究教育政策，具体来说，是通过分析文本的用词、逻辑等来探求教育政策的价值取向、利益主体等。

一、以管理体制调整为手段的职业教育政策形成的动力机制

任何教育政策都是各种不同利益相关者之间相互作用的产物，这种相互作用是推动教育政策形成的一种重要动力。职业教育政策形成的动力机制主要集中在管理权的变化上。通过探究各种利益相关者在政策形成和制定过程中发挥的影响力及相互关系，可以为认识职业教育政策、深入研究职业教育演变规律提供一种思路。

1. 管理权高度集中（1978~1990 年）

改革开放初期，中国经济发展落后，教育事业也有待振兴，职业教育的发展主要是在中央大政方针的指导下，由各省市采取具体措施来推动的。1980 年《报告》指出各级人民政府、各部门都要高度重视中等教育结构改革问题，建议各省建立相应机构对职业教育进行相应改革，地方部门也应做出规划，积极实施。

1978~1990 年，职业教育主要是中央统一管理，由国家对职业教育的发展做出具体部署、规定，各级政府执行。1985 年《决定》提出，国家要

① 阮成武：《我国义务教育均衡发展政策的演进逻辑与未来走向》，《教育研究》2013 年第 7 期。

简政放权，释放了国家向地方放权、地方担起发展职业教育责任的信号。在提出简政放权的同时，该文件也提出，要在党和国家的领导下，成立国家教育委员会，并加强教育立法，以便规范各责任主体在教育发展中的职责与行为。

2. 管理权逐渐向地方下移（1991~2001 年）

随着教育体制改革的不断推进，职业教育体制也需进行相应的改革，以促进职业教育快速发展，并更好地适应社会经济发展需要。

1991 年《决定》指出各级部门在职业教育发展上管理的内容不同，并对各部门的职责做了相应安排。该文件还指出，市和县要切实负起职业教育发展的责任，并在中央部门的指导下因地制宜地制定职业教育的相关发展措施。1992 年以后，随着经济体制改革的进行，教育改革也推行开来。1993 年《中国教育改革和发展纲要》印发，在强调地方要负起职业教育发展责任的同时，提出实行校长负责制。校长要在贯彻国家大政方针的基础上，采取相应措施促进职业教育的发展。在高等教育的发展上，进一步确立了中央与省、自治区、直辖市分级管理、分级负责的教育管理体制。政府也要对管理方式进行相应的调整，采取政府指导和监督、学校自主办学的管理方式。

3. 国家宏观领导与简政放权并行（2002 年至今）

这一时期，随着社会的快速发展和全球化的不断深入，国家出于促进社会发展、提高国际竞争力的需要，出台了一系列政策来规范职业教育，大力发展职业教育。在职业教育管理权上，国家进一步简政放权，但管理重心逐级上升。

职业教育的管理主要由地方负责，中央进行指导和监督，这样不仅有利于地方政府履行其发展教育事业的职责，也有利于减轻国家的负担，如地方政府可以通过多种渠道筹措职业教育经费。这样还有利于各地政府因地制宜地发展当地职业教育，使职业教育更具灵活性、多样性。2002 年发布的《国务院关于大力推进职业教育改革与发展的决定》提出，要改革职业教育管理体制，建立并逐步完善在国务院领导下，分级管理、地方为主、政府统筹、社会参与的职业教育管理体制。各级政府要加强领导和管理，各级部门也要履行职责，积极促进职业教育的发展，还要组织社会力量来举办职业教育。另外，该文件对职业教育管理权等方面的问题也做出了说明。2014 年《国务院关于加快发展现代职业教育的决定》指出，国家进行宏观管理，地方采取相应措施进行实践。

1991 年之后，国家提出要以地方为主要责任主体，并对政府的责任做了具体规定。2010 年颁布的《教育规划纲要》再次强调落实地方职责，要求地方在担负起职责的同时，也要注意扩大学校的自主权，减少行政干预。国家近年来提出中央向地方放权，但在政策中尤其是对管理权的规定上，始终强调中央领导，在此基础上，国家制定宏观计划，地方负责具体实施。

二、以政策价值为导向的职业教育政策目标的价值取向

教育政策价值是教育政策的客体属性与主体的需要在实践的基础上所形成的一种效用关系。① 价值取向是在活动或实践的过程中，价值主体的价值观念的偏向或变化。② 教育政策的制定和实施实际上反映的是制定主体的倾向，其中教育政策的价值取向作为主体构成的重要组成部分和主体的重要特征，决定或支配着主体的价值选择。③ 分析职业教育政策目标的价值取向，可以使人们了解政策所代表的利益群体，对政策制定的目的和意义有更深入的认识，对政策的价值取向变化有整体的把握，并据此提出意见或建议。

1. “效率优先、兼顾公平”的价值取向（1978 年至 20 世纪末）

改革开放初期，中国面临的迫切任务是恢复和发展经济，恢复和发展经济需要具有基本技能的劳动力，这就需要大力发展中等职业教育。职业教育政策的价值取向也主要以引导社会实现高经济增长为主。“效率优先、兼顾公平”的提法，顺应了时代发展的趋势。在这一价值理念的指导下，国家颁布的教育政策的指导思想都是为社会发展和经济建设服务，强调速度和效率。

1983 年《意见》提出，为适应社会发展、培养所需劳动力，中等教育要进行改革。该文件还指出，中等教育结构的改革归根结底是教育和经济相适应的问题。1985 年《决定》指出，教育必须为社会主义建设服务，社会主义建设必须依靠教育，教育要为下一时期社会发展储备人才。进入 21 世纪，经济发展更加迅速，经济体制改造升级，国家提出要走新型工业化道路，建设社会主义新农村，职业教育要为调整经济结构和转变增长方式、转移和培养农村劳动力、培养高素质高技能人才服务。

---

① 孙绵涛、邓纯考：《错位与复归——当代中国教育政策价值分析》，《教育理论与实践》2002 年第 10 期。

② 阮青：《价值取向：概念、形成与社会功能》，《中共天津市委党校学报》2010 年第 5 期。

③ 祁型雨：《教育政策价值取向的几个基本理论问题探讨》，《沈阳师范大学学报（社会科学版）》2006 年第 3 期。

在政策中，可以看到“职业教育是为……服务”“职业教育是建设……的基本要求”“职业教育是推动……的重要力量”等诸多类似表述，可见国家多围绕社会主义现代化建设、提高劳动者素质、促进就业等来规划职业教育的发展。

2. “关注公平、以人为本”的价值取向（21世纪初至今）

随着社会的发展进步，国家日益注重满足人民群众的需要，使教育惠及各级各类群体，办人民满意的教育，因此，国家不断根据形势调整政策，使职业教育惠及各类人群，满足个体的教育需要，促进职业教育的个性化、人本化。

2004年，胡锦涛同志在中央人口资源环境工作座谈会上提出了以人为本的含义和要求。周济同志在教育部2005年度工作会议上，提出要落实科学发展观，注重人才培养，落实以人为本的教育理念，办人民满意的教育。

随着以人为本、促进公平思想不断深入人心，国家开始关注教育的公平问题和学生的个体发展需求。2010年颁布的《教育规划纲要》提出，教育的出发点是育人，要尊重学生身心发展的规律，注重学生的全面发展，满足不同学生的发展需求；同时，也应注重教育公平，确保每个学生都有权利接受职业教育，发展自身的职业能力，对贫困学生要采取相应的资助措施，对少数民族地区要加大投资力度，缩小其与发达地区的差距。2014年6月，国务院在北京召开第七次职教会，在有关为什么要发展职业教育的问题上，李克强总理指出，职业教育不仅为社会培养了高技能人才，还发展了学生的职业能力，促进了学生的可持续发展。随着对职业教育认识的不断深入，国家对职业教育的关注度持续增加。2014年国家提出要建立现代职业教育体系。2014年印发的《现代职业教育体系建设规划（2014—2020年）》提出，要加强职业教育发展的灵活性和开放性，方便不同群体在不同阶段选择职业教育的类型。

可以看出，国家由原来主要注重职业教育的社会服务功能发展到日益注重个人的持续发展，注重使不同群体都有机会接受职业教育，这反映出国家不仅关注职业教育的外在目的，更注重职业教育对学生发展的促进作用。

三、以对人与财的规范为抓手的职业教育政策实施的过程保障

政策实施的过程保障指政策的制定者制定一定的细则和要求来使政策得到贯彻实施，强调政策的执行过程，具体包括对整个教育政策执行或实施过程中的各种变量及其相互关系的认识和控制。为使职业教育政策得到

更好的贯彻和落实，国家制定了相应的保障措施，主要包括“对人的规范”和“对财的规范”两个方面。

1. 以提高教师水平为目标的培养机制

职业教育的快速发展离不开高质量的师资。教师的质量水平直接影响学生的发展，进而影响职业教育的发展水平，因此，国家一直都很重视师资问题。改革开放初期，职业教育薄弱，师资不足。为解决师资不足问题，国家提出要有目的地为职业教育培养师资。职业教育在国家政策的支持下发展迅速，师资不足的状况也有所缓解。总的来说，国家主要采取了以下措施。

第一，积极开展教师培训，提高教师实践能力和教学水平。2002 年《国务院关于大力推进职业教育改革与发展的决定》提出，要加强对教师的培训，不仅要进行理论科研能力的培养，培养一批骨干教师，还要提高教师实践和技术方面的水平，让教师到企业参加实践活动；逐步建立教师培训基地，完善教师培训体系。2005 年《国务院关于大力发展职业教育的决定》对教师的培训有了明确要求，提出要建立完善的制度，规范教师到企业的实践活动（每两年至少两个月）。2014 年《国务院关于加快发展现代职业教育的决定》提出，全体教师五年必须去企业实践至少一次，落实教师企业实践制度。

第二，鼓励企业优秀技术人员担任专兼职教师。1983 年《意见》指出，为了解决职业院校教师不足的问题，可以聘请兼职教师。2002 年《国务院关于大力推进职业教育改革与发展的决定》规定，要采取相应措施吸引企业单位优秀人才到职业院校任教。2014 年《国务院关于加快发展现代职业教育的决定》指出，学校可自主聘用教师，对于优秀人才，要提高薪资待遇来吸引他们任教。

第三，深化职业学校人事制度改革。2002 年《国务院关于大力推进职业教育改革与发展的决定》提出，在用人制度上，要坚持公平、公开、公正；实行竞争上岗制度；在内部职务上，也要实行聘任制度，保证人事制度的合理与完善。

第四，加强“双师型”教师队伍建设。2005 年《国务院关于大力发展职业教育的决定》指出，为促进职业院校的发展，要加强“双师型”教师队伍建设。2014 年《国务院关于加快发展现代职业教育的决定》提出，要建立“双师型”教师培养培训基地。

此外，国家还对职业院校教职工编制及加强职业教育科研教研队伍建设等问题做出了规定。

可以看出，国家采取了一系列措施提高教师的质量，建设高质量的教师队伍。国家既提出了宏观的指导要求又提出了具体的标准，如在教师到企业培训的具体时间、兼职教师聘任制度等，有利于政策得到更好的落实，有利于建设高水平的教师队伍。

2. 以资格证书制度为着力点的人才培养机制

学生是教育的主体，学生的质量是衡量职业教育发展良好与否的重要标志，所以国家政策中也对保障职业院校学生应有的权利、提高学生质量做出了相应的规定。

第一，健全职业资格证书制度。2002 年《国务院关于大力推进职业教育改革与发展的决定》指出，职业院校学生在考取与专业一致的资格证书时，可以减少考试的科目。2005 年《国务院关于大力发展职业教育的决定》指出，对一些专业技术或特殊岗位，要建立严格的职业资格标准，严格规范准入制度。

第二，完善资助政策体系。2005 年《国务院关于大力发展职业教育的决定》提出，要完善资助体系，建立贫困学生助学制度。中央和地方财政要划拨专门费用，确保学生接受职业教育的权利；职业院校也应保障学生接受职业教育的权利，采取减免学费、勤工俭学等办法对他们予以资助；金融机构也应供助学贷款。2014 年《国务院关于加快发展现代职业教育的决定》提出，要建立健全规范的国家资助制度，尤其要对农民、残疾人等特殊人群接受职业教育进行补贴，在补贴方式上可以采取直接补贴给个人的方式。

第三，健全实习和就业的保障政策。1985 年《决定》规定，职业院校的毕业生有被优先录取的权利。2002 年《国务院关于大力推进职业教育改革与发展的决定》提出，在招聘时要优先聘请具有相应资格证书的人员，并且有关部门要严格把关。2005 年《国务院关于大力发展职业教育的决定》规定，要完善学生在企业实习的相关办法。2014 年《国务院关于加快发展现代职业教育的决定》规定，要严格执行就业准入制度；对于特殊人群的就业要给予更多的关注，要建立一个公平、良好的就业环境，消除就业歧视和偏见。

第四，保障不同人群接受职业教育的权利。2005 年《国务院关于大力发展职业教育的决定》指出，职业院校和培训机构要开展多种多样的培训，以满足不同人群不同阶段的需要。2014 年《国务院关于加快发展现代职业教育的决定》规定，为保障残疾人、农民等接受职业教育的权利，职业教育需要更加灵活和多样。

以上政策措施都反映出国家越来越重视学生的切身利益，相关制度也越来越完善。

3. 以多元经费筹措为主的经费保障机制

经济的发展为教育提供了物质保障，教育的发展会为经济的发展提供合格劳动力，而教育与经济的协调发展，又会大大地推动社会发展。教育的发展需要充足的经费做保障。两者之间的关系正如一位美国教育行政专家所言："学校经费如同教育活动的脊椎。"① 一旦没有了经费支持，职业教育将寸步难行。中国一直重视职业教育经费的投入，主张发动多方力量筹措资金。

第一，经费来源。1983 年《意见》指出，中央财政对教育部门办的职业学校追加一次性补助费 5000 万元，各级政府也应进行一定的财政支持。由此可知，改革开放初期，职业教育主要依靠中央的投入。1991 年《决定》规定，各政府、各部门要从财力和政策上支持职业技术教育的发展，努力增加对职业技术教育的投入。同时，为扩大职业教育经费来源，国家也应鼓励企事业单位、个人等捐资助学，大力支持职业教育的发展。2002 年《国务院关于大力推进职业教育改革与发展的决定》提出，各级人民政府要提高职业教育的经费；各类企业要按规定实施职业教育和职工培训，承担相应的费用，并对企业要支付的费用做了详细规定；还鼓励社会各界及公民个人对职业教育提供资助和捐赠。2014 年《国务院关于加快发展现代职业教育的决定》指出，应引导支持社会力量兴办职业教育，鼓励各办学主体以多种方式来举办民办职业院校，并对民办职业院校应享有的权利做出了详细说明。

第二，经费管理。2002 年《国务院关于大力推进职业教育改革与发展的决定》指出，要加强职业教育经费管理；相关部门要对职业院校和培训机构的收费标准进行规范，收费标准要向社会公布；职业院校的收入和支出要分别进行管理，保障经费得到合理使用。2014 年《国务院关于加快发展现代职业教育的决定》指出，要确保经费的合理使用，建立公开制度、监督制度等，使经费真正落实到职业教育的发展上去。职业教育资金来源由中央财政投入发展到国家、政府、企业和其他社会力量共同出资。国家

① 范先佐：《教育经济学》，北京，人民教育出版社，1999，第 197 页。

对经费的管理提出了具体的措施，以保证有足够的经费并使经费得到合理的使用，近年来还提出要建立严格的监督制度及评估制度，保证职业教育的健康有序发展。

四、以经济话语为主导的职业教育政策的话语规则

话语分析是根据文本的内容、情境，仔细考察话语的内容、组织和功能。① 政策话语视角的教育政策分析，是通过对政策的词汇、修辞等的深入分析，来探究政策所蕴含的价值取向、文化规则等。②

1. 以经济政策话语为主导的职业教育政策话语规则（1978~2004 年）

经济政策话语是从经济发展的角度来探讨教育与经济发展之间的关系，并论述教育如何适应并推动经济发展的话语。教育发展受制于经济发展水平，国家出台职业教育政策主要着眼于为经济发展培养劳动力。从 1978~2004 年颁布的职业教育政策可以看出这一特点。教育政策使用的经济政策话语主要体现在教育和经济的关系、教育投资和教育财政、教育制度变革和创新等方面。

第一，教育和经济的关系。教育和经济的关系问题主要涉及教育对经济的促进及教育对经济的适应，具体论述有：职业教育的发展和经济的发展状况成正相关；职业教育的发展对社会稳定发展和提高国际地位具有重要意义；职业教育要进行相应变革来适应经济的变化和发展；改革教育资源配置方式，充分发挥市场机制在教育改革发展中的作用；等等。

第二，教育投资和教育财政。这主要涉及教育投资与管理，具体论述有：要采取多种措施来增加职业教育经费，鼓励各种力量捐资助学；各级政府要不断提高职业教育的经费支出，在财政方面应不断增加职业教育和培训的经费；中央也应专门划拨一定经费，重点扶持农村和中西部地区；在教育经费的管理方面，要保证经费真正落实，对教育经费的管理要严格，避免出现教育经费挪为他用的现象。

第三，教育制度变革和创新。这主要涉及从经济的角度论述教育公平问题及教育体制改革问题，具体论述有：要随着社会发展，对体制机制进行创新；要对公办职业院校进行改革，探索以公有制为主导、多种所有制并存的办学体制；完善资助制度，保障不同人群接受职业教育的权利；要

---

① Scott，J.，2006：“*Documentary Research*”，London，SAGE，228.

② 阮成武：《我国义务教育均衡发展政策的演进逻辑与未来走向》，《教育研究》2013 年第 7 期。

依据社会发展和市场需要，进行教育教学的改革。

2. 政策话语趋于多元化（2005 年至今）

从 2005 年颁布《国务院关于大力发展职业教育的决定》开始，职业教育政策话语日趋多元化。

第一，社会政策话语。社会政策话语主要是从社会发展角度来论述教育与社会之间的关系，并论述教育如何促进社会稳定和谐的话语。2005 年《国务院关于大力发展职业教育的决定》提出，要推动职业教育的快速发展，使其与促进就业、消除贫困、维护稳定、建设先进文化紧密结合起来，具体措施有：重视西部地区职业教育的发展，发挥发达地区对西部地区的带动作用；建立贫困学生助学制度，划拨专门经费进行资助，中等职业学校要采取奖、助学金和学费减免的办法，以确保贫困家庭学生接受职业教育的权利，实现教育公平、体现社会公正。2010 年颁布的《教育规划纲要》提出，要注重教育公平，在重视发达地区教育发展的同时，也要大力推进贫困地区教育的发展；加大对民族地区职业教育的投入，加强职业院校的基础设施建设，鼓励高层次人才到民族地区担任教师。可以看出，国家不仅看到了职业教育对经济发展的影响，还看到了职业教育在消除贫困、维护社会稳定方面的作用，所以提出要促进东西部地区职业教育的平衡，向农村、贫困地区的职业教育倾斜，对贫困学生进行资助，以促进社会公正与和谐社会的建立。

第二，伦理政策话语。它主要是论述教育如何规范并促进道德行为发展的话语。2010 年《教育规划纲要》规定，在注重学生技能培养的同时，也要注重学生品德的发展，提高人才质量，培养出高技能、高素质的人才；要充分调动学生的学习积极性和主动性，增强诚信意识，养成良好学风。2014 年《国务院关于加快发展现代职业教育的决定》提出，要建立健全课程衔接体系，课程的设置要注意促进学生综合素质的提高，道德的培养和技能的培养并重。2014 年《现代职业教育体系建设规划（2014—2020 年）》在职业教育的体系规划中提出要加强职业院校德育工作；积极培育和践行社会主义核心价值观；切实加强职业道德教育，并采取多种形式来促进学生职业道德的培养。这些政策都对学生道德的培养做了规定，反映了国家政策不仅注重学生的职业能力，更加注重学生的职业道德，体现了政策话语的逐步转换。

第三，公共管理政策话语。它主要是从管理学的角度论述如何更好地规范教育主体行为、推动教育管理科学化的话语。2014 年《国务院关于加快发展现代职业教育的决定》规定，政府要发挥好监督和引领的作用；要鼓励社会力量参与职业教育的发展，如投资、管理、监督等；鼓励社会力量参与职业教育办学、管理和评价；加强行业指导、评价和服务；注重发挥行业、用人单位作用，积极支持第三方机构开展评估。2014 年《现代职业教育体系建设规划（2014—2020 年）》规定，要建立学校、行业、企业等共同参与的理事会；加强监督评估，完善督导评估办法；加强行业指导，构建职业教育行业指导体系；扩大职业院校办学自主权，推动政校分开，建立约束激励机制，确保职业院校用好办学自主权；健全职业教育督导评估制度，可将督导评估结果作为各主体绩效的一部分进行考察。可以看出，国家重视发挥市场机制的作用，鼓励社会办学及民办教育的发展，主张政校分开；加强考核评估工作，支持第三方评估；以满足群众需要为目标，不断完善政府管理。

总的来说，在职业教育政策演进过程中，政策主体、政策目标、政策过程、政策话语逐渐演变，这些演变不仅受到外部因素的影响，也是自身发展的内在要求。

第三节　职业教育政策的未来走向

对职业教育政策的演进逻辑和偏误进行研究分析，有助于为今后职业教育政策及职业教育的发展提出建议。此处主要提出以下四点建议：职业教育政策动力形成机制应由“权责不明”向“统一协调”转变；职业教育政策价值取向应由“单一功利”向“多元取向”转变；职业教育政策过程保障应由“监管缺失”向“全程监督”转变；职业教育政策话语应由“官方主导”向“官方主导与民意参与并重”转变。

一、职业教育政策动力形成机制应由“权责不明”向“统一协调”转变

职业教育管理体制主要包括三部分内容：设置的机构、机构间的层级关系及它们之间权责的划分。现有职业教育管理体制存在多头管理、职能交叉、学校缺乏自主权等问题，阻碍了职业教育的发展，所以，今后要对职业教育的管理体制进行改革，使其适应职业教育发展的需要。

1. 构建统一的管理组织体系

目前中国职业教育的各管理部门各自为政，缺乏沟通，不仅导致部门

间产生冲突和矛盾，还使得职业教育资源不能得到充分利用，所以必须要构建统一的职业教育管理组织体系。

首先，在中央设立职业教育主管部门来负责职业教育大政方针的制定，重要政策、措施的发布，协调职业教育部门、劳动部门、计划部门、财政部门的职责和关系等。同时，改变职业教育管理体制中谁办学谁管理的现状，界定各类学校办学定位，使同一类型的职业教育由统一的管理机构来管理；重新划分教育部门与劳动和社会保障部门的业务范围，减少其职能交叉，明确各自权力和职责；采取相关措施，加强各部门之间的交流与合作，形成推动职业教育发展的合力。

其次，给予学校充分的办学自主权。政府应扮演宏观的管理者和监督者的角色，引导学校的发展，并在经费和就业等方面给予支持。在招生制度、课程安排、教学等方面，政府应给予学校自主管理权。学校在遵守相应政策规定的前提下，应该作为一个独立发展的主体，在专业设置上，根据市场的需求及时做出相应的调整反应，对专业进行增减；在对学生的培养上，根据企业对人才的需求，制定学生培养的标准，使学生的培养和市场的需要相结合。这样不仅有利于学校根据社会需求，适时地调整和优化学科专业结构，而且还有利于激发学校活力，使学校在市场竞争中实现优胜劣汰，使资源得到科学管理和优化整合。

最后，职业教育管理也应鼓励行业及企业的代表、职业教育专家、群众代表积极参与，各界人士共同研究职业教育问题，提出意见和看法，使职业教育管理更加科学，更加民主。

2. 健全纵横交错的现代职业教育法律体系

中国职业教育管理体制出现问题的原因之一是法律体系不健全，对职业教育中的许多问题没有做出具体细致的规定，导致在具体的操作中缺乏可资参照的标准。中国应建立纵横交错的现代职业教育法律体系，在横向上保持相互衔接，在纵向上保持协调一致。

从纵向来看，中央到地方要建立一致的职业教育法律法规体系。中央从宏观角度制定法律法规，对职业教育的发展方向和任务做出清晰的说明，对各级部门的权责做出详细的划分，对职业教育的重要方面做出宏观的指导和规范，以使各部门能够深刻领会职业教育的发展目标和走向，并根据上级部门的要求认真贯彻落实各项政策。地方各级部门在遵守中央职业教育法律法规的前提下，也要认真履行自己的职责，及时向下级部门传达法规政策，保证职业教育政策的落实。一方面要制定一些较为细致的规章条例，对职业教育管理主体的权责做出明确的规定，使各责任主体能按照要求履行自己的职责，避免出现由于权责不明而造成管理不到位的情况，同时也使法律法规更具有可操作性，为职业教育的发展提供清晰、明确的指导。另一方面，保证相关部门在执法时有相应的执法标准和依据，从而使政策得到真正贯彻实施，保证执法的公平和公正，维护法律的权威性。总的来说，在纵向上，地方各部门要保证在遵守法律法规的前提下，制定相应的具体法规条例，确保法律法规的一致性，维护职业教育法律法规的权威性和科学性。

从横向来看，一方面，国务院下属各部门要根据自身的职能，制定本部门所负责的职业教育相关方面的法规政策，如财政部门要对职业教育的经费来源、管理和监督等做出规定，人力资源部门要对资格证书、就业等做出规定。这样才能保证各部门都能履行好自己的职责，使职业教育的各个方面都得到法律法规的规范和保障。另一方面，教育部门的下属部门应保持一致。职成教育部门和高等教育部门在制定法规条例时，应加强交流沟通、相互配合，使制定的法规协调一致。

另外，在保持稳定性和一致性的同时，法律法规也要根据职业教育的发展需要进行调整和更新，确保连续性和客观性。同时，政府在法律法规的制定过程中也要听取多方面的意见或建议，使法律法规更加科学、合理。

二、职业教育政策价值取向应由“单一功利”向“多元取向”转变

从对职业教育政策价值取向的分析可以看出，职业教育政策的价值取向不是固定不变的，而是随着社会的发展不断调整的。在今后政策的制定中，应追求“多元化”“公平性”“以人为本”的价值取向。这种价值取向不仅应体现在政策制定中，还应体现在政策执行中。只有这样，才能使职业教育回归其本质功能，消除人们对职业教育的歧视与偏见，使职业教育获得长足的发展。

1. 由“社会本位”向“兼顾社会和个人”转变

随着社会经济的发展，人们对教育的认识也不断加深。教育不仅要满足社会需要，也要促进个体的全面可持续发展。职业教育政策在满足社会经济发展需要的同时，也要考虑到学生的身心发展特点和发展需求，即坚持“兼顾社会和个人”的价值取向。

2. 由“追求效率”向“公平优先，兼顾效率”转变

改革开放以来，中国职业教育政策更多考量的是培养合格劳动力，注

重经济效益的提高，强调“效率优先”。随着中国社会经济的快速发展，政府开始考虑让更多人享受到经济发展带来的红利，满足人们的教育需求，保障贫困地区、民族地区、特殊人群的教育需求，于是，价值取向转变为“公平优先，兼顾效率”。① 所以，在今后政策的制定中，应更多考虑公平性，重视农村职业教育的发展，提高农民的技能水平；对少数民族地区、贫困地区给予政策倾斜，保障群众接受职业教育的权利；对特殊人群给予政策优惠，在入学和就业上给予公正待遇；对贫困学生也要采取相应的帮助措施，保障他们接受职业教育的权利。只有这样，才能使职业教育惠及更多的人，才能办好人民满意的职业教育。

3. 由“工具本位”向“以人为本”转变

从以往职业教育政策的内容中，常常可以看到“职业教育是为……服务”“职业教育是建设……的基本要求”等表述，可以看出，政策主体制定政策时更多考虑的是职业教育对社会的工具价值，秉持的是工具本位的价值取向，而较少考虑职业教育本身的价值。今后，职业教育政策应该以学生为本，注重学生的需求和发展。

目前职业院校多注重专业知识的学习和专业技能的训练，认为高强度的技能学习和训练是培养合格技能人才的有效方法，忽视了与学生生活相关的人文学科。这样必然导致学生精神生活的匮乏、个人生活情趣和审美能力的丧失，长此以往，也限制了学生的终身可持续发展。因此，职业教育政策应关注课程内容的丰富性和多样性，不仅要对专业课程的内容提出一定的要求，还应对相关人文学科的开设做出相应规定，保证学生在接受专业训练的同时，其兴趣爱好、思想品德、心理素质等也能得到发展，进而为未来职业的选择、生活能力的提高、自我价值的实现奠定基础。

三、职业教育政策过程保障应由“监管缺失”向“全程监督”转变

职业教育政策过程保障中的主要问题包括经费难以得到保障、教师和学生的权益保障及监督机制不健全。今后，国家应当加强经费保障，不仅保障经费的来源，更要监管经费的使用。国家还应当重视对职业教育政策执行的监管和评估，建立相应的监管部门，形成完善的监管机制，保障职业教育政策得到切实的执行，发挥其应有的效力。

① 安莹莹：《改革开放以来我国职业教育政策的变迁逻辑及走向》，西安，陕西师范大学硕士学位论文，2016。

1. 加大经费投入力度并强化对经费的监督和管理

首先，政府应当加强对职业教育的投入。近年来，国家越来越关注职业教育的发展，不断增加经费投入，但经费的数量和增长幅度远远低于普通教育，很难满足职业教育发展的需要。今后国家应加大对职业教育的投入，建立科学的预算机制，并以法律条文的形式予以确定。政府每年应拨出相应比例的经费用于职业院校的场地建设、设备建设等，使职业院校的设备得到及时更新。政府也应做好相应经费保障工作，确保划拨的职业教育经费得到合理使用。同时，各地政府应在国家政策的基础上，制定当地职业教育发展的规章条例，保障各项工作的进行。

其次，政府应制定鼓励行业、企业举办职业院校的优惠政策，制定鼓励社会捐赠的税收政策。政府不仅应鼓励行业、企业参与已有职业院校的办学，还应鼓励企业自己兴办学校，给予其充分的办学自主权，使企业办的职业院校享有和其他职业院校同等的权利，并在场地、资金等方面予以帮助。同时，政府还应加大对职业教育的宣传，提高民众对职业教育的信心；给参与职业教育的民众以鼓励和荣誉，鼓励他们参与职业教育经费的监督，使他们的捐助得到合理使用。

2. 多措并举保障学生接受职业教育的权利

首先，应当保障学生接受职业教育的权利。国家应增加职业院校的数量，扩大职业教育的覆盖范围，保证各地区尤其是偏远地区、农村地区的学生都可以在当地接受职业教育。职业教育的内容和形式也应因地制宜，能真正惠及个人，促进个体的发展。对较为贫困、无力支付学费的学生，地方政府应当减免学费或设立奖助学金，保障这些学生的受教育权。

其次，应对学生的质量予以规范。建立科学的评价体系，严格保障毕业生的质量，不仅对学生的专业能力进行考核，对学生的职业道德也要予以考核。考核可由学校、企业或行业联合进行。考核中最重要的是严格职业资格准入制度。例如，德国联邦和地方政府统一规定，德国职业院校的学生必须经过中间考试和结业考试，最终获得三种证书：考试证书、培训合格证书和职业院校的毕业证书。这三类证书分别由不同机构发放。①

最后，在学生就业方面，学校要采取相应措施予以帮助，如与企业建立合作关系，建立“订单式”培养模式；进行市场调查，发布相应招聘信

① 聂璐：《新中国成立后我国职业教育政策研究》，南京，南京航空航天大学硕士学位论文，2012。

息，帮助学生了解市场需求；建立就业指导中心，开设就业指导课程，提供职业测评，使学生提前做好职业规划。

3. 切实建设好高素质的“双师型”教师队伍

首先，要保障教师的权益。国家应不断完善教师工资待遇标准，提高教师的工资，提高教师的教学积极性。很多发达国家的职业院校教师都有丰厚的待遇和较高的社会地位。在职称评定上，也应制定适当的标准，而不是照搬普通学校教师的职称评定标准。建立相应的激励制度，对优秀教师予以奖励，保障教师的民主管理权与参与决策权。在职务的竞聘上，采取公开竞聘。

其次，要对教师的质量予以规范。严格教师准入制度，制定严格的师资标准。例如，在德国，职业院校教师必须具有高等教育的学历，在企业至少工作过五年，学习过关于师范教育的课程，并且获得相应的资格证书。① 英国从20世纪80年代开始重视教师专业标准的制定，1984年英国教育行政部门对合格教师（qualified teacher）的标准做了明确的界定。2002年，英国教育与就业部从专业品质与实践、知识与理解、教学能力三方面对合格教师专业标准重新做了规定。② 只有高质量、高素质的教师队伍，才能保证职业教育的高效益、高水平。

最后，制定教师培训标准。教师应定期到企业或相关的专业技能培训班参加培训，了解企业生产工艺和程序，了解最新的技术，提高技能水平。对每年的学习时数、培训结束后的考核都应制定相应的规定。

4. 建立有法律保障和群众参与的监督和评估机制

职业教育政策监督和评估环节的缺失，严重影响职业教育政策目标的实现。因此，建立规范有效的职业教育政策监督和评估机制，是增强职业教育政策执行力的关键环节。

在监督机制的建立上，要加强法律制度建设，要对经费投入标准、资格证书制度、教师编制和待遇、校企合作、学生质量及政府、学校、企业等的权责做出明确规定，提高职业教育法律的完整性和可操作性；要加强对教育执法的监督检查，确定监督检查的主体构成、具体方面、检查频率等；监督检查的结果也应及时向社会公布，接受社会的监督；对于监督检

---

① 聂璐：《新中国成立后我国职业教育政策研究》，南京，南京航空航天大学硕士学位论文，2012。

② 吴宏岳：《构建职业院校教师专业能力标准体系的内涵和理论依据分析》，《职业技术教育》2008年第4期。

查中出现的问题也应及时纠正，必要时报告上级主管部门；切实建立起教育的问责机制，把职业教育发展的有关问题作为对政府进行考核的一项指标。在监督的做法上，要改变以往仅仅对执行结果进行监督的做法，加强过程中和过程后的持续监督。在评估机制的建立上，应通过法律或政策的形式把评估方的资质、评估的指标、评估的要求等确定下来，确保评估工作的权威性和规范性。

在今后的评估中，应鼓励引进第三方评估，保证评估的独立、公正、民主及科学性。建立科学的评估机制不仅有利于加强对政策执行的监督，同时，也可收集到职业教育发展中各方面的信息，为今后制定政策提供参考，使政策的制定更加科学化。

在监督、评估的过程中还应多听取群众的意见或建议。一个完善的监督和评估体系不仅有利于保障职业教育政策的贯彻落实，切实保障职业教育的发展，还有利于信息的畅通，为职业教育政策的制定提供科学依据。

四、职业教育政策话语应由“官方主导”向“官方主导与民意参与并重”转变

随着社会发展，“服务型政府”的理念被提出，这就对政府处理事务的方式提出了新的要求。政府要切实从群众的需要出发，重视群众的意见和愿望，这样才能更好地为群众服务，让群众满意。政府要认识到公众参与不仅有利于科学管理，同时也是建立和谐社会、法治社会的要求。公众参与可以促进职业教育满足群众的需要，实现公众的整体利益。同时，只有在公众的监督中，职业教育才能得到快速的提升和发展。因此，在职业教育发展中，要充分尊重民意，提高民众在政策制定、政策执行监督等方面的参与度。

1. 多种方式确保信息公开

及时、准确地获取职业教育政策信息，是公众参与教育决策的前提。政府要保证公众的参与，重视职业教育政策的透明度和公开度。首先，公开信息的方式多种多样。政府可以发布问卷调查、征集意见等，问计于民，了解群众意见，准确把握民意，及时进行政策调整。相关政策的及时发布，也有利于民众及时获得信息，了解政策走向，促进政策顺利实施。政府也应建立相应的查询与反馈平台，让群众可以方便快捷地获取信息。政府还可以通过微博、微信、网络论坛等及时发布教育热点，加强与民众的互动，便于公众与政策制定者达成共识，通过民主程序表达自己的诉求。同时，

政府也应利用报纸、电视等媒体，传达政府的声音。政府在进行政策解读的过程中，可以请学者和专家参与。

政府不仅要加强理论学习，还要深入基层，了解民意，了解职业教育现状以及百姓的诉求。征求意见时，不仅要征集专家与公众的意见，还要重视职业院校校长、教师、家长和学生的意见，因为他们是直接的利益相关者和参与者，对职业教育发展有直接的体会和意见或建议。政府在制定政策前应广泛倾听这些群体的声音，了解职业教育发展中的问题，使政策可以真正解决职业教育发展中的问题，促进职业教育的发展。政府应对收集到的信息做好科学评估，对信息去伪存真，使收集到的信息真正可以为政策制定服务，保证政策制定的科学性。政策颁布后，政府也要及时了解各群体对于政策的意见或建议，做好相应的沟通和反馈工作，以便今后调整和改进政策，促进职业教育政策的科学化、民主化。在信息公开上，政府不仅要公开“正面”信息，也要敢于公开“负面”信息，在肯定取得的进步和成绩的同时，也要指出职业教育发展中出现的偏误，反省自身工作的不足，以使公众更好地了解职业教育发展状况，更好地参与职业教育政策制定。

职业教育政策只有具备了一定的公开性，才能使民众了解职业教育政策是否合理、合法和符合自身利益，从而更好地进行监督。政府要及时了解群众需求，不断提升执政水平，及时解决职业教育中的问题，更好地满足群众对职业教育的需求。

2. 多种制度保障公众参与

第一，以立法的形式规定公众的参与权，使公众的参与具有法律依据。政府要明确规定参与者的调查研究和收集信息的权利、与主管部门沟通协商的权利、表达意见受到保护的权利等，使公众的权益得到切实的保护，还要保障公民参与权不被侵害，对违法行为予以处罚；在法律法规的制定上，要注意条款的细化，不仅要对公众参与职业教育政策制定的权利和重要性予以肯定，而且还要对参与的权限和途径进行细致的规定，以保证公众参与的真正落实。政府以立法的形式规定公众参与的程序和方法，主要包括参与的主体、参与的内容和参与的形式等，使公众参与更加规范、合理，公众可以快速便捷地参与并提供意见。第二，建立公众意见的反馈制度。公众的职业教育政策表达积极性不高，一部分原因是公众提出的意见或建议没有得到相应的回应，公众的参与热情被打消。政府的回应与反馈，不仅有利于提高公众参与度，还有利于提高政府的公信力。政府对征集到的公众意见，应当及时汇总，分门别类地整理加工，组织专家评估意见的可采用性，并且要在一定的时间范围内，回复意见、建议的处理情况，必要时要把意见或建议采用与否的情况和理由向社会公布。这样不仅有利于提高政府的工作效率，还有利于公众参与的落实，使公众的意见或建议真正为职业教育发展服务。第三，完善政府不回应的责任追究制度。有些政府工作人员有官僚主义作风，对公众的意见或建议不够重视甚至不予理睬，这样不仅挫伤了公众的积极性，还使得公众对政府的满意度降低。所以，政府应加强对工作人员的宣传教育，增强他们的服务意识，同时还应建立相应制度。如果工作人员对公众的意见或建议采取忽视态度，政府要给予工作人员相应的处罚。当公众的意见受到重视，表达渠道畅通后，其参与积极性会大大提高。

政府应当通过各种措施提高公众的参与意识，鼓励公众发表自己的意见或建议，具体措施有：第一，加强学校教育，培养学生的参与意识。政府要加强学校教育，使学生了解到参与教育决策不仅是他们的一项权利还是他们的义务。社会是一个整体，由每个个体及他们之间的关系构成，个体的行为会对社会的发展造成一定程度的影响。公众的参与，有利于促进社会发展，进而促进个体发展。① 职业教育和每个公民都息息相关，职业教育决策关系到职业教育发展的方向性和科学性，公众应具有承担社会责任和维护自己合法权益的意识，积极参与到职业教育事务中来。第二，要采取一定的激励措施，对提出具有建设性建议的参与者予以物质或精神奖励，提高公众参与的热情。由于公众受教育程度和自身素质有差异，公众的参与有时并不是理性的，所以需要政府适当引导，加强宣传教育，使公众以合理的方式参与职业教育事务，真正提出有建设性的意见或建议。

职业教育政策中公众的参与，不仅有赖于政府职能和服务理念的转变，还有赖于法律制度的保障和公民参与意识的提高。注重职业教育发展中的民意表达，不仅有利于政策制定的科学化和民主化，有利于加强公众对政策执行的监督，更有利于提高公众的满意度，办好人民满意的教育。

总而言之，职业教育政策的发展演变具有其内在的逻辑。职业教育政策有连续性和继承性的特征，后一阶段政策能较好承继前一阶段政策并根据社会发展的需要不断进行调整。但政策也存在一些问题，如政策形成机制缺乏活力且未能有效落实学校办学自主权、政策目标的价值取向摇摆不

① 马建斌：《新公共管理视角下我国公众参与教育改革问题研究》，《民办教育研究》2010 年第 5 期。

定且未能充分尊重职业教育自身规律等，在今后的职业教育政策制定中要注意解决这些问题，如建立统一的组织管理体系，建立纵横交错的职业教育法律体系，价值取向要趋于多元化，形成完善的监督机制，政策制定与执行注重公众的参与。只有这样，职业教育政策才能真正发挥应有的功能，指导职业教育健康、顺利发展。

第五章　职业教育政策的文本分析

在教育政策领域中，科德（J. A. Codd）在《教育政策文本的建构与解构》一文中指出："基于国家利益而由国家制定的政策是语言为政治目的服务、建构特殊的意义和符号用以掩盖社会冲突和培养致力于公共利益的观念的明显例证。政策文本通过制造和维持认同而产生真正的社会效果。可是这些效果并不为建立在技术-经验视角和对语言的理想主义观点基础上的传统政策分析所认知。"① 政策文本作为社会经济、政治、文化等在某一领域综合影响的结果，能够敏锐地感应社会过程的变动和多样性。当文本被制定、修改或废除时，它也记录了组织面对内部或外部压力时所做出的反应，其演变反映了所在领域社会结构和组织的变迁。而对职业教育政策文本的系统分析，是从宏观上把握职业教育政策和职业教育改革发展的一个起点。正如费尔克拉夫（N. Fairclough）所言："文本的描述和分析应该被看作一个在不同学科和理论间对话的开放过程。我们不能认为通过运用一个预先设置的分析框架就能将文本的全部实在清晰地展现出来。我们所能看到的文本的实在性取决于我们所采用的视角，它包括所聚焦的特定的社会问题和我们所利用的社会理论和话语理论。"②

文本作为一种社会活动产物，具有可见性和持久性，能为实证研究提供特定的历史数据。政策文本对于研究社会结构、政策过程（政策发展轨迹）及批判性政策分析有着重要的意义和价值，同时由于政策主体（政策制定者）、政策客体（政策对象）、政策目标和政策措施等要素均内含于政策文本中，通过对政策文本中这些要素的系统编码分析和对政策文本的分类，可从一个新的角度探讨中国教育政策的宏观发展过程，并有可能发展出新的政策理论或模型。正如詹金斯（W. I. Jenkins）所说："在政策领域，

---

① Codd, J. A., 1988: "The Construction and Deconstruction of Educational Policy Documents", *Journal of Education Policy*, 3.

② Fairclough, N., 2003: "*Analyzing Discourse: Textual Analysis for Social Research*", London, Routledge, 16.

过程和内容之间可能存在某种动态的联系。作为一个分析的焦点，政策内容提供了理论的可能性，对政策内容的考察为探查政治机器的内部动力学提供了手段。"① 政策文本分析是理解政策的基本手段，也是促进中国教育政策研究发展的重要途径。

目前，职业教育政策研究作为一个新兴的研究领域还很不成熟。缺乏基本的政策认知，使研究者难以把握政策现象，不能很好地理解和解释政策问题。对政策文本的系统分析有助于人们获得这些基本认知。事实上，如果职业教育政策研究脱离具体的政策文本来进行，会使研究者因不能把握政策发展的脉络而把政策看作一个孤立的事件，使研究者对政策的理解变得生硬和简单。梳理相关政策文本的发展脉络，应成为所有政策研究的基础工作。

改革开放以来，党和国家非常重视职业教育的发展，先后召开了七次职教会（见表 5-1），通过政策的手段有力地推动了中国职业教育的大发展，但与此同时，职业教育也存在诸多问题。通过解剖麻雀式的职业政策文本研究，反思七次职教会召开的背景和制定职业教育政策的背景、探讨职教会对职业教育功能的认识、把握职教会对职业教育问题的政策确认、梳理职教会对职业教育政策的改革、直面职业教育政策发展中的成就与问题，不仅有利于促进职业教育政策的科学化、民主化和制度化，而且有利于促进职业教育意义和价值的深化。

表 5-1　七次职教会的基本情况

会议	时间	地点	召开部门
第一次	1986 年 7 月 2~6 日	北京	经国务院批准，由国家教委、国家计委、国家经委、劳动人事部联合召开
第二次	1991 年 1 月 25 日	北京	经国务院批准，由国家教委、国家计委、劳动部、人事部、财政部联合召开
第三次	1996 年 6 月 17~20 日	北京	经国务院批准，由国家教委、国家经贸委、劳动部联合召开
第四次	2002 年 7 月 28~30 日	北京	国务院

① Jenkins, W. I., 1978: "*Policy Analysis: A Political and Organizational Perspective*", Oxford, Martin Robertson, 93, 105, 107.

续表

会议	时间	地点	召开部门
第五次	2004 年 6 月 17 日	南京	经国务院批准，由教育部、国家发展改革委、财政部、人事部、劳动和社会保障部、农业部、国务院扶贫办联合召开
第六次	2005 年 11 月 7 日	北京	国务院
第七次	2014 年 6 月 23~24 日	北京	国务院

第一节　中国职业教育政策的文本研究

中国改革开放以来召开的七次职教会，是改革开放以来职业教育发展的缩影。这些会议，会前准备充分，会上有党和国家领导人做政策报告，会后基本上都会颁布职业教育方面的行政法规或规章。职业教育政策报告、职业教育方面的行政法规与规章都是在特定时期内指导职业教育发展的重要政策文本。职业教育政策文本实质上是职业教育内容、质量、体制等方面政策的集中表现，从表面上看，它是静态的政策文件的总和。但透过职业教育政策的表象形态分析来揭示政策文本所隐含的职业教育价值取向、质量观念、内容特点及体制机制等的演变，超越静态的政策文件本身，挖掘政策文本背后真正的利益动因，是职业教育政策文本分析的基本目的。"政策文本分析的深层内涵在于：对文本的分析，最终要走出文本，走出文本的过程也就是从具体中抽象概括出一般的过程，是对文本的微观分析与文本所处的历史脉络的宏大叙事相结合的过程，是文本读者运用多种'解读'文本的方法和视角通过文本与文本生产所处的历史脉络对话以发掘文本'深层结构'的过程，是透过文本显性话语考察政策话语运作本质以此来揭示政策过程中的价值分配和斗争的过程，是文本理论化的过程。"① 基于此，对改革开放以来七次职教会所形成的政策文本进行分析，不仅是理解改革开放以来职业教育政策发展演变的基本手段，也是促进中国职业教育政策研究的重要途径。

① 涂端午：《教育政策文本分析及其应用》，《复旦教育论坛》2009 年第 5 期。

一、中国职业教育政策制定的背景分析与合理建构

职业教育政策是党和国家在特定时期内为解决职业教育问题、满足人们的职业教育需求、实现公民受教育权利、促进国家教育事业协调发展而制定的行动纲领和行为准则。职业教育政策是基于国际视野、国家需求、社会反响、教育发展及公民需要而颁布的。如果缺少必要的背景，职业教育政策必定“难产”或者失去存在的价值和意义。因此，研究职业教育政策制定的背景，不仅有助于推进职业教育政策制定的科学化和民主化，而且有利于增强职业教育政策的可行性和操作性。

（一）中国职业教育政策制定的历程①

1986 年 7 月 2 日至 6 日，经国务院批准，国家教委、国家计委、国家经委、劳动人事部在北京联合召开了第一次职教会。这次会议召开的背景可以概括为以下几点：一是改革开放以来，中国进入新的历史发展时期。二是中等教育结构改革启动与职业教育的发展。1980 年《关于中等教育结构改革的报告》指出，中等教育改革主要是改革高中阶段的教育，大力兴办职业高中。三是 1985 年《中共中央关于教育体制改革的决定》颁布，提出了“调整中等教育结构，大力发展职业技术教育”的工作任务。此次会议在总结经验、提高认识的基础上，研究和明确了之后一个时期改革与发展职业技术教育的任务、方针、政策及措施。

1991 年 1 月 25 日，经国务院批准，国家教委、国家计委、劳动部、人事部、财政部在北京共同召开第二次职教会。这次会议召开的背景主要为：一是中等职业教育撑起“半壁江山”。二是农村教育改革实验启动。1987 年 1 月在河北建立农村教育改革实验区；1987 年 9 月 4 日在辽宁省海城市召开农村教育办学方向研讨会；1987 年 12 月 14 日在山东省平度县召开“农村教育为当地经济建设服务经验交流会”；1988 年 9 月，部署“燎原计划”；1989 年 5 月确立 100 个县作为全国农村教育综合改革实验区。三是第二步战略目标的呼唤。从党的十一届三中全会开始，经过十二大、十三大，社会主义现代化建设分三步走的战略目标得到确立。第一步，即解决人民的温饱问题，已在 20 世纪 80 年代末基本实现，在 90 年代要努力实现第二步战略目标。因此，国务院要求各级政府和有关部门、广大教育工作者及社会各方面，从国家的全局和民族的未来出发，进一步提高对职业教

① 本部分内容主要参考了《职业技术教育》2006 年第 9 期刊载的关于六次职教会的系列文章，后文涉及的六次职教会的内容均参考了这些文章。

育战略地位和作用的认识，采取有力的措施，齐心协力大力发展职业教育。

1996 年 6 月 17 日至 20 日，经国务院批准，国家教委、国家经贸委和劳动部在北京联合召开第三次职教会。这次会议召开的背景主要为：一是《中国教育改革和发展纲要》印发。该文件对职业教育的发展做了明确规定。(1) 到 20 世纪末，中心城市的行业和每个县，都应当办好一两所示范性骨干学校或培训中心，同大量形式多样的短期培训相结合，形成职业技术教育的网络。(2) 坚持发展职业教育要与当地经济发展的需要相适应。实现"普九"的地区应以发展初中后职业教育为重点，尚未实现"普九"的地区，对不能升入初中的小学毕业生实行职业技术培训，对未升入高校的高中毕业生进行职业技术培训，普通中学也要适当开设职业教育课程。(3) 提倡联合办学，走产教结合的路子，更多地利用贷款发展校办产业，增强学校自我发展的能力。(4) 认真实行"先培训、后就业"、持证上岗制度，对未培训已就业的要进行岗前培训，等等。二是 1994 年 7 月 3 日发布的《国务院关于〈中国教育改革和发展纲要〉的实施意见》，对到 2000 年中国教育发展的目标、任务、政策措施等做出了非常明确的规定，其中对职业教育也提出了一系列要求，主要包括：(1) 有计划地实行小学后、初中后、高中后三级分流，大力发展职业教育；逐步形成初等、中等、高等职业教育和普通教育共同发展、相互衔接、比例合理的教育系列。(2) 在九年义务教育尚未普及和一时难以普及的地区进行小学后分流，发展初等职业教育；大部分地区以初中后分流为主，大力发展中等职业教育，逐步做到 50% ~ 70% 的初中毕业生进入中等职业学校或职业培训中心。(3) 全国逐步建成约 2000 所重点中等职业学校或培训中心。(4) 在政府统筹管理下，主要依靠行业、企事业单位、社会团体和公民个人举办，鼓励社会各方面联合举办。(5) 进一步理顺管理体制，教育行政部门负有统筹、协调和宏观管理的责任。以学历教育为主的教育，原则上由教育部门管理；职业培训和在职的岗位培训，原则上由各级劳动、人事部门和有关业务部门管理。(6) 对于中专、技校毕业生，在一段时期内，除委托、定向培养生和自费生外，实行在国家宏观指导下学校与用人单位供需见面和一定范围内双向选择的制度。(7) 结合职业教育特点，制定师资资格标准；到 2000 年，职中、技校 60% 以上的教师要达到任职资格标准。三是《职业教育法》颁布。(1) 明确了职业教育在国民经济和社会发展及实施科教兴国战略中的重要地位和作用。(2) 确立了政府、行业、企业、事业组织和社会团体、个人的多元化办学体制，明确了政府、行业、企业等实施职业教育的职责。(3) 确立了职业教育体系的总体框架。国家根据不同地区的经济发展水平和教育普及程度，实施以初中后为重点的不同阶段的教育分流，建立、健全职业学校教育与职业培训并举，并与其他教育相互沟通、协调发展的职业教育体系。(4) 明确了职业教育的保障条件，规定了职业教育所需经费的多渠道依法筹集原则。(5) 确定了职业教育的管理体制，即实行统筹规划、分级管理、分工负责、以地方为主的管理体制。《职业教育法》的颁行，对推进职业教育事业健康发展和依法治教具有极其重要的意义：作为全国职业教育的母法，它为各省、自治区、直辖市制定配套法规和实施细则提供了法律依据；对有效地解决职业教育发展中的重大问题做出了原则规定和科学界定，为进一步改革和发展提供了保证；推动落实社会各种集团和力量兴办职业教育的权力和责任；在实施中建立和强化有关法律监督制度，加强各级人大对政府部门执法的监督，加强上下级政府之间和教育主管部门对各级各类职业教育的检查与督促等。四是职业教育进入“丰产丰收”时期。为落实在县一级首先建设一所综合性示范职业学校的要求，国家教委和有关部门做了大量推动工作。从 1991 年起河北省就着手全面规划，到 1996 年初全省各县都建立起了“政府统筹、部门联办、教委协调、一校多制”的县级职教中心，被称为“一大创举”，这一经验在全国得到了推广。同时，为适应国有企业改革和城市教育综合改革的需要，江苏省率先于 1994 年起在苏南地区进行现代职业教育制度改革试验，摸索如何建立多元化办学体制。1995 年 2 月，国家教委和江苏省政府在无锡市联合召开了研讨会。会议认为，改革试验具有深远意义，不仅可使职业教育上升到一个新的水平，也将使职业教育在实现现代化宏伟目标中发挥更大作用。在这样的时刻，召开职教会，研究制定贯彻《职业教育法》和《中国教育改革和发展纲要》的政策措施，进一步明确职业教育未来发展的目标和任务，是非常必要的。这次会议对推动职业教育的进一步改革与发展，促进科教兴国战略和可持续发展战略的实施、经济体制和经济增长方式的根本转变具有重要意义。

2002 年 7 月 28 日至 30 日，国务院在北京召开第四次职教会。这次会议召开的背景主要为：一是《面向 21 世纪教育振兴行动计划》由国务院批转并施行。二是第三次全国教育工作会议召开并颁布了《中共中央国务院关于深化教育改革，全面推进素质教育的决定》。三是职业教育遇到新问题、新挑战。从 1998 年开始，全国中等职业学校招生数量持续减少、规模萎缩，行业企业举办职业教育的责任呈现出明显的弱化趋势，职业教育总体投入不足的问题仍很突出。为了进一步贯彻落实《职业教育法》，大力推进职业教育改革与发展，需要对职业教育进行规范和调整。

2004 年 6 月 17 日，经国务院批准，教育部、国家发展改革委、财政部、人事部、劳动和社会保障部、农业部、国务院扶贫办在江苏省南京市联合召开第五次职教会。这次会议召开的背景主要为：一是党的十六大召开，中华民族进入全面建设小康社会、加快推进社会主义现代化的新的历史时期。二是《民办教育促进法》颁行。三是落实"重中之重"，兴起教育为农村劳动力转移培训服务新高潮。四是党中央高度重视人才工作，《2003—2007 年教育振兴行动计划》和《三年五十万新技师培养计划》出台。五是职业教育结构体系调整不断深化，现代职业教育体系基本形成。因此，在贯彻党的十六大和全国人才工作会议精神、进一步落实《国务院关于大力推进职业教育改革与发展的决定》和《2003—2007 年教育振兴行动计划》的关键时期，第五次职教会的召开具有重要意义。

2005 年 11 月 7 日，国务院在北京召开第六次职教会。这次会议召开的背景主要为：一是中等职业学校"百万"扩招。一方面，教育部以"1 号文件"的形式出台了《关于加快发展中等职业教育的意见》，要求各地应根据当地经济社会发展对生产服务一线高素质劳动者的需求，按照高中阶段教育职普比例大体相当的要求，分解并落实中等职业学校扩大招生规模的年度任务目标。另一方面，2005 年 3 月 22 日，教育部印发《关于统筹管理高中阶段教育学校招生工作的通知》，要求建立统一的高中阶段教育学校招生工作领导小组，为高中阶段教育招生提供强有力的组织领导和制度保障。经过各方共同努力，2005 年基本实现了中等职业学校扩招 100 万人的目标，招生规模总量超过了 650 万人，招生职普比提高了近 2 个百分点。二是加快县级职教中心建设。2005 年 6 月 14 日，教育部、国家发展改革委在陕西省宝鸡市召开全国县级职教中心改革与发展座谈会。会议总结交流了近年来各地公办中等职业学校体制改革和县级职教中心建设的经验，研究和探讨新形势下进一步深化公办中等职业学校体制改革和加强县级职教中心建设的工作思路和政策措施。三是建立中等职业学校贫困学生助学制度的呼声很高。四是中央财政加大投入以支持实训基地建设。2004 年 4 月，教育部与财政部在广泛调研、充分论证的基础上，联合颁布《关于推进职业教育若干工作的意见》，决定采用中央财政资金引导的方式，推动各地职业教育实训基地建设，促进职业教育改革不断深入。从 2004 年开始，中央财政设立专项资金，对符合条件的各级各类职业院校实训基地进行扶持。2005 年 7 月 21 日，教育部、财政部在北京联合召开了职业教育实训基地建设工作会议。五是大力推进农村实用技术培训和进城务工人员职业教育与培训。把对进城务工人员的职业教育与培训作为今后一个时期职成教工作的重要内容，这是一项关系到国计民生的战略性措施。2005 年 8 月 1 日，教育部在深圳市召开进城务工人员职业教育与培训现场会，总结和交流各地进城务工人员培训工作经验，研究和部署教育系统大力开展进城务工人员教育培训工作，使教育更好地为“三农”服务，为走新型工业化道路服务，为全面建设小康社会服务。六是十六届五中全会召开，再次强调大力发展职业技术教育。会议明确要求，坚持教育优先发展，全面实施素质教育，普及和巩固九年义务教育，大力发展职业教育，提高高等教育质量，深化教育体制改革，加快教育结构调整，促进各级各类教育协调发展，建设学习型社会。这为教育工作指明了方向、明确了目标。

2014 年 6 月 23 日至 24 日，国务院在北京召开第七次职教会。会前，习近平总书记对职业教育工作做出重要批示，李克强总理亲切接见与会代表并发表重要讲话。中共中央政治局委员、国务院副总理刘延东，中共中央政治局委员、国务院副总理马凯出席会议并讲话。近年来，职业教育事业快速发展，体系建设稳步推进，培养了大批中高级技能型人才，为提高劳动者素质、推动经济社会发展和促进就业做出了重要贡献。但同时，当前职业教育还不能完全适应经济社会发展的需要，结构不尽合理，质量有待提高，办学条件薄弱，体制机制不畅。因此，必须对体制机制进行变革，构建与时代相适应、与经济发展相呼应的现代职业教育体系，加快发展现代职业教育。加快发展现代职业教育，是提升“中国制造”竞争力、增强中国经济发展后劲的迫切需要，是调整产业结构和人力资源结构的现实需求，是低端制造业向高端制造业转型的必然之举。加快发展现代职业教育，是助推新型城镇化进程、培养新型职业农民的现实选择，是保障和改善民生、促进就业、实现社会和谐发展的根本要求，是党和国家推进跨越式发展，实现“中国梦”的战略举措。加快发展现代职业教育，是国民教育体系和人力资源开发的重要组成部分，是广大青少年成功成才的重要捷径，是实现“两个一百年”奋斗目标和中华民族伟大复兴“中国梦”的重要保障。加快发展现代职业教育，既是国计又是民生，既关乎农村又涉及城市，既是当务之急又是长远大计。加快发展现代职业教育，是党中央、国务院做出的重大战略部署。

（二）中国职业教育政策制定的逻辑偏误

职业教育终究是一种教育事业。作为教育事业，其本质特性是培养人、形成人、发展人的社会活动。因此，职业教育政策的制定必须以人的价值与需要为基础，以促进人的身心全面和谐发展为目标。基于对中国职业教育政策制定历程的研究，可以发现，中国职业教育政策的制定是建立在社会本位、为社会经济发展培养技术技能型劳动者的基础上的。

1. 中国职业教育政策制定存在“去教育化”倾向

职业教育的发展是外部挑战与内部矛盾相互交织、共同作用的结果，制定职业教育政策需要考虑政治、经济、文化等外部因素，但职业教育政策归根结底是要解决职业教育的内部矛盾和问题，制定职业教育政策必须将解决职业教育内部矛盾作为出发点和归宿，兼顾政治、经济、文化等外部因素。从七次职教会的政策背景来看，职业教育政策制定存在着本末倒置、舍本逐末的“去教育化”倾向。

“去教育化”在一定程度上忽视了职业教育的本体价值。在社会主义市场经济条件下，职业教育的本体价值集中表现在就业和再就业的价值上。而大力发展人民满意的职业教育，就是大力发展以就业为导向的职业教育。中国职业教育的先驱黄炎培先生说过：“职业教育的目的：谋个性之发展，为个人谋生之准备，为个人服务社会之准备，为国家及世界增进生产力之准备。”其中前两条强调的是职业教育的个人需求。以就业为导向，进一步推动职业教育改革与发展，是职业教育实现人民愿望的应然价值选择，也是职业教育本体价值之所在。①

2. 中国职业教育政策制定存在“适应论”或“工具本位”倾向

“职业教育是为……服务”“职业教育是建设……的基本要求”“职业教育是推动……的重要力量”等政策表述，反映了职业教育政策制定的“工具本位”倾向。但事实上，职业教育的发展不仅仅是为了适应或为了服务谁，职业教育政策制定要充分考虑职业教育的特殊性。

职业教育的特殊性是相对于普通教育而言的，具体表现在以下几个方面。首先，培养目标不同。虽然普通教育与职业教育都是培养学生树立正确的世界观、人生观与价值观及形成专业的知识体系和劳动技能的过程，但是两者的总体目标有所不同。职业教育更为重视职业技能与职业道德的培养，以社会发展需求为导向，与社会生产紧密联系，因此，教学形式和方法更为多样。其次，教育内容不同。职业教育的教育内容具有技术性。教育内容的技术性是指必须使受教育对象熟练地掌握特定职业所需要的知识、技能与意识，具有较强的动手能力。职业教育内容的技术内涵必须同时具有三个特点，即进步的、先进的、超前的。最后，实现方式存在差异。

① 李小娜：《农村职业教育培养目标定位研究——基于渝东南民族地区的考察》，重庆，西南大学硕士学位论文，2014。

职业教育办学主体多元，办学形式多样，与市场联系度高，通常采用政府教育部门主管、各部门联办、社会和个人共同参与的多元化办学体制。职业教育的特殊性决定了职业教育政策制定应该从职业教育本身的特点出发。

3. 中国职业教育政策制定存在“规模”倾向与“实践”偏误

在职业教育发展过程中质量与规模是一对基本矛盾，从应然层面来讲，扩大规模不能以牺牲质量为代价。职业教育应走内涵式发展之路，适度扩大规模和进行外延扩张只是促进职业教育繁荣的手段。但从职业教育政策制定的背景不难发现，职业院校通常将扩大招生规模作为核心议题。

职业教育规模化办学目前主要是设立职业教育集团和职业教育城（园区）。其中，职业教育集团是指一个或若干个发展较好的职业学校，联合相关的行业、企业，以扩大办学规模、提高教育质量、实现双赢和共同发展为目的，以资产联结或契约合同为纽带，以集团章程为共同行为规范而构建的多法人联合体。① 目前，职业教育的发展已出现规模化发展趋势。职业教育规模化发展不仅是有效利用教育资源、提高职业教育质量的需要，更是实现经济社会转型的内在要求。但是，职业教育规模化发展过程中也产生了不少问题。职业教育急切呼唤“质”与“量”统一的规模化办学模式。

职业教育是培养技术应用型、技能型人才的一种教育活动，其主要目的是将学习者培养成能够从事某一职业活动的职业人，有着典型的实践取向。职业教育的目的和内涵决定了职业教育必须实现教学与实践的有机结合。然而，职业教育在发展过程中对实践的重要地位的认识滞后，以至于职业教育与普通教育高度同质化，没有体现出本身的特殊性。

因此，分析职业教育发展过程中存在的实践偏失以及实然的职业教育实践与应然的职业教育实践的差距，可以使人们更加清晰地认识职业教育的本质特性。

一方面，具有职业教育特色的实践活动缺失。职业教育是不同于普通教育的教育类型，因而其实践中的问题也与其他类型的教育有所差异。职业教育的实践特点之一在于实用性。但是在中国，由于学科课程具有方便教学、系统性强、重基础、有远效等特点，学科化的职业教育课程一直占据着重要地位，导致职业学校开设的理论课过多且内容偏难、实习环节缺乏、与生产实际难以联系等问题。长期以来，社会上对职业学校培养的学生实用技能不足的诟病不绝于耳，那么，到底是什么原因造成了职业教育

① 张玉琴：《浅论职业教育规模化发展模式》，《考试周刊》2011 年第 48 期。

实践活动的缺失呢？一般认为，这些问题是由于政府资金投入不足、师资素质不高、实习设备及场所不足等引起的，但这些都只是导致职业教育实践活动缺失的表面因素，更深层次的因素主要是社会因素。

另一方面，以职业教育实践特点为唯一要务。为了打破以学科话语为主导的职业教育实践格局，中国职业教育界开始向外寻求借鉴，能力本位教育（competence-based education，CBE）被引入中国职业教育实践之中。然而在引进的过程中，对能力本位教育的认识出现了极端化的现象，其中一种极端的能力观是任务本位或行为主义导向的能力观。① 任务本位或行为主义导向的能力观将能力等同于技能、等同于行为的外在变化，期待通过培训达到“能够做”的行为目标。而且随着普通高等教育所培养出来的学生就业难现象的出现，“职业准备”性质的培训教育因具有高效率、易控制和强调操作的特点而受到了人们的追捧。一些正规的职业学校也引入了这一培养模式，同时确定了具体化的培养目标。相应地，部分职业学校以学生就业为唯一目的，课堂教学仅传授工作岗位所需的技术和技能，见习、实习就是直接上岗操作，就业指导也仅仅关注学生单一技能的养成，导致用人单位一方面欣赏高职生的专业技能，另一方面也批评高职生的素质失衡，认为很多高职生责任心不强，进取心不足，缺乏坚韧精神，不会合作，行为懒散等。②

显然，这种以就业为纯粹目的的实践活动具有明显的功利性，往往忽视了对学生基本素质的培养、忽略了学生人文精神的养成、割裂了工作任务的整体性。这种状况主要体现出两个方面的对抗性。一是学习内容的对抗。在中国职业教育中，实践技能是长期缺位的，理论知识在与实践技能的较量中一直处于上风，与其努力去平衡这两项内容，倒不如专属其一、暂不说明这种做法的极端性。二是观念的对抗。在职业教育中为了打破实践被忽视的传统观念，有意识地采用唯实践的极端做法，其目的就在于使整个社会认识到职业教育实践的有效性，即学生走出校门就可以适应现有的工作岗位，能有效提高毕业生的就业率。在教育场域中，因具有的资本和结构相差较大，职业教育与普通教育处于不平等的地位，虽然近几年两者在学校数量上势均力敌，但数量增加所起的作用仍是有限的。当任务本位能力观指导下的职业教育既能缓解现阶段的就业压力，也能为社会经济发展提供较高水平的劳动力、满足企业直接用人需求时，职业教育的作用

---

① 谭移民、钱景舫：《论能力本位的职业教育课程改革》，《教育研究》2001 年第 2 期。

② 王道荣：《人格教育：高等职业教育的缺失与回归》，《江苏高教》2009 年第 6 期。

似乎开始显现，教育场域中的支配者与利益相关者也不得不开始重视职业教育的实践性。但总体来说，这是改变场域中的力量格局的一种颠覆性策略。① 格局是否能够被切实地改变，还有待继续观察与考量。近年来社会尤其是教育界对单纯的任务本位能力观进行了批判，如认为它忽视了基本素质的重要性，忽视了团体合作、个人判断力等的作用。因此，人们必须要反思这种颠覆性策略的合理性。

（三）中国职业教育政策制定的合理建构

虽然职业教育的经济功能较之其他教育类型而言比较突出，职业教育为国家的发展培养了数以千万计的技能型人才也是不争的事实，但如果忽视职业教育的本体功能，仅仅重视职业教育的社会功能，那么职业教育将难以获得真正的发展。因此，职业教育政策的制定既要考虑政治、经济、文化等社会背景，更要体现职业教育发展过程中教育与人的因素。

1. 中国职业教育政策制定必须把教育因素作为关键

职业教育政策制定首先要把解决职业教育内外部矛盾作为重点。在教育外部，就职业教育与社会发展的关系而言，发达国家在自然的历史进程中形成的现代产业和职业教育的良性互动机制（现代产业需要并支撑着现代职业教育，现代职业教育则适应并推动着现代产业的发展）在中国并不存在。对于中国来说，迫在眉睫的任务是通过发展职业教育来推动现代产业的形成和发展。在缺乏现代产业支撑的条件下，大部分教育（包括职业教育）是从国外引进的，而西方教育的课程内容、办学方式、教育体制等是与其现代产业发展相得益彰的，中国引进甚至全盘套用西方教育，必然会出现“水土不服”的问题，结果导致了不断地引进，不断地被认为是照抄照搬，又不断地自我否定的局面。我们没有适宜的土壤来栽培外来的教育，但固有的教育本身又不可能生产出这样的土壤，导致不得不继续照抄照搬，由此陷入了恶性循环的怪圈。

在教育内部，从职业教育开始进入中国现代学制体系之日起，职业教育与普通教育的矛盾就非常突出。从人才培养来说，职业教育和普通教育分流的时间是一个难题，分流过早，会出现学生文化程度偏低、适应社会变化能力差的问题；分流过晚，增强了文化知识基础，但职业教育的特点、优势又不容易显现出来，特别是实际技能的培养和熟练程度会被削弱。这一矛盾可归结为一个问题，即在不同层次的职业教育中普通文化知识应占

① 宫留记：《布迪厄的社会实践理论》，开封，河南大学出版社，2009，第 51 页。

多大比重，这常常是影响职业教育发展的重要条件，人们也最容易在这个方面发生分歧。①

2. 中国职业教育政策制定必须以生成逻辑为依据

职业教育作为一种教育类型，有其自身的生成逻辑。职业教育在系统内部的地位可以反映人们对职业教育的重视程度，而重视的程度也能反映出职业教育的发展高度，发展越充分则认识越全面。即使在相对发达的西方，职业教育的发展也是一个随历史演进而逐渐深入的过程。20 世纪以前，许多西方学者主张将以普通教育为主的自由学科与以职业教育为主的实用学科一分为二，“学院把各种职业训练都包括在自己的课程中是对学院的一种绝对的误用”，教育有两种，“一种教育的目的是哲学性的，另一种教育的目的是机械性的；一种要达到普遍的观念，另一种致力于特殊的东西……知识按其程度变得越来越特殊时，它也就不再是知识了”。② 这种看低职业教育的态度使职业教育在教育体系内长期处于尴尬地位。职业教育在产生之初就被认为是“次等教育”，这种观念没有合乎逻辑的解释。进入 20 世纪，随着各学科知识程度的深化和范围的扩张及实用主义思潮的传播，单纯的理性主义思想逐步被怀疑，教育开始被赋予培养“整个人”的使命。至此，职业教育与普通教育携手并进成为可能。普通教育的受教育者不仅要注重沉思还应该掌握应对复杂情境的技能方法。职业教育的受教育者也应尽可能地形成广泛的文化基础。对接受职业教育的人来说，不仅要为谋生做好准备，还要适应不断变化发展的社会，更好地享受生活。人们对职业教育在教育系统内的生成规律的认识从消极方面向积极方面转变是一种进步。

第二次世界大战后，各发达国家为了在世界舞台上获得重要的发言权，纷纷加大对职业教育的物质资助和精力投入，不断健全对职业教育的认识。美国作为超级大国，现代职业教育正是从通过职业培训等途径帮助退伍军人就业开始的，这不仅解决了军人失业的问题，也促进了职业教育的发展。1958 年美国政府颁布的《国防教育法》要求把职业教育作为一项全国性的工作。20 世纪 60 年代美国政府颁布的《职业教育法》更明确规定职业教育的目的是通过培训帮助学业后人员就业。20 世纪 70 年代全球性的经济危机导致失业率不断攀升，人们将问题的矛头指向学校教育，认为学校并

---

① 王炳照：《中国职业技术教育问题的历史反思》，《教育学报》2005 年第 2 期。

② 〔美〕约翰·S. 布鲁贝克：《高等教育哲学》，郑继伟等选译，杭州，浙江教育出版社，1987，第 87~88 页。

没有为学生就业做好准备，“生计教育运动”则试图实现普通教育与职业教育的一体化，目的是为进入劳动力市场的各种人群提供机会和帮助，使职业教育贯穿于个人发展的全过程。法国普通教育与职业教育的融合同样是在20世纪70年代经济危机的背景下开始的。随着社会产业结构的变革和劳动力市场的变化，职业教育中的就业问题日益突出，按照企业要求培养出来的人才并不适应市场的变化，人们开始转变狭隘的职业教育“适应观”，逐步认识到普通文化教育对接受职业训练的人的重要性。1971年颁布的《技术教育指导法》提出，受教者不仅应努力获得职业资格，还应在整个生涯中不断提升自己。该文件还规定普通教育文凭与技术教育文凭等值。1998年颁布的《职业教育改革的工作纲要》提出，职业教育的基本目标是就业，但不排除文凭持有者的继续学习，实现普通文化知识与职业能力知识之间的平衡。①

从发达国家对职业教育与普通教育关系的不断改革与修正中可以看到两个趋势：一是职业教育与普通教育的相互融合，二是将职业教育贯穿于个人生涯发展的全过程。这貌似政府行为的表象下是职业教育与社会发展之间的同化与顺应：将职业教育发展纳入国家教育事业发展的轨道，同时根据社会的变化不断调整政府和学校的观点与行为，目的是使职业教育所培养的人才能够为社会所用，同时提高学习者的思想、净化学习者的心灵，使社会朝着公平正义的方向前进。

事实上，转变对职业教育的态度，实现职业教育与普通教育的融合，是百年来人们对职业教育不断加深认识的结果。之所以会有这种认识的转变，虽离不开社会发展对职业教育的需求，但更为重要的是职业教育自身就是一种属“人”的活动。作为教育体系中的一个重要组成部分，职业教育有着重要的“人性”价值，这种价值不仅体现在其促进社会经济发展的工具性功能上，更体现在其促进个体不断完善、全面发展的本体性功能上。职业教育在帮助学生获得某一工作所需的专门技术、技能的同时，还给予学生正确的世界观、人生观与价值观的指导。人们重新确立职业教育“属人”的认识，既是职业教育发展的一大进步，也是职业教育实现可持续发展的逻辑前提和保障。

3. 中国职业教育政策制定必须以适度分权为重点

要变行政命令驱动为政府和市场双轮驱动，变部门分割管理体制为统

① 祁占勇、于海燕：《论职业教育的生成逻辑》，《职业技术教育》2014年第13期。

筹协调管理体制，中央、省、市县、乡镇四级管理，重心在地市（或一些县级市），变偏重供给或需求的某个方面为刺激需求和供给两个方面。要转变相关体制，重构国家、市场和职业教育的关系，将计划培养转为市场驱动、政府直接管理转为政府宏观引导，协调政府责任和市场调节的矛盾；实施对职业教育的跨部门统筹管理；形成多部门齐抓共管的沟通协调机制；以增加政府投入为主，多渠道增加教育经费的投入，建立多元投入的办学体制，鼓励职业教育集团化发展；以市场为导向，逐步改变传统的行政管理模式，使职业学校内部治理结构从管理向经营转变，最终形成一统多参的格局，在国务院领导下，实现分级管理、地方为主、政府统筹、社会参与、齐抓共管。同时，运行机制要变“政府发动—学校推动—企业联动”为“企业发动—政府推动—学校联动”，形成一主多元的局面，充分考虑职业教育的市场性，加强社会力量办学，促进中外合作。

有学者曾指出：“促进职业教育的真正发展，转变政府职能，寻找多元的投资主体，走民办、私立为主的办学途径，可能是目前的较好选择。以民办、私立为主来发展职业教育，容易把社会、企业以及个人的需求和实际需要紧密联系起来。职业教育天然地和实业联系在一起，与社会需求联系在一起，我们以前曾无视职业教育自身发展的内在规律，有过不少经验教训。政府作为投资和办学主体，牵一发而动全身，发展职业教育难以摆脱一些顾忌，专门化太强可能导致就业面过窄，试着去拓宽一点、突出了实用性又有短视之嫌，总想找到一个固定的模式，灵活性不大。因此，政府要转变职能，从依靠政府办学的模式中脱离出来，用最好的政策来鼓励职业教育民办化、私立化，这样才能充分发挥职业教育实用性、专门化和灵活性的特点和优势。”①

4. 中国职业教育政策制定必须把质量作为核心

《教育规划纲要》要求“把提高质量作为教育改革发展的核心任务。树立科学的质量观，把促进人的全面发展、适应社会需要作为衡量教育质量的根本标准。树立以提高质量为核心的教育发展观，注重教育内涵发展，鼓励学校办出特色、办出水平，出名师，育英才。建立以提高教育质量为导向的管理制度和工作机制，把教育资源配置和学校工作重点集中到强化教学环节、提高教育质量上来。制定教育质量国家标准，建立健全教育质量保障体系。加强教师队伍建设，提高教师整体素质”。在职业教育政策

① 王炳照：《中国职业技术教育问题的历史反思》，《教育学报》2005年第2期。

制定过程中，要把质量作为核心来考虑，建立以工作过程为导向、产学合作、工学结合的职业教育人才培养模式。事实上，职业教育政策制定所考量的“质量”主要体现为职业教育发展的实践逻辑。

自工业革命以来，学校形态的职业教育为社会培养了众多的劳动者，对各国经济的腾飞起到了举足轻重的作用。发达国家在长期的实践中，形成了独具特色的以实践逻辑为导向的职业教育模式，例如德国的双元制（指以企业为主，企业和学校在职业教育中共同发挥作用）、英国的商业与技术教育委员会（Business & Technology Education Council，BTEC）模式、北美的能力本位教育及澳大利亚的技术与继续教育（Technical and Further Education，TAFE）等。在中国，作为舶来品的职业教育，经过几代人的摸索和实践，取得了很大的成就，但是总体而言，发展效果仍不尽如人意，主要原因在于对职业教育实践逻辑的忽视。因此，要实现职业教育的大发展、大繁荣、大提高，必须将重视职业教育的实践逻辑作为抓手，消除职业教育发展过程中存在的弊端。

首先，树立能力本位的实践理念。一般来讲，职业教育所培养的职业人的“能力”既包含做人的能力，也包含做事的能力。上述四种职业教育模式都在符合职业教育理念的基础上，通过职业分类方法建立了职业分类体系。英国的 BTEC 模式按照英国国家职业资格制度的标准，关注专业能力（胜任某一具体工作领域或岗位的要求）和通用能力（从事任何职业都需具备的自我管理、合作、交往、技术创新等）。北美的 CBE 模式通过运用 DACUM（develop a curriculum，DACUM）课程开发技术，确定某一职业或职业群所需的能力，通过 DACUM 能力图表确定在此能力领域中技能的使用程度，从而直观明确地让学生明白自己学习的目标，进行自主学习并在其中承担任务。德国的双元制将能力分为从业能力（从业者从事一项职业所必备的生存能力和核心本领）和关键能力（与纯粹的专门的职业技能无直接关系却是自身的基本素质）。TAFE 也将其培养目标定为专业能力和关键能力。显然，这四种模式的最大特点就在于采取了能力本位的实践理念。从中国职业教育的发展来看，树立能力本位的实践观，首要的就是正确认识职业教育。职业教育培养的是应用型、技能型人才，是要帮助人们获得相应的职业能力和资格，获得在工作情境中的实际操作能力。因此，职业教育是一种不同于普通教育的、不可替代的教育类型，这种教育实践的理念是与工作角色联系在一起的。

其次，建立以行业为主导的多元化的实践主体参与机制。在发达国家，除学校、政府部门外，行业企业的大力支持和主动参与也是职业教育发展的一大动力。英国的行业主导机构是一个行业性、非政府组织，由雇主对该机构进行管理，企业界人员为主要成员，制定各行业的国家职业资格标准，以指导职业院校的专业设置、课程安排以及教学评价。北美的 CBE 模式请行业专家开发了学习包，它包含一系列学习指导书，教师和学生根据学习包进行教与学。在德国双元制模式下，学生在企业中实践的时间比在校学习的时间长，更重要的是学生的实践课程教学直接由企业负责。无论是学校的管理机构还是监督机构，都有行业、企业委员会的参与。澳大利亚的 TAFE 学院的课程是由行业培训咨询组织开发的，课程以行业组织制定的职业能力标准为依据。中国要建立以行业为主导的多元化的实践主体参与机制，就需要政府为行业打开道路，使行业在职业教育实践中具有发言权，甚至具有监督评价资格。政府还需要引入激励机制，如澳大利亚政府就规定，与职业院校进行合作的企业可以免于按员工工资一定比例上缴税金。

最后，创建灵活多样的实践教学形式。职业教育因具有较强的实践性，其教学形式与学科导向的普通教育存在着很大的差别。CBE 模式在教学实施中，首先就要对新入学的学生进行前测，然后教师与学生一起制订学习计划。由于每个学生的原有水平和能力是不同的，教学方法也就因人而异。同时，对学生的评价也是以每位学生学习计划的实施情况为依据的。在德国，企业与学校联合培养学生，企业的实践教学方法是行动导向的，包括头脑风暴法、项目教学法、案例教学法、角色扮演法、四段教学法等。而 TAFE 学院在终身教育理论的影响下，建立了“学习—就业—再学习—再就业”的循环教育模式。对于受教育者而言，只要条件合适，都可以选择继续学习，也正因如此，其教学方法、时间、地点具有很大的灵活性和延展性。这种将学生看成客户、满足客户需求的做法是值得思考与借鉴的。对中国职业教育而言，需要给予教学一个相对宽松的环境，给予学生足够的选择权。正如能力本位教育所倡导的那样，注重考查学习者在学习结束后达到的水平，而对于学习方法、途径则不予限制。

二、中国职业教育功能的政策考量与应然回归

培养什么人和怎样培养人是教育活动的永恒主题。培养合格公民是职业教育的基本宗旨和恒久追求。改革开放以来，中国职业教育在国家强有力的政策推动下取得了显著的成绩。通过对重大职业教育政策的研究，我们能管窥国家对职业教育功能的定位，认识其积极的一面，也反思其不足之处，矫正其偏误。这不仅对促进职业教育政策制定的科学化与规范化具

有积极的作用，而且有利于转变人们对职业教育的认识。

（一）中国职业教育功能定位的政策演变

改革开放以来，面对新形势、新情况、新需要，为了推动职业教育的大发展、大提高、大改革，党和国家适时出台了诸多促进和规范职业教育发展的职业教育政策。在众多职业教育政策中，从政策类型来看，既有总政策，也有基本政策和具体政策；既有单目标政策，也有多目标政策；既有全局性政策，也有局部性（或区域性）政策；既有物质性政策，也有符号性（象征性）政策；既有实质性政策，也有程序性政策；既有分配性政策，也有限制性政策和调节性政策；既有长期政策，也有中期政策和短期政策；既有中央政策，也有地方政策；既有权力型政策，也有妥协型政策和博弈型政策（或竞争型政策）。从政策的表现形式来看，既有以政策文本为主的政策文献，也有以输出信号为主的政策口号。

在众多职业教育政策中，真正具有权威性且影响深远的主要是七次职教会颁布的职业教育政策。通过对七次职教会颁布的职业教育政策文本的分析，可以更好地认识职业教育功能定位的演变。

第一次职教会的主要任务是，贯彻落实 1985 年《中共中央关于教育体制改革的决定》，研究和明确今后一个时期改革和发展职业教育的任务、工作方针和政策措施。李鹏同志在会议的总结讲话中明确指出："四化建设的成败，关键是人才问题，而解决人才问题的基础在教育。基础教育、职业技术教育、高等教育和成人教育这四个方面都重要，是缺一不可的。""在发展农村经济方面，今后从根本上看，农业经济要持续稳定地向前发展，要靠增加投入，其中主要的一环是技术投入。而农业科学技术的发展和推广的关键在于人才，这就要靠发展农村的职业技术教育来提高农业劳动者的素质。""在工业生产上，现在的中心问题是质量问题和效益问题，关键是提高劳动者的素质。治本的办法是发展职业技术教育。""为了改变人才结构不合理的状况，也必须大力发展职业技术教育。"

第二次职教会的主要任务是，贯彻党的十三届七中全会精神，总结十年来发展职业教育的经验，明确今后发展的目标、方针和政策措施。1991 年 10 月 17 日，《国务院关于大力发展职业技术教育的决定》颁布。李铁映同志在职教会工作报告中指出："发展职业技术教育是加速社会主义建设的重大措施，是造福国家、造福民族、造福子孙后代的伟大事业。这是摆在我们面前的一项重要而又紧迫的任务，要把发展职业技术教育作为发展经济的一个组成部分，要像抓经济工作那样抓劳动者素质的提高。把促进职业教育的发展摆到重要日程上来。”“我国劳动者文化技术素质不高的问题更加突出，严重制约了我国现代化的进程。”“建设好我国的工人和农民队伍，对进一步巩固以工农联盟为基础的社会主义制度，具有特殊重要的意义。”

第三次职教会的主要任务是，研究制定贯彻落实《教育法》《职业教育法》和《中国教育改革和发展纲要》的政策措施，进一步明确跨世纪发展职业教育的目标和任务。会上，李鹏同志和李岚清同志发表了重要讲话。他们指出：“发展职业教育从根本上说是提高全民族劳动者素质，合理开发利用人才资源，促进提高产品质量的一项重要措施。”“当今世界日趋激烈的经济竞争和综合国力的较量，归根到底是人才的竞争，在相当程度上又是第一线技术工人和劳动者整体素质的竞争。职业教育正是培养和提高在第一线从事生产、服务和管理的各类实用人才及熟练劳动者素质的基本途径，其发展规模和水平，直接影响着产品的质量和经济效益的提高。”“在农村基础教育中增加职业教育的内容，以巩固基础教育的成果，培养大批掌握现代科技知识的新型农民。”“大力发展职业教育，是促进劳动就业、深化企业改革的重要条件。”“大力发展职业教育，是优化教育结构，提高教育整体效益的根本措施。”

第四次职教会的主要任务是，以邓小平理论和江泽民同志“三个代表”重要思想为指导，总结近年来职业教育的成就和经验，分析职业教育的形势，进一步确立职业教育的战略地位，明确“十五”期间职业教育改革发展的指导思想、目标和思路，研究制定推动职业教育改革发展的政策措施，努力开创职业教育工作的新局面。会后颁布了《国务院关于大力推进职业教育改革与发展的决定》。会上，朱镕基同志指出：“职业教育与一般教育不同，是教育事业中与经济社会发展联系最直接、最密切的部门，担负着培养高素质劳动者和各类具有专门技能的人才，为城乡新增劳动力、下岗失业人员、在职人员、农村劳动力和其他社会成员提供多种形式、多种层次的职业培训的繁重任务。加快职业教育的改革和发展，最有利于促进教育与经济社会发展的密切结合。这对于全面实施科教兴国战略，实现经济和社会可持续发展，提高劳动者素质，拓宽就业渠道，促进劳动就业和再就业都具有极为重要的意义。”

第五次职教会的主要任务是，学习贯彻党中央、国务院有关加强职业教育的重要指示精神，总结交流各地区、各有关部门发展职业教育的经验、做法和思路，分析新形势和新任务，进一步明确今后工作方针、政策和措施。会上，陈至立同志明确指出：“要充分认识抓职业教育就是抓经济工作，在走新型工业化道路和推进城镇化进程中，职业教育大有可为；充分认识解决‘三农’问题，推进农业现代化，呼唤职业教育大发展；充分认识提高劳动者素质，增强产业竞争力，必须以职业教育为基础；充分认识促进就业和再就业，必须依靠职业教育；充分认识发展职业教育是教育工作落实科学发展观的重要体现；充分认识未来二十年是职业教育不可错失的发展机遇期，无论是中等职业教育还是高等职业教育，职业学历教育还是各种形式的职业技能培训，都要有全面的发展。”

第六次职教会的主要任务是，在全面分析经济社会发展形势的基础上，进一步明确职业教育在经济社会发展和教育工作中的重要地位和作用，提出今后一个时期职业教育改革发展的目标任务和政策措施。陈至立同志就贯彻和落实《国务院关于大力发展职业教育的决定》进行了全面部署。会上，温家宝同志明确指出：“国民经济的各行各业不但需要一大批科学家工程师和经营管理人才，而且需要数以千万计的高技能人才和数以亿计的高素质劳动者。没有这样一支高技能、专业化的劳动大军，再先进的科学技术和机器设备也很难转化为现实生产力。全面提升我国人力资源的整体素质，就必须从源头抓起，更加重视和加快发展职业教育。”温家宝同志还从推进国家走新型工业化道路、解决“三农”问题、促进就业再就业、全面提高国民素质、促进教育事业协调发展等方面深刻阐述了职业教育的战略地位和重要作用。他还特别指出：“职业教育具有鲜明的职业性、社会性、人民性；职业教育的目的是‘使无业者有业，使有业者乐业’；职业教育应该是面向人人的教育，使更多的人能够找到适合于自己学习和发展的空间，从而使教育事业关注人人成为可能。”

第七次职教会的主要任务是，把思想和行动统一到中央关于职业教育的功能新定位、形势新判断、工作新部署上来，加快构建中国特色现代职业教育体系，努力开创职业教育工作新局面，为转方式、促改革、调结构、惠民生做出新贡献。会后，《国务院关于加快发展现代职业教育的决定》和《现代职业教育体系建设规划（2014—2020年）》颁布。李克强总理在人民大会堂接见与会代表时指出：“职业教育是面向人人、融入社会的行业。要把职业技能和职业精神的教育培训相融合，通过改革的方式办好、办大职业教育，促进充分就业，实现中国经济的提质增效升级。”中国的职业教育培养了大批的技能人才，为国家经济发展、促进就业和改善民生做出了不可替代的重要贡献。职业技能人才应该是高素质、全面发展的人才，更应该是有敬业精神加职业精神的人才。职业教育不仅要培养职业技能，更要培养职业精神。要把职业教育的重要意义放在实现中国经济升级、促进充分就业的大背景下通盘加以考虑。中国经济发展已进入转型升级的中高速增长时期，要支撑经济社会持续、健康发展，实现中华民族伟大复兴的目标，就必须推动中国经济向全球产业价值链中高端升级。“这种升级的一个重要标志，就是让我们享誉全球的‘中国制造’，从‘合格制造’变成‘优质制造’、‘精品制造’，而且还要补上服务业的短板。要实现这一目标，需要大批的技能人才作支撑。”国家发展的根本目的是改善民生，而改善民生的前提就是要保证比较充分的就业。这方面同样需要依靠职业教育，需要大规模培养职业技能人才。“职业教育在中国经济社会发展过程中意义重大，不可替代。”要通过加快现代职业教育，将中国的人口压力转化为人才优势，“必须要用改革办法办好办大职业教育，进一步处理好政府和市场的关系”。“政府既要加大对职业教育的投入，也要采取购买服务等多种办法，调动企业、社会多方面的力量。”“要真正做到校企结合、产教融合，使更多社会力量都能进入职业教育当中。”①

通过对七次职教会中有关“为什么需要职业教育”“职业教育能够做什么”等问题的纵向梳理，可以得出以下几个方面的认识：一是职业教育与国家经济社会发展联系密切，直接为社会培养高素质劳动者和专门技能人才；二是职业教育在拓宽就业渠道与促进劳动就业和再就业方面具有重要价值；三是职业教育尤其是农村职业教育是培养新型农民和解决“三农”问题的关键；四是职业教育在提高劳动者素质和增强产业竞争力方面具有明显优势；五是职业教育是深化企业改革的重要条件；六是职业教育是加速社会主义建设的重大举措和推进社会主义现代化的重要抓手；七是国家开始注意到职业教育应该是面向人人的教育。

（二）中国职业教育功能定位的价值背离

所谓功能就是功效与效能，是指事物所发挥的有利作用。而教育功能是指教育活动与系统对个体发展和社会发展所产生的各种影响和作用，即教育具有的作用。相应地，职业教育功能是指职业教育具有的作用。就其属性来看，职业教育具有本体功能和外在功能。所谓职业教育的本体功能，是指职业教育自身直接具有的功能，或者称为职业教育自身的职责和能力。所谓职业教育的外在功能是指职业教育通过本体功能的发挥所产生的效果和影响。就其作用对象来看，职业教育具有个体功能和社会功能。所谓职业教育的个体功能是由职业教育活动内部结构决定的。

① 李克强：《李克强接见参加全国职业教育工作会议代表并发表重要讲话》，《职业技术》2014 年第 8 期。

所谓职业教育的社会功能是职业教育的本体功能在社会结构中的衍生物，是职业教育的派生功能，也可称作职业教育的工具功能。显然，从这个层面来看，人们之所以需要职业教育，首先是因为职业教育具有独特的本体功能。如果只重视职业教育的社会功能，而不重视职业教育的本体功能，那么职业教育将会变成工具和手段，永远不可能成为目的，也不可能得到长足的发展。

然而，通过分析改革开放以来相关职业教育政策的表述，不难发现，人们对职业教育功能的定位存在一定程度上的价值背离问题，主要表现在以下三个方面。

1. 从国家发展需要出发定位职业教育的功能，带有典型的国家本位的色彩

职业教育首先是一种培养人的活动，是相对独立于政治、经济等社会活动的。职业教育的发展可以促进人的发展，尤其是可以提升人的综合素质。然而事实上，一直以来，中国职业教育面临着国家需要和个人选择之间的矛盾，突出表现为职业教育的发展更多的是出于国家需要，并不是学生、家长主动选择的结果。其实，这与人们的观念是不谋而合的。在中国，基础教育是精英教育的扩大化，而中等职业教育是“失败者”的“无奈选择”；高等教育是典型的学术教育的扩大化，而高等职业教育是“二流的高等教育”。而从社会经济发展角度出发，仅仅出于加快社会主义现代化建设、促进经济发展、提高劳动者素质等考虑来发展职业教育，不仅无助于观念的转变，还会加深职业教育与普通教育的分野，使职业教育的地位更加低下。制定职业教育政策需要考虑国家利益，但不能忽视职业教育的本质，即对人的培养。职业教育发展中“见物不见人”的状况必须得到扭转。

2. 从职业教育的工具价值出发定位职业教育的功能，带有浓厚的技术本位的色彩

职业教育首先是一项教育活动。作为教育活动，职业教育的发展应立足于教育价值而非单纯地把人培养成技术劳动者。而且，即使是技术劳动者也需要素养和高尚的职业道德。因此，片面强调职业教育的工具价值，把人当作物、器械来培养，是对职业教育功能理解的偏误，不利于职业教育的健康发展，也不利于职业教育中人的发展。比较遗憾的是，重大职业教育政策中关于职业教育功能的定位基本是从典型的工具价值出发的，带有浓厚的技术本位色彩，从而导致职业教育的教育目标、课程内容、教学方法遵循着同样的标准，追求一套共同的规范，缺乏弹性。这种呆板、程

式化的职业教育不关心学校的具体特点，更不考虑受教育者个体的兴趣和需要。

3. 从职业教育的就业属性出发定位职业教育的功能，带有明显的就业本位的色彩

职业教育政策存在着就业本位的导向，即以服务为宗旨，以就业为导向；存在着“职业教育就是就业教育”的认识，甚至一些学校片面强调岗位针对性较强的职业技能培养，视职业教育为解决社会就业难题的良方。这种职业教育最大的问题是未能关注学习者个体的生涯发展需求，是典型的效率本位思想，忽视了公平。其实，完全可以通过多种方式，让学习者看到职业教育的就业优势与升学可能。解决职业教育问题首先要形成以人为本、全面发展、平等和效益统一的社会公平观、正义观。国家必须高度重视职业教育的双重功能，坚持平等优先、兼顾效益。

（三）中国职业教育功能定位的应然回归

职业教育功能定位的应然回归是职业教育自身功能的彰显，是职业教育各个方面协调发展的需要，是教育事业整体提升的必然选择。

1. 坚持职业教育社会本位和个人本位的统一，强化个人本位

教育是培养人的活动，培养什么人和怎样培养人的问题是教育的永恒命题，进而衍生出了社会本位与个人本位两种教育目的观。从本质上讲，教育的根本目的是使人成为人，其立足点是形成人、发展人、造就人，应以个人本位为主、社会本位为辅。从职业教育的发展来看，要坚持职业教育社会本位和个人本位的统一，强化个人本位。首先，初中教育应该成为学生进行生涯探索的初级阶段，通过各种测验成绩的综合分析等，帮助学生确定适合接受学术教育还是职业教育。通过构建学校生涯教育与服务体系，使学校生涯教育与服务成为人本化、个性化职业教育的基础。其次，通过政策引导，让学生和家长加深对职业教育的认识，并自主选择职业教育。最后，让学习者在职业教育中“学有目的、学有兴趣、学有乐趣、学有成效”。

2. 坚持职业教育工具价值和理性价值的统一，回归教育价值

人们必须理性地对待职业教育的工具价值取向，应向理性价值取向回归。理性是人类判断是非、善恶的根本标准和解决问题的根本思维方式。韦伯把理性分为价值理性和工具理性，或称价值合理性和工具合理性。价值合理性行动是对存在应该是什么的认识，立足于信念、理想的合理性，只对良心负责，为了实现理想不惜一切代价，将后果与责任归咎于难以改

变的客观条件、命运的安排或者邪恶势力的阻碍。工具合理性行动是对存在是什么的认识，基于目的合理性，只对后果负责，以完全可以预计的、计算的方式追求目的、手段、条件和结果的一致，不打无准备之仗。价值合理性和工具合理性常常处于相互交错甚至二律背反、两难选择的矛盾之中，但两者也非绝对对立，而是互为前提，共存于同一事物属性的不同方面。一个具有真正自由人格的人，能以价值合理性为动力，以工具合理性为行动准则，将两者互补交融地结合或统一起来。① 人们必须改变从职业教育的工具价值而不是职业教育的理性价值出发定位职业教育功能的倾向，要克服仅视职业教育为开发人力资源、解决个人生计和调节劳动力市场的手段的倾向，应强调职业教育在促进个体生涯发展、完善教育结构和促进社会和谐发展等方面的本体功能。职业教育理性价值的回归，重点在于加强职业人文教育。从本质上来讲，职业教育兼有职业性与人文性。职业性属性决定了职业学校在人才培养中重视知识传授和技能培养，给学生提供一种工具。而人文性属性决定了职业学校应立足于培养和谐发展的人，使学生具有相当的人文科学知识、自觉的人文关怀和较强的实践能力，从而实现职业教育知识、能力的结合和统一。从世界职业教育发展的经验和趋势来看，职业教育在新的历史条件下要想实现真正意义上的繁荣发展，就必须构建能够体现人文教育价值的模式，从这个意义上说，具有人文教育内涵的职业教育才是真正的职业教育。在培养一名职业技术人员的同时，也要将他培养成一名合格的公民。

3. 坚持职业教育就业功能与升学功能的统一，尊重个人选择

十年树木，百年树人。教育具有长效性，个人发展与教育效益都具有测不准性，“一个人的能力决不可能在任何给定的时刻内被认识清楚，而只能设想如果提供一个良好的发展机会的话它可能怎样。社会确保每个人的能力得到最充分发展的惟一方式，就是在数量上为所有人提供均等的教育机会”，否则，“在实际尝试之前，认为人们不能从同样的机会中获得同样的益处的任何判断，显而易见只对偏见和不公正有利”。② 处境不利的人并非都是没有才能的人，为处境不利的人提供更多受教育机会，并不等于给没有才智的人提供更多受教育机会。但任何社会和国家的教育资源都是

---

① 苏国勋：《理性化及其限制——韦伯思想引论》，上海，上海人民出版社，1988，第73~98页。

② 〔美〕约翰·S. 布鲁贝克：《高等教育哲学》，郑继伟等选译，杭州，浙江教育出版社，1987，第72页。

有限的，平均分配教育资源和机会均等的平等教育“很可能为才智平庸者提供超出其能力所能利用的太多的机会，或给才华出众者提供的机会则不能满足他们的需要”，从而导致教育效益的低下。“在一个民主社会中，阻止一个智力或性格与体力上属于强者的人取得凭天赋能力所能取得的成绩，其不公正、不民主和犯罪的程度正如阻碍一个弱者在与同伴竞争时最大限度地发挥其能力一样。”① 这两种后果都是不平等和不公平的。“公正在机会与才能成正比例时才能得到最充分的体现”②，因此，必须给予每一个人充分的选择自由权，不能因为制度给定性的因素扼杀了他的选择权利。职业教育也必须满足人的多种发展可能性，给予学习者多种选择，唯有如此，职业教育才能获得长足的发展和民众的认可，进而变成民众自动的、自主的、自为的选择。同时，职业教育应完善选择性机制、实现平等招生、促进职普互通、搭建供需平台，在整个过程中，尤其应尊重个体的发展需要，处理好就业和升学的矛盾，做到学科性的教育与职业性的教育的统一，构建“面向全体、学生主体、校企合作、工学结合、结构合理、形式多样、灵活开放、自主发展”的现代职业教育体系。

三、中国职业教育问题的政策确认与理性反思

波普尔（K. Popper）认为，科学开始于问题，而不是开始于观察，尽管观察可以引出问题，但正是问题才激励人们去学习、去发展知识，去实验，去观察。科学和知识的增长永远始于问题，终于问题——越来越深化的问题，越来越能启发新问题的问题。③ 同理，发展也源于问题，如果缺乏对问题的最起码认识，那么任何一项活动或事物都不可能得到发展甚至会出现倒退。因此，反思改革开放以来国家对职业教育问题的认识，不仅有利于准确界定职业教育发展中的问题，而且有利于职业教育政策制定的科学化，更有利于职业教育政策的执行。

（一）中国职业教育问题确认的政策流变

第一次职教会把职业教育发展过程中存在的问题归纳为四点：一是职业技术教育的规模、层次和结构不能适应城市经济和社会发展的需要，还

---

① 〔美〕约翰·S. 布鲁贝克：《高等教育哲学》，郑继伟等选译，杭州，浙江教育出版社，1987，第73页。

② 〔美〕约翰·S. 布鲁贝克：《高等教育哲学》，郑继伟等选译，杭州，浙江教育出版社，1987，第73页。

③ 波普尔：《猜想与反驳：科学知识的增长》，傅季重等译，上海，上海译文出版社，2005，第320页。

没有形成所有经济部门，尤其是工业企业都能依靠职业技术教育来提高从业人员素质的格局。二是农村的职业技术教育还很薄弱，发展很不平衡，许多地方的农村基本上还是单一的普通教育。三是中等专业学校和技工学校发展缓慢，潜力未充分发挥出来，招生规模同“七五”期间的需求差距很大。四是教育质量和办学效益不高，相当多的学校师资力量薄弱，经费严重不足，缺少基本的教学设施和实习条件，社会迫切需要的某些专业仍然短缺或十分薄弱。

第二次职教会把职业教育发展过程中存在的问题归纳为四点：一是职业技术教育的规模、规格和质量都还不能适应经济建设和社会发展的需要，在整个教育事业中仍然是很薄弱的环节。二是社会上乃至一些部门和地方的领导中还存在着鄙薄职业技术教育的现象。三是职业技术教育的有关法规和配套政策不健全，管理体制尚待进一步理顺，资金投入不足，办学条件差，支持职业技术教育发展的服务体系很薄弱。四是教育内部的改革和建设亟须加强，高水平的示范性骨干学校数量还太少，职业教育的专业设置和专业结构的有些方面与社会需要结合得不够紧密等。

第三次职教会把职业教育发展过程中存在的问题归纳为四点：一是社会上还不同程度地存在轻视职业教育的观念，有些地方和部门的领导同志对职业教育的重要地位和作用还缺乏足够的认识。二是职业教育的层次、规模、水平总体上还不适应社会的需要，办学和管理体制、运行机制还不能很好地适应建立社会主义市场经济体制的要求。三是职业教育的整体基础相对薄弱，经费渠道不稳定，专业师资不足且水平亟待提高，实验实习设施需要充实和更新，服务体系亟待完善，职业教育的教育教学水平和办学效益有待进一步提高。四是行业和企业参与职业教育的制度还不完善，东西部之间、城乡之间、各产业之间的职业教育发展很不平衡，面向农业和艰苦行业的职业教育还有很大困难等。

第四次职教会指出，职业教育发展过程中存在的主要问题有：一是一些地方对发展职业教育的重要性缺乏足够的认识。二是投入不足，基础薄弱，办学条件较差。三是管理体制、办学体制、教育教学质量不适应经济建设和社会发展的需要。四是就业准入制度没有得到有效执行，影响了受教育者的积极性。五是地区之间、城乡之间发展不平衡。

第五次职教会认为，职业教育发展过程中存在的主要问题有：一是职业教育仍然是教育的薄弱环节，一些地方和部门在统筹人力资源开发中仍存在着忽视技能人才培养和使用的倾向，在统筹各类教育发展中仍存在着忽视职业教育的倾向，推进职业教育改革与发展的措施还不够有力。二是生产服务一线技能人才特别是高技能人才严重短缺，广大劳动者的职业技能和创业能力与劳动力市场需求有较大差距。三是职业教育发展面临诸多困难，办学条件比较差，办学机制不够灵活，人才培养的数量、结构和质量还不能很好地满足经济建设和社会发展的需要。

第六次职教会认为，职业教育发展过程中存在的主要问题有：一是职业教育仍然是教育事业的薄弱环节。二是发展不平衡，投入不足，办学条件比较差。三是办学机制及人才培养的规模、结构、质量还不能适应经济社会发展的需要。

第七次职教会认为，职业教育发展过程中存在的主要问题有：社会吸引力不强、发展理念相对落后、行业企业参与不足、人才培养模式相对陈旧、基础能力相对薄弱、层次结构不合理、基本制度不健全、体制机制不畅、质量有待提高、国际化程度不高等，并集中体现为职业教育体系不适应加快转变经济发展方式的要求。

（二）中国职业教育问题确认的政策困境

职业教育问题不仅是一种客观存在的事实或状况，而且也是一种主观感知及集体行动的产物。它是指政策主体或社会上大多数人感到职业教育发展中出现的某种情况与他们的利益、期望、价值和规范有相当严重的矛盾和冲突，进而通过组织活动要求政府或其他组织采取行动加以解决，并被政策制定者列入政策议程的问题。显然，如果被列入政策议程的职业教育问题不准确、不清晰、不严谨、不到位，经过政策目标的认定并经由政策合法化后的职业教育政策极有可能产生“恶政亦政”的后果，反而会损害职业教育的发展。因此，在制定职业教育政策的过程中，职业教育问题的确认既是出发点也是归宿。目前，人们对职业教育问题的确认还存在一些偏误。

1. 重视宏观职业教育问题而轻视微观职业教育问题

职业教育的发展不仅要解决一般的问题，还要解决核心的问题，即以教学为轴心的人才培养模式问题。

不同于普通教育，职业教育是让受教育者获得理论知识及某种职业或生产劳动所需要的职业技能的教育。职业教育这种质的规定性，决定了职业教育的目的应该是培养具有一定文化水平和专业知识技能的劳动者。职业教育不仅要传递最基本的文化理论知识和职业知识，帮助学生形成良好的个人修养和品德修养，提升学生的综合素质，更需要教授给学生实践技能，提高学生的实际操作能力，形成职业教育特有的人才培养模式。

目前，职业教育相关政策较少涉及人才培养模式的问题。部分职业学校的教学片面强调学科知识的完整性、系统性，忽视职业岗位的能力要求，教师讲课是“纸上谈兵”，不能运用真实或模拟的教学设备与教学工具来演示和示范，学生只能依靠想象与书本知识理解具体的实践操作过程和所需要的某种工作能力。由于职业学校自身发展滞后，政府的支持力度不够，企业参与合作办学的动力不足，中国职业教育的人才培养模式与西方发达国家相比较为落后陈旧，适应市场的能力较为薄弱，人才培养的规格和质量与市场的需求不吻合。

因此，今后在制定相关的职业教育政策和法规时，应该适当地调整政策关注的方向，从微观的视角出发审视职业教育问题。

2. 重视职业学校教育问题而轻视职业培训问题

在广义上，职业教育包括职业学校教育和职业培训，后者又包括企业或者机构提供的培训。然而，目前中国的职业教育主要以学校的学历教育为主，学生在学校接受正规的职业教育。职业培训是职业教育的另一种路径和人才培养方式。改革开放以后，随着社会主义市场经济体制的建立，政企分开，企业自负盈亏，享有自主管理权。原有的终身用工制度被打破，取而代之的是企业用工的合同制。这种新的用人制度实际上增加了人员的流动性，加大了企业进行员工培训的成本和风险，导致很多企业不愿投入更多的财力、人力和物力培养一个新任职的员工，而更倾向于雇用有一定工作经验的老员工或者毕业于职业学校的掌握相关技术技能的学生。

职业培训和职业学校教育是职业教育人才培养的两种模式，对于一个国家劳动力就业能力的提高、技能技术的进步及整个国家综合竞争力的提升具有重要的作用，然而，目前的职业教育政策更多关注职业学校教育，忽视了职业培训，对相关问题的界定也不够清晰。这在很大程度上会影响职业教育的良性发展和长远发展。

3. 重视职业教育发展中的观念问题而轻视职业教育发展中的制度建设问题

职业教育的发展既有观念、认识上的问题，更有制度建设上的问题，通过制度建设改变职业教育的落后局面应是一种较为理想的道路，但目前职业教育政策对职业教育制度建设方面的问题很少提及。

职业教育制度建设的主要内容包括职业教育法律、法规制度建设，招生与就业制度建设，职业资格证书制度建设，职业教育资助贫困生制度建设，职业技能竞赛制度建设。目前职业教育的制度建设仍然落后于世界发达国家。职业教育学位制度建设缓慢，与学生自身发展要求和经济社会发展要求不相适应；职业学校教师专业化速度较慢，培训机制不完善；职业教育管理职能条块分割，机制不灵活，既弱化了职业教育的统筹管理，也影响了职业教育与普通教育的沟通等。这些都阻碍了职业教育的发展和现代职业教育体系的建设。

（三）中国职业教育问题确认的理性反思

职业教育问题是职业教育政策制定的出发点，对其进行科学的确认至关重要。确认职业教育政策问题的主要任务或内容是要了解职业教育政策问题的领域、范围及解决方式。

1. 坚持育人为本原则，把职业教育人才培养模式中存在的问题放到职业教育问题确认的首要位置

《教育规划纲要》指出，“把育人为本作为教育工作的根本要求。人力资源是经济社会发展的第一资源，教育是开发人力资源的主要途径。以学生为主体，以教师为主导，充分发挥学生的主动性，把促进学生成长成才作为学校一切工作的出发点和落脚点；关心每个学生，促进每个学生主动地、生动活泼地发展；尊重教育规律和学生身心发展规律，为每个学生提供适合的教育，培养造就数以亿计的高素质劳动者、数以千万计的专门人才和一大批拔尖创新人才”。

以人为本的教育理念既是职业教育改革应该坚持的方向，也是对新时期时代发展要求的回应。目前，经济快速发展，产业结构逐步升级转型，经济增长方式转变，国家正在朝着世界制造业强国的方向迈进。这对生产一线的技能型人才提出了更高的要求，也对职业教育的人才培养规格、质量及其与经济发展相适应的程度提出了更大的挑战。这就要求探索一套与经济发展相适应的职业教育人才培养模式。

职业学校应该从传统的以课堂为中心的封闭式教育教学中走出来，积极寻求与企业的合作，建立良好的合作关系，把教学活动与学生的生产实践、企业顶岗实习等紧密联系起来，即采取工学结合的人才培养方式。这是职业教育培养高素质、高技能人才的主要途径。职业教育要处理好学校与企业、学习与工作、职业与教育之间的关系，充分利用好学校和企业的不同教育环境，形成以职业学校为主体，企业和学校共同教育、管理和培训学生的双结合的模式，最终实现学生实践操作动手能力的提高，使学生

顺利实现角色转变。①

而且，职业教育以就业导向为宗旨，也进一步明确了职业教育人才培养模式要以学生为主体，从学生的角度出发，尊重教育规律和学生身心发展规律，为每个学生提供适合的教育。职业教育在培养目标上以学生的能力为核心；在教学内容的建构上以职业教育的特征、规律和发展趋势为主要依据；在培养方式上强调学生“从做中学”。人才培养模式的发展和创新不是一蹴而就的，而是一个不断完善的过程。在以人为本原则的基础之上，应把职业教育人才培训模式中存在的问题放到职业教育问题确认的首要位置。

2. 坚持两条腿走路方针，把职业培训中存在的问题放到职业教育问题确认的显著位置

在世界经济一体化的今天，大到国家综合实力的竞争，小到企业间的竞争，归根到底都是人才的竞争。不仅要通过职业学校培养人才，更要通过职业培训提高劳动者的就业能力和职业能力。要坚持两条腿走路，把职业培训中存在的问题放到职业教育问题确认的显著位置。一方面，加强对职业学校毕业生的培训。目前，职业教育对学生的实习或者企业培训的重视程度不够，企业组织培训活动的积极性不高。因此，在制定职业教育政策时，应该给予企业一定的激励，如降低税收、加大经济补贴等，提高企业参与校企合作的积极性，给予即将毕业的职业学校学生一定的技术指导，这在某种程度上也兑现了回馈、服务社会的承诺并树立了企业的良好形象。对于职业学校而言，国家在制定政策时应该具体细化相应的职责，建立规范的制度，促使学校积极地转换学生培养模式、提高学生质量，使学生在激烈的市场竞争中具有更强的竞争力。另一方面，完善培训管理体制和经费保障。良好的培训体系或制度是培训工作顺利进行的前提和有力保障。国家可以建立更加完备的职业教育培训登记管理制度及监督制度，对培训内容的认证申请及变更、培训教师的管理、学生的档案管理、测试及评价，都应该制定明确的规则，一切都要按照相应的规则去办。② 只有这样，培训工作才有可能健康进行，才有可能培养出高质量的、符合经济发展需求的职业教育人才。

---

① 龙德毅：《工学结合职业教育人才培养模式研究》，《天津职业院校联合学报》2011 年第 2 期。

② 刘勇、宋豫：《论我国职业教育立法的完善》，《南京社会科学》2013 年第 2 期。

3. 坚持整体全程优化原则，把职业教育发展中的内外部矛盾协调处理放到职业教育问题确认的关键位置

所谓整体全程优化原则，就是要求管理者始终把整体目标作为自己的目标，处理好全局与局部、整体与部分的关系。

以就业为导向的职业教育具有普通教育不可替代的功能和作用，是国民教育体系和终身教育体系的重要组成部分。随着职业教育的深入发展，出现了很多深层次的矛盾和问题：在教育系统内部，对职业教育的认识、定位、投入、评价相对不足，职业教育内部的沟通和管理缺乏平衡和一致性；政府举办职业教育的主导责任与行业、企业和社会力量共同举办职业教育的重要责任不够突出；教育投入渠道窄，整体社会资源利用不足；人才培养模式滞后于经济发展与社会变化对技术技能型人才的要求；教育结构体系封闭性强，各种教育类型和层级之间缺乏有机的沟通和衔接等。①

面对当前职业教育中的突出矛盾和困境，应该坚持：一是整体全程优化原则，对职业教育实现目标控制，追求整体利益。根据职业教育的内部特征、规律和发展趋势，围绕其既定的系统整体目标，针对不同的子系统及其不同的发展阶段制定出切实可行的子系统发展目标和阶段目标。二是合理配置资源，确保整体优化。职业教育资源是全社会投入职业教育领域，用于培养技能型、应用型人才的所有人力资源、物力资源、财力资源与信息资源的总和。它是一个组成、维持、参与并服务于职业教育的资源系统。国家应对各级各类资源进行整合，利用政策杠杆和市场机制，合理优化政府资源、经费资源、专业和课程资源、人力资源、校企资源和民办教育资源的配置。

4. 坚持体制机制创新原则，把职业教育发展中的体制机制创新原则放到职业教育问题确认的重要位置

《教育规划纲要》指出，“把改革创新作为教育发展的强大动力。教育要发展，根本靠改革。要以体制机制改革为重点，鼓励地方和学校大胆探索和试验，加快重要领域和关键环节改革步伐。创新人才培养体制、办学体制、教育管理体制，改革质量评价和考试招生制度，改革教学内容、方法、手段，建设现代学校制度。加快解决经济社会发展对高质量多样化人才需要与教育培养能力不足的矛盾、人民群众期盼良好教育与资源相对短缺的矛盾、增强教育活力与体制机制约束的矛盾，为教育事业持续健康发展提供强大动力”。

① 张健：《试论高等职业教育资源优化配置的路径选择》，《教育与职业》2006年第35期。

《现代职业教育体系建设规划（2014—2020年）》指出，“以产教融合为主线，建立各级政府、行业、企业、学校和社会各方面共同参与的制度创新平台，为现代职业教育体系建设提供制度保障”。当前，职业教育的主要任务是发展与创新，职业教育法律体系和标准体系、管理制度、招生考试制度、职业资格证书制度与就业制度及技术技能积累等体制机制创新是职业教育发展的重要内容和发展趋势。构建中国特色现代职业教育体系，必须着力完善职业教育的相关制度建设，实现职业教育真正依法办学和切实规范管理。

积极构建职业教育的管理体制，形成有效的管理机制，建立适应市场的管理模式，一直是职业教育体制创新的重要问题。《现代职业教育体系建设规划（2014—2020年）》指出，“转变政府管理方式。完善分级管理、地方为主、政府统筹、社会参与的管理体制”。管理体制的创新主要体现在以下两个方面：首先，国务院建立职业教育工作联席会议，在国务院领导下将与职业教育发展和学生就业有关的部门联系起来，几个部门通力协作与统筹管理，联手解决职业教育的重大问题，保障职业教育质量的提高及职业院校学生的顺利就业，实现职业教育的良性循环发展。其次，强化各级地方政府在职业教育发展过程中的重要职责。加强各级政府发展战略、规划、标准的制定和实施，统筹区域职业教育发展，落实职业教育投入责任，创设有利于产教融合、校企合作的良好的制度环境。

随着社会主义市场经济体制的建立和完善，劳动力资源的市场配置机制逐步建立，劳动力市场成为职业教育发展最重要的影响因素。劳动力市场的需求决定着职业的规模结构、层次类别等，劳动力市场的动态变化决定了对人才的需求数量、质量、结构也处于动态的变化之中，劳动力市场、劳动力需求、毕业生充分就业构成职业教育发展的重要前提。因此，职业教育体制机制要与劳动就业制度同步发展，学校人才培养要与就业紧密结合，满足劳动力市场需求、学生充分就业的需要。学校教育教学的开展要与劳动就业制度的要求相一致，专业设置、教学内容及活动要与劳动力市场需求、就业准入标准、职业资格要求相衔接。对用人单位而言，要以是否具有学历证书、职业培训合格证书或职业资格证书作为人才录用的标准。对职业学校而言，要将适应劳动预备制度、就业准入要求作为办学的方向。一要根据劳动力市场需求调整教学内容，突出职业教育的职业性、定向性和生产性。二要通过加强就业指导与服务，如为学生提供就业信息、就业岗位、开展“订单式”定向培训，促进职业学校与劳动就业市场的对接，增强适应市场运行机制的能力。①

四、中国职业教育体制改革中的政策变迁与政策效能

突破体制障碍，进行制度创新，开展制度设计，发挥制度功能，展现制度效应，是职业教育实现水平提升与创新发展的必然选择。那么，何为教育体制呢？一种观点认为，教育体制是国家各级教育行政机构和企事业单位教育行政机构设置、隶属关系、权限划分等方面的体系及制度的总称。另一种观点认为，教育体制是处理中央与地方、教育行政部门与学校领导之间重要领导权限关系的制度。② 显然，这两种解释皆把教育体制当成教育行政管理体制。同时，两种解释都认为解决教育管理问题主要靠制度，即教育体制是解决这些问题的制度。其实，这两种认识存在着较大的片面性。因为，教育体制所要解决的问题不仅是教育管理中的问题，还有教育实施中的问题。教育管理中的问题不仅仅是宏观教育管理中的问题，还有学校内部微观管理方面的问题。教育体制不仅涉及制度，还涉及制度得以建立和实施的机构。很明显，这两种看法虽然抓住了教育体制的核心——制度，却忽视了教育体制的载体——机构，未能全面把握教育体制的基本要素。

教育体制是指各式各样的教育机构与教育制度的结合体或统一体。各式各样的教育机构主要是指教育实施机构和教育管理机构。教育实施机构包括家庭教育机构、学校教育机构和社区教育机构。教育管理机构是指教育行政机构和学校内部的管理机构。教育制度是建立并维持教育机构正常运转的规则体系。特定的教育实施机构与一定的规范相结合，就形成了具体的教育体制。教育管理机构与一定的规范相结合，就形成了教育管理体制。其中，教育行政机构与一定的规范相结合，就形成了教育行政体制；学校管理机构与一定的规范相结合，就形成了学校管理体制。③

教育体制改革的根本目的是要建立与政治、经济、文化、科技等体制相适应的具有中国特色的教育体制，从而使政府与学校的关系更加顺畅，使学校内部治理结构不断完善，使学校的举办、投资体制更加合理，最终形成科学化、民主化、制度化、程序化、绩效化的现代教育体制，并建构具有中国特色、符合时代特点、顺应国际潮流、体现教育规律的现代学校制度。

---

① 孙琳：《21 世纪我国职业教育发展的政策取向》，《职教论坛》2004 年第 4 期。

② 孙绵涛：《教育体制理论的新诠释》，《教育研究》2004 年第 12 期。

③ 孙绵涛：《教育体制理论的新诠释》，《教育研究》2004 年第 12 期。

教育体制问题一直是制约各级各类教育改革深入推进的瓶颈之一。改革开放以来，教育改革基本上都是从对教育体制的设计与安排入手的，国家所颁布的大多数教育行政法规、教育规章及教育政策都对教育体制问题进行了浓墨重彩的论述，1985 年的《中共中央关于教育体制改革的决定》、1993 年的《中国教育改革和发展纲要》、1999 年的《中共中央国务院关于深化教育改革，全面推进素质教育的决定》、2007 年的《国家教育事业发展“十一五”规划纲要》、2010 年的《教育规划纲要》等，都将体制改革与创新、制度安排与设计作为教育改革的突破口。但诚如鲍尔所言：“教育改革犹如‘政策流行病’席卷全球。盘根错节的改革理念通常是不稳定和不平衡的，但却具有不可遏制的态势；它在不同的社会和政治环境中，在不同的历史背景下，渗透并改变着不同的教育制度。……虽然具体细节各有差别，但各国改革的总体效应却存在惊人的相似之处。虽然具体形式各异，但教育改革整体的要素却同样适用于中小学、学院和大学。这些要素包括市场、管理主义和强调绩效。”① 教育改革的实质就是向制度要质量、向体制要效益。

改革开放以来，中国职业教育的改革与发展离不开国家重大职业教育政策的推动，职业教育政策对职业教育的办学体制、投资体制、管理体制也进行了全面的规定。透视职业教育政策文本中有关职业教育体制的内容，不仅有助于梳理中国职业教育体制的演变历程，而且有助于理性地反思职业教育体制的利弊。今后，建设合理的职业教育体制需从办学体制、投资体制、管理体制三个方面入手。

（一）一主多元的职业教育办学体制格局正在形成

关于办学体制的内涵，当前还没有一个具有权威性的观点。办学体制含有两层意思：一是指哪些社会主体可以办学、设立教育机构；二是指不同的社会主体举办的教育机构所构成的整个教育体系。《教育法》规定，国家制定教育发展规划，并举办学校及其他教育机构。国家鼓励企业事业组织、社会团体、其他社会组织及公民个人依法举办学校及其他教育机构。这就确定了社会办学主体，即企业事业组织、社会团体、其他社会组织、公民个人依照法律规定，可以举办学校及其他教育机构。国家举办的学校及其他教育机构在整个教育体系中占据主导的地位。国家办学主要表现在各级人民政府及其有关部门使用国家教育经费办学，其中包括教育行政部

---

① 〔英〕斯蒂芬·J. 鲍尔：《教育改革——批判和后结构主义的视角》，侯定凯译，上海，华东师范大学出版社，2002，中文版序。

门以外的其他国家机关和一些国有企业事业组织及社会团体，利用国有资产和财政性教育经费举办学校及其他教育机构。国家办学是为了提高民族素质、培养各类人才、推动国家经济发展和社会进步而必须履行的责任。企业事业组织、社会团体、其他社会组织及公民个人办学，也就是社会力量办学，是社会主义教育事业的重要组成部分。《中华人民共和国宪法》明确规定，“国家鼓励集体经济组织、国家企业事业组织和其他社会力量依照法律规定举办各种教育事业”。对社会力量自筹资金举办学校的行为，国家在用地、有关税收、基本建设计划安排及办学的审批与经费等方面给予必要的和适当的帮助。符合法律、法规规定的办学行为受法律保护，全社会应当给予支持。

因此，办学体制突出强调的是办学主体，即由谁出资，由谁兴办学校。在此基础上，办学体制还涉及办学主体在什么样的制度环境中办学，在办学过程中享有什么样的权利，应履行哪些义务和遵守哪些规章制度的要求等。办学体制改革是优化教育资源配置、提高教育资源利用率、化解教育投入不足与资源相对浪费之间的矛盾的有效途径。目前中国职业教育办学体制逐步形成了以政府办学为主体、社会力量共同参与、公办学校和民办学校相辅相成的格局。

第一次职教会指出，发展职业教育要遵循“多层次、多种形式、大家来办的原则”。

第二次职教会指出，职业教育要根据各地教育的普及程度和经济发展水平，对小学后、初中后、高中后不能升学的青少年在从业前进行多种形式不同程度的短期职业技术培训。在普通教育中积极开展职业指导，因地制宜地在适当阶段引进职业技术教育因素，在不同阶段对学生实行分流教育。城市可在高三分流；农村可根据各地的情况，分别采取“三加一”初三分流、四年制渗透职业技术内容或办职业初中等多种形式发展初中阶段的职业技术教育。要坚持分区规划、分类指导，因地制宜地确定具体发展目标。要在各级政府的统筹下，发展行业、企事业单位办学和各方面联合办学，鼓励民主党派、社会团体和个人办学。

第三次职教会强调，提倡联合办学，走产教结合的路子。在政府统筹管理下，主要依靠行业、企事业单位、社会团体和公民个人举办，鼓励社会各方面联合举办。加强对职业教育工作的统筹管理，形成部门、行业、社会共同兴办职业教育的格局。坚持在政府统筹管理下，真正形成社会兴办职业教育的格局。

第四次职教会规定，要通过“三改一补”和部分本科院校设立高等职业技术学院，积极发展高等职业教育。鼓励社会力量在政府的指导下举办各种形式的职业教育和成人教育。深化职业教育办学体制改革，形成政府主导，行业、企业和社会力量积极参与的多元办学格局。

第五次职教会进一步指出，在办学机制上要坚持机制创新，形成多元办学格局；在办学模式上要坚持实事求是、因地制宜，探索灵活、多样、开放的办学模式。打破部门界限和学校类型界限，优化职业院校布局结构。要充分发挥骨干职业院校的带动作用，探索以骨干职业院校为龙头、带动其他职业学校和培训机构参加的规模化、集团化、连锁式发展模式。深化办学体制改革，促进多元办学格局的形成。

第六次职教会指出，要加快县级职教中心建设。必须与社会主义市场经济体制相适应，实行政府主导、面向市场、多元办学的机制。继续完善“政府主导、依靠企业、充分发挥行业作用、社会力量积极参与，公办与民办共同发展”的多元办学格局。大力推行工学结合、校企合作的人才培养模式，逐步建立和完善半工半读制度。推进职业教育办学思想转变，推动职业院校更好地面向社会、面向市场办学。充分利用城市和东部地区优质职业教育资源和就业市场，进一步推进东西部之间、城乡之间职业院校的联合招生、合作办学。

第七次职教会指出，职业教育的办学类型主要有三类：一是政府办学、企业办学和社会办学。建立政府、企业和其他社会力量共同发挥办学主体作用，公办和民办职业院校共同发展的职业教育办学体制。政府实行统一的准入制度，办好骨干职业院校，支持社会力量办学。各类主体兴办的职业院校具有同等法律地位，依法公平、公开竞争。二是全日制职业教育与非全日制职业教育。增加非全日制职业教育在职业教育中的比重，发展工学交替、双元制、学徒制、半工半读、远程教育等各种灵活学习方式的职业教育。通过改革学制、学籍和学分管理制度，实现全日制职业教育和非全日制职业教育的统筹管理。三是学历职业教育与非学历职业教育。职业院校同时开展学历职业教育和非学历职业教育，满足行业、企业和社区的多样化需求。职业院校和职业培训机构开展的非学历职业教育可以通过质量认证体系、学分积累和转换制度、学分银行和职业资格考试进行学历认证。

一般来讲，宏观层面的职业教育体制主要包括办学体制、管理体制和投资体制。其中，办学体制是关键，因为它决定和影响着管理体制和投资体制，而职业教育改革对办学体制没有给予足够的重视。就管理体制而言，它只是政府介入职业教育管理之后才出现的。政府介入职业教育管理主要起一种宏观调控和评价的作用，目的是把社会各个层面的需求通过政府的调控反馈给职业院校，以使其更好地满足社会需要。但出于政府机构改革和职业院校自身发展逻辑的要求，政府会逐步减少对职业院校的干预和控制，所以管理体制并不是职业教育体制的永恒主题。所以，研究办学体制对于当前乃至今后一段时期内职业教育的改革与发展无疑具有重大的理论和现实意义。

事实上，不同国家出于各自不同的教育观念、经济基础和文化背景，所依靠的办学力量也不尽相同。目前，发达国家的职业教育办学主体多元化特点十分明显。德国实行双元制办学模式，由政府和私营企业两个不同的办学主体分工合作，充分调动企业主、工会、联邦政府和州政府四方面的积极性。美国虽然以州政府创办职业院校为主，但也几经变革，致力于发挥多种办学主体的优势。如合作教育计划就是由学校和社会上的企事业单位等多个主体合作，共同对学生实施职业教育。日本也鼓励企业界、经济界从人才需求和教育投资的立场出发，积极开展以企业为办学主体的企业内教育。澳大利亚的职业技术学院分为政府和非政府两种性质。政府的职业技术学院一般由政府资助，由政府拥有及管理。非政府的职业技术学院，则由私人拥有及管理。

职业教育实行谁举办、谁管理，学校的财务、人事等重大事项均由其上级部门直接管理，缺乏有效干预，教育行政部门对事业办学和企业办学一般只是实行业务指导，管理工作难度较大。条块分割、多头领导、政出多门等现象，导致教育行政管理不力，从而造成教育资源分配的不平等。在今后的体制改革中，应认识到：一是职业教育办学体制主要决定于经济体制，而社会的需求是职业教育办学体制改革和发展的动力。社会力量举办职业教育，是社会发展的必然趋势，是民主化进程的必然结果，也是职业教育自身发展的内在逻辑。营利与非营利不分是当前阻碍社会力量举办职业教育的制度障碍。二是职业教育办学体制改革的实质是职业教育资源配置方式的转变，即由以计划为主的方式向更多地由市场来配置的方式转变，但不能完全抛弃计划方式；是职业教育领域内制度变迁的过程，职业教育制度变迁应由以强制性变迁为主转向以诱制性变迁为主；也是职业教育领域内利益的重新调整和划分过程，人们要正视利益的存在，从利益关系的调整和变化的角度来看待改革。三是职业教育办学体制的发展趋势应是社会化、市场化、多元化并存。无论是国家、企业、社会团体、投资集团，还是个人，只要具备国家规定的办学条件，有投资职业教育的意向，并自觉遵守相应的法律法规，都可以成为职业教育的办学主体，而明晰的产权是其制度保障。中国已经加入世界贸易组织，所以还必须直面国外（主要是西方发达国家）教育机构和投资者对中国职业教育市场的抢占，以及中国如何争取国际职业教育市场的问题。

（二）以国家财政拨款为主的多渠道筹集经费的职业教育投资体制已经成为常态

教育投资主体、目的性及由此派生的价值增值、时间过程、风险因素等都是教育投资活动必须涉及的基本因素。这些因素之间以一定的秩序连接起来，并且按照一定的方式与机制发生相互作用，就形成了特定的教育投资体制。如果这些要素之间的联结秩序和相互作用方式发生了变化，教育投资体制的类型也会随之改变。教育投资体制是整个教育体制的有机组成部分，而且是教育体制中较深层次的部分。随着教育体制改革的深入和社会主义市场经济的发展，教育投资体制改革的重要性和紧迫性日益显现出来。所谓教育投资体制是教育投资活动过程中各要素之间相互联结的秩序和相互作用的方式与机制。

第一次职教会指出，职业技术教育的经费，要采取多渠道集资的办法。除国家专项补助和已列入中央、地方财政预算项目外，各有关办学单位也要尽力支持。地方财政应在财政经常性收入增长的同时，使职业技术教育的经费能按 1985 年《中共中央关于教育体制改革的决定》的精神，实现“两个增长”。城市、农村的职业技术学校和劳动服务公司主办的培训中心应该开展勤工俭学活动，并结合专业举办小型的工厂、农场、商店或服务性企业。既使学生通过实践掌握职业或专业的技能，又使学校用所得的收入改善办学条件。对职业技术学校所办企业，国家采取必要的扶植政策。

第二次职教会规定，各级政府、各级财政部门、各有关业务主管部门及厂矿企业等要从财力和政策上支持职业技术教育的发展，增加对职业技术教育的投入；要制定职业技术学校的生均经费标准，扩大职业技术教育的经费来源；除国家投资外，有关部门要为职业技术学校使用贷款创造条件，并鼓励集体、个人和其他社会力量对职业技术教育捐资助学。

第三次职教会指出，要更多地利用贷款发展校办产业，增强学校自我发展的能力，依法保障发展职业教育的经费条件。

第四次职教会仅仅强调，要通过多种渠道增加职业教育经费投入。

第五次职教会也是单纯地指出，要多渠道增加投入，为职业教育的改革与发展提供坚实的条件保障。

第六次职教会指出，中央财政加大投入支持实训基地建设。各级财政部门要增加对职业教育的财政投入，按照实训基地资金管理的要求，支持职业院校更新实习设备、改善办学条件。所需职业教育经费，要列入年度预算，确保及时到位。要认真落实职业教育发展的有关财税优惠政策。首次提出要逐步增加公共财政对职业教育的投入。首次强调职业教育要关注个人需求，要资助困难家庭子女。“十一五”期间中央财政对职业教育投入100亿元。

第七次职教会强调，要构建适应现代职业教育体系的投入机制。一是完善经费稳定投入机制。各级人民政府要建立与办学规模和培养要求相适应的财政投入制度，地方人民政府要依法制定并落实职业院校生均经费标准或公用经费标准，改善职业院校基本办学条件。地方教育附加费用于职业教育的比例不低于30%。加大地方人民政府经费统筹力度，发挥好企业职工教育培训经费以及就业经费、扶贫和移民安置资金等各类资金在职业培训中的作用，提高资金使用效益。县级以上人民政府要建立职业教育经费绩效评价制度、审计监督公告制度、预决算公开制度。二是健全社会力量投入的激励政策。鼓励社会力量捐资、出资兴办职业教育，拓宽办学筹资渠道。通过公益性社会团体或者县级以上人民政府及其部门向职业院校进行捐赠的，其捐赠按照现行税收法律规定在税前扣除。完善财政贴息贷款等政策，健全民办职业院校融资机制。企业要依法履行职工教育培训和足额提取教育培训经费的责任，一般企业按照职工工资总额的1.5%足额提取教育培训经费，从业人员技能要求高、实训耗材多、培训任务重、经济效益较好的企业可按2.5%提取，其中用于一线职工教育培训的比例不低于60%。除国务院财政、税务主管部门另有规定外，企业发生的职工教育经费支出，不超过工资薪金总额2.5%的部分，准予扣除；超过部分，准予在以后纳税年度结转扣除。对不按规定提取和使用教育培训经费并拒不改正的企业，由县级以上地方人民政府依法收取企业应当承担的职业教育经费，统筹用于本地区的职业教育。探索利用国（境）外资金发展职业教育的途径和机制。三是加强基础能力建设。分类制定中等职业学校、高等职业院校办学标准，到2020年实现基本达标。在整合现有项目的基础上实施现代职业教育质量提升计划，推动各地建立完善以促进改革和提高绩效为导向的高等职业院校生均拨款制度，引导高等职业院校深化办学机制和教育教学改革；重点支持中等职业学校改善基本办学条件，开发优质教学资源，提高教师素质；推动建立发达地区和欠发达地区中等职业教育合作办学工作机制。继续实施中等职业教育基础能力建设项目。支持一批本科高等学校转型发展为应用技术类高等学校。地方人民政府、相关行业部门和大型企业要切实加强所办职业院校基础能力建设，支持一批职业院校争创国际先进水平。四是完善资助政策体系。进一步健全公平公正、多元投入、规范高效的职业教育国家资助政策。逐步建立职业院校助学金覆盖面和补助标准动态调整机制，加大对农林水地矿油核等专业学生的助学力度。有计划地支持集中连片特殊困难地区内限制开发和禁止开发区初中毕业生到省（区、市）内外经济较发达地区接受职业教育。完善面向农民、农村转移劳动力、在职职工、失业人员、残疾人、退役士兵等接受职业教育和培训的资助补贴政策，积极推行以直补个人为主的支付办法。有关部门和职业院校要切实加强资金管理，严查“双重学籍”“虚假学籍”等问题，确保资助资金有效使用。五是加大对农村和贫困地区职业教育支持力度。服务国家粮食安全保障体系建设，积极发展现代农业职业教育，建立公益性农民培养培训制度，大力培养新型职业农民。在人口集中和产业发展有需要的贫困地区建好一批中等职业学校。国家制定奖补政策，支持东部地区职业院校扩大面向中西部地区的招生规模，深化专业建设、课程开发、资源共享、学校管理等合作。加强民族地区职业教育，改善民族地区职业院校办学条件，继续办好内地西藏、新疆中职班，建设一批民族文化传承创新示范专业点。六是健全就业和用人的保障政策。认真执行就业准入制度，对从事涉及公共安全、人身健康、生命财产安全等特殊工种的劳动者，必须从取得相应学历证书或职业培训合格证书并获得相应职业资格证书的人员中录用。支持在符合条件的职业院校设立职业技能鉴定所（站），完善职业院校合格毕业生取得相应职业资格证书的办法。各级人民政府要创造平等就业环境，消除城乡、行业、身份、性别等一切影响平等就业的制度障碍和就业歧视；党政机关和企事业单位招用人员不得歧视职业院校毕业生。结合深化收入分配制度改革，促进企业提高技能人才收入水平。鼓励企业建立高技能人才技能职务津贴和特殊岗位津贴制度。

显然，中国职业教育投资体制正在发生重大的转型，正从传统的、典型的计划经济体制下高度集中的教育投资体制向社会主义市场经济体制下的教育投资体制过渡，初步形成了职业教育投资主体多元化、职业教育资金来源多渠道、职业教育投资方式多样化、项目建设市场化的新型职业教育投资体制格局。当然，职业教育投资体制还存在一些问题：一是政府对职业教育经费的投入严重不足且不均衡，财政性教育经费投入严重不足、缺口巨大，财政性教育经费分配非常不均、差异明显。二是学校负债经营不仅严重且普遍，且财政性教育经费使用效益较低，即存在重复建设、盲目投入、低效、无整体规划的现象。不管是国家扶持的重点院校，还是一般性中等、技工学校，都在向大而全、高而精方向发展，缺乏明显的统筹规划，许多学校负债累累。三是职业教育经费筹措渠道单一的现状并没有发生实质性变化。

从世界范围来看，世界各国的职业教育投资渠道大体可以分为三条：第一，主要由政府拨款。例如，英国政府拨款设立与普通大学教育基金会并列的职业教育基金会，负责向职业学校拨款。第二，由政府和企业分担。例如，法国的学徒培训费，由国民教育部提供43%，其余57%由企业支付。第三，主要由企业负担。例如韩国，政府办与企业办的职业学校在校生比例大体为3：7，企业负担费用也大体占70%。日本专修学校（高中后）和职业学校经费，中央和地方政府拨款仅占2.5%左右，其余由企业负担或社会捐助。德国职业院校学生在校学习理论的费用占总费用的15%，由政府支付；在企业学习操作的费用占总费用的85%，由企业负担。

当然，各国职业教育投资体制也呈现出多元化的趋势。比如，过去由政府全额拨款的澳大利亚技术与继续教育学院，目前在以政府拨款为主的前提下，经费来源已扩展为证书课程计划专项经费、用户选择培训项目、培训招标项目和其他在国内外市场已实现完全商业化运作的培训项目四种渠道。瑞士职业教育年度费用由培训企业、联邦和州政府以及学徒本人共同承担。即使对以私人等社会力量为办学主体的职业教育机构，一些国家也会通过降低企业盈利税（如德国）、提供财政补助和物质奖励（如比利时、日本）等形式为其分担一部分费用。

此外，有些国家还有其他的投资方式。如商业性筹资方式，俄罗斯等国鼓励学校通过从事校办产业和向居民提供有偿教育服务等经济活动来获得资金。再如跨国筹资方式，在本国职业教育消费空间有萎缩趋向时，一些国家纷纷将眼光投向国外，以招收学生、联合办学、资格认证等方式“变相”筹资。

职业教育投资中政府、企业、团体、个人齐上阵局面的出现，充分说明了投资渠道多元化不仅是职业教育发展的必然要求，也是必然趋势。

所以，职业教育政策在规定必须加大职业教育投入的同时，需要进一步完善相关制度，建立刚柔并举机制，实施实训基地共建、引校入企、引企入校等模式。一是各级财政要切实加大对职业教育的投入。确保职业教育的财政性经费逐年增长，确保生均公用经费逐年有所增长，确保公办职业学校教师工资按时足额发放；继续安排职业教育专项经费；省级教育部门要积极调整教育专项经费的支出以用于职业教育，继续安排基建投资；大力推进农科教结合和基础教育、职业教育、成人教育的“三教统筹”，逐步加大农村职业教育的财政性投入。二是各类企业要依法承担实施职业教育和培训的相关费用。认真落实“一般企业按照职工工资总额的1.5%足额提取教育培训经费，从业人员技术要求高、培训任务重、经济效益较好的企业，可按2.5%提取”的规定，足额提取教育培训经费。三是积极利用金融、税收以及社会捐助等手段多渠道筹措职业教育经费，如给予信贷支持、进一步拓宽投入渠道、向职业教育提供资助和捐赠、建立各级职业教育发展基金，认真贯彻落实《国务院关于建立健全普通本科高校高等职业学校和中等职业学校家庭经济困难学生资助政策体系的意见》，按照“加大财政投入、经费合理分担、政策导向明确、多元混合资助、各方责任清晰”的基本原则，依托大中型企业建立职业技能培训基地或联合举办实验实习基地。四是加强职业教育经费的监督管理，提高资金使用效益。按规定收取的学费实行收支两条线，不得冲抵财政拨款，不得进行预算外收入调控，不得截留或挪用；严禁向职业学校乱收费、乱摊派、乱罚款，各部门不得向职业学校“搭车收费”。

（三）多方参与的职业教育管理体制不断走向完善

所谓教育管理体制是指一个国家在一定的政治、经济和文化制度基础上建立起来的对教育事业进行组织管理的各项制度的总和。它涉及教育系统的机构设置、职责范围、隶属关系、权力划分和运行机制等，其核心是国家教育行政权力结构，包括国家对教育的管理职能和国家通过何种方式对教育进行管理两个方面，其关键是处理好政府与学校的关系，使政府按教育规律办教育，学校享有一定程度的办学自主权。

第一次职教会指出，要逐步形成一个既便于进行地方统筹协调，也能调动各业务部门的积极性，学校又有较大自主权限的管理体制。国家教委在国务院领导下，从宏观上统筹管理全国职业技术教育事业，并协同计划、经济、财政、劳动人事各部门分工管理有关职业技术教育的各项工作。技工学校、就业培训中心和学徒培训工作，在国家教委的统筹指导下，仍由劳动人事部门管理。在地方，除必须实行垂直管理的行业以外，职业技术教育的规划、计划、布局、学校设置、人才合理使用等，应以地方政府为主进行统筹领导。面向城市的，一般实行省和中心城市两级统筹；面向农村的，在省、自治区、直辖市和地（市）领导下，由县负责统筹。

第二次职教会认为，发展职业技术教育主要责任在地方，关键在市、县，地方政府有权统筹安排本地各类职业技术教育的布局、专业（工种）设置、招生、毕（结）业生就业安置及中、长期规划。

第三次职教会强调，要进一步理顺管理体制，教育行政部门负有统筹、协调和宏观管理的责任。学历教育为主的，原则上由教育部门管理；职业培训和在职的岗位培训，原则上由各级劳动、人事部门和有关业务部门管理。

第四次职教会规定，推进职业教育管理体制改革，要逐步建立“在国务院领导下，分级管理、地方为主、政府统筹、社会参与”的新的职业教育管理体制。

第五次职教会进一步指出，积极推进职业教育管理体制改革，要逐步建立“在国务院领导下，分级管理、地方为主、政府统筹、社会参与”的新的职业教育管理体制，从政府直接管理向宏观引导转变。

第六次职教会重申了继续完善“在国务院领导下，分级管理、地方为主、政府统筹、社会参与”的职业教育管理体制。

第七次职教会指出，要进一步完善分级管理、地方为主、政府统筹、社会参与的管理体制。国务院相关部门要有效运用总体规划、政策引导等手段以及税收金融、财政转移支付等杠杆，加强对职业教育发展的统筹协调和分类指导；地方政府要切实承担主要责任，结合本地实际推进职业教育改革发展，探索解决职业教育发展的难点问题。要加快政府职能转变，减少部门职责交叉和分散，减少对学校教育教学具体事务的干预。充分发挥职业教育工作部门联席会议制度的作用，形成工作合力。

由于“官本位”思想、政绩观念狭隘、单纯地颁布教育行政命令、不按教育规律办事等现象大量存在，很多职业教育机构成为当地教育行政部门的附属机构，完全受制于教育行政部门的领导，无任何自主权可言。从教育管理体制的角度来看，政校关系的核心是权力分配问题，即政府和学校之间职权、职责的界定问题。政校关系理不顺，政府该管的没有管，形成权力缺位；不该管的，自然也管不好，形成权力错位。政府职能的缺位和错位会导致教育改革的梗阻，影响整个教育事业的发展。

其实，世界各国的职业教育管理体系可以说是“五花八门”，各具特色。美国早在20世纪初就逐步形成了相对独立的职业教育管理体系，上有联邦教育部，附设职业教育司、职业教育审议会，负责行政管理、立法咨询；各州设有州级职业教育董事会，负责制定本州实施法案，统筹协调。下有各地区相应职业教育机关、董事会，负责行使管理、业务指导职能。日本的职业教育管理体系是二元的，即各类学校职业教育由文部省领导管理，社会公共职业教育由劳动省管辖。为便于教育部门、就业部门和产业部门之间的合作，英国从改革管理机构入手，于1995年7月将原来的教育部和就业部合并为教育与就业部，是继澳大利亚之后第二个把教育和就业的管理置于同一个部的发达国家。

在职业教育的具体事务上，各发达国家都设有相应的管理机构。韩国政府和“地方自治区”设立了“产学合作委员会”，促进产学合作制度化，对企业和学校进行控制和监督。美国加利福尼亚州为加强对私立学校的管理，设有“私立高校和职业教育委员会”，不仅对私立学校的办学条件、收费标准、董事会组成、专业设置、学校章程等有要求，同时每年还要对学校的财务进行审计。很多国家都很重视企业界在职业教育管理中的作用。英国在全国各地成立了由雇主领导的培训和企业协会，每个协会负责当地的职业教育与培训事务。在德国，每一区域的企业、商会、个体经营者或工商企业界的法人单位，都必须参加本地区相应的行业协会。每个行业协会设立职业教育委员会。其职责是组建职业教育机构、制定规章制度、认定培训资格、审查培训合同、组织技能考试、仲裁双方矛盾及进行监督和咨询等。许多国家都认同董事会是学校的最高权力机构。丹麦的雇主、雇员同地方当局的代表一道组成学校董事会，并大权在握——任命校长，监督校长工作，审计学校财政。加拿大高等职业学院董事会由社区内的政府官员、行业会长以及银行、商行、公司总裁等组成。英国职业学院董事会的成员主要包括商业界、法律界和财经界以及社会和大学部门的人。他们经常访问学校，出席学校活动，不定期召开会议，并为学生参与学校决策创造机会。

目前，中国正在努力进行政事分开的改革。所谓政事分开就是要明确划分政务与校务，理顺政府和学校之间的关系，建立政府主管政务、学校自理校务，政府宏观控制、学校自主办学的新型政校关系。一是制定《学校法》，改革专业设置审批备案制度。《学校法》应赋予职业学校办学自主权、招生自主权和专业设置权，配备足够的实训教师，改革教师的聘用及晋升制度。二是取消职业学校的行政级别，支持民办职业学校成立董事会，并确立它的法律地位，发挥与学校相关的利益主体的作用，让教职员工、学生、家长、社区、社会贤达等各方参与学校的管理，在学校内部形成权力制衡机制。三是理顺中等职业教育与高等职业教育管理、理顺教育口与劳动口的关系。

五、中国职业教育理念的政策深化与政策转型

教育理念就是人们对教育发展的理性观念和信念，是指导教育行为的思想观念和精神追求，主要包括教育思想、教育观念、教育主张和教育信念等，是人们关于“教育应然状态”的判断，是渗透了人们对教育的价值

取向或价值倾向的“好教育”的观念。相应地，职业教育理念就是人们对职业教育发展的理性观念和信念，其中包括职业教育思想、职业教育观念、职业教育主张和职业教育信念等，是人们关于“职业教育应然状态”的判断。职业教育理念直接影响着职业教育决策主体对职业教育的喜好以及如何发展职业教育、职业教育向何处发展等核心问题的解决。

（一）中国职业教育理念的演变

第一次职教会结束后，国务院办公厅转发了《关于全国职业技术教育工作会议情况的报告》。此次报告重点强调的职业教育理念主要有：一是提高认识。二是提高劳动者的素质，即治本的办法是发展职业技术教育。三是改变高级人才同中级人才比例倒挂的人才结构不合理状况，大力发展职业技术教育。四是普职比例大体相当。五是大力发展农村职业技术教育。发展农村职业技术教育，不能照搬城市的做法，要根据各地的经济发展水平和文化教育基础，采取更加灵活多样的形式，以发展初、中级职业技术教育为主，长期与短期结合，大力开展周期短、见效快的培训；有条件的县应当集中力量办好一所示范性职业技术学校以作为骨干和基地；普通中学也应根据需要开办职业培训班或开设职业技术课。农村发展职业技术教育应当与普及义务教育结合起来，把初级职业技术教育看作九年义务教育的一个部分。六是推行“先培训、后就业”的原则。

第二次职教会结束后，颁布了《国务院关于大力发展职业技术教育的决定》。该文件重点强调的职业教育理念主要有：一是提高认识仍是发展职业技术教育的关键。二是把发展职业技术教育作为发展经济的一个组成部分，要像抓经济工作那样抓劳动者素质。三是初步建立起具有中国特色的，从初级到高级、行业配套、结构合理、形式多样，又能与其他教育相互沟通、协调发展的职业技术教育体系的基本框架。四是集中力量办好一批起示范和骨干作用的学校。五是使全国高中阶段职业技术学校的在校生人数超过普通高中的在校生人数。六是在农村地区，积极推进农村教育综合改革，实施“燎原计划”，实行农科教结合，统筹规划基础教育、职业技术教育和成人教育，采取更“灵活”的方式大力发展职业技术教育。七是在专业性技术性较强的行业推行“先培训，后就业”原则。八是凡进行技术等级考核的工种，逐步实行“双证书”（指毕业证书和技术等级或岗位合格证书）制度。九是制定各类职业技术学校的设置标准和评估标准，逐步建立职业技术教育的评估制度。十是要加强职业技术教育的法规建设，逐步使职业技术教育走上依法治教、科学管理的轨道。

第三次职教会结束后，国家教委、国家经贸委、劳动部印发了本次会议文件。该文件重点强调的职业教育理念主要有：一是认真实行“先培训、后就业”、持证上岗制度，对未培训已就业的人要进行岗前培训。二是有计划地实行小学后、初中后、高中后三级分流，大力发展职业教育，逐步形成初等、中等、高等职业教育和普通教育共同发展、相互衔接、比例合理的教育系列。三是各县建立“政府统筹、部门联办、教委协调、一校多制”模式的县级职教中心。四是大力发展职业教育，是优化教育结构，提高教育整体效益的根本措施。五是建立完善的、与其他教育相互沟通、协调发展的职业教育体系，走符合国情的发展职业教育的道路。六是进一步推进教育三级分流，重点发展中等职业教育，积极发展高等职业教育。七是大力发展职业培训，建立健全职业学校教育与职业培训并举，并与其他教育相互沟通、协调发展的职业教育体系。八是加强职业道德教育，全面提高人的素质。九是加强职业教育内部建设和管理，深化教育教学改革，办出职业教育特色，努力提高教育质量和办学效益。十是到2000年，全国中等教育的普、职比例平均达到4：6，普及高中阶段教育的城市的这一比例可达3：7。

第四次职教会结束后，颁布了《国务院关于大力推进职业教育改革与发展的决定》。该文件重点强调的职业教育理念主要有：一是积极发展职业教育和成人教育。二是努力建立符合国情特点的职前与职后教育培训相互贯通的体系，使初等、中等和高等职业教育与培训相互衔接，并与普通教育、成人教育相互沟通，协调发展。三是积极发展包括普通教育和职业教育在内的高中阶段教育，采取多种形式发展高等教育，构建与社会主义市场经济体制和教育内在规律相适应、不同类型教育相互沟通和相互衔接的教育体制，为各类学校毕业生提供继续学习深造的机会。四是构建人才成长的“立交桥”。五是加快建设“双师型”教师队伍，职业学校要实行产教结合，鼓励学生在实践中掌握职业技能，要创造条件实行弹性学习制度。六是深化职业学校人事制度改革，建立高素质的教师队伍。七是深化劳动就业制度改革，实施严格的就业准入制度和职业资格证书制度。八是初步建立起适应社会主义市场经济体制，与市场需求和劳动就业紧密结合，结构合理、灵活开放、特色鲜明、自主发展的现代职业教育体系。

第五次职教会结束后，教育部、国家发展改革委、财政部、人事部、劳动保障部、农业部、国务院扶贫办等七部门印发了《教育部等七部门关于进一步加强职业教育工作的若干意见》。该文件重点强调的职业教育理念主要有：一是产学研结合是发展高等职业教育的必由之路。二是以服务为宗旨，以就业为导向，面向市场和社会办学。坚持以就业为导向，实行产教结合，努力开创职业教育改革与发展新局面。三是在高中阶段教育中，要加大结构调整工作力度，进一步扩大中等职业教育招生规模，使中等职业教育与普通高中教育的比例保持大体相当，在有条件的地方职业教育所占比例应该更高一些。在高等教育中，高等职业教育招生规模应占一半以上。四是要积极推动职业教育和培训从计划培养向市场驱动转变，从专业学科本位向职业岗位和就业本位转变。五是高等职业教育基本学制逐步以二年制为主，中等职业教育基本学制以三年制为主。积极推行选修制或学分制，逐步建立弹性学习制度。六是推动产教结合，加强校企合作，积极开展“订单式”培养。七是坚持以能力为本位，优化教学与训练环节，强化职业能力培养，高等职业教育专业实训时间应不少于半年，中等职业教育应为半年至一年。八是继续推进农科教结合和“三教统筹”。九是完善就业准入制度和职业资格证书制度，积极推进职业院校学生职业资格认证工作。十是加快职业教育实训基地建设，切实提高学生职业技能。十一是深化职业院校人事制度改革，加强“双师型”教师队伍建设。

第六次职教会结束后，颁布了《国务院关于大力发展职业教育的决定》。该文件重点强调的职业教育理念主要有：一是发展中国特色职业教育，建立和完善中国特色现代职业教育体系。二是加强职业教育基础能力建设。三是中国特色职业教育必须服务于社会主义现代化建设，着力培养适应经济社会发展需要的高素质劳动者和技能型人才；必须满足城乡居民对职业教育的多样化需求，为他们就业、创业和成才创造条件；必须与生产劳动和社会实践紧密结合，实行灵活多样的人才培养模式，通过坚持不懈的努力，逐步形成完备的现代职业教育体系。四是进一步建立和完善适应社会主义市场经济体制，满足人民群众终身学习需要，与市场需求和劳动就业紧密结合，校企合作、工学结合，结构合理、形式多样，灵活开放、自主发展，具有中国特色的现代职业教育体系。五是到 2010 年，中等职业教育招生规模达到 800 万人，与普通高中招生规模大体相当；高等职业教育招生规模占高等教育招生规模的一半以上。六是实施“四大工程”，即国家技能型人才培养培训工程、国家农村劳动力转移培训工程、农村实用人才培训工程、以提高职业技能为重点的成人继续教育和再就业培训工程。七是实施“四大计划”，即职业教育实训基地建设计划、县级职教中心专项建设计划、职业教育示范性院校建设计划、职业院校教师素质提高计划。八是推进“四项改革”，即推进职业教育办学思想转变，推动职业院校更好地面向社会、面向市场办学；强化职业院校学生实践能力和职业技能的培养，切实加强学生的生产实习和社会实践；大力推行工学结合、校企合作的人才培养模式，逐步建立和完善半工半读制度；充分利用城市和东部地区优质职业教育资源和就业市场，进一步推进东西部之间、城乡之间职业院校的联合招生、合作办学。

第七次职教会期间，颁布了《国务院关于加快发展现代职业教育的决定》。该文件指出，职业教育的发展要以邓小平理论、“三个代表”重要思想、科学发展观为指导，坚持以立德树人为根本，以服务发展为宗旨，以促进就业为导向，适应技术进步和生产方式变革以及社会公共服务的需要，深化体制机制改革，统筹发挥好政府和市场的作用，加快现代职业教育体系建设，深化产教融合、校企合作，培养数以亿计的高素质劳动者和技术技能人才。一是坚持政府推动、市场引导的基本原则。发挥好政府保基本、促公平作用，着力营造制度环境、制定发展规划、改善基本办学条件、加强规范管理和监督指导等。充分发挥市场机制作用，引导社会力量参与办学，扩大优质教育资源，激发学校发展活力，促进职业教育与社会需求紧密对接。二是坚持加强统筹、分类指导的基本原则。牢固确立职业教育在国家人才培养体系中的重要位置，统筹发展各级各类职业教育，坚持学校教育和职业培训并举。强化省级人民政府统筹和部门协调配合，加强行业部门对本部门、本行业职业教育的指导。推动公办与民办职业教育共同发展。三是坚持服务需求、就业导向的基本原则。服务经济社会发展和人的全面发展，推动专业设置与产业需求对接，课程内容与职业标准对接，教学过程与生产过程对接，毕业证书与职业资格证书对接，职业教育与终身学习对接。重点提高青年就业能力。四是坚持产教融合、特色办学的基本原则。同步规划职业教育与经济社会发展，协调推进人力资源开发与技术进步，推动教育教学改革与产业转型升级衔接配套。突出职业院校办学特色，强化校企协同育人。五是坚持系统培养、多样成才的基本原则。推进中等和高等职业教育紧密衔接，发挥中等职业教育在发展现代职业教育中的基础性作用，发挥高等职业教育在优化高等教育结构中的重要作用。加强职业教育与普通教育的沟通，为学生多样化选择、多路径成才搭建“立交桥”。

（二）中国职业教育政策变革中职业教育理念的先进性

从改革开放以来七次职教会有关职业教育理念的表述可以看出，职业教育政策主体对职业教育理念的认识在不断提高，职业教育政策中体现出的职业教育理念更加先进，主要表现在以下五个方面。

1. 职业教育办学定位更加清晰

职业教育办学定位是指职业教育作为一种教育类型，与普通教育相比较而言，其培养什么人和怎么培养人的问题。从七次职教会的政策表述来看，职业教育办学定位日渐明晰，职业教育的重要性日益得到社会的广泛认可。

1986年国务院转发的《关于全国职业技术教育工作会议情况的报告》明确指出，职业技术教育有自己的特点，要根据职业技术教育自身的规律来提高办学效益和教育质量。只要对经济和社会发展起积极推动作用，有较好的社会效益，都应当给以积极的支持和肯定。各地要结合实际条件，分期分批地对现有学校和培训机构进行调整、充实和提高。这不仅指明了职业技术教育办学要符合自身规律，避免与普通教育的同质化，而且强调了办职业教育要充分结合经济与社会发展的实际情况，使职业教育与社会经济发展紧密结合起来。1991年《国务院关于大力发展职业技术教育的决定》指出，“要加强技工学校和职业中学的建设，改善办学条件，提高教学质量。积极推进现有职业大学的改革，努力办好一批培养技艺性强的高级操作人员的高等职业学校”，首次提出了发展高等职业学校的政策规定，使职业教育的办学层次有了很大的上升空间。2002年颁布的《国务院关于大力推进职业教育改革与发展的决定》则进一步明确了职业教育的办学定位，提出要“深化职业教育办学体制改革，形成政府主导、依靠企业、充分发挥行业作用、社会力量积极参与的多元办学格局”。“职业学校和职业培训机构要适应经济结构调整、技术进步和劳动力市场变化，及时调整专业设置，积极发展面向新兴产业和现代服务业的专业，增强专业适应性，努力办出特色。”这既规定了职业教育的办学体制，也指出了职业教育发展过程中的动态调整性特征。2004年颁布的《教育部等七部门关于进一步加强职业教育工作的若干意见》着重强调要加强依法办学，“逐步扩大职业院校在办学、招生、专业设置、学籍管理、课程开发与安排、教师聘任、教材选用等方面的自主权，提高其面向市场依法自主办学的活力”，并提出要进一步深化办学体制改革，促进多元办学格局的形成。“职业院校要坚持以服务为宗旨，以就业为导向，面向社会、面向市场办学，深化办学模式和人才培养模式改革，努力提高职业教育的质量和效益。根据社会需求设置专业、开发培训项目，推进精品专业或特色专业、精品课程和精品教材的建设，不断更新教学内容，增强职业教育的针对性和适应性。”这不仅提出了职业院校要依法办学，而且指出要依法自主办学，并进一步强调了职业教育的动态调整性、针对性、适应性等特征。2005年颁布的《国务院关于大力发展职业教育的决定》则再一次明确规定了职业教育办学方针，即“推进职业教育办学思想的转变。坚持‘以服务为宗旨、以就业为导向’的职业教育办学方针，积极推动职业教育从计划培养向市场驱动转变，从政府直接管理向宏观引导转变，从传统的升学导向向就业导向转变。促进职业教育教学与生产实践、技术推广、社会服务紧密结合，积极开展订单培养，加强职业指导和创业教育，建立和完善职业院校毕业生就业和创业服务体系，推动职业院校更好地面向社会、面向市场办学”。2014 年颁布的《国务院关于加快发展现代职业教育的决定》则重点强调要激发职业教育办学活力，就“引导支持社会力量兴办职业教育，健全企业参与制度，加强行业指导、评价和服务，完善现代职业学校制度，鼓励多元主体组建职业教育集团，强化职业教育的技术技能积累作用”等关系职业教育办学定位的问题做出了明确规定，使职业教育政策的科学性、发展性、有效性得到了很大的提升。

2. 职业学校教育与培训渐趋灵活多样

职业教育是职业学校教育与职业培训有机结合的教育类型，发展职业教育必须是职业学校教育与职业培训“两手抓”，两手都要硬。

早在 1986 年，《关于全国职业技术教育工作会议情况的报告》就指出，要“改革有关的劳动人事制度，实行‘先培训，后就业’的原则”，积极推行“先培训、后就业”和“经过考核择优录用”的原则，在 1990 年以前全国大多数地区对技术性、专业性强的岗位实行“不经培训合格不得走上工作岗位的制度”，并进一步明确说明“这里说的‘培训’，包括系统的学校教育、各种短期培训、单项技能培训以及按某些工种或岗位的特点，进行职业道德、劳动纪律、安全卫生教育的培训。各种类型的职业技术学校是职业技术教育体系的骨干，其他各种培训是职业技术教育体系不可缺少的组成部分，无论现在或将来都是社会所需要的。这些教育机构应当承担各自不同的任务，互相促进，互为补充”。《国务院关于大力发展职业技术教育的决定》则提出，要努力办好现有各类职业技术学校，广泛开展短期职业技术培训，在普通教育中积极开展职业指导，因地制宜地在适当阶段引进职业技术教育因素，在不同阶段对学生实行分流教育，重视并积极发展对在职人员进行职业技术培训的成人教育。该文件进一步指出，“在广大农村地区，要积极推进农村教育综合改革，实施‘燎原计划’，实行农科教结合，统筹规划基础教育、职业技术教育和成人教育，采取更灵活的方式大力发展职业技术教育”，“各类职业技术学校和培训中心，应根据教学需要和所具有的条件，积极发展校办产业，办好生产实习基地。提倡产教结合，工学结合”。1996 年第三次职教会则强调，大力发展职业培训，建立健全职业学校教育与职业培训并举，并与其他教育相互沟通、协调发展的职业教育体系。职业培训是职业教育体系的重要组成部分，而且具有灵活多样、便于适应社会需求的特点，在经济和社会生活中具有重要作用。2002 年颁布的《国务院关于大力推进职业教育改革与发展的决定》指出，“要以中等职业教育为重点，保持中等职业教育与普通高中教育的比例大体相当，扩大高等职业教育的规模。职业学校和职业培训机构要进一步适应经济和社会发展以及劳动力市场需求，增强自主发展能力，改善办学条件，全面提高教育质量和效益”，要广泛开展各级各类职业培训。“大中城市和经济发达地区要在继续发展中等职业教育和职业培训的同时，积极发展高等职业教育，有条件的市（地）可以举办综合性、社区性的职业技术学院。”“坚持学历教育与职业培训并重，实行灵活的办学模式和学习制度。”由此，可以充分地看到，国家已着力通过职业教育政策来引导职业学校教育与职业培训向多样化发展。《教育部等七部门关于进一步加强职业教育工作的若干意见》着力强调，“要积极推动职业教育和培训从计划培养向市场驱动转变，从政府直接管理向宏观引导转变，从专业学科本位向职业岗位和就业为本位转变”，有力地促进了学校教育和培训向多样化发展。2005 年颁布的《国务院关于大力发展职业教育的决定》在职业教育与培训方面指出，“大力发展社区教育、远程教育，通过自学考试和举办夜校、周末学校等多种形式满足人民群众多样化的学习需求”，从而使职业教育多样化的发展趋势更加凸显，不仅推动了学习型社会的形成，而且有利于促进中国特色现代职业教育体系的建立。

3. 示范职业院校的带动作用日益加强

20 世纪 80 年代以来，集中力量办大事、办好事是当时社会改革的基本价值选择。受“效率优先，兼顾公平”的国家宏观政策的影响，教育领域也确立了发展重点。1986 年国务院转发的《关于全国职业技术教育工作会议情况的报告》第一次提出要办成一批起示范作用的学校和培训中心，并进一步指出，有条件的县应当集中力量办好一所示范性职业技术学校作为骨干和基地。1991 年颁布的《国务院关于大力发展职业技术教育的决定》针对“高水平的示范性骨干学校数量还太少”的状况，提出“要制定相应政策稳定中专，支持它们深化改革，办出特色，提高质量，积极发挥中等专业学校在同类职业技术教育中的骨干作用”。2002 年颁布的《国务院关于大力推进职业教育改革与发展的决定》再一次强调了示范院校的重要性，明确指出要“重点办好起骨干和示范作用的职业学校和职业培训机构”。2004年颁布的《教育部等七部门关于进一步加强职业教育工作的若干意见》则第一次强调要加快职业教育实训基地建设，使之与中央财政支持的示范性职业院校建设相结合，使前期投入发挥更大效益。随后颁布的《国务院关于大力发展职业教育的决定》则再一次强调了要加强示范性职业院校建设，并指出要“大力提升这些学校培养高素质技能型人才的能力，促进他们在深化改革、创新体制和机制中起到示范作用，带动全国职业院校办出特色，提高水平”。

4. 职业教育建设“双师型”教师队伍的思路得到了广泛认同

纵观改革开放以来召开的七次职教会所出台的相关政策，可以发现，国家十分重视职业教育教师队伍建设，尤其是“双师型”教师队伍建设。

1985年《中共中央关于教育体制改革的决定》就已提出要加强职业教育教师的培养，“要建立若干职业技术师范院校，有关大专院校、研究机构都要担负培训职业技术教育师资的任务”。1991年颁布的《国务院关于大力发展职业技术教育的决定》指出要大力加强师资建设。“本着培养和培训、专职和兼职相结合的原则，多渠道地解决职业技术教育的师资特别是技能教师来源问题。要建立职业技术教育教师、干部的轮训进修制度。要制定职业技术教育教师的任职条件，完善教师专业技术职务评聘办法，逐步实行教师资格证书制度，采取措施逐步提高职业技术学校教师的待遇。”1996年《职业教育法》第三十六条规定：“县级以上各级人民政府和有关部门应当将职业教育教师的培养和培训工作纳入教师队伍建设规划。”1996年第三次职教会指出，发展职业教育中遇到的一个突出问题是师资力量不足。教育部门要下大力气，通过多种渠道，培养一批有志于职业教育事业的教师。提高职业教育质量和效益的关键在教师。职业教育专业教师数量不足，师资队伍整体素质亟待提高，要采取切实措施加以解决。2002年颁布的《国务院关于大力推进职业教育改革与发展的决定》提出要加强职业教育教师队伍建设，要“要积极开展以骨干教师为重点的全员培训，提高教师的职业道德、实践能力和教学水平，培养一批高水平的骨干教师和专业带头人。鼓励职业学校教师在职攻读相关专业学位、提高学历层次”。该文件第一次对职业教育教师的学历提出了进一步要求。2004年颁布的《教育部等七部门关于进一步加强职业教育工作的若干意见》不仅仅强调师资培训基地的建设，而且明确强调要加强“双师型”教师队伍建设，并提出了具体的要求，即“职业院校专业教师每年脱产接受继续教育的时间应不少于规定的学时数，每两年必须有两个月以上时间到企业或生产服务一线进行实践，并作为教师提职、晋级的必要条件，其他教师和管理人员也应定期到企业或生产服务一线进行实践和调研”，并提出“要建立符合职业教育特点的教师继续教育进修和企业实践制度”，“扩大专业教师培训和在职攻读硕士和博士学位的规模”。2014 年颁布的《国务院关于加快发展现代职业教育的决定》再一次强调，发展职业教育要加强建设“双师型”教师队伍，并对职业教育专兼职教师提出了明确要求，即“完善教师资格标准，实施教师专业标准。健全教师专业技术职务（职称）评聘办法，探索在职业学校设置正高级教师职务（职称）。加强校长培训，实行五年一周期的教师全员培训制度。落实教师企业实践制度。政府要支持学校按照有关规定自主聘请兼职教师。完善企业工程技术人员、高技能人才到职业院校担任专兼职教师的相关政策，兼职教师任教情况应作为其业绩考核评价的重要内容”。该文件第一次提出了要加强职业教育科研、教研队伍建设，提高科研能力和教研水平。

5. 中国特色现代职业教育体系正趋于完备

建立具有中国特色、世界水平的现代职业教育体系不仅是中国职业教育发展的基本要求，也是中国职业教育屹立于世界职业教育之林的中国经验。改革开放以来，随着中国职业教育的不断发展，党和国家通过职业教育政策来表达建立中国特色现代职业教育体系的愿望不断增强，也旗帜鲜明地提出要确定建立中国特色现代职业教育体系的路线图和时间表，有条不紊地推进中国特色现代职业教育体系的建立。

1991 年颁布的《国务院关于大力发展职业技术教育的决定》首次指出，要“初步建立起有中国特色的，从初级到高级、行业配套、结构合理、形式多样，又能与其他教育相互沟通、协调发展的职业技术教育体系的基本框架”，这可以说是中国官方文件第一次提出初步建立职业教育体系的政策构想。该文件还针对职业技术教育的有关法规和配套政策不健全、管理体制尚待进一步理顺、资金投入不足、办学条件差、支持职业技术教育发展的服务体系很薄弱等问题，提出“要在充分利用现有相应机构的基础上，逐步建立健全职业技术教育的研究、教材出版、信息交流、师资和干部培训等服务体系”。1996 年，李鹏同志和李岚清同志在职教会上指出，要进一步调整职业教育结构，推进以初中后为重点的不同阶段的教育分流，建立健全职业学校教育与职业培训并举，并与其他教育相互沟通、协调发展的职业教育体系。他们还进一步指出，中国特色的职业教育体系正在形成。《职业教育法》的颁布，标志着中国职业教育走上了制度化、法制化的轨道。职业教育在中国现代化建设中发挥着越来越重要的作用。建立完善的、与其他教育相互沟通、协调发展的职业教育体系，就是这座立交桥的一项主体工程。2002年颁布的《国务院关于大力推进职业教育改革与发展的决定》强调，加强中等职业教育与高等职业教育、职业教育与普通教育、成人教育的衔接与沟通，建立人才成长“立交桥”。这是国家第一次在官方文件中提出人才成长“立交桥”这个概念，为现代职业教育体系的构建奠定了思想基础与政策指导。2005年颁布的《国务院关于大力发展职业教育的决定》明确了职业教育改革发展的目标是“进一步建立和完善适应社会主义市场经济体制，满足人民群众终身学习需要，与市场需求和劳动就业紧密结合，校企合作、工学结合，结构合理、形式多样，灵活开放、自主发展，有中国特色的现代职业教育体系”，并进一步指出，要“建立职业教育与其他教育相互沟通和衔接的‘立交桥’，使职业教育成为终身教育体系的重要环节，促进学习型社会建立”。2014年颁布的《国务院关于加快发展现代职业教育的决定》明确了今后职业教育发展的目标任务是“到2020年，形成适应发展需求、产教深度融合、中职高职衔接、职业教育与普通教育相互沟通，体现终身教育理念，具有中国特色、世界水平的现代职业教育体系”，并提出了创新发展高等职业教育、引导普通本科高等学校转型发展、完善职业教育人才多样化成长渠道、积极发展多种形式的继续教育等策略。

（三）中国职业教育理念的政策完善

当然，中国职业教育政策中所体现的职业教育理念还有待深化，以进一步推动职业教育的大发展、大繁荣和大提高。

1. 职业资格证书制度有待健全

职业资格证书制度是劳动就业制度的一项重要内容，也是一种特殊形式的国家考试制度。它是指按照国家制定的职业技能标准或任职资格条件，通过政府认定的考核鉴定机构，对劳动者的技能水平或职业资格进行客观公正、科学规范的评价和鉴定，对合格者授予相应的职业资格证书的制度。①

1994年，《国务院关于〈中国教育改革和发展纲要〉的实施意见》提出了“在全社会实行学历文凭和职业资格证书并重的制度”，第一次正式提出了职业资格证书制度。1993年11月颁布的《中共中央关于建立社会

① 吴言：《职业资格证书制度》，《职业技术教育》2001年第25期。

主义市场经济体制若干问题的决定》再次提出，要制定各种职业的资格标准和录用标准，实行学历文凭和职业资格两种证书制度。这不仅将建立职业资格证书制度纳入了劳动人事制度改革，而且将职业资格证书制度列入了建立社会主义市场经济体制的重要措施。国家在 1994 年、1996 年分别颁布实施了《中华人民共和国劳动法》和《职业教育法》，对实行职业资格证书制度做出明确规定，并将其上升为一项法律制度。1999 年 6 月发布的《中共中央国务院关于深化教育改革，全面推进素质教育的决定》，再次重申要在全社会实行学业证书和职业资格证书并重的制度。2004 年颁布的《教育部等七部门关于进一步加强职业教育工作的若干意见》明确提出，“完善就业准入制度和职业资格证书制度，积极推进职业院校学生职业资格认证工作”。2005 年颁布的《国务院关于大力发展职业教育的决定》提出，要尽快建立能够反映经济发展和劳动市场需求的职业资格标准体系。

由上述政策可以看出，职业资格证书制度是随着社会主义市场经济体制的建立和发展而建立并发展起来的。但是，目前职业资格证书制度还不健全，职业资格证书考核管理机制不完善，学历证书与职业资格证书没有有机结合，就业准入制度执行不严。

今后进一步推行职业资格证书制度、建立健全职业资格证书制度，可以从以下三个方面入手。

第一，建立全国统一的职业资格管理体制及协调机制，建立统一标准。这有利于改变因职业资格证书认证缺乏科学性、严肃性和权威性，政府、社团机构等一拥而上造成各种（资格证书）满天飞的现状。政府有关部门必须互相协调，通力合作，特别是劳动保障、教育、人事、计划、质量技术监督、经贸、财政、税务等有关部门要形成合力，打破条块分割，协调部门关系，建立全国统一的职业资格管理体制及协调机制，完善全国统一的职业资格标准。①

第二，构建“双证”（学历证书与职业资格证书）融通的人才培养模式。这有利于改善学历证书与职业资格证书没有有机结合的现状。“双证”融通的人才培养模式有利于两种证书教育培训内容的衔接、融合和职业资格证书制度的推广。“双证”融通的人才培养模式的培养目标就是使学生既具备劳动力市场所需的能力和资格，又能够根据生活和职业的变化不断地更新和充实自己的能力与知识。

---

① 曹正益、孙玉华：《职业资格证书制度的政策研究》，《职教论坛》2007 年第 9 期。

第三，严格实行就业准入制度和持证优先就业政策。就业准入制度是推行职业资格证书制度的重要手段，也是规范劳动就业市场的重要举措。只有严格执行就业准入制度和持证优先就业政策，才能剔除那些不具备从业资格的人员，从而保证重要职业岗位上的劳动者具有足够的知识和技能，能够安全、有效地完成相应的职业活动。

2. 纵横交错的职业结构尚需规范

《教育规划纲要》指出，“到2020年，形成适应经济发展方式转变和产业结构调整要求、体现终身教育理念、中等和高等职业教育协调发展的现代职业教育体系，满足人民群众接受职业教育的需求，满足经济社会对高素质劳动者和技能型人才的需要”。可见，优化职业教育结构是发展职业教育的关键。现代职业教育体系具有三个重要特性：一是适应经济发展方式转变和产业结构调整要求；二是以育人为本，体现终身教育理念，强调人的终身发展，既重视培养学生的学习能力，也强调面向人人，坚持全日制教育与各类职业培训并举并重；三是中高职教育协调发展。

职业教育结构的现状可以从两个方面来看：在纵向方面，中高职衔接不顺畅；在横向方面，与普通教育横向并行，两者之间并没有形成较为完整的学历教育体系。职业教育纵横交错结构的不完善严重影响了职业教育的发展。

目前，普通教育从小学到研究生乃至博士后教育，已经形成一个较完整的层级体系。但是，职业教育基本上只有中等职业教育和高等职业教育两个层次。此外，普通教育与职业教育基本处于一种并行状态，衔接与沟通比较缺乏（见图5-1）。

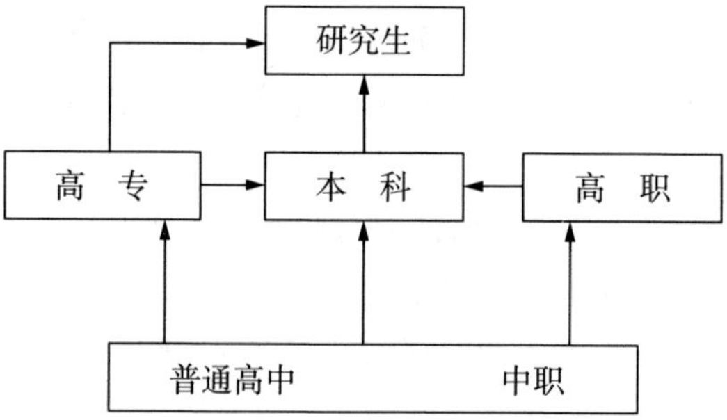

图5-1 普、职学历教育现状[①]

① 易剑英：《纵向衔接，横向沟通，贯通职业教育人才“立交桥”》，《承德石油高等专科学校学报》2011年第3期。

普通高中毕业生通过普通高考的高职高专批次（录取分数比普通本科教育要低很多）的录取，大多数可以进入高等职业学校学习。中等职业学校毕业生虽然通过对口高考后既可以进入高等专科学校学习，也可以进入普通本科院校深造，但进入普通本科院校的比例极小。高等职业学校学生中只有少数人可以通过专升本、专本沟通等形式进入普通本科院校深造。其实，无论是普通教育还是职业教育，其落脚点都是使所培养的人才能够实现自己的价值，能够更好地为社会主义建设做贡献。在现行的普职教育分列状态下，普通教育毕业生缺乏实践能力，职业教育毕业生缺乏相关的理论知识，不能有效做到“学做合一，手脑并用”，这在一定程度上也影响了教育事业的发展。

1985 年《中共中央关于教育体制改革的决定》提出，要“调整中等教育结构，大力发展职业技术教育”。该文件虽然也明确规定“积极发展高等职业技术院校”，但受计划经济体制等各方面的影响，专科层次高等职业教育的发展长期以来一直处于探索阶段。1999 年《中共中央国务院关于深化教育改革，全面推进素质教育的决定》颁布后，国家开始实施高等教育大众化战略，推动了教育的大规模发展，使“三改一补”发展职业教育的战略得以落实，推动了高等职业教育的快速发展，使高等职业教育成为高等教育的半壁江山，使高等教育中的本科和专科层次结构得以优化，同时也使中等职业教育招生人数与普通高中教育实现大致相当，使高中阶段教育进入基本普及阶段。① 目前，职业教育依然存在中高职衔接不畅、职业教育体系不能很好地适应社会对高素质技术技能型人才的要求等问题。要想解决这些问题，就必须规范纵横交错的职业教育结构体系。

第一，构建中高职衔接的人才培养体系。1985 年《中共中央关于教育体制改革的决定》提出，高等职业技术院校要“优先对口招收中等职业技术学校毕业生以及有本专业实践经验、成绩合格的在职人员入学”。这为中高职衔接制定了最初的“破冰式”政策，积极推动了高等职业教育的发展。② 2002 年颁布的《国务院关于大力推进职业教育改革与发展的决定》指出，“扩大中等职业学校毕业生进入高等学校尤其是进入高等职业学校继续学习的比例，适当增加高等职业教育专科毕业生接受本科教育的比例。适度发展初中后五年制高等职业教育”。这一系列政策都是为了加强中高职教育的衔接，大力发展高等职业教育。

---

① 曹晔：《构建现代职业教育体系的几点思考》，《教育与职业》2013 年第 14 期。

② 李全奎：《中高职衔接问题的研究》，《天津职业院校联合学报》2011 年第 3 期。

第二，建立完善的纵横相通的职业教育体系。党的十八届三中全会审议通过的《中共中央关于全面深化改革若干重大问题的决定》指出，“试行普通高校、高职院校、成人高校之间学分转换，拓宽终身学习通道”。因此，要建立完善的纵横相通的职业教育体系，可以从加强普通高中教育与中等职业教育、学术型本科教育与应用技术型本科教育的沟通，加强中等职业教育与高等职业教育的衔接，进一步加强高等职业教育与应用技术型本科及研究生教育的衔接，实施学历教育与职后教育的沟通等方面入手。

3. 普职教育和谐发展观念仍需加强

职业教育在现代教育体系中占据着重要地位，是教育结构中的基本组成部分。职业教育与普通教育犹如“鸟之两翼，车之双轮”，缺一不可。然而，无论是从理论方面还是从实践方面来看，尽管近年来由于国家的重视、教育部门和各级各类学校的共同努力以及社会各方面的支持，职业教育进入迅猛发展时期，但职业教育的发展滞后于普通教育也是不争的事实。实际上，职业教育“惨淡经营”的现状与人们所持的职业教育观念有直接关系。《全国人大教科文卫委员会关于职业教育改革和发展情况的调研报告》指出，当前职业教育存在的主要问题之一就是社会上重普教、轻职教的问题仍很突出。为了给职业教育创造一个良好的发展环境，为了推进中国教育事业的进一步发展，人们必须改变职业教育观念，逐步形成普职教育和谐发展的观念。

第一，运用科学发展观，重新认识职业教育。目前，尽管职业教育在数量上有了较大的突破，但在思想认识和具体实践方面，许多问题并没有真正解决。从社会到个人，包括职业学校的教师和学生，都会有一种观念，认为职业教育是次等教育，不如普通教育那般“光荣”。实际上，社会发展需要的是多元化、多层次的人才。国家建设既需要大批优秀的理论型、研究型人才，也需要大批优秀的应用型、技能型人才。其实，职业教育与普通教育并无层次高低之分，只是办学模式不同而已。因此，国家应该出台相关政策，以均衡理论型人才和应用型人才的培养，引导人们重新认识职业教育，从而逐步形成普职教育和谐发展的观念。

第二，坚持以人为本，发展普职教育。“‘以人为本’作为一种价值取向，其根本所在就是以人为尊，以人为重，以人为先。”① 孔子曾针对人的个体差异性提出“因材施教”。人才之间存在个体差异性，因此人才成长

① 王晓东：《黄炎培职业教育思想“以人为本”的价值取向》，《南京工业职业技术学院学报》2005 年第 3 期。

的道路也具有差异性，如有的人适合研究理论，有的人适合研究工程或机械。教育应该充分尊重人的个体差异性，树立以人为本理念，做到“因材施教”，让每一个人的潜能得到最大限度的发挥，把每一个人培养为社会所需要的人才。

4. 职业教育工具价值亟待矫正

人们往往认为，职业技术教育毕业生比普通教育毕业生更有生产能力，对职业技术教育的投入与产出回报率比普通教育高，职业技术教育是解决当前失业问题的一个方法，通过职业技术教育获得职业技能具有更多生产力优势。① 这说明，人们更看重的是职业教育的工具价值。

但是，这种功利性的职业教育价值取向忽视了职业教育促进人的全面发展、以人为本的功能。职业教育作为一种教育类型，作为一种可持续的发展性教育，作为终身教育的重要组成部分，作为建设学习型社会的重要支撑点，其根本价值在于：它是促进人的能力和素质走向全面发展和社会的可持续性发展的基本手段。② 因此，要想大力发展职业教育，就必须矫正职业教育的工具价值倾向。

目前，中国已经开始转变“唯职业教育工具价值”的取向。2005 年 11 月，国务院召开第六次职教会并颁布了《国务院关于大力发展职业教育的决定》，对中国 21 世纪初期职业教育的发展做了宏观规划，体现了国家对职业教育地位与作用的前所未有的重视，反映了中国职业教育政策的重大价值转向。该文件指出，21 世纪初的中国职业教育改革目标是，力争在“十五”期间初步建立起适应社会主义市场经济体制，与市场需求和劳动力就业紧密结合，结构合理、灵活开放、特色鲜明、自主发展的现代职业教育体系。这一政策开始重新审视职业教育的作用。

大力发展职业教育是中国今后一段时期教育工作的战略重点之一。职业教育政策价值取向的转变可以进一步带动社会职业教育价值观念的转变，促进职业教育的发展。

第二节　中国职业教育政策发展走向的量化分析

近年来，职业教育政策研究呈现出蓬勃发展之势，但是也遇到了很多

① 王云波：《我国职业教育价值取向反思与重建》，《合作经济与科技》2010 年第 21 期。

② 周志刚、米靖：《职业教育价值论》，《中国职业技术教育》2009 年第 27 期。

困惑和障碍，而对这些困惑的解答和对各种障碍的克服也是研究不断向前发展的过程。当前，职业教育政策研究中的一个主要困惑是人们缺乏对中国职业教育政策现象整体性、实然性的基本认知，如对改革开放以来中国颁布了多少职业教育政策、这些政策由谁来制定、涉及了哪些职业教育领域、具有什么样的特点等。这会制约人们对职业教育政策做出科学的解释和预测，因为科学的解释建立在常识性观念的基础上，为了解释某事，人们必须掌握关于这一现象的特定的知识，同时掌握使该现象与其他先前发生的现象相连接的基本知识。① 缺乏基本的政策认知，将使研究者难以从宏观上把握职业教育政策现象，不能很好地去理解和解释宏观政策问题。这将导致研究者一方面难以从对现象或研究对象的感知中找到有重要研究价值的问题，另一方面即使提出了有价值的问题，也会由于缺乏对研究对象的基本认知，出现所使用的研究理论和方法与研究问题或对象不匹配的情况，影响职业教育政策研究的深入发展。基于这一判断，下面通过对 1995~2008 年国家层面职业教育政策文本的定量分析，从宏观上概括中国职业教育政策的一些基本特点，以丰富人们对职业教育政策的基本认识。

一、对职业教育政策文本进行定量分析的意义与价值

对职业教育政策文本进行定量统计分析具有重要的意义和价值，主要是基于以下一些基本假设。

首先，职业教育政策本身就是一种非常重要和独特的教育资源。这种教育资源的重要特点是它具有一种合法性功能。这种合法性主要体现在两个方面：一是它能够赋予某些教育活动合法地位，也可以否定某些教育活动的合法地位；二是它能够在各种教育活动的价值序列中赋予某些教育活动更高的地位，而给予某些教育活动次要的地位。这样一种合法性功能可以使不同的教育活动在获取其他类型的教育资源上占据不同的地位，进而成为一种教育资源的配置原则。同时，它还可以对整个社会教育资源的变化产生一种积极的带动作用。更为重要的是，职业教育政策是实现整个国家教育发展目标的重要手段，它本身承载了非常明确的价值取向，因而也具有十分重要的引导功能。

其次，职业教育政策作为政府的一种垄断性资源，其文本变化在一定程

① 石学云、祁占勇：《中国职业教育改革发展的政策走向分析——1995~2008 年中国职业教育政策文本的定量分析》，《职业技术教育》2010 年第 34 期。

度上反映了政府的意志及其控制职业教育改革与发展力度的大小。显然，与其他教育资源相比，职业教育政策是政府所具有的一种垄断性资源，因而它具有唯一性。然而，也正是这种垄断性和唯一性，使得职业教育政策的变化在一定程度上体现了政府对职业教育改革和发展的意志和愿望。尽管职业教育政策本身的形成和变化也包含了不同利益集团和力量的协商，甚至是冲突与妥协等，但就总体上看，职业教育政策仍然反映了政府对教育的要求，体现了政府的意志。由于职业教育政策的这种基本属性，职业教育政策的数量变化在客观上也反映了政府对教育活动的控制或主导力度。显然，职业教育政策的数量越多，表明政府对教育活动的控制或主导力度越大；反之，则说明政府的控制或主导力度越小。对职业教育不同领域中政策的数量及其变化进行分析，可以使人们进一步了解政府对某些领域中教育活动的控制或主导情况。由此，它也构成了职业教育政策分析中的一个重要维度。

再次，职业教育政策文本的定量分析能够在一定程度上体现职业教育改革和发展的基本脉络。由于职业教育本身作为一种公共产品和公共服务，具有非常鲜明的公共性，而政府在职业教育改革和发展过程中起主导作用，所以职业教育政策文本的数量变化在客观上也能够体现职业教育宏观发展的基本脉络与轨迹。显然，不同发展阶段中教育活动的重点与特殊矛盾，往往都能够通过相应的职业教育政策的出台和数量变化反映出来。同样，一定发展阶段中职业教育政策的数量变化也能够直接或间接地反映这一阶段教育活动本身的复杂性。更为重要的是，职业教育政策实际上反映了政府在一定社会发展阶段对教育发展途径和方向的选择，而这些选择无疑体现了教育改革和发展的宏观变化。

最后，职业教育政策文本的定量分析也可以反映和体现一种职业教育政策资源的供求关系，而这也是在社会主义市场经济条件下政府教育管理部门与教育提供机构之间关系的一种表现形式。职业教育政策的出台是为了满足职业教育活动的需要，是国家在社会主义市场经济条件下对不同职业教育活动进行必要的规范和引导的需要，因此，职业教育政策的数量是受到这些需要约束的。从这个意义上说，职业教育政策文本的定量分析也在一定程度上反映了各种需要所具有的性质。

二、职业教育政策文本的定量分析

职业教育政策文本的定量分析属于传统意义上对政策文本进行内容分析的基本工具，它通过对政策文本的量化统计、对政策文本中某些关键词的词频统计、对政策文本内容的不同层面的分析等，描述政策文本中的某些规律性现象或特点。

（一）职业教育政策文本的数量变化

根据不完全统计，1995～2008年，全国人大、中共中央、国务院、教育部①等颁布的职业教育政策文本只有200件。其中，全国人大、中共中央、国务院颁布的职业教育政策文本共有3个，教育部、部委联合、其他部委颁布的职业教育政策文本共有197个。

表5-2、图5-2反映了1995～2008年职业教育政策文本数量的年度分布，图5-2的曲线反映了职业教育政策文本数量的变化趋势。

表5-2　1995～2008年职业教育政策文本数量一览

单位：个

年份	1995	1996	1997	1998	1999	2000	2001
数量	1	5	2	3	4	18	19
年份	2002	2003	2004	2005	2006	2007	2008
数量	12	25	31	51	10	12	7

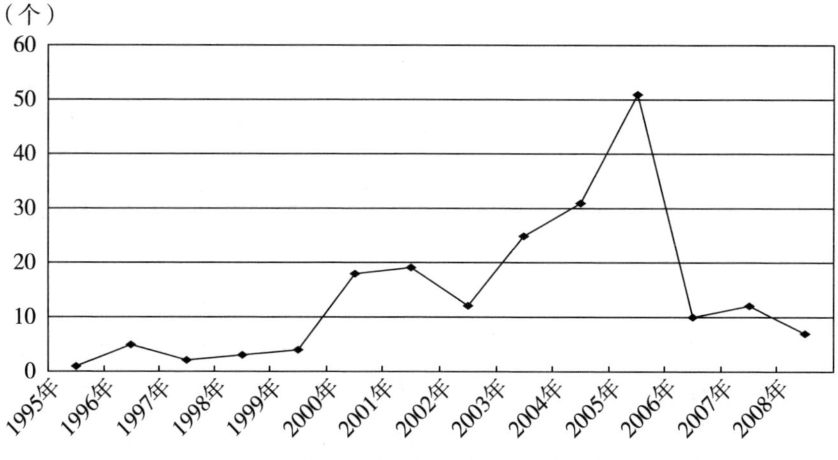

图5-2　1995～2008年职业教育政策文本数量的变化趋势

（二）职业教育政策文本中的权威部门构成

表5-3显示了1995～2008年权威部门所颁布的职业教育政策文本数量。其中，教育部颁布的政策文本数占总数的86.5%，部委联合颁布的政策文本数占总数的11.0%，两者相加占总数的97.5%。2002年后，参与政

① 国家教委于1998年更名为教育部，为使行文简洁，本节统一采用教育部这一名称。

策制定的权威部门数量明显增多，表现之一是教育部与其他部门联合颁布的政策文本数量明显增多。

表 5-3 1995~2008 年权威部门所颁布的职业教育政策文本数量

单位：个

部门＼年份	1995	1996	1997	1998	1999	2000	2001	2002	2003	2004	2005	2006	2007	2008	总计
全国人大	0	1	0	0	0	0	0	0	0	0	0	0	0	0	1
国务院	0	0	0	0	0	0	0	1	0	0	1	0	0	0	2
教育部	1	4	2	2	4	15	19	7	23	30	48	7	5	6	173
部委联合	0	0	0	1	0	3	0	4	2	1	2	3	5	1	22
人事部	0	0	0	0	0	0	0	0	0	0	0	0	1	0	1
农业部	0	0	0	0	0	0	0	0	0	0	0	0	1	0	1
总计	1	5	2	3	4	18	19	12	25	31	51	10	12	7	200

上述权威部门所制定的职业教育政策依据其法定效力可分为三类：一是由全国人大及其常委会颁布的具有最高效力的法律文件，占总数的0.5%；二是由国务院颁布的效力仅次于法律文件的法规性文件，占总数的1.0%；三是由教育部和其他政府部门颁布的规章和规章性文件，占总数的98.5%。

表5-4显示，在部委联合中（含教育部），以2个部门和3个部门联合为主，它们颁布的政策文本数分别占部委联合颁布的政策文本总数的63.6%和27.3%，占政策文本总数的比例分别为7.0%和3.0%。参与同一项政策制定的部委数量最多为7个。

表 5-4 部委联合颁布的政策文本数量

所含部委数	联合颁布政策文本数（个）	占联合颁布政策文本总数的比例（%）	占政策文本总数的比例（%）
2个部委	14	63.6	7.0
3个部委	6	27.3	3.0
5个部委	1	4.5	0.5
7个部委	1	4.5	0.5
总计	22	99.9①	11.0

① 数据误差由四舍五入导致。

表5-5显示，有14个部门和教育部联合制定过职业教育政策，其中出现频率最高的前3个部门分别是财政部、劳动和社会保障部、人事部①。

表5-5 与教育部联合发文的部门情况

排序	部门名称	出现频率（次）	比例（%）	排序	部门名称	出现频率（次）	比例（%）
1	财政部	12	34.3	8	劳动部③	1	2.9
2	劳动和社会保障部	5	14.3	9	公安部	1	2.9
3	人事部	3	8.6	10	建设部④	1	2.9
4	农业部	2	5.7	11	国家民族事务委员会	1	2.9
5	卫生部	2	5.7	12	共青团中央	1	2.9
6	国家中医药管理局	2	5.7	13	国家发展和改革委员会	1	2.9
7	国家经济贸易委员会②	2	5.7	14	国务院扶贫开发领导小组办公室	1	2.9

（三）职业教育政策文本的政策主题分布

依据教育部官方网站公布的政策文献，以下将职业教育政策文本的政策主题分为法律、综合、信息化建设、学校管理、教学指导、德育与职业指导、师资建设、教材建设、中等成人教育、社区教育、企业职工教育与培训、农村劳动力转移培训、终身学习、高等职业教育14个主题（见表5-6）。其中，出现次数最多的前4个主题分别为高等职业教育、师资建设、学校管理、教学指导。从表5-6可以清楚地看出政策主题的变化情况。2000年后随着职业教育改革的逐步推进，政策主题的数量增加、范围扩大。2000年以前出现的政策主题有法律、学校管理、教学指导、德育与职业指导、师资建设、中等成人教育、高等职业教育7个，而其他7个政策主题则出现在2000年后。

① 数据采集日期在劳动和社会保障部、人事部更名之前。

② 2003年撤销，其职能归于商务部。

③ 1998年更名为劳动和社会保障部。

④ 数据采集日期在建设部更名之前。

表 5-6 1995～2008 年职业教育政策文本的政策主题分布

单位：次

主题＼年份	1995	1996	1997	1998	1999	2000	2001	2002	2003	2004	2005	2006	2007	2008	总计
法律	0	1	0	0	0	0	0	0	0	0	0	0	0	0	1
综合	0	0	0	0	0	0	0	1	0	0	1	0	0	0	2
信息化建设	0	0	0	0	0	0	0	0	0	1	0	0	0	0	1
学校管理	0	1	0	1	1	1	2	2	3	5	9	3	2	1	31
教学指导	0	1	0	2	1	0	2	0	1	6	8	1	1	0	23
德育与职业指导	0	0	1	0	0	1	2	0	3	3	4	1	1	1	17
师资建设	0	1	1	0	1	5	10	2	5	4	4	1	4	0	38
教材建设	0	0	0	0	0	2	2	0	6	4	2	0	1	0	17
中等成人教育	1	1	0	0	0	0	0	2	0	0	1	0	2	0	7
社区教育	0	0	0	0	0	1	0	0	2	3	0	0	0	0	6
企业职工教育与培训	0	0	0	0	0	0	0	0	2	2	0	0	0	0	4
农村劳动力转移培训	0	0	0	0	0	0	1	1	0	1	2	0	0	0	5
终身学习	0	0	0	0	0	0	0	0	0	0	0	0	0	0	0
高等职业教育	0	0	0	0	1	7	2	5	3	2	18	3	4	5	50
总计	1	5	2	3	4	17	21	13	25	31	49	9	15	7	202

（四）不同类型职业教育政策文本的定量分析

为了进一步分析和说明 1995～2008 年职业教育政策文本的数量变化，以下根据教育部官方网站公布的政策文献，特别选取学校管理、教学指导、德育与职业指导、师资建设、教材建设五个方面的职业教育政策进行具体的分析。

学校管理方面的职业教育政策主要涉及学校建设与管理、招生工作、高等职业教育三个方面。教学指导方面的职业教育政策主要涉及技能型紧缺人才培养、专业建设、课程改革、学分制、教学质量评估、教学研究六个方面。师资建设方面的职业教育政策主要涉及教师管理、教师培养培训、校长培训、基地建设四个方面。教材建设方面的职业教育政策主要涉及信息服务、法规标准、编辑出版、研究评价四个方面。

从表 5-7 可以清楚地看到，我国不同类型职业教育政策文本自 2000 年以来呈逐渐增多趋势，尤其是 2001 年、2003 年、2004 年、2005 年颁布的各类职业教育政策文本分别到达了 18、18、22、27 个，占职业教育政策文本总数的 67.5%。学校管理和师资建设两个方面的政策文本数量分别占职业教育政策文本总数的 24.6%和 30.2%，两者之和为 54.8%。

表 5-7　1995~2008 年不同类型职业教育政策文本的数量

单位：个

主题＼年份	1995	1996	1997	1998	1999	2000	2001	2002	2003	2004	2005	2006	2007	2008	总计
学校管理	0	1	0	1	1	1	2	2	3	5	9	3	2	1	31
教学指导	0	1	0	2	1	0	2	0	1	6	8	1	1	0	23
德育与职业指导	0	0	1	0	0	1	2	0	3	3	4	1	1	1	17
师资建设	0	1	1	0	1	5	10	2	5	4	4	1	4	0	38
教材建设	0	0	0	0	0	2	2	0	6	4	2	0	1	0	17
总计	0	3	2	3	3	9	18	4	18	22	27	6	9	2	126

（五）中等与高等职业教育政策文本的定量分析

《职业教育法》第十三条规定："职业学校教育分为初等、中等、高等职业学校教育。"随着教育的转型，初等职业教育在不断地上移，即使存在的话，也主要是以农村成人教育、农村劳动力转移与培训为主，规模不断萎缩。从现有的职业教育政策来看，国家大力提倡并不断推进的是中等和高等职业教育。

从表 5-8 可以看出，1995~2008 年中等职业教育的政策文本数量大于高等职业教育。从表中也能发现，权威部门运用政策调整高等职业教育始于 1999 年，这应该与 1998 年《高等教育法》的出台和 1999 年高等教育扩张有密切关系。1995~2008 年，高等职业教育政策文本的年平均数量为 3.4 个，中等职业教育政策文本的年平均数量为 7.0 个。

表 5-8　1995~2008 年中等和高等职业教育政策文本的数量

单位：个

类别＼年份	1995	1996	1997	1998	1999	2000	2001	2002	2003	2004	2005	2006	2007	2008	总计
中等职业教育	0	4	2	1	2	9	17	2	14	15	16	6	8	2	98
高等职业教育	0	0	0	0	1	7	2	5	2	2	16	3	4	5	47
总计	0	4	2	1	3	16	19	7	16	17	32	9	12	7	145

三、职业教育政策的文本定量分析的评论与展望

通过对 1995~2008 年中国职业教育政策文本的客观描述与数量统计，可以发现，中国职业教育政策文本的变化具有如下几个特点。

首先，从职业教育政策文本数量的变化可以看到，中国的职业教育政策具有两个比较突出的特点。第一，中国政府和教育管理部门对整个职业教育改革和发展的主导作用是非常强的，而且有越来越强的趋势。应该说，在社会转型期，政府在职业教育改革和发展过程中起主导作用是非常必要的，也是合理的。2003~2005 年职业教育政策文本的数量波峰与国家层面的改革及这一时期颁布的《国务院关于大力推进职业教育改革与发展的决定》《国务院关于大力发展职业教育的决定》两个政策文件具有非常密切的关系。第二，职业教育政策文本的数量变化具有一定的波动性和非连续性。从图 5-2 的曲线变化可以看出，这一时期职业教育政策文本的数量变化实际上出现了四个波峰和三个波谷，而且变化的周期也大致相同。如果根据职业教育政策的供求理论进行分析，则可以认为职业教育的改革和发展对职业教育政策的需求实际上也呈现出一种起伏的变化趋势。或者说，政府在职业教育改革和发展过程中的主导作用也具有一种波动性。如果结合中国的五年发展计划的制定周期和发展模式，又可以发现，职业教育政策的变化周期往往与五年发展计划存在一定程度的重合。这也就说明中国职业教育政策的数量变化与整个国家社会经济发展的步调是比较一致的，并且受到后者的影响和制约。

其次，职业教育政策制定的纵向结构包括制定法律（全国人大）、法规（中共中央、国务院）和规章（教育部及其他政府部门）这三个权威等

级，横向结构（主要集中在规章层面）主要是以教育部为主、政府多部门联合制定政策。虽然教育部是最主要的政策制定者，但占政策总数 11.0%的政策文本是由多达 14 个政府部门联合制定的，使得职业教育政策制定的横向结构具有典型的多权威控制特征。这种多权威控制，一方面反映了职业教育领域的复杂性，另一方面也对职业教育政策尤其是中央和国务院制定的政策的执行形成了一种结构化制约。各种政策文本在权威部门间的分布，反映出作为教育主管部门的教育部在政策制定中对其他权威部门的政策依赖，这种政策依赖的突出表现就是常由 2~3 个部门联合制定政策。部门联合制定的政策涵盖了除法律外所有的政策主题领域。换句话说，教育部非常需要来自其他相关部门的参与和支持，依赖程度最高的是财政与人事部门。在某种程度上，正是多权威控制的权力结构造成了这种政策依赖。

再次，从不同类型职业政策文本数量的变化可以看出：第一，师资建设方面的政策数量多于其他方面的政策数量。换句话说，政府和教育主管部门更加关注职业教育的师资建设问题。这其实与教育活动的发展是一致的。现代经济学将社会资源分为人力资源、物力（财力）资源、技术（知识）资源、信息资源四大类，并认为人力资源是最为根本的、可持续开发的资源。在教育事业发展中，师资是最为主要的人力资源。教师质量决定教学质量，教师水平决定教育水平。因此，通过制度设计、政策调适等手段促进和保障教师质量的提升，成为政府的首要选择。第二，学校管理方面的政策数量仅次于师资建设方面的政策数量。这是因为，教育管理部门通过关注职业教育活动的体制和环境，从制度、经费、外部环境和宏观指导等方面为职业教育改革与发展特别是职业学校的教育教学活动提供条件和支持，是理所当然的。只有科学合理的运行机制、权限划分与隶属关系等，才能确保职业教育的发展有良好外部环境的支持。2002 年以后，学校管理逐渐成为政府教育政策制定的主要领域和对象。这与整个教育体制改革的发展趋势相一致。这种变化是非常可喜的。在学校的教育教学活动具有越来越大的自主性后，政府的责任将更多地体现在宏观教育管理领域。第三，无论哪种类型的职业教育政策文本，都在数量变化上表现出非常明显的波动性。换句话说，中国职业教育政策的波动性具有整体性的特征。对于不同类型的职业教育政策来说，这种波动性对于职业教育发展本身来说是非常不利甚至是有害的。

最后，从中等和高等职业教育政策文本的数量变化可以看到，中等职业教育政策文本的数量多于高等职业政策文本。这说明政府和教育主管部门更加关注中等职业教育的改革与发展，试图通过政策手段来更强有力地调控中等职业教育。这其实与人们对中等职业教育的认识是完全相符的。中等职业教育是目前中国职业教育的主体，主要由中等职业学校实施，招生对象主要是初中毕业生和具有同等学力的人员，基本学制以三年制为主。中等职业教育是在高中教育阶段进行的职业教育，也包括一部分高中后职业培训，其定位就是在九年义务教育的基础上、在对学生进行高中文化知识教育的同时，培养数以亿计的技能型人才和高素质劳动者，带有明显的基础性。同时，中等职业教育政策文本的数量变化所具有的复杂性和无序性比高等职业教育政策文本更加突出和明显，而高等职业教育政策文本的数量除了在1999年超常规发展时期和2005年受《国务院关于大力发展职业教育的决定》颁布的影响以外，在其他时期则显示出一种相对平稳的发展趋势，这种现象是非常值得关注的。因为从中等职业教育本身的特点看，它往往更加需要稳定和有序发展，而且往往也比较有条件形成一种稳定和有序发展的局面。

综上所述，中国职业教育政策的总体发展态势良好，国家层面的职业教育政策与整体的社会改革、教育改革基本是协调的。职业教育本身的复杂性决定了职业教育政策的出台具有多部门联合参与的特点，体现了国家对职业教育的权威性控制。职业教育师资建设与中等职业教育政策受到了权威部门的较大关注。

但分析也表明，中国职业教育政策存在很大的不稳定性和波动性，在一定程度上弱化了人们对职业教育重要性的认识，消解了职业教育所取得的成就，不符合职业教育发展的自身规律。因此，职业教育政策制定主体一要加强对职业教育政策决策的科学研究，尽量避免政策出台的随意性；二要保持政策的稳定性与延续性，尽可能延长职业教育政策的生命周期，尽量避免政策“朝令夕改”；三要强化政策的可操作性与可执行性，尽量避免“上有政策、下有对策”；四要在不断完善制度的基础上，形成多层次的职业教育政策体系；五要注意对政策进行适时追踪与评估，尽量避免“只开花不结果”。

对相关部门所颁布的、以正式书面文本为表现形式的各种职业教育政策的定量统计与研究，从一个侧面反映了中国职业教育改革和发展的基本状况、发展脉络与主要特点，不仅有助于从宏观和整体上把握中国职业教育政策发展的过程，也有助于从中观甚至微观上探讨某类职业教育政策或某项职业教育政策的发展，还有助于对职业教育政策进行实然的比较、相关分析及实证检验。但文本研究毕竟属于对职业教育政策现象的描述性认知，自有其不足之处，正如有学者所言，质的研究者和量的研究者都应当承认由于研究工具和手段的限制，他们所观察到的东西只会是局部的、有限的，由此他们才能发现走出困境的路径。因此，职业教育政策文本所隐含的知识和规律还有待更深入的挖掘。①

① 石学云、祁占勇：《中国职业教育改革发展的政策走向分析——1995~2008 年中国职业教育政策文本的定量分析》，《职业技术教育》2010 年第 34 期。

第六章　职业教育政策的价值基础

“职业教育政策是什么”是职业教育政策研究中的基础性问题，是职业教育政策事实分析应当回答的问题。但在职业教育政策的实际发展过程中，它经常被转换成这样一个问题：什么样的职业教育政策是“好”的或“理想”的职业教育政策。也就是说，人们更关心职业教育政策的价值问题，主要包括因为什么、为了什么、为了谁、应优先考虑什么、赞成哪些行为、反对哪些行为等问题。其主要作用是阐明职业教育政策的价值基础及在此基础上的政策选择，中心问题是用什么标准证明职业教育政策行为的正确性、有益性或公正性，目的在于帮助人们树立正确的价值观，有效地解决政策中的价值冲突，调节政策制定的全过程，使政策能被其对象所认同。

事实上，职业教育政策不仅涉及职业教育自身的发展、关系着职业教育与其他教育的和谐发展，更牵涉到国家社会经济的繁荣与进步以及受教育者的发展。职业教育政策的不断发展和变动的历史，事实上都是特定时代职业教育价值观念的反映，无论是集权型职业教育政策、分权型职业教育政策，还是职业教育基本政策、职业教育具体政策，都是在各自价值观的指导下制定出来的。政府选择了这一类职业教育政策，而不选择另一类职业教育政策，就反映了职业教育政策主体的价值取向。

职业教育政策离不开一定的价值基础，职业教育政策研究也离不开价值研究。那么，什么是职业教育政策的价值基础？职业教育政策研究是否应该涉及价值？哪些因素制约着职业教育政策的价值基础？如何合理地确认职业教育政策的价值基础并保证其得到全面、顺利的贯彻执行？本章将予以探讨。

第一节 职业教育政策价值的内涵与特征

在职业教育政策研究中，“价值中立”的观点能否成立？职业教育政策制定及其研究是否需要“价值涉入”？对于这一问题，曾有两种对立的观点。拉斯韦尔认为，政策科学以理性实证主义为基础，政策分析要坚持科学的方法论；韦伯也借助以“价值无涉”或“价值中立性”为特征的社会科学方法论为这种倾向提供了强有力的方法论基础。然而，德罗尔等人则认为政策分析不可避免地要引入价值因素，政策科学应以探讨价值、价值协调、价值代价和信奉价值的行为为基本内容，帮助决策者对价值观念进行选择。经过20世纪60～80年代对实证主义方法论的反思，人文社会科学研究强调“价值涉入”已成为一种趋势。与这一趋势相适应，政策研究和分析的范式也由强调“价值中立”向强调“价值涉入”转变。鉴于此，职业教育政策研究不仅应当而且可以涉及价值并进行价值分析。毕竟在大多数情况下，政策都是人们在比较、鉴别、协调、平衡的基础上进行价值选择的结果，而政策活动本质上是决策主体的一种主动的价值选择活动，在政策制定和实施的过程中，价值不仅体现着对人的某种需要的满足，而且还体现着人的主动追求，它意味着价值理性对于工具理性的优先性。此外，政策制定作为追求目标的一种方式，不同于规范的途径，也不同于“有效性”的途径。在这两者中，前者往往为政策制定赋予特别的价值观；而后者则在假设目标既定的前提下，专心于取得较理想的结果，尽可能地扩大利益与成本的比值。目前尤为缺乏的正是不同于前两者的一种“关于价值追求的哲学”，它可以作为制定政策的各种途径、方法和技术的基础，并给未来蓝图的设计提供富有启发性的指导。

一、职业教育政策研究应该涉及价值

从公共政策本身的特点和当前中国教育政策的具体背景来看，职业教育政策需要“价值涉入”有三点主要的理由。①

首先，公共政策活动本质上是决策主体的一种主动选择活动，而选择即意味着价值理性相对于工具理性的优先性。尽管目前国内外学者对公共

① 劳凯声、刘复兴：《论教育政策的价值基础》，《北京师范大学学报（人文社会科学版）》2000年第6期。

政策的定义多种多样，但是不论如何定义，从公共政策的决策过程来看，公共政策都是决策主体的一种主动选择活动。任何一项公共政策从提出问题到解决问题，都会引起现实的变化，而这种变化则是现实之外的价值因素参与决策过程的结果。决策主体在经历一系列选择时要面对多种相互冲突的因素、关系和问题，何者在未来的发展中获得优先权，哪种因素或关系受到重视，哪些问题得到优先解决，在选择时都直接受决策主体价值标准的影响。这种价值标准产生于决策主体与外在现实世界构成某种选择性关系之前，决定着决策主体对现实所抱的态度和所做的选择。因此，明确的价值标准是这种选择的必要条件，否则政策本身就会陷入混乱，失去其应有的内在逻辑。也就是说，“价值标准直接影响甚至决定公共政策的性质、方向、合法性、有效性和社会公正的程度。因此，价值标准的确认和选择是公共政策的决定性因素之一”①。如果一项职业教育政策不能体现社会大多数人所公认的价值标准，该项政策就无法得到普遍的认同，就会损害社会公正，就不能得到有效的实施并取得预期的效果。

其次，公共政策存在着一个政策内生化问题。② 各国的公共政策要解决的是各自不同的问题。因此，任何公共政策都必须建立在与本国的历史沿革、文化传统、政治经济体制和公众心理特征相适应的价值基础之上。如果公共政策所确定的目标或模式不能从本民族或本国的政治、经济、文化等一系列特征出发，就很难在公共生活中实施并取得预期的效果。就此意义而言，公共政策的内生化可以看作公共政策的本土化、乡土化，这一问题的核心是如何根据本民族和本国的特点来确立自己的政策模式。由于教育与社会的政治、经济、文化、历史之间具有直接的关系，因此职业教育政策内生化过程中的价值基础问题就显得尤其突出。宏观政策环境中政治的、经济的、文化的、历史的、传统的价值标准都会通过某种途径转化为职业教育政策的价值标准，进而使职业教育政策本土化、乡土化。可见，明确职业教育政策价值基础是职业教育政策内生化的必然要求。

最后，在利益多元化的社会中，价值追求必然也表现为多元化的形态。为了使公共政策真正具有公共性，就必须对不同的价值取向进行必要的整合，确定公共政策的优势价值标准是整合不同价值观的重要手段。所谓优势价值标准，是指能代表主要利益群体利益并兼顾其他利益群体利益，或虽不能兼顾但能尽量减少这些利益群体的损失，因而能被社会各个方面所

① 张国庆：《现代公共政策导论》，北京，北京大学出版社，1997，第 49 页。
② 张国庆：《现代公共政策导论》，北京，北京大学出版社，1997，第 359 页。

接受的价值标准。但人们对公共政策的评价远比过去复杂得多，他们对切身利益的得失越来越具有敏感性，并将这种得失作为对社会现实的主要评价标准。例如，为了提高效率而进行的职业教育资源的优化配置，尽管有利于国家财政拨款的高效使用，但却有可能产生教育机会分配的某种不公，其结果有时并不令人感到满意，甚至会使一部分人感到还不如不优化。过去中国公共政策的制定习惯于从国家、社会和个人利益一致这一前提出发，实际上，个人或群体利益的简单相加并不一定构成社会利益这一总体。随着社会转型，各种新旧价值观的冲突日趋激烈。人们基本认同新的群体利益结构，但对这一结构的合理性、公正性的认定则远没有完成。因此，与过去相比，现在公共政策对利益主体间关系的调整要面对更多的冲突和矛盾，不同利益主体的需要及其价值追求越来越多地影响决策主体的选择和决策过程。在这种政策环境中，公共政策的走向取决于在价值冲突与整合过程中如何树立占主导地位的价值标准。可以说，确定公共政策的优势价值标准是当前公共事务决策的一个核心问题。①

二、职业教育政策价值基础的内涵及其表现形式

价值问题虽然是政策制定哲学中一个受到广泛注意，并且越来越得到人们重视的主题，但价值研究中的“价值”不同于经济学所讨论的价值，它是指一个系统的偏好，它也暗含着决策者的价值偏好。马克思主义价值论认为，作为哲学中的一般概念的价值是指主体需要和客体属性在实践基础上统一起来的一种特定的效应关系。价值的本质是人类认识和实践活动中的一种合目的性或客体人性化的肯定意义，体现着人类的崇高理想和永恒追求。这是科学阐释教育政策价值的基本理论依据。②

有学者认为，教育政策是国家和政府制定的调整教育领域的社会问题和利益关系的公共政策。在政策研究的历史上，人们往往从哲学、政治学和经济学等不同角度来研究教育政策的价值。③ 从哲学的意义上来说，教育政策价值是教育政策活动的客观属性（如教育政策要素、结构、内部运行机制、功能等）满足教育政策主体需要的一种关系。教育政策所调整的价值关系的性质决定着教育政策价值的基本内容，教育政策在调整“教育权力分配关系和教育权利分配关系”时直接体现出教育政策的政治价值；

① 张国庆：《现代公共政策导论》，北京，北京大学出版社，1997，第 348 页。
② 祁型雨：《论教育政策的价值及其评价标准》，《教育科学》2003 年第 2 期。
③ 沈承刚：《政策学》，北京，北京经济学院出版社，1996，第 55、57、59 页。

调整“教育资源配置关系”时直接体现出教育政策的经济价值；对学校、个人的教育活动和教育政策活动本身进行管理和规范时体现出教育政策的教育价值和人的发展价值；调整“国家、学校、个人利益关系”时直接体现出教育政策实现社会正义和公共利益的社会价值等。教育政策满足主体需要的性质和程度决定着教育政策价值的性质和价值的大小。教育政策满足了主体的需要，教育政策具有正价值；教育政策损害了主体的利益，教育政策就具有负价值。教育政策与主体的需要无关，教育政策则不具有价值。教育政策满足主体需要的层次越高，教育政策的价值就越大；反之，教育政策的价值越小。

也有学者认为，教育政策的价值是哲学中一般的“价值”概念的下位概念。教育政策的客体属性是由教育政策的本质所决定的，表现为教育政策具有导向、协调和控制等功能。它是教育政策价值的物质承担者或物质基础，是评价教育政策价值的外在尺度或“物种尺度”。而教育政策本身毕竟是主体意志对象化的产物，其价值还要受主体需要的规定，受主体认识和实践能力的制约，并随着主体构成的变化、主体价值观念的整合及主体认识和实践水平的提高而获得新的特性。教育政策的主体需要是推动主体去追求教育政策价值的现实力量，是评价教育政策价值的内在尺度或“人的尺度”。教育政策的实践活动是教育政策价值的源泉，它包括政策问题的认定、政策的制定、政策的实施和政策的评价等过程。只有通过现实的实践活动，才能使主体需要和客体属性处于价值关系中，并作为实践活动的固有内容，经过双向对象化而生成合目的性和合规律性相统一的价值。①

在实践基础上统一起来的教育政策价值，其表现形式是多种多样的。人们可以运用马克思主义哲学历史与逻辑相统一的方法论来把握教育政策价值表现的基本范畴。首先，从逻辑层面来分析，教育政策的价值表现是教育政策本质的逻辑展开。如果对教育政策的本质进行立体的多侧面、多角度的透视，可以发现，教育政策作为阶级社会中超然存在的政治行为和政治措施，在一定的历史范畴，是一定占统治、占支配地位的阶级或集团教育意志的表达；在一定的社会范畴，是有关教育权力和利益的具体能动的反映；在一定的科学范畴，既是教育理论的具体化，又是教育实践的高度概括，因而是教育理论转化为现实的桥梁，是教育实践上升至理论的基点；而教育的质的规定性是一种培养人的社会活动，因而在一定的人学范

① 祁型雨：《论教育政策的价值及其评价标准》，《教育科学》2003 年第 2 期。

畴，其本质又在于促进人类的个体发展。可见，政治、社会、教育和人的发展是教育政策本质内在的逻辑存在。其次，从历史层面来分析，自国家或阶级产生以来，无论古今中外，教育政策都是围绕政治、社会、教育及人的发展而演绎的，只不过关注的焦点或者范围不同。教育政策学家科根曾经对英国1960~1974年有关教育的主要政策、法令，各政府负责人的有关报告、声明及白皮书、重要的教育会议记录等第一手资料进行了分析，并对主要教育政策制定人进行了访谈，由此归纳出这一时期英国的35条教育政策，并将其归为教育、社会、经济、学校四类，相应地得出了蕴含于四类政策中的教育价值观、社会价值观、经济价值观和学校价值观。① 尽管科根关于教育政策的价值分类不甚严密，但仍具有一定的借鉴价值。他是通过政治、社会、教育和人等基本范畴来把握教育政策的价值表现形式的。

第一，政治价值（the value for politic）。教育政策是有关教育的政治措施。国家通过教育政策行使权力，发挥教育对社会政治、经济和文化等方面的能动作用，借以巩固赖以存在和发展的经济基础和社会基础，这是政治过程的具体体现。亚里士多德（Aristotle）就把教育活动看成政府职责的一个重要方面，看成一项重要的公共事务。他认为，邦国如果忽视教育，其政治必将毁损，城邦只有建立统一的教育政策，即采取一致的教育方案，城邦“公共团体”的稳定和安全才有保障。②

第二，社会价值（the value for society）。教育政策是有关教育权力和利益的具体体现，它不论如何变换，都不会偏离利益这个关键和核心。教育政策作为利益的“显示器”和“调节器”，其社会价值在于能够兼顾公平与效率，使教育成为全体人民所拥有的共同权利，有利于社会的稳定、发展和进步。

第三，教育价值（the value for education）。教育事业是一个庞大的系统工程，组成这个系统的各个要素之间，如初等教育与中等教育、中等教育与高等教育之间就存在着各种各样的关系和结构。除此之外，教育系统与社会母系统之间也时刻发生着复杂的物质、信息、能量的交换，有时矛盾冲突表现得异常激烈。教育政策可以通过权力介入来化解这些冲突，对各种层面的教育分化予以有效整合，保证教育平衡有序地发展。

---

① Kogan, M., 1975: “*Educational Policy Making: A Study of Interest Groups and Parliament*”, London, Allen & Unwin, 57-67.

② 祁型雨：《论教育政策的价值及其评价标准》，《教育科学》2003年第2期。

第四，对人的价值（the value for human being）。追求人类发展正义的教育政策能够提高和实现受教育者的人生价值，使受教育者获得全面、自由、和谐的发展，使受教育者形成真、善、美和谐统一的理想人格。

教育政策的四种价值表现形式，按照价值取向的不同可分为内在价值和外在价值。教育政策是国家在一定时期为实现教育目标、完成教育任务、协调教育内外关系所做出的战略性和准则性的规定。它对教育内部关系的协调着重于解决教育活动的内部矛盾，即通过解决教育生存和发展的应然目的与实然状况之间的矛盾，最终达到使受教育者全面自由和谐发展的目的。因此，对于协调教育内部关系的教育政策的价值，主要是根据合乎教育和人的发展与否及合乎的程度来评判。这种价值，一般被称为教育政策的内在价值或目的性价值。其中，为了教育的生存和发展是这种内在价值的本体价值，为了受教育者全面自由和谐发展是这种内在价值的终极价值。教育政策对教育外部关系的协调着重于解决教育与社会的政治、经济、文化等其他子系统之间的矛盾。这种协调不是教育政策自身的目的，而是一种外在的社会目的，体现的是政治的价值和社会的价值。因此，教育政策合乎教育外部的社会目的所体现出来的价值关系，被称为教育政策的外在价值。它具有一种国家功利主义的价值取向，因而又被称为教育政策的工具性价值。值得注意的是，不论是教育政策的主观价值还是客观价值，其中都有内在价值和外在价值，或者说目的性价值和工具性价值。两者不是对立的，只有层次上的区别。①

事实上，从价值与决策者之间的关系来看，决策过程通常受决策者价值体系的制约。一定的价值体系决定决策者的态度、信仰和原则，一定的政策也总是带有决策者的价值观念，具体表现在：第一，政策制定者信奉的价值观不同，其要实现的目标便不同，因而所指示的行动方向也不相同，这就会影响到一些事关重大的政策的制定。第二，在确定哪些是需要有关部门制定政策加以解决的问题方面，即在政策问题的认定方面，信奉不同价值观的政策制定者会表现出很大的差异。第三，即使是针对同一个问题，为了同一个目标，持相同价值观的政策制定者在不同时期也会制定出不同的政策，引导有关机构和个人采取不同的行动。

因此，职业教育政策的价值基础主要包含两个方面的含义：一是指职业教育政策的价值取向，它由一系列价值观念和价值原则构成。价值取向是价值哲学的重要范畴，它指一定主体基于自己的价值观，在面对或处理

① 祁型雨：《论教育政策的价值及其评价标准》，《教育科学》2003 年第 2 期。

各种矛盾、冲突、关系时所持的基本价值立场、价值态度及表现出来的基本价值倾向。价值取向具有实践品格，它的突出作用是决定、支配主体的价值选择，因而对主体自身、主体间关系、其他主体均有重大的影响。价值取向的合理化是人类的追求。价值观是指一个人对周围的客观事物（包括人、事、物）的意义、重要性的总评价和总看法。一方面表现为价值取向、价值追求，凝结为一定的价值目标；另一方面表现为价值尺度和准则，成为人们判断价值事物有无价值及价值大小的评价标准。二是指价值取向赖以存在和确立的理论依据和假设。职业教育政策的价值取向通常是由一系列层次不同的要素构成的，主要包括政策理论、政策理想、意识形态、政策评价标准等。其中，政策理论和意识形态属于系统化的政治思想体系，它对政策具有根本性的价值指导作用。而政策理想则是“对政策体系和政策过程的期望和对未来发展的设计，是社会的定向因素和精神支柱，从而规定了政策动机、政策目标、政策方向和指导原则。政策理想在政治社会化的作用下往往转化为一些坚定不移的政治信念……它在相当的程度上决定人们的政策行为”①。而这里所谓的信念大体上可分为政策原则方面的信念和政策理想方面的信念，前者确定了政策过程的原则和标准，也将制约和影响政策主体的政策行为，而后者则是对政策系统和政策过程达到目标的期望状态。显然，政策理想对职业教育政策的制定与实施具有直接的价值指导作用，它构成了职业教育政策价值观念体系的核心部分。职业教育政策评价标准则是建立在一定政策理论、意识形态、政策理想基础之上的衡量职业教育政策好坏的价值标准。

三、影响职业教育政策价值基础的因素

影响职业教育政策价值基础的因素包括主观因素和客观因素两类。

主观因素主要指特定的政策理论、意识形态、实践主体的需要和态度因素等。任何一种职业教育政策类型都隐含着某种哲学假设和价值取向，隐含着某种意识形态及对发展职业教育的某种信念，从而表明了这种职业教育政策最终关注哪些方面。因此，建立在一定价值基础之上的对职业教育政策的具体见解、看法和观点就构成了职业教育政策的价值观。它既是人们对职业教育政策的一种评价体系，也反映了人们对职业教育政策功效的追求。不同的职业教育政策价值观影响人们确立不同的职业教育政策目

① 陈振明：《政策科学——公共政策分析导论》，北京，中国人民大学出版社，2003，第578页。

的、采取不同的职业教育政策模式乃至确定不同的职业教育政策内容。职业教育政策价值观永远是具体的，它总是属于具体时代中的具体人群或个人，它受时代中的政治、经济、文化等的制约，具有客观性，同时，也受人群或个人的利益需要、信念、哲学观点等的影响。职业教育政策的价值基础受政策主体价值选择的影响，表现出多元的形态。从某种意义上说，政策主体的价值选择就意味着职业教育政策的价值取向。职业教育政策的认定，受时空条件的限制，它是动态的；受政策主体的阶级倾向和利益观念的影响，它是多元的。职业教育政策价值基础离不开国家对职业教育活动的干预，这种干预有可能是合理的，也可能是不合理的。合理的干预可以推动职业教育的发展，使职业教育向其价值目标迈进；不合理的干预则可能成为职业教育进步的障碍，甚至还会造成职业教育的动荡与摇摆。因此，职业教育政策价值基础的实现过程就是确保国家对职业教育干预的合理性，尽可能降低干预的不合理性的过程。

客观因素是指政策活动事实之间的各种因果关系，即政策活动中不同实践主体相互作用所构成的基本问题和关系。这些问题和关系是对教育政策过程内部一系列事实的判断，是对职业教育政策进行描述性研究（事实分析）的结果，构成了职业教育政策价值基础的事实依据。从职业教育政策的根本目的来看，政策主体制定职业教育政策的根本目的是根据不同群体的不同需求进行利益分配，协调由此而产生的各类社会关系。职业教育政策在利益分配过程中所调整的关系具有层次性，其中基本的全局性社会关系（如国家、社会与个人之间的关系，中央与地方之间的关系，政府与学校之间的关系等）对于其他社会关系具有包容性。而指导决策主体合理地处理和调整这些基本的全局性社会关系的价值标准，就构成了教育政策的价值基础。职业教育政策在调整社会关系与进行利益分配方面具有不同于一般公共政策的特征。教育价值是通过人（即教育政策的利益主体）的发展而体现出来的，因此教育价值的实现不仅取决于外部条件，还取决于受教育者个人的才能和努力，是才能与机会、努力与报偿相统一的过程。这一特征使它显然不同于一般的经济、政治或文化政策。职业教育政策所进行的利益分配和关系调整实际发生在两个层次：第一层次是对受教育权利和机会进行分配。这是一种权能的分配。教育政策的这一分配层次仅仅给利益主体提供了一种获得利益的可能性，尚不能保证利益的完全实现。第二层次是分配教育资源（教育条件），提供教育服务。这一分配层次提供了利益主体获得利益的充分条件，使第一层次分配的权能在具体的教育活动中得到体现和落实，最终保证教育价值的完全实现。教育作为一项于国于民都非常重要的公益性事业，其目的不是为了谋求利益、获取利润，而是为了造福社会乃至整个人类。教育事业的另一个重要特征是它的活动成果由于涉及人与社会存在和发展的基本价值而不应该成为商品并进入市场，因此，在利益分配上如何兼顾国家、社会和个人的利益，保证社会公平就是教育政策必须考虑的问题。在这里，公平和效益的问题往往比其他社会领域表现得更为错综复杂。为此，国家的介入甚至干预就是必要的。国家是教育政策的决策主体，借助一定的政策环境和制度框架来对教育进行管理，包括必要的干预。而社会组织和公民个人在教育方面的利益追求也是在一定的政策环境和制度框架内实现的。以上分析实际上涉及三个实践主体与七个基本方面：三个主体是国家、社会组织和个人；七个基本方面是国家教育权力、教育制度、受教育权利、受教育机会、教育资源、教育过程中个人与组织的活动、政策环境。三个主体和七个方面在教育政策活动中相互联系、相互作用，形成了几对基本的全局性关系，这些关系对其他关系或具有包容性，或具有极大的影响作用。这些基本的全局性关系即教育权力分配关系、受教育权利与机会分配关系、特定教育制度框架下个人及组织活动的关系、教育资源配置关系、教育政策与其政策环境的关系。在这些主体及其所构成的各种基本关系中，由于利益追求的差异会出现价值认识和选择上的冲突。协调这些主体及其相互关系是教育政策活动的重要方面。职业教育政策价值基础的基本内容就是根据以上主体及其所构成的基本关系的价值需要并整合其他主体及其关系的价值追求而确定的。①

第二节　职业教育政策价值基础谱系

职业教育政策价值基础是人们对于职业教育决策活动及其结果的一种价值评价和选择。由于客观条件、政策环境和利益追求的不同，人们对于职业教育政策及其结果的价值评价和选择也各不相同。因此，在特定的客观条件、政策环境和利益追求下，如何合理地确认职业教育政策的价值基础并保证其得到完整、顺利的贯彻，是一个必须予以关注的问题。同时，职业教育政策价值基础不是单一的、凝固的、封闭的、并列的体系，而是

① 劳凯声、刘复兴：《论教育政策的价值基础》，《北京师范大学学报（人文社会科学版）》2000 年第 6 期。

多样的、动态的、开放的、多层次的价值系统，是能够体现时代价值特征、促进职业教育发展、反映职业教育本质特性、实现人的全面自由和谐发展的价值群。它既具有职业教育政策价值基础的特殊性，也具有教育政策价值基础的共性，更具有政策价值基础的统整性。从职业教育政策价值基础的多样性与动态性来看，职业教育政策价值基础包括以人为本、公平正义、公共利益、效益优化、民主参与五个方面。同时，职业教育政策价值基础实现与否，关键在于价值基础所表达的价值由应然状态向实然状态、由主观向客观、由可能性向现实性转化的过程中能否保持前后的高度一致性。在理论上，职业教育政策价值基础的实现过程存在三种状态：一是职业教育政策价值基础与政策目标、手段和结果呈正相关，正相关的水平由两方面的一致性程度所决定；二是职业教育政策价值基础与政策目标、手段和结果呈零相关；三是职业教育政策价值基础与政策目标、手段和结果呈负相关。最终出现什么结果主要取决于两个条件，即职业教育政策目标、手段的确定及对政策过程的形成性评价。在对职业教育政策进行评价时，应该认真思考三个问题：一是这一职业教育政策与以前的职业教育政策相比，有了多少改善；二是这一职业教育政策与同时期的其他国家的职业教育政策相比，不同之处是什么；三是可以用今天的眼光来研究过去的职业教育政策，但不能用今天的眼光来要求过去的职业教育政策。

一、职业教育政策价值基础的基点：以人为本

人们对“以人为本”这个命题有许多不同的理解，如人道主义的理解、个人主义的理解，等等。从教育思想的历史发展来看，理论上的人性假设往往决定着教育理论体系的特征，从而形成教育学中诸如“人本主义”与“科学主义”、“个人本位论”与“社会本位论”、“遗传决定论”与“环境决定论”、“成熟优势说”与“学习优势说”的对立和论争。

1. 以人为本在职业教育政策价值基础中的内涵

“坚持以人为本，就是要以实现人的全面发展为目标，从人民群众的根本利益出发谋发展、促发展，不断满足人民群众日益增长的物质文化需要，切实保障人民群众的经济、政治和文化权益，让发展的成果惠及全体人民。”①

拉斯韦尔在《政策科学：范围与方法的最近发展》一书中指出，政策

① 胡锦涛：《在中央人口资源环境工作座谈会上的讲话》，人民日报，2004年4月5日。

科学之所以不同于其他应用社会科学，主要是因为它关注“社会中人的基本问题”①，因此，公共政策以解决“人的问题”为己任，这就要求公共政策的价值取向从“以物为本”转向“以人为本”。从教育学的角度来讲，以人为本是指以人的发展特别是作为教育对象的具体的个人的和谐发展为根本，在这里，人专指受教育者个人。

职业教育是一种以培养人为目的的社会活动，培养什么人和怎样培养人是职业教育的永恒内容。职业教育政策必须把人放在首要位置，忽略人或不重视人都是严重偏离教育轨道的。因此，职业教育政策价值基础的前提就必然是以人为本，即把人作为职业教育活动的出发点和落脚点，不断满足人的多方面需求和促进人的自由、全面、个性、和谐发展。以人为本是职业教育政策价值基础的实践根基。当前的以人为本，已经超越了西方的人本主义和中国传统文化中的民本思想。马克思主义经典作家批判地继承了历史上关于人性和人的本质的学说，特别是扬弃了费尔巴哈的人本主义思想，科学地揭示了人的本质，在历史上第一次把人看成实践的人，把人的本质属性理解为人在实践中表现出来的能动性、创造性和自主性。它强调人不是抽象的人，而是具体的人，是在一定社会关系中活动的，有需求、有思想、有观点、有血有肉的社会的人。离开了人的实践就谈不上观念，因为观念是人的感官直接受客观事物的刺激而形成的认识。人的主体性是人作为活动主体所特有的质的规定性，在实践中表现为人的能力，是人在一定的历史条件下顺利地完成一定使命的本领。显然，以人为本中的“人”是实践的人、社会的人、有独立意识和创新能力的人。

一方面，职业教育政策的最终目标是为了实现人的全面发展。政府为什么要制定职业教育政策？职业教育政策的最终目的是什么？从一定意义上说，这是一个比目前政策理论所讨论的政策内容与政策目标更深层次的问题，是一个政策哲学问题。以人为本的政策理念，回答的则是有关政策的最终目的的问题，因而它实质上所回答的是一个有关政策哲学的问题。按照以人为本的政策理念，政策的根本目的是实现人的全面发展。

另一方面，职业教育政策的利益导向必须惠及全体人民。对于职业教育政策来说，既有一个效益问题，也有一个效益的分配问题。在一般意义上而言，政策制定者和执行者的目的是希望实现政策效益的最大化。这里的政策效益最大化是指政策的社会效益的最大化，它实际上涉及两个问题：

① 杨芳：《公共政策价值谱系及其实现路径》，《中山大学学报（社会科学版）》2014 年第 2 期。

一是政策实施后所产生的实际成果的最大化；二是政策成果在不同群体中的分配所产生的效用的最大化。对于一项职业教育政策来说，如果要使实际成果即产出效益最大化，就需要尽可能降低政策成本并提高政策产出；如果要实现政策社会效益的最大化，则除了使成果最大化外，还需要使成果的分配尽可能合理，使之达到社会边际效益的最大化。因此，职业教育政策不仅要努力提高政策的产出效益，而且要使这种产出效益惠及全体人民。

2. 职业教育政策价值要以人为本的原因

以人为本建立在现代人本主义哲学和心理学的基础上，是现代教育发展的必然逻辑。21 世纪以来科学技术的巨大进步、生产力水平的迅速提高及社会整体性的增强，使社会变成了一个紧密联系的完整的系统。在这个系统中，人的作用和地位得到极大提高，人的潜能得到极大发挥，人的精神生活也日益丰富。人们越来越重视自己的社会存在，越来越重视个人价值的实现。在这种情况下，人们开始把教育当作个人的一种不可剥夺的基本权利，要求享受一种机会均等的、有利于促进个性丰富和全面发展的、有助于探索和开拓新生活的教育。这些观念上的变化使得教育活动中的各种因素呈现出一种复杂多变的局面。

从教育领域来看，“是否以人为本”这样一个问题所反映的是社会与个人、社会化与个性化、社会价值与个人价值之间的关系问题。这里首先讨论教育中的社会与个人的关系问题。应当说，个人起初只是一个个体，具有种种生物属性，这时还不能称之为个人。只有当这些生物属性在个体的社会发展中获得了社会的存在和发展的形式时，个体才转化为个人。在从个体到个人的社会化过程中，个人为了获得社会生活所必需的种种社会特性，必须掌握社会文化经验，确立一定的世界观、信念和生活态度，这就要通过学习来实现。因此，个人是社会的个人，个人是社会发展的结果和产物，个人应按社会发展的要求来活动，个人的一切发展都是受社会条件制约的。当然，任何个人，总是以个性的面貌而存在的。个性存在包含如下两个方面的特征：一是与类存在对应的个人与个人之间的差异性、不可取代性和自我性；另一个是与个人的社会制约性或规定性相对应的主体的自觉性、自主性和独特性。实际上，社会和个人是互为存在条件的。因此，那种把个人存在和发展绝对化或者否定它的独特意义的观点都是极端的观点。其实，无论是“社会本位论”还是“个人本位论”，都掩盖了一个基本的问题，这就是社会的利益、需要与个人的利益、需要之间的矛盾是任何社会都存在的一对基本矛盾，这一矛盾在某些条件下会变得很突出。在这种情况下，社会就要对社会与个人之间的利益和需要做出某种平衡和规定。所谓的社会利益和需要并不是一种超越所有不同利益和需要的抽象物，社会由于利益和需要的不同而分成了不同的利益群体，因此社会的利益和需要最终总要表现为社会成员中的这部分人或那部分人的利益和需要。社会发展的每一个特殊阶段提出的不是要不要个人利益和需要的问题，而是反映和代表社会成员中哪部分人的利益和需要、以什么样的形式来实现这种利益和需要、这种利益和需要获得满足的范围有多大等问题。这些问题在不同的历史条件下，有着各自特殊的规定性，而且随着社会生活领域的日益扩大而变得更加复杂。用以上观点来看教育政策问题，就能很清楚地认识到，无视社会要求对教育政策的制约显然是错误的。但是反过来，如果看不到个人作为独立的实体有其自身的发展规律和特点，有其自身的利益和需要，在制定教育政策时完全无视个人的因素，最终也不可能把教育活动导向正确的方向。①

3. 实现以人为本价值理念的职业教育政策途径

在教育实践中，作为受教育者的人，既是教育的享用主体又是教育的对象，因此必定有本体形态和工具形态之分，那么从以人为本的角度出发，又应该如何看待受教育者、如何确定受教育者的地位呢？这是教育政策能否保证以人为本的逻辑前提。确立以人为本的价值理念，首先需要人们树立以下基本理念：(1) 教育是每一个人都应拥有的基本权利，应有助于每一个人探索和开拓新的生活。因此，受教育者应该是具有尊严和独特价值的个体，而不应是被加工、塑造的原料。(2) 教育不单是一种外部的引导、塑造，更重要的是一种源于精神内部的活动，任何外部的作用只有通过受教育者的内部精神活动才能产生效果。因此，受教育者在教育过程中应该处于主体地位，而不应处于被动的、消极的受体地位。(3) 教育是人性不断自我完善的过程，它使人不断地脱离旧我、成为新我，不断塑造更美好的自我形象。因此，教育应保护受教育者的主动性、积极性、求索精神和创新精神，而不应扼杀个人的这种与生俱来的天性。(4) 教育是人们对自我更完善、更美的一种追求，是具有个性色彩的内化活动。因此，教育应有助于个性的丰富和全面发展，而不应抹杀差别，贬抑个性。为此，教育政策必须从它的本质、目的、内容、方法等方面重新阐明其立场，把

---

① 劳凯声、刘复兴：《论教育政策的价值基础》，《北京师范大学学报（人文社会科学版）》2000 年第 6 期。

人作为教育政策的基本价值取向。①

以人为本作为职业教育政策价值基础的最终目的，要求最大限度地满足人民群众各方面的需要，不断促进人的全面发展。职业教育要使个体的能动性和创造力得到充分发挥；要使青少年一代建立对国家、民族的认同感和自豪感，形成国家认同、民族认同；要使学生学会尊重每一个人的生命价值、生存价值、思想价值；要使学生知晓人与自然的和谐、平衡能力和智慧是丰富多样的。职业教育能够提升人及人群的自治能力，使人受制于人的程度减轻，达到自治、自由的目的；扩展人对人的关系的认知，并促进人与人的和谐相处。职业教育使人相信，每个人都有权利和能力获得有尊严和体面的工作，“三百六十行，行行出状元”；使每个人的自我满足感更多地得到实现，体现人的自信，以职业教育成就人的幸福；使学生获知人类劳动的安排和管理都应该遵循人性和发展的原则；使学生明白每一个人的生命中都有至关重要的人，他（她）们足以让每个人珍爱生命，对自己和他人的生命负责。

二、职业教育政策价值基础的准则：公平正义

公平正义是社会制度的首要价值。社会公正包括程序公正与结果公正两个方面。程序公正是最基本的公正，如果没有透明和公正的程序，这对公正无疑是釜底抽薪；每个人在诸如禀赋、能力等个人自身条件及社会生活环境、机遇等社会条件方面不可避免地存在着种种差异，使得每个人的发展机会和发展潜力都各不相同。尽管社会公正包括程序公正与结果公正，但并不意味着这两个方面处于相同的地位。事实上，程序公正是根本，而结果公正只是在社会发展不充分和制度失范条件下对程序公正的一种补充。

1. 公平正义在职业教育政策价值基础中的内涵

公平正义体现在职业教育政策价值基础中，就是其公平、公正、民主、公开的精神内核。公平正义是职业教育政策的基本价值，职业教育政策是实现公平正义的媒介、手段。

公平正义是每个社会成员拥有的基本权利，所有社会成员在人格、权利和机会等方面都是平等的，在政治、经济、文化、教育等各方面享有同样的权利和机会。这是社会存在的自然法则，也是现代社会行为的基本准则。公平正义又是现代政府对社会公民的庄严承诺。政府以建立公平正义

---

① 劳凯声、刘复兴：《论教育政策的价值基础》，《北京师范大学学报（人文社会科学版）》2000年第6期。

秩序这种特有的方式维护社会正义，这是国家政治结构存在的理由，也是社会关系能够始终保持健康有序的前提条件。公平性、公正性理所当然是现代职业教育政策的价值选择。

职业教育政策本身是对社会价值的分配，职业教育政策的制定、执行、调整过程是协调社会利益关系、化解社会矛盾的过程。职业教育政策过程必须始终贯彻公平正义的理念与原则，在内容上做到实质公正，即内容科学、合理；在形式上做到程序公正，即按照科学客观的原则和法定的程序进行职业教育政策的议程建构、规划设计、执行评估。解决职业教育发展中的公平正义问题，要建立抑制独占利益的平衡机制和权利、机会、规则、分配公平的保障体系，特别应注重从起点实现教育公平，使具有同样能力的人拥有同样的生活机遇，让社会成员公平、公正地分享教育发展的成果。健全化解教育矛盾的政策机制，营造公平正义、和谐发展的政策环境，需要构筑公平正义的制度基础，使公平正义原则制度化。

当然，公平正义不是平均主义，要辩证地认识和把握公平正义。公平是在保证公民基本权利，承认差别条件下的公平。公平正义有时必须以合理的差异形式来表现。因为，公平正义是相对的、历史的、空间的概念，受到生产力发展水平和经济社会发展条件的制约。罗尔斯（J. B. Rawls）把平等原则和差别原则作为“公平正义”的两个原则，认为绝对的公平、公正是不存在的，绝对的平均是以形式的公正掩盖实质的不公正。真正的公平正义既承认权利平等，又允许差异存在，公平正义的社会是一个有差别的社会。职业教育政策的制定、执行、调整要既承认权利平等又允许差异存在，既保证社会公平又体现利益差别。

2. 公平正义在职业教育政策价值基础中的实现

职业教育政策公平正义的实践，不仅在于通过职业教育实现社会之正义，而且教育本身也应当表现出正义的追求。这就要求职业教育应当致力于实现社会正义而非社会成就。当前整个社会把教育视为实现社会成就的途径而不是实现社会正义的途径。恰恰是这种立足于社会成就的教育，使得学校教育正成为年轻人的“名利场”。这种教育不是在引导年轻人进入国家的精神生活，而是力图引导年轻人进入功利性的世界。这是公共教育公共性危机的主要表现之一。当教育表现出非正义的实践理想时，追逐一己之私利而不是社会之公利就成为整个教育的腐蚀剂。教育管理中的绩效主义，将公立学校置于追逐利益的环境之中。学校的等级化、教师的等级化，恰恰背离了教育的公共性、普遍性的要求。社会的公共价值被口头上尊奉而实际上放弃。学校是培养人的场所，这样一个人们耳熟能详的判断正在演变成“学校是通过培养人来获利的场所”。学校作为社会基本制度的宗旨之改变，恰恰是由于教育的公共性之缺失与淡化。在这样的教育环境中，受教育者亦会成长为只关注一己之私的原子式个人的存在，而不会成为关注社会公共利益、公共价值和公共秩序的存在。学校中发生的各种摧残学生身心的事件，只能解释为学校公共精神的沦落与对某些潜在利益的追求。

职业教育政策应为全体人民服务，体现教育的正义性。它是为全体人民提供教育服务，而不是为某部分群体提供教育服务。职业教育必须超越一己或一群体之私利，而必须为人民服务，为社会服务，这是职业教育的根本使命。从利益诉求来看，职业教育的正义性主要表现在三个方面。第一，职业教育不能将一己之利作为追求的对象和目标。换言之，教育共同体的成员，不应该形成利益联合体。一旦教育共同体的成员形成利益联合体，那么这种利益联合体就可能有意识或无意识地侵蚀公共教育的正义性。第二，职业教育亦不能服务于某部分人的利益诉求，不管这部分人是大多数还是少数。不同团体之间可能存在的利益冲突，需要公民运用各种方法来化解。化解冲突的方法，依赖于职业教育对公民理智的训练。不管职业教育是服务于多数人还是服务于少数人，都会带来不同利益集团之间的对立和冲突，从而影响整个公共领域的秩序稳定、社会安全和文明进步。第三，具有正义性的职业教育，应当以全体人民的福祉为指向。为人民服务，应当是职业教育正义性的根本体现。

三、职业教育政策价值基础的根本：公共利益

所谓公共利益，是指满足不特定主体需求的、可以为社会成员所共享的公共资源，其主要特点是受益对象的不特定性和资源的共享性。从公共利益的表现形式看，可以分为非物品形式的公共利益、物品形式的公共利益两种。非物品形式的公共利益具有与每一个成员的相关性、强烈的道德性等特点，如诚信、奉献精神等。物品形式的公共利益，指公共组织提供给公众的以货币或实物等形式表现的有形利益，如由公共组织提供的教育、医疗、住房补贴或物品，为贫困家庭提供的经济和实物救助等。

1. 教育公共性的内涵①

哈贝马斯（J. Habermas）认为，公共领域也叫公共性，它并不指称某种特定的公共场所，而是任何能体现公共性原则即原则上对所有公民开放而形成的场合。它一经形成后，又能有效地保障人们自由地表达或公开他们的意见，不受任何教条与强制性权力的干扰。所以，公共性本身就表现为一个独立的领域，即公共领域，它与私人领域是相对的。② 根据公共性的特征进行描述和概括，公共性指的是一种公有性而非私有性，一种共享性而非排他性，一种共同性而非差异性。

对于现代公共教育的性质，在日本有两种对立的看法：其一，国家的公共性说。国家教育权论者，对于现代公共教育的性质，主张“国家公共性”说，认为由于国家施政的一贯方针是保障国民受教育的权利，因此，现代公共教育乃是舍弃了教育的私事性，并加以超越。国家基于国民的托付，在自身的立场与责任上享有实施公共教育的权限。在这个“公”的名义下，国家对教育的介入被视为正当，并限制或否认教育的自由。国家公共性的观点不承认教育的私事性，赞同国家控制教育内容。由于此观点没有正确把握现代“公”的意义，受到诸多批评。其二，社会的公共性说。国民教育权论者立足于“社会的公共性”说，认为“公”教育的性质应从作为私事的组织化之“公”教育乃至作为双亲义务的共同化之“公”教育的角度来加以掌握。该观点中的“公”的概念是由个人的相互关系构成的，意味着建立在私人各种利益之上的社会的公共性。据此看法，公共教育是亲权者（父母）之集团与教师之集团共同构成的社会的组织化，是为了将亲权者的教育自由在整个社会的规模上加以实现而采取的制度，由此可以得出国民教育权论者否定国家介入教育、主张教师教育自由等。

在日本，学校的公共性一般是指在学校内实施的教育本身具有“公”的性质，因此学校具有“公”的性质，其公共性是指学校即使是“私”的也非“个人”的，同时也不是将学校中的教育任由父母与家庭摆布的自由，学校乃是社会上的公共事务。所以，公共性是国家介入教育的一个重要理由。而且公共性并不等同于社会公益或社会福利，而是包括私益在内。因此，“构建公教育法律制度，必须以私事性为基础，尊重个人的学习权、

① 余雅风：《教育立法必须以教育的公共性为价值基础》，《北京师范大学学报（社会科学版）》2005 年第 1 期。

② 王保树、邱本：《经济法与社会公共性论纲》，《法律科学·西北政法学院学报》2000 年第 3 期。

受教育权、教师的教育自由以及父母为子女选择学校的权利”①。对于教育的公共性，不同的学者给出了不同的定义。藤田英典认为，教育的公共性是指保障社会再生产和继续存在的基本活动。田中耕太郎提出，教育的公共性是指学校教育事业与公共福利具有重大关系的意义。张维平认为，教育的公共性是指教育事业的过程和结果具有社会影响，其含义包括：教育的发展是整个社会发展的奠基石；个人的发展必然影响社会的发展；从事教育工作是对社会发展做贡献。虽然出发点和表述不尽相同，但学者们一致认为，教育的公共性强调的是社会公共利益和社会公平，在谋求社会福利的基础上促进社会和个人的发展。

基于以上描述和分析，可以这样认为，教育的公共性是指教育涉及社会公众、公共经费以及社会资源的使用，影响社会成员共同的必要利益，其共同消费和利用的可能性面向全体成员，其结果为全体社会成员共享的性质。

2. 公共性是现代教育的基本特征②

现代公共教育是伴随着近代民族国家的产生而产生的，国家对教育的管理权发端于德国16世纪的宗教改革运动。从公共教育制度建立到20世纪80年代，一种与公共教育制度之现实相符合的公共教育概念得以确立。所谓“公共教育”，即由国家举办的教育，以公立、公办学校为核心。

显然，现代教育是指由政府向社会成员提供的、可以为每个社会成员消费的最基本的教育服务的总称。它是从多种观点出发，有目的、有计划地加以组织和运筹的，其目的是实现广大国民的教育福利。教育，从广义说，由正规教育与非正规教育两种形态构成。依据实施教育的场所，教育可大致分为家庭教育、学校教育和社会教育，其中家庭教育是作为“个人教育”在家庭中进行的，所以具有另类性质。而学校教育和社会教育则以少年儿童和成人为对象，以全国、全社会的规模，广泛地提供教育的机会。这种教育的目的是在机会均等的原则下，适应个人的能力，尽可能丰富多样地实现国民的教育福利。在这个意义上可以说，现代的学校教育、社会教育具有显著的公共性。公共性可谓现代教育最基本的特征。

第一，教育的目的与功能的公共性。教育直接服务于学生学习并影响

① 周志宏：《私人兴学自由与私立学校法制之研究》，台北，学林文化事业公司，2001，第338页。

② 余雅风：《教育立法必须以教育的公共性为价值基础》，《北京师范大学学报（社会科学版）》2005年第1期。

个人能力与发展、家庭状况，可以为个人带来合法的、可观的个人利益。教育同时会左右学校、社会及团体、社会文化的应有状态和国民经济的发展，是一个与包括经济在内的文化社会的维持、发展、重组、再生产有关的事业。教育具有直接使公民个人受益、间接使整个社会受益的功能，是人类社会赖以生存和发展的重要基础。

第二，教育价值观的公共性。公共教育的内涵在于公平，它面向的是整个社会成员而不是少数精英阶层。与经济组织注重效率或利益价值、追求个人效率最大化的本位主义和自利性本质不同，教育以实现公共利益为宗旨，其价值观更主要体现在公正、合法、公开等方面，注重在民主参与理念上的社会福利。可以看到，教育的公共性强调的是社会公共利益与社会公平，在谋求社会福利的基础上促进社会和个人的发展。

第三，教育成果的社会共享性。教育的公共性表现为它超越了人为的界限，不但对公民个人产生直接的影响，而且还会对整个社会产生影响，从而使所有社会成员都在客观上潜在地、共同地受益，没有一个个体或团体可以置身其外。这样，解决教育问题就不仅仅是为了满足公民个人的利益需求，也是为了实现具有社会共享性的公共利益。

第四，教育具有影响的广泛性。这集中表现在教育超越了“私域”的范畴，不仅仅影响单个人或团体，而且正在或将要对多数或绝大多数人、团体产生普遍的影响，并通常会促使政府机构制定相应的职业教育政策。同时，教育问题可以超越地域的限制，而对一个国家内部的公共生活产生相似的影响；也可以超越国界的限制，而对全人类的共同生活造成潜在或现实的影响。

第五，教育管理主体的公共性。国家、政府和社会公共组织共同构成教育管理的主体。教育管理主体具有不同于其他私域组织的公共性特征。在现代社会，这种特征主要表现为代表大多数人的利益，依法行使公共教育权力，把实现公众依靠个人无法实现的利益作为现代教育的价值体现。

第六，教育问题是公共管理的逻辑起点。教育属于公共问题，所谓公共问题是“影响广（包括对不直接相关的人有影响）的问题”。与私人问题可以通过市场得到解决不同，教育关系到不同群体的利益，用市场不能真正有效地达到社会公平，而且教育作为公共物品也存在外部效应和“搭便车”现象。因此，国家必须运用公共权力，通过立法或制定规则的方式解决教育问题。

基于教育的公共性，为所有具有潜能的学生提供经济和教育方面的帮助以及提供平等的教育机会，致力于对新知识的探索，保证和提高教育质量，为社会提供知识、技术、文化等方面的社会服务，保证教育的中立性，实现教育与政治、宗教的分离等，就成为各国规制教育公共性的核心内容。

3. 职业教育政策应突出其公共性

公共政策具有价值分配和利益调节功能，核心是解决社会利益的分配和协调问题。它决定着那些满足社会需求的价值或利益的分配以及分配对象、分配方式与评价标准。公共政策是政府为有效地增进与公平地分配社会公共利益而制定的行为准则，最终目的是提高大多数人的福利，而不只是提高少数人的福利。但按照公共选择理论，作为政策制定和执行主体的政府也是一个理性的“经济人”，也会追求自身利益的最大化，具有自利性。缪勒（D. C. Mueller）指出，若把权力授予一群称之为代表的人，如果可能的话，他们也会像任何其他人一样，运用他们手中的权力谋求自身利益，而不是谋求社会利益。由于不同利益团体的价值倾向以及利益追求不尽相同，各个利益团体都想利用公共政策最大化地实现本团体的利益。在这种情况下，如果缺乏必要的约束监督机制，经济理性人的需求就会摆脱公共道德理性人的约束，政策主体就会偏离政策伦理规范，出现寻租行为，公共政策就会由公共利益的保障工具沦为缺乏公共精神的公共组织、公职人员以及一些利益集团谋取私利的工具，从而使公共政策偏离公共利益的目标，造成政策之“恶”。为此，对公共利益的追求必须贯彻于公共政策的制定和执行等各个环节，防止和纠正公共政策运行中为了地方、部门或某个团体的利益而偏离或侵蚀公共利益的倾向。①

从职业教育政策的公共性来看，职业教育政策来源于解决政策问题，政策问题来源于社会问题，而社会问题是涉及大多数人的利益、引起社会普遍关注的问题。职业教育政策要解决的是大多数人所面临的问题。职业教育是全体社会成员都需要的一项公共产品，是市场不能有效提供而由政府主导的一项公共服务，强化职业教育的公益性是国家的战略选择。② 职业教育政策本质上是关系到大多数人利益的公共性的问题。因此，大多数人的利益实现问题应成为职业教育政策的核心问题，职业教育政策必须始终把为最广大人民谋利益放在首位，明确体现最广大人民的利益。离开了公共性的职业教育政策，可能演变成特殊阶层、利益集团或者个人谋取私

① 杨芳：《公共政策价值谱系及其实现路径》，《中山大学学报（社会科学版）》2014 年第 2 期。

② 李洪渠、龚丽红：《大力发展中等职业教育的现实依据与时代契机》，《武汉职业技术学院学报》2014 年第 2 期。

利的工具，这与建设和谐社会的目标是不相容的。

从职业教育政策作为政府提供公共服务和增进公共利益的手段看，职业教育政策是社会利益的集中反映，这也决定了职业教育政策必须代表最广大人民的利益。在社会转型时期，职业教育政策要努力实现为最广大人民谋利益的目标和宗旨，坚持职业教育政策的公共性，按照公共利益和公共服务的要求，保证最广大人民的意志和利益进入政策议程，以最广大人民的利益为政策设计、实施的出发点和终点。职业教育政策要创设必要的制度和规则，协调整合多元复杂的利益冲突，为经济社会的全面协调发展提供政策基础。

四、职业教育政策价值基础的关键：效益优化

无论是教育投资还是教育消费都要讲效益。教育效益可分为经济效益和社会效益，国家效益和单位、个人效益，现实效益和长远效益。单位举办教育和个人接受教育考虑的是有限的效益和公平。国家发展职业教育则必须追求整体和长远的利益，必须重视提高职业教育各方面的效益。

1. 效益优化的基本含义及其意义

人们在讨论教育资源配置和使用问题时经常使用效益、效率等概念。一般认为，教育效益比教育效率在外延上更为广泛，教育效益的内涵中包括了教育效率。在教育实践中，其实两者经常是一致的，即效率越高，效益越大；但有时又是相互背离的，即效率越高，效益反而越小。影响教育效益的因素多种多样，教育效益具有复杂性并且难以量化。在影响教育效益的多种因素中，教育资源配置和使用的合理性是最为重要的因素。

效益优化的基本含义是：教育资源配置应遵循“教育利益生产原则”①，保证教育资源使用的最大效能，不断提高教育资源利用效率，追求教育效益最大化。效益优化最主要的判断标准就是教育生产保持最佳的“投入-产出”比例。

效益优化是教育政策必须要面对的一个严肃问题。效益优化是教育发展的必然要求。在教育资源十分有限的情况下，发挥现有教育资源的最大效能，实现效益优化就成为教育发展的必要条件。一般来说，实现教育效益优化的途径主要有三个：一是降低政策代价；二是实现教育资源的合理配置；三是提高管理效能和教育实践主体的积极性。其中，教育资源的合

① 劳凯声、刘复兴：《论教育政策的价值基础》，《北京师范大学学报（人文社会科学版）》2000年第6期。

理配置就是在教育内部按照恰当的原则和比例分配现有教育资源，以实现效益优化。

在认识效益优化的过程中，也必须认识到政策效率的价值。政策效率是政策产出与政策投入的比率。政策效率探讨的具体问题包括：(1) 一项政策资源的投入量。资源包括人、财、物等。(2) 一项政策的效益，即一项政策投入一定资源后有无产出，产出多少。(3) 对投入和产出进行比较，考察效率高低，探讨有无其他更有效、代价又更小的方法和途径。效率关注的核心内容是一项职业教育政策是不是以最小投入获得最有效产出，即以最小工作量和成本最大限度地解决某个政策问题，从而凭借有限的政策资源获得尽可能大的政策效益。政策效率涵盖了职业教育政策的整个运行过程，包括政策规划效率、政策决策效率、政策执行效率、政策评估效率、政策终结效率等。其中某一阶段的效率可能影响整个职业教育政策的效率。关于政策效率的计算和比较，有时可以通过简单比较得出，有时却需运用复杂计算。例如，政策执行效率分析，首先应计算政策执行所花费的成本，政策执行成本包括直接的人、财、物、时间、信息等投入成本，也包括间接成本等；其次，应计算政策执行所获得收益，包括直接收益、间接收益等；最后，对政策执行成本和政策执行收益进行量化比较与分析。效率是职业教育政策始终关注和追求的基本价值。

2. 职业教育政策价值基础中效益优先的实现

教育资源配置的合理性往往与教育资源配置过程中的“均等不相容性”密切相关。在现实的教育活动中，教育资源的有限性与教育平等之间往往存在不相容性，即有限教育资源的有效利用往往与追求教育平等的目标相矛盾。这种“均等不相容性”在理论上就表现为平等与效益的矛盾。关于平等与效益的关系目前在经济领域已非常明确，“效率优先，兼顾平等”已成为经济政策的选择。但是鉴于教育效益问题的复杂性，简单地把经济领域中讨论平等与效益关系的结论移植到教育问题中是不行的，需要对教育资源配置做具体分析。①

教育资源配置具有层次性，一般可以分为两个层次，即宏观资源配置与微观资源配置。宏观资源配置是指不同层次教育的比重安排，即教育资源在不同层次教育部门（如初等、中等及高等教育）之间的分配。教育资源主要表现为教育投资。按照效益优化的标准，追求教育资源的最大利用

① 劳凯声、刘复兴：《论教育政策的价值基础》，《北京师范大学学报（人文社会科学版）》2000 年第 6 期。

效率是确定教育投资优先去向的基本标准。教育投资在不同教育部门所形成的教育效益是不同的。因此，在客观上，教育平等与效益之间既可能非常统一，也可能彼此矛盾。当两者发生严重矛盾时，“效益优先，兼顾平等”就应该成为价值选择。微观资源配置是指在同一层次教育中，不同组织或个人之间的资源分配。微观资源一般可具体化为教育的条件(或办学条件)。教育效益在此主要表现为在组织、个人之间如何分配教育条件以及如何高效率地使用教育资源，获得最高的教育质量。有关的实证研究表明，在这个层次上教育平等与效益之间的关系呈“象限模式”，即可能有“平等水平高，效益水平高”“平等水平高，效益水平低”“平等水平低，效益水平高”和“平等水平低，效益水平低”四种不同的情况，每种情况都可以找到相对应的实例。这说明，在微观层面，效益与平等并不存在必然矛盾，教育资源配置追求平等与效益的相对统一是可能的。

因此，面对“均等不相容性”问题，教育政策处理教育资源配置关系的基本原则是追求效益与平等的相对统一。在教育资源的宏观配置中，当平等与效益矛盾突出时，应遵循“效益优先，兼顾平等”的原则，并根据社会经济、教育发展水平的实际情况确定效益重点和教育投资优先领域，而且应建立调整机制，对教育投资优先领域进行及时调整。在教育资源的微观配置中，由于效益与平等并不存在必然矛盾，教育条件的平等分配与提高管理效能、降低政策代价以获取最高的教育质量就成为教育政策选择的核心。①

五、职业教育政策价值基础的保障：民主参与

民主是一个内涵相当丰富、外延相当广泛的词。民主是指在一个系统内，作为个体的集体成员与代表统一集体的公共权力之间的关系的状况。民主是法治社会中公众参与决策的重要途径。

1. 民主参与在职业教育政策价值基础中的内涵

民主是公共利益实现的重要保障。公共政策是着眼于公共利益的，保障公共利益是公共政策的最本质特征，这要求公共政策必须遵循民主的原则来制定并受大众的监督，以体现公共性，保障公共利益的实现。进入现代民主社会以来，人们普遍将公共政策建构在一个价值判断之上，即公共

① 劳凯声、刘复兴：《论教育政策的价值基础》，《北京师范大学学报（人文社会科学版）》2000 年第 6 期。

政策本身必然合乎民主政府产生与存在的宗旨。因此，制定公共政策时必须充分发扬民主，表达和满足绝大多数人的利益需要。职业教育政策过程就是一个民主决策过程。

2. 民主参与在职业教育政策价值基础中的表现与实现

民主价值观反映在职业教育政策上主要体现为公共性与公开性两个方面。

政府是公民权力的代理者，它按照公民的意愿和利益，面向公共或社会共同需求，提供公共物品，塑造公共秩序，规范公共交易，由此制定和实施政策。职业教育政策的公共性，亦即公众性。所谓公众，既有多数人与少数人之分，也有强势群体与弱势群体之别。在对强势群体特别是由少数人组成的强势群体加以限制同时，也应该对具有正当利益需求的弱势群体加以保护。在职业教育政策层面上，公共性意味着在涉及公共物品提供的集体行动中，存在着有效决策参与通道和决策选择机制。民主价值观反映在职业教育政策上也体现为合法性。职业教育政策是政治系统或公共权力机构协调和平衡公众利益的途径与手段。任何职业教育政策要让公众接受，并在实际中发挥作用，内容和形式都必须合法。所谓内容合法，是指职业教育政策所规定的行为准则、所实行的计划措施，能使公众利益得到协调和平衡，符合多数人的长远利益，能被公众认可和接受；所谓形式合法，是指职业教育政策制定、执行、评估必须由法定主体按照法定程序进行。职业教育政策内容与形式的合法性也就意味着职业教育政策本身的科学性和过程的民主性。

民主价值观还表现为职业教育政策在公共领域中的公开性。在公共领域或公共空间内，公众通过自我理性，而不是单纯个人偏好，对公共事务进行关注和公开讨论。职业教育政策民主也要求职业教育政策在公共领域中具有开放性与透明性。公众具有职业教育政策话语权、知情权、参与权和监督权。公众能够就政策问题与制定者达成磋商意见，能够通过民主程序表达和整合自身利益，通过特定规则（如投票）决定政策选择，决定公共物品或公共服务提供。只有具备了一定的公开性，公民及公民团体才可能了解职业教育政策是不是合理、合法和符合公众利益。

政策制定是政策过程的核心。面对公众多样化的利益诉求，公共政策如何才能与社会公众的需求相吻合、公共政策的人本价值取向能在多大程度上得以实现，在相当大的程度上取决于公共政策制定过程中公众的参与度。公众参与是为了使公共政策更加符合民意，进一步合法化。政府应当鼓励公民积极参与公共事务的管理，自由发表见解。政府要切实保障公民的知情权，除了国家机密以外，政府要将公共事务向公众公开，通过公众的广泛参与，获知更多的民意，以平衡社会各阶层的利益关系，使公共决策更加科学合理。一项公共政策一旦背离了广大公众的意愿，在执行过程中受阻也就不足为奇了。因此，公共政策制定程序应充分彰显公正与民主，深入了解民情，充分汲取民意，广泛集中民智。特别是那些与某一政策有直接利害关系的团体和个人更应该参与其中，并有权力提出或质疑某个主张，陈述理由，表达和挑战各种需求、价值观和利益。“不同的利益相关者可以充分发表自己的政策主张、观点和态度，反思和批判其他各种政策建议，然后通过理性的对话、协商不断修正自己的主张，最后达成政策共识。多元主体之间的对话和协商，有助于避免政策的制定被少数精英所操纵或被金钱、权力所控制的现象，保证公共利益的实现。”①

① 杨芳：《公共政策价值谱系及其实现路径》，《中山大学学报（社会科学版）》2014 年第 2 期。

第七章　职业教育政策的国际经验

职业教育所涉及的问题多种多样、包罗万象，基于政策能力的有限性，政策不可能、也没有必要要解决所有的职业教育问题。但总有一些职业教育政策是职业教育改革与发展所必需的基本职业教育政策。基本职业教育政策是在职业教育发展过程中影响职业教育发展的根本性政策，是任何国家都必须制定、执行的。美国学者库姆斯认为，教育经费政策、课程政策、学生政策、教师政策、教育管理政策是一个国家的基本教育政策。教育经费政策所要解决的是谁出钱、出多少钱、为什么出钱的问题；课程政策所要解决的是教什么的问题；学生政策所要解决的是向谁教的问题；教师政策所要解决的是由谁教的问题；教育管理政策所要解决的是由谁管的问题。① 基于库姆斯的理论，职业教育质量政策、职业教育体制政策、职业教育经费政策、职业教育教师政策是一个国家所必需的基本职业教育政策。

“他山之石，可以攻玉。”各国职业教育在长期发展过程中形成了各具特色、与本国国情相适应的职业教育政策体系，为中国职业教育体系的建设提供了可资借鉴的有益经验。

第一节　职业教育质量政策日臻完善

职业教育的质量关乎经济社会的发展，没有高质量的职业教育，就不能培养高质量的技能型劳动者，更不会造就高水平的产业。职业教育政策对保障和提高职业教育的质量起着决定性作用，《教育规划纲要》明确把提高质量作为中国教育改革的核心任务，强调大力发展职业教育要把提高

---

① 〔美〕斯图亚特·S. 那格尔：《政策研究百科全书》，林明等译，北京，科学技术文献出版社，1990，第447~448页。

质量作为重点，建立健全职业教育质量保障体系。职业教育质量政策所要解决的是人才培养的质量标准问题。质量政策要求国家要制定出最基本的学生培养的质量标准以及实现这些标准的基本要求。为此，国家应该对职业教育基本理念、学校课程标准与结构、学校课程的实施及教学模式等做出规定。

一、职业教育质量政策理念与时俱进

职业教育是指让受教育者获得某种职业或生产劳动所需要的职业知识、技能和道德的教育。近年来，联合国教科文组织、国际劳工组织、世界银行、亚洲开发银行等国际机构越来越普遍地使用“技术和职业教育与培训”一词，以替代传统的职业技术教育或职业教育。但也有不少学者认为技术教育是职业教育的子概念，主张使用“职业教育”一词。

近年来，终身教育已成为职业教育的重要理念，构建“终身学习的学习型社会”，推进终身教育已成为世界性的潮流，也是职业教育发展的必然要求。终身教育思想不仅促使教育实现从“阶段学习”到“终身学习”、从“学校教育”到“社会教育”、从重学历到重职业资格的飞跃等，而且把人们的观念、视野从传统的学校“一次性学历教育”中解放出来，使教育特别是职业教育的外延大大拓展。

英国学者于20世纪70年代首先提出“新职业主义”的教育理念，在之后的20多年中，新职业主义一直处于不断发展的过程中。20世纪90年代，美国将新职业主义推向了另一个高峰。基于新职业主义的教育理念力求解决美国现存的社会问题和教育问题，并且在实践中取得了令人瞩目的成就。新职业主义的提出，为寻求一种满足经济发展和个人发展需求的教学途径提供了有效的理论指导。新职业主义的核心是强调教育和培训要加强与产业之间的联系，满足经济发展的要求，同时也要注重学生的个人发展，特别是学生的可持续发展和终身发展，其目的是培养灵活的、能适应迅速变化的经济状况的社会人，培养青年人独立处理各种问题的能力，使学习者具有广泛的知识，从而具备应对工作转换的能力和终身学习的能力。

职业教育作为教育体系的重要组成部分，有自己不同于普通教育的特征。职业教育同其他教育一样，是实现人的全面发展的一个必备过程。根据个体职业发展理论，职业发展在个人生活中是一个连续的、长期的过程。职业教育满足了现代人持续发展的需要，符合现代人的发展观。职业教育通过适当的形式和方法，帮助人在一生中保持其掌握的专业理论知识和技能的连续性、适应性和前瞻性。近年来，人们从过多探讨职业教育的职业性，转向注重职业教育作为一种教育活动的最核心的特征——以人为本。

信息技术与教育的融合，对教育的未来产生了深远的影响，全民教育是知识经济对教育的基本要求，是建设学习型社会的必由之路。因此，全民教育的思潮也对职业教育的发展产生了重要影响。从政策或战略的角度来说，全民教育使世界各国都更加关注弱势群体的职业教育或培训，总体来看，从“全民基础教育”走向“全民职业培训”已经成为世界全民教育的基本趋势。中国近年来的职业教育理念和发展策略也体现了这一点，如提出了职业教育面向人人的发展思路，并逐步建立了针对职业学校学生的助学和免费制度。未来，中国应进一步将全民教育理念与现代职业教育发展战略相结合，不断拓宽职业教育发展视野、对象和范畴，将全民职业教育与现代职业教育体系建设结合起来，进一步把农村流动人口、残疾人、失业人口、贫困人口、弱势女性的技能发展作为职业教育的重要领域，针对这些特定对象采取积极有效的职业教育形式，并将其纳入现代职业教育体系建设中来，从根本上增强职业教育的普惠性及在和谐社会建设中的作用。①

全纳教育（inclusive education）是20世纪90年代逐渐兴起的一种国际化的教育思潮。在教育实践领域，它起源于世界特殊教育改革。后来，英国全纳教育专家布思（T. Booth）教授提出，全纳教育是要加强学生参与的一种过程，主张要促进学生参与附近学校的文化、课程与社区的活动并减少学生的被排斥，这就将全纳教育引入了更深的领域。英国是开展全纳教育比较早的国家。职业教育的全纳性特征具体表现为职业教育培养对象的全纳性、职业教育活动的全纳性、职业教育合作的全纳性、职业教育评价体系的全纳性和职业教育师资培养的全纳性五个方面。全纳教育理念的魅力就在于，它与人们在全球化竞争时代追求平等、公正、民主、合作和参与的理想是完全一致的。因此，全纳教育理念在职业教育领域的实现，将有利于加强职业教育的特色化建设，也有利于充分利用现有教育资源，满足有特殊需要学生的教育需求，实现教育的民主与公平。当然，实现这一理想，需要建立全纳性职业教育体制，培养全纳性职业教育教师，更需要形成全社会支持全纳教育的良好氛围。

① 李玉静：《全民教育视野中的职业教育发展》，《职业技术教育》2013年第19期。

二、职业教育教学模式多样化

职业教育教学模式反映的是职业教育理论与实践的逻辑轮廓，不同的职业教育理念形成了不同的职业教育教学模式，每一种模式都有其特定的存在背景。提高教学质量是职业教育教学改革的核心任务。国外的职业教育教学模式主要有以日本为代表的企业主体式、以德国为代表的双元制、以新加坡为代表的教学工厂式、以美国和加拿大为代表的 CBE 模式等。

CBE 模式是美国休斯敦大学以著名心理学家布卢姆的（B. Bloom）“掌握性学习”“反馈教学原则”及“目标分类理论”为依据开发的一种新型教学模式。CBE 模式最初在加拿大、美国、英国、澳大利亚等发达国家运用较为广泛，后来已有几十个国家和地区采用了该模式。CBE 模式分为四个阶段：通过职业分析形成 DACUM 图表，学习包的开发，教学实施与管理，教学评价。双元制是德国职业技术教育的主要形式。学生一方面在企业（通常是私营的）中接受职业技能培训，另一方面在部分时间制的职业学校（公立的）中接受包括文化基础知识和专业理论知识在内的义务教育。这种“双元”特性，主要表现为企业与学校、实践技能与理论知识的紧密结合，每一“元”都是培养一个合格的技术工人不可或缺的重要组成部分。澳大利亚高等职业教育的主导力量是 TAFE 院校。TAFE 院校构成了澳大利亚最大的高等教育系统，是澳大利亚职业教育与培训的主力军。联邦政府在推动 TAFE 院校发展中起到了关键作用。①

近年来，中国部分职业院校在学习和借鉴国外教学模式的基础上积极探索适合自身发展的教学模式，如“产学研”结合模式、“产教”结合模式、“工作过程导向”教学模式、“理论实践一体化”教学模式、“项目导向”教学模式等。一些地区开始积极探索推行“校企联合，订单培养”“工学交替，顶岗实习”的人才培养模式。企业从最初仅接受学生进企业参观实习，发展到现在能及时将人才需求信息，包括专业、知识结构、技能水平等反馈给合作学校，指导学校合理调整专业、设置课程和安排教学，为学生提供实习场所和设备，帮助学校进行校内实习实训基地建设，接受学校教师到企业生产一线实践，选派优秀高技能人才担任学校指导教师，等等。同时，学校也积极地为企业提供服务，如学校承接企业相关的技术培训，协助解决生产中的有关技术问题、产品开发问题等，实现了校企双

---

① 樊国华、李加棋、商丽媛：《国外高等职业教育教学模式分析及启示》，《理论导报》2010 年第 11 期。

赢，推动了校企合作的良性发展。

《国务院关于加快发展现代职业教育的决定》明确提出“开展校企联合招生、联合培养的现代学徒制试点，完善支持政策，推进校企一体化育人”，为职业教育深化校企合作、工学结合，推进人才培养模式创新指明了方向。现代学徒制是一种现代职业教育制度，是企业本位职业培训与学校本位学历教育的紧密结合，是产与教的深度融合，其核心要素与基本特征是校企一体、双元育人。现代学徒制搭建了企业和学校联合培养人才的通道，使理论教育与技能培养有机结合、职业教育与产业发展有效对接。

第二节　职业教育体制政策适时调整

职业教育体制政策要解决的是职业教育的发展问题。为此，体制政策要求国家要制定政策规范，以协调职业教育之间的关系，协调职业教育管理之间的关系。在各级职业教育上，职业教育体制政策要协调初等、中等、高等职业教育之间的关系，高等职业教育中的专、本、研之间的关系；在各类教育上，职业教育体制政策要协调普通教育与职业教育，基础教育、职业教育与成人教育，职业学校教育与职业培训，公立教育与私立教育等各类教育之间的关系；在职业教育管理上，职业教育体制政策要协调中央办学与地方办学的关系，政府与教育行政部门的关系，教育行政部门与教育行政部门的关系（主要是指政府教育行政部门与大型厂矿企业教育行政部门的关系，政府部门中教育系统的教育行政部门与政府其他部门中的教育行政部门的关系），政府与学校的关系以及学校与学校之间的关系。

一、职业教育体制机制不断完善

随着中国政治经济体制改革的不断深化，职业教育体制也在不断变革。职业教育体制是指体系化的职业教育管理组织制度，主要包括职业教育管理组织机构的设置与权限划分。在管理体制方面，在中央统一领导下，逐步加强了地方政府对职业教育的统筹和管理权；在办学体制方面，鼓励和支持社会力量办学，形成了职业教育多元化办学格局。职业教育体制也在不断探索和实施由政府、企业、行业和学校组成的多元办学体制，政府不再是单一的举办方，而是与相关企业集团共同作为举办方以股东的形式参与职业院校的办学决策。①

世界上其他国家也在进行职业教育体制、机制的调整与改革，主要表现为重法制并适时修订、宏观调控、完善制约、强化监督等方面。以德国为例，进入21世纪以来，面对经济全球化和欧洲一体化带来的巨大影响，为确保德国经济在世界上的竞争优势，保证德国国家实力在国际上长期领先，长于思辨的德国人对在20世纪助推德国实现经济腾飞的职业教育始终保持着清醒的认识和持续的关注。德国根据社会经济结构的变化和教育需求的变化，积极调整职业教育体制。德国于2007年7月发布的《关于职业教育现代化与结构调整的十大方略——意见与实施建议》，是德国对职业教育做出战略调整的重大举措。德国职业教育的良性发展也得益于良好的法律环境，1968年联邦政府通过了《联邦各州专科学校发展协议》，1969年又颁布了职业教育法，之后又相继出台了与职业教育法相配套的教育法规，如《劳动基本法》《培训员资格条例》《青少年劳动保护法》以及《职业教育促进法》等。从联邦职业教育法、联邦职业教育促进法到各州制定的职业教育法以及学校依据上述法律制定的具体实施规程，真正构建了一个完整的法制体系，实现了用法律手段来推进职业教育的目标。德国职业教育的法律法规体系更加重视可操作性，如对职业教育的办学条件、经费来源、管理制度等做了明确的规定；《职业教育促进法》规定了企业要为职业培训提供帮助，明确了学生学习期间的收入、待遇等问题。②

德国的高等教育分为两大部分。一是普通大学教育，课程涵盖了教育、音乐、艺术、宗教、科学研究、医学等领域，主要培养理论型研究人才。二是高等职业教育，主要为社会培养较高层次的应用型人才。课程涵盖了工程技术、金融、建筑和社会服务等许多行业，针对性和应用性更强。

二、职业教育体系结构科学有序

职业教育体系结构科学有序的典型特征表现为普职融通、多层次与多形式的连续职业教育体系、层次分明与纵横交错的职业技术教育网络等方面。

美国职业教育的实施机构主要为综合高中、地区性职业教育中心、职业技术学校、社区学院、企业办培训中心或学校等。其中，以社区学院为主进行的高中后和高等职业教育是美国职业教育体系中的主要角色，它是

---

① 张有根：《利益相关者组织：高职办学体制机制的创新路径》，《职教论坛》2011年第25期。

② 汪长明：《德国职业教育体制机制建设探析》，《职教通讯》2011年第23期。

以政府为主的，雇主参与职业教育的程度很低。美国职业教育培养的是“宽专多能型”人才。美国职业教育强调终身教育的理念，关注学生的职业生涯，实行普职融合的单轨制教育体系，从幼儿园到高中再到社区学院和大学都有职业教育的内容，呈现了升学预备性教育与就业预备性教育统筹、学术性课程与职业性课程结合、学校理论教育与企业技术培训交替进行的发展趋势。美国职业教育法律的制定以自上而下的方式推进，联邦先制定职业教育法，之后各州出台州职业教育法。立法具有承接性，前一个法案是后一个法案的前提和基础，后一个法案是对前一个法案的补充和修正。各个法案不仅包含指导性的原则规定，而且有具体实施的详尽条款，包括要解决的问题、要达到的目标、需采取的措施等。这种详尽的条款使法律具有很强的操作性。

澳大利亚的职业教育主要由劳动部门负责，实施主体是 TAFE 学院。它强调就业导向与技能水平的提高，积极推行能力本位教育。学员用 80%的时间在工作现场进行工作学习，用 20%的时间在学院进行理论学习。这是一种新型的现代学徒制度。因此，澳大利亚所培养的也是“专深型”人才。澳大利亚的职业资格证书制度很完善，通过职业资格将职业教育与高等教育有机地衔接在一起。

德国约 2/3 的年轻人通过职业培训体系接受初等以上的教育和培训，约 80%的学习者是半工半读的学徒工人，约 20%的学习者接受全日制的学校教育。双元制的实施需要政府、行业企业与学校三方的密切合作，属于企业本位的现代学徒制度。德国的职业文凭决定了行业企业有可能积极地参与职业教育。德国职业教育体系所培养出的人才为“专深型”，这与其产业结构以中高端制造业为主密切相关。优越的产业结构是德国职业教育体制机制建设的物质基础，畅通的教育体系是德国职业教育体制机制建设的发展基础，严格的用工制度是德国职业教育体制机制建设的质量基础。

日本的职业教育机构基本由短期大学、专门学校和专修学校构成。整个职业教育由学校教育、社会教育和企业教育构成，三者联系紧密。日本的学校职业教育不发达，主要由企业自己进行职业培训。第二次世界大战结束后，日本借鉴世界先进经验对职业教育进行了持续不断的改革。一方面，发展产学合作的办学模式；另一方面，打破职业教育和普通教育的双轨并行机制，构建多元立交、开放贯通的综合教育体系，主要表现为职业教育体系化、职业教育重心上移、职业教育综合化、职业教育重实践。日本在“教育先行”战略思想的指导下，把职业教育发展计划与经济发展计划紧密结合，通过不断调整与修订相关职业教育法律法规，为职业教育指明发展方向和任务，用立法的形式确保对劳动者进行完善的职业技术培训，保障了职业教育的规范化、法制化。职业教育立法的系统化和完整化使日本形成了一套完善的终身职业能力开发体系。

英国的职业教育体系是教育与培训并举的。高等教育不只指大学教育，还包含了继续教育中的高级科技教育等所有中学后教育；也不只指正规学士、硕士、博士课程，还包括非正规的业余证书课程。英国按照企业生产需要的知识和技能，制定了五级国家专业资格证书标准，推行能力本位教育，并且规定在职业技术教育中拿到三级证书者可直升大学。英国的教育体系被划分为八个层次，相当于从初中一直到博士，职业教育体系也在其中。英国高等教育院校的教育非常灵活，可以承担全日制学生的教育，也可以承担非全日制学生的教育，还可以承担短期和学徒制学生的培训。

三、职业教育办学形式灵活多样

职业教育的办学形式问题，主要涉及办学方式和办学主体两个方面，即通过怎样的方式培养学生和由哪些主体参与办学。各国职业教育办学模式的改革也主要围绕这两个方面展开。

德国的职业教育体制在世界上堪称一流，其显著特征之一就是企业与职业技术院校紧密配合，深入有效地开展职业技术教育的实践教学。德国职业教育的双元制模式是一种职业教育与企业相结合、学校与企业分工、理论与实践紧密联系的模式。在具体实施过程中，该模式把职业培训放在企业和学校两个完全不同的机构中，以企业培训为主。接受职业教育的学生此时具有双重身份，一方面他们在企业里接受培训，是企业的学徒；另一方面，他们又在职业学校里接受理论教育，是学校的学生。为了保证这种模式的顺利推广，德国各州都制定了相应的职业教育法律。

“企业教育”是日本职业教育的一大特点。特别是在大企业，企业内教育被视为企业经营战略的重要组成部分，受到特别重视。丰田公司开办了“丰田工业大学”，松下电器公司则开办了“松下电器工学院”。中小企业也根据本企业的具体情况，单独或联合开设本企业学校或研修所，培训自己的从业人员。这种以企业为主的办学模式，主要通过企业实训提高学生的职业能力。这种办学模式把教学过程融入企业的生产实践中，使学生在生产实践中掌握相应的技术、技能。

在澳大利亚，提供学徒培训的雇主应与学徒签订培训合同，同时要在相关的州和领地的培训局注册。为了使新学徒制得到良好的发展，澳大利亚各州和领地设立了300多所新学徒培训服务中心。服务中心免费向社会提供服务，帮助培训机构（企业或公司、职业学校）和学徒达成培训协议，获得政府的财政资助。TAFE 学院的课程、教学内容、培训专业都是学院与企业代表根据地方经济社会需求、行业需要等设置的，这给了各学院极大的灵活性和自主性。同时，学制和学习时间也灵活机动，给学员提供了极大的方便。①

此外，新加坡的“教学工厂”模式、美国的合作教育也很有代表性。无论何种模式，本质上都是在职业教育中深化校企合作。深化校企合作，不仅要增加学生的企业实习经验，还要改革教学模式、师资配备和职业资格认证等。

第三节　职业教育经费政策多元科学

职业教育经费政策要解决的是如何筹措职业教育经费，如何分配职业教育经费以及如何使用职业教育经费的问题。就如何筹措职业教育经费而言，职业教育经费政策所要处理的问题是，如何处理好政府主渠道与其他渠道之间的关系，在政府主渠道中，如何处理好中央政府出钱办职业教育和地方政府出钱办职业教育之间的关系。就如何分配职业教育经费而言，在职业教育经费的平面结构上，就是要处理好职业教育事业费与职业教育基本建设费之间的关系，在职业教育事业费中，要处理好人头费与其他费用之间的关系；在职业教育经费分配的对象结构上，要处理好各级职业教育与各类教育经费分配之间的关系。一般来讲，职业教育经费来源中，政府投入是基础，社会资金是重要方面。从德、美、澳、日等国家的情况来看，其职业教育筹资渠道都呈现出一种多元化的特征。公立职业教育机构的经费主要来自国家和地方政府的拨款；企业培训的经费主要由企业负担；私立职业教育机构的经费主要来自设立者投资、社会捐助及学生学费。同时，国家还通过降低企业盈利税（如德国）和一定的财政补贴（如日本）为其分担一部分费用，形成了国家、企业、团体和个人共同投资办学的格局。②

一、政府教育拨款是职业教育经费保障机制的基础

一个国家职业教育的发展，与这个国家政府所提供的职业教育经费密

① 齐兰芬：《发达国家职业教育办学模式及启示》，《天津市教科院学报》2008 年第 6 期。
② 李守福：《国外发展职业教育的几种模式》，《中国民族教育》2003 年第 4 期。

切相关。政府的教育拨款一般包括国家财政性投入和地方政府拨款（主要是地方政府征收的用于教育的税费）。事实证明，各国职业教育的飞速发展都离不开以政府教育拨款为主的经费保障机制。法国公办大学60%的事业经费来自政府拨款，加拿大公办大学75%的事业经费由政府拨款，而新西兰政府的投入占比则高达70%。① 目前，在澳大利亚的职业教育经费中，州政府拨款为主要部分，其次是联邦政府拨款。

二、吸纳社会资金是筹措职业教育经费的重要方式

职业教育经费的筹措离不开完善的保障机制，为了解决职业教育的经费问题，各国纷纷出台各种政策，引导企业参与职业教育。企业之所以能成为一些发达国家职业教育经费的重要承担者，得益于这些发达国家都建立了完善的企业投入职业教育的保障机制。英国向来注重教育。自20世纪80年代以来，英国职业教育得到了迅速发展，这与其职业教育经费的持续稳定增长密不可分。虽然英国的职业教育经费主要依靠中央拨款，但是英国通过立法等手段，制定了市场化的、灵活的经费政策，建立了多元化的教育投资体制，通过多种渠道筹措职业教育经费，并高效地使用职业教育经费。1964年，英国政府颁布的《产业训练法》对英国产业训练的质量和数量做了一系列规定，并依据该法成立了由企业等组成的产业训练委员会，该委员会有权在部门系统中集资或拨款，以资助企业参与职业教育与培训，突出了企业在职业教育和培训中的地位。产业训练委员会通过制定产业政策、制定训练标准和考试大纲、设计考试科目、开设训练课程、向企业征税拨款、提供建议与帮助等方式参与职业教育。随后，英国政府颁布的《职业培训法》则要求企业增加职业教育投资。该法明确规定，由企业、教育部门及工会三方组成企业培训委员会，从企业工资总额中征收一定百分比的税金。该法的目的是使培训经费更加合理、平等地用于企业培训，它标志着职业培训已进入政府调控的范围。② 在法国，1966年颁布的《职业训练法》提出，设立全国职业训练基金，雇用10名以上员工的企业，须交纳工资总额的0.6%作为职业训练费用，政府再给予经费补助。1971年法国政府对《职业训练法》进行修订。新的《职业训练法》规定，凡平时雇用10名以上员工的企业，应向政府交纳职业训练税，税率提高到0.8%。

---

① 赵定勇：《高职院校办学经费收入与支出实证研究》，《职教论坛》2012年第10期。

② 黄日强、邓志军：《英国职业教育的经费体制》，《河南职业技术师范学院学报（职业教育版）》2006年第4期。

企业自主办培训、对参加培训员工给予津贴或交纳职业训练保险费的，可抵消企业应交的职业训练税。1971 年法国国民议会通过的《终身教育法》规定，接受职业教育是劳动者的权利，每个劳动者都应有接受职业继续教育的机会。任何拥有 10 名以上领薪工人的雇主，每年应拿出本厂工资总额的 1.1%作为资助国家职业继续教育活动的费用。澳大利亚各行业、各企业都将培训看作一种投资，认为职业教育与培训是保证企业竞争力的重要手段。① 澳大利亚政府于 1990 年 7 月开始实施的《培训保障法》规定，年收入 22.6 万澳元以上的雇主应该将工资预算的 1.5%用于对其员工进行职业资格培训。同时，《培训保障法（修正案）》规定，如果企业能够证明自己在职业资格培训上的开支达到其年度雇员工资总额的 5%或更多，可以免除一部分费用。澳大利亚工商业人士越来越意识到，劳动者的知识和技能是决定企业国际竞争能力的关键因素，而对员工进行培训是一笔回报率很高的投资，所以投资积极性很高，投资职业教育的经费不断增加。② 在德国，有相关法律规定，所有企业向国家交纳一定数量的职业教育资金后，可获得其培训费用 50%~80%的补助。③ 享誉世界的德国双元制职业教育模式的主要经费来源便是企业的直接资助。企业投资建立职业培训中心，购置培训设备并负担实训教师的工资和学徒的培训津贴。④ 德国政府采取的各种鼓励政策在很大程度上保障了企业主的利益，调动了企业投资职业教育的热情。

三、个人学费及其他费用分担职业教育成本

个人学费也是职业教育经费的重要来源。教育作为准公共性产品，兼具私人产品和公共产品的共同特性。因此，它所需要的经费不应只由政府独家提供，也应由学生或其家庭承担部分。1986 年，美国著名教育经济学家约翰斯通（B. Johnstone）在全球面临高等教育财政危机的背景下，针对高等教育提出高等教育成本分担理论。该理论认为，高等教育成本无论在什么社会、体制和国家中，都必须由政府、家长、学生、纳税人和高等教

① 王平风、张良清：《法律：德英法等国筹措职业教育经费的重要手段》，《成人教育》2009 年第 11 期。

② 张宏志：《政府履行职业教育职责的国际作为范式及启示》，《教育学术月刊》2011 年第 10 期。

③ 杨敬雅、刘福军：《国外现代职业教育发展分析及对我国的启示》，《教育与职业》2014 年第 18 期。

④ 杨景平：《国外职业教育经费模式举要及启示》，《兰州石化职业技术学院学报》2004 年第 4 期。

育学院等共同分担，教育是有投资、有收益的活动，满足了多个主体的需要。就实践来看，世界绝大多数国家和地区的高等教育成本都实行国家和个人分担。较为典型的范例就是澳大利亚。澳大利亚 TAFE 学院学生的学费因所学专业不同而不同，学费的交纳方式大致分为三种：一是交纳全额学费；二是每年先交纳 500 澳元以上，余额待完成学业后分年交齐；三是采用贷款方式。1998 年，澳大利亚个人的职业教育投资额达 9.19 亿澳元，占当年职业教育总投入的 10.8%，其中包括海外留学生交纳的高额学费。①在英国的职业教育经费体制中，学生的学费和学杂费等费用所占比例不断提高。1990 年以前，英国大学生的资助模式主要为免除学生学费加助学金。受经济形势影响，英国政府于 1990 年开始改革收费制度，采取的主要措施包括提高学杂费、考试费的收费标准，对继续教育的短期课程全部收费，对海外留学生参加职业教育与培训实施收费政策。从 1998 年起，英国各高校改变了对本地区及欧盟成员国学生免收学费的政策，开始征收每生每年 1000 英镑的学费。② 这种教育经费分担制度有利于英国高校扩大规模并提高办学质量。美国社区学院的学杂费虽然与四年制的大学相比十分低廉，但也一直是社区学院经费的重要来源之一，并且有明显的持续增长的趋势。

四、职业教育经费分配与使用政策规范科学

职业教育经费分配主要包括教育事业费、教育基本建设费和用于职业教育发展的各项专项资金的分配。所谓教育事业费是指国家用于发展社会各种教育事业特别是义务教育事业的经费支出，主要包括国有中小学校的经费拨款、国有高等和中等专业学校的经费补助，还包括给一部分学生的奖学金、困难补助费。它主要包括人员性经费和公用经费两大子项目。教育基本建设费不仅包括土建支出，也包含大型仪器设备的购置费用。一般而言，事业性支出保证学校的日常运行，基本建设性支出形成学校办学的基本条件。

在澳大利亚，联邦政府培训署负责职业教育经费的管理；在州和领地，则由州教育培训部和领地教育培训部或单独设立的管理机构负责。商业化拨款是澳大利亚管理职业教育经费的显著特点，项目公开招标则是澳大利

① 张霞、黄日强：《收缴学费：当代国外高等职业教育经费筹措的重要手段》，《河北师范大学学报（教育科学版）》2009 年第 11 期。

② 黄日强、邓志军：《英国职业教育的经费体制》，《河南职业技术师范学院学报（职业教育版）》2006 年第 4 期。

亚管理职业教育经费的普遍方式。最大限度地提高职业教育经费的使用效益、尽可能多地筹集职业教育经费、科学合理地节省职业教育经费，是澳大利亚管理职业教育经费所遵循的三大基本原则。① 日本各类职业学校用于经费支出的主要项目有：教师工资（包括工资外的讲课费）；学校正常的维持费；修缮费；资本的支出；债务偿还。在这几项主要开支中，教师工资所占比重较大，高中为57.4%，专修学校为50%，高等专门学校为42%。其次是资本支出，高等专门学校为40%，专修学校为25.2%，高中为12.2%。值得一提的是，日本各类职业学校用于修缮的费用比重较小，高中为1.15%，专修学校为1.7%，高等专门学校则为0.36%。学校正常的维持费所占比重也较小，高中为4.4%，高等专门学校为5.6%，专修学校为7%。②

职业教育发展需要合理、充分的经费保障，这既是职业教育发展的内在要求，也是发达国家职业教育得以繁荣发展的可贵经验。在法治社会中，立法是职业教育经费最有力的保障。③ 综观世界各国职业教育的发展，以法律的形式保障职业教育经费的稳定供给已成为基本趋势。

通过对世界各国尤其是发达国家职业教育发展经验的总结，不难发现，政府是职业教育经费的主要提供者，但并不是唯一提供者。职业教育经费来源多渠道、主体多元化已成为一种趋势。国外职业教育的办学贴近市场、贴近企业，得到了社会各界尤其是企业界的大力支持与参与，因此也吸纳了来自社会各界的稳定的资金资助。同时，发达国家职业教育经费的法律保障体系比较完备，保证了职业教育经费来源的稳定性。

第四节　职业教育教师政策不断完善

职业教育教师政策所要解决的问题是如何建设一支数量充足、质量高的教师队伍，为此，要处理好对教师严格要求与给予教师优厚待遇之间的关系。就对教师严格要求来说，职业教育教师政策要对教师的“进”（包括编制、资格、聘用），“用”（包括进修、考核），“出”（包括退离休、转任等）做出规定。就给予教师待遇来说，职业教育教师政策要对教师的

---

① 黄日强：《澳大利亚职业教育经费的来源与管理》，《世界教育信息》2003年第4期。

② 刘占山：《日本的职业教育经费情况》，《职教论坛》1996年第5期。

③ 杨景平：《国外职业教育经费模式举要及启示》，《兰州石化职业技术学院学报》2004年第4期。

职称、工资、奖惩和其他福利等做出规定。一支高质量的职业教育教师队伍往往能直接带动职业教育的发展，保障职业教育的质量。

一、职业教育教师的任职标准严格

为确保人才的高质量和高水准，发达国家通常都制定了较为严密的法律和政策，建立了相应的职业教育教师标准或资格框架制度。

欧洲国家，通过初等职业教育与培训的国家立法、国家标准或资格框架来管理初等职业教育教师。① 在法国，要想成为从事职前职业教育的教师，必须通过全国性中学教师会考。相应的教师资格证书分为以下类别：一是中等教育任职资格证书，获得者可以在初中和高中任教；二是技术教育任职资格证书，获得者可以在技术高中任教；三是职业高中任职资格证书，获得者可以在职业高中任教；四是体育教育任职资格证书，获得者可以从事体育教育工作；五是中学-大学教师资格证书，获得者可以在高中和大学预备班任教。② 德国职业教育教师的培养准则是“双元性”，即首先学习大学的理论，然后应用于实践。德国职业教育普通教育课和专业理论课教师一般是在完成中学教育后再进入大学学习，也有一部分教师是在中等教育结业后，先经过双元制培训，再获得入学资格。③ 专业实践课教师的培养方式是学生在中学毕业后，经过三年或三年半的双元制职业培训，而后选择以下两种方式之一继续学习：一是具有三至五年的实际工作经验后，在一年制技术管理工人/师傅学校学习；二是具有至少两年的实际工作经验后，在两年制的技术员学校学习。德国《高等学校总纲法》规定，高等专科学校的专职教师原则上要有博士学位，兼职教师至少也要拥有大学文凭。所有教师要具有教育学、心理学、教学法等专业知识，有运用现代化教学媒体和方法的能力，还要有相应专业岗位的工作经历，有些高等专科学校还要考察应聘教师与企业界的联系能力。④ 在教师最低资格要求方面，澳大利亚各地区及学院的规定不尽相同。有的 TAFE 学院只要求教师拥有大学或地区所颁发的教学证书，而另外一些 TAFE 学院则要求专职教师获得教学文凭或教育学士学位。⑤ 美国要求职业生涯与技术教育教师具

① 王兴华、席敦芹：《欧洲职业教育教师培训政策研究及其对我国的启示》，《职教论坛》2013 年第 33 期。

② 韩云鹏：《发达国家职业教育教师的任职资格要求》，《职业技术教育》2011 年第 35 期。

③ 高洁：《德国职业教育教师培养方式及启示》，《世界教育信息》2011 年第 9 期。

④ 叶小明：《高等职业院校教师专业发展研究》，武汉，华中科技大学博士学位论文，2008。

⑤ 陈祝林、王建初：《澳大利亚 TAFE 学院的师资队伍建设》，《职教论坛》2004 年第 21 期。

有教师资格证书/执照。人们可以通过两种途径获得认证，取得基本的从业资格：一是通过传统的教师培养模式获得，即通过大学学位课程学习、实习和毕业考试来取得；二是通过基于工作经验的替代模式获得。①

二、职业教育注重教师的在职培训

职业教育教师的培训可分为计划、促进学习与评估三个方面。欧盟职业教育与培训教师的持续发展期望根植于《教师能力与资格的欧洲共同原则》（这一原则在 2004 年被欧洲理事会和欧洲委员会共同采用），这宣告了教师成为一种被置于终身学习情景中的逐渐变化的职业、一种基于合作关系的可变的职业。② 2009 年 6 月，欧盟倡议为职业教育与培训建立欧洲质量保障参考框架，该框架根据各成员国的实际情况，综合选定了一套能测量与评估职业教育与培训质量的指标，欧洲职业教育与培训质量保证参考框架所确立的主要指标包括师资培训投入、职业教育项目参与率、职业教育项目完成率、就业安置率、培训技能使用情况、失业率、弱势群体职业教育参与情况、劳动力市场培训需求确认机制和促进职业教育培训参与的策略等。③

在挪威，随着 1975 年《教师教育法》的颁布，职业教育教师的培训也被纳入高等教育，成为高等教育的一部分，由国家统一管理。为了提高职业教育教师的水平，挪威制定了为期三年的职业教育教师培训项目，其要点体现在“48 号白皮书”中，并在之后转化为课程框架。此外，“48 号白皮书”对职业教育教师资格做出了规定，认为从事职业教育的教师应该有四年的工作经验、具有正式的职业背景、接受过两年的职业教育理论培训和特定的教师教育。④ 德国对职业教育教师的培养非常重视，已形成了一套完整的培养培训体系，并且采取了严格的国家考试制度。德国非常重视职业教育教师的实际工作经历。德国各州的法律都对在职教师的培训进修做了相应规定，“第三阶段的师资培训”是每个在职教师都必须接受的，且在职教师每年可享受五个工作日带薪脱产进修的福利。⑤ 多渠道培养职业教育师资是澳大利亚职业教育发展的关键。为了构建灵活的由行业驱动

① 韩云鹏：《发达国家职业教育教师的任职资格要求》，《职业技术教育》2011 年第 35 期。

② 王兴华、席敦芹：《欧洲职业教育教师培训政策研究及其对我国的启示》，《职教论坛》2013 年第 33 期。

③ 苟顺明：《欧盟职业教育政策研究》，重庆，西南大学博士学位论文，2013。

④ 刘婕：《挪威的职业教育教师培训》，《中国职业技术教育》2009 年第 31 期。

⑤ 杨同华、黄国清：《德国职业教育探微》，《河南科技学院学报》2013 年第 6 期。

的教育与培训系统，制定全国统一的资格体系和能力标准，提高培训质量，促进新学徒计划的实施，澳大利亚联邦政府自1998年起，在全国范围内倡导、开发和推广各个行业的培训包。澳大利亚还制定了指导教师专业发展与培训的政策与标准，如昆士兰教师学院依据《昆士兰州教师专业标准》制定的《政策：持续专业发展框架》指出，“持续专业发展”以教师专业标准与专业发展为中心，包括批判性反思、发展和强化实践、与教师个人的专业实践整合，强调教师学历与行业经验的重要性。昆士兰州教育部为了支持有效的专业发展的设计、开发与实施，于1998年颁布了《教师专业发展标准》，2009年又根据成人学习的趋势变化予以修订。① 除传统的课程、教学理论培训外，美国职业教育教师培训内容中有五个富有特色的方面，即理解贫穷、劳动法、建立企业专家委员会、表单设计和信息化资源使用。理解贫穷让职业教育教师更好地了解教育对象，劳动法让教师合法地组织学生的实践学习，建立企业专家委员会让教师学会充分利用企业资源，表单设计让教师有能力使课堂变得更加活泼与有效，信息化资源使用让教师学会如何获取丰富的信息化资源。②

三、职业教育教师中兼职教师占据重要地位

兼职教师是国外职业教育师资的主要组成部分。在美国、德国、澳大利亚等职业教育发达国家，职业院校外聘教师与专任教师的比例接近，人数比甚至超过了1∶1。在德国高等专科学校中，专职教师通常只占40%，兼职教师则占60%，有的职业学院兼职教师的比例甚至高达80%。1995年，美国社区学院教师中兼职教师占61%，1997年兼职教师占66%，1998年兼职教师占63.9%。英国高等职业院校中兼职教师所占比例为30%~70%。在加拿大社区学院，兼职教师的比例竟高达90%。③ 澳大利亚为了弥补职业教育师资的不足，会从有丰富实践经验的专业技术人员中按标准大量选聘、培养兼职职业教育师资。被招聘录用的专业技术人员，一边在TAFE学院从教，一边在大学教育学院接受为期一至两年的师范教育，以获取教师职业资格证书。④

---

① 赵玉：《澳大利亚职业教育教师专业发展探析》，《职教论坛》2010年第27期。

② 徐国庆：《美国职业教育教师培训内容研究——以俄亥俄州为例》，《外国教育研究》2012年第6期。

③ 叶小明：《高等职业院校教师专业发展研究》，武汉，华中科技大学博士学位论文，2008。

④ 黄日强、邓志军：《澳大利亚职业教育的师资队伍建设》，《河南职业技术师范学院学报（职业教育版）》2003年第1期。

当然，国际职业教育政策的动向，也反映在联合国教科文组织、世界银行、国际劳工组织、经济合作与发展组织等国际组织所形成的一些具有重大影响的职业教育政策上。有研究者对联合国教科文组织、世界银行和国际劳工组织这三个国际组织的职业教育政策进行研究后发现，在众多的职业教育公约、建议书和报告中，隐含着六个维度和六种二元对立范畴。一是教育与培训的分离与重合；二是来自不确定性的挑战；三是经济效率与社会公平的平衡；四是人的发展与劳动力市场和社会的需求；五是市场主导与国家主导的取舍；六是在劳动力与经济发展战略上的低技能平衡与高技能平衡。国际组织职业教育政策基本范畴的揭示，对于各国特别是发展中国家提高职业教育政策制定的自觉性和科学性具有重要参考价值。中国职业教育政策的制定，可以做出以下选择：第一，在坚实的普通教育基础上，促进学校职业教育与非学校职业教育和培训协同发展；第二，职业教育的经济效益目标与社会公平目标并重；第三，就业导向与以人为本兼顾；第四，继续坚持国家主导，发挥市场力量和民间力量的积极作用；第五，从劳动力低技能平衡的发展路线向高技能平衡的发展路线转轨；第六，立足本土需要，批判性地借鉴国际经验，发展中国特色职业教育。①

① 和震：《国际组织的职业教育政策：基本范畴及其意义》，《教育发展研究》2006 年第 21 期。

参考文献

〔澳〕欧文·E. 休斯:《公共管理导论》,彭和平等译,北京,中国人民大学出版社,2001。

〔美〕艾伦·C. 艾萨克:《政治学:范围与方法》,郑永年等译,杭州,浙江人民出版社,1987。

〔美〕戴维·奥斯本、特德·盖布勒:《改革政府——企业精神如何改革着公营部门》,东方编译所编译,上海,上海译文出版社,1996。

〔美〕戴维·伊斯顿:《政治生活的系统分析》,王浦劬译,北京,华夏出版社,1999。

〔美〕丹尼斯·C. 缪勒:《公共选择理论》,杨春学等译,北京,中国社会科学出版社,1999。

〔美〕道格拉斯·C. 诺思:《经济史中的结构与变迁》,陈郁等译,上海,上海三联书店,1994。

〔美〕弗朗西斯·C. 福勒:《教育政策学导论》,许庆豫译,南京,江苏教育出版社,2007。

〔美〕加布里埃尔·A. 阿尔蒙德、小G. 宾厄姆·鲍威尔:《比较政治学:体系、过程和政策》,曹沛霖等译,上海,上海译文出版社,1987。

〔美〕罗尔斯:《正义论》,何怀宏等译,北京,中国社会科学出版社,1988。

〔美〕米尔顿·弗里德曼:《资本主义与自由》,张瑞玉译,北京,商务印书馆,1999。

〔美〕斯图亚特·S. 那格尔:《政策研究百科全书》,林明等译,北京,科学技术文献出版社,1990。

〔美〕汤姆斯·戴伊:《公共政策新论》,罗清俊、陈志玮译,台北,韦伯文化事业出版社,1999。

〔美〕威廉·N. 邓恩:《公共政策分析导论》,谢明等译,北京,中国人民大学出版社，2002。

〔美〕希尔斯曼：《美国是如何治理的》，曹大鹏译，北京，商务印书馆，1986。

〔美〕约翰·S. 布鲁贝克：《高等教育哲学》，郑继伟等选译，杭州，浙江教育出版社，1987。

〔美〕詹姆斯·E. 安德森：《公共决策》，唐亮译，北京，华夏出版社，1990。

〔美〕詹姆斯·博曼：《公共协商：多元主义、复杂性与民主》，黄相怀译，北京，中央编译出版社，2006。

〔英〕大卫·马什、格里·斯托克：《政治科学的理论与方法》，景跃进等译，北京，中国人民大学出版社，2006。

〔英〕米切尔·黑尧：《现代国家的政策过程》，赵成根译，北京，中国青年出版社，2004。

〔英〕斯蒂芬·J. 鲍尔：《教育改革——批判和后结构主义的视角》，侯定凯译，上海，华东师范大学出版社，2002。

〔英〕斯蒂芬·鲍尔：《政治与教育政策制定——政策社会学探索》，王玉秋、孙益译，上海，华东师范大学出版社，2003。

安莹莹、祁占勇：《我国校企合作研究热点的领域构成与拓展趋势研究——基于CNKI学术期刊2010~2014年文献的共词可视化分析》，《职教通讯》2015年第31期。

波普尔：《猜想与反驳：科学知识的增长》，傅季重等译，上海，上海译文出版社，2005。

曹晔：《构建现代职业教育体系的几点思考》，《教育与职业》2013年第14期。

曹正益、孙玉华：《职业资格证书制度的政策研究》，《职教论坛》2007年第9期。

陈钢、邱致裕：《职业教育校企合作办学可持续发展的政策和制度保障研究》，《教育与职业》2011年第36期。

陈光、杨进：《职业教育与职业资格证书》，《中国职业技术教育》2000年第11期。

陈在铁：《3+3中高职衔接课程体系建设机制创新研究与实践》，《中国职业技术教育》2015年第18期。

陈振明：《政策科学——公共政策分析导论》，北京，中国人民大学出版社，2003。

陈振明:《政策科学的“研究纲领”》,《中国社会科学》1997 年第 4 期。

陈正华:《新型职业农民培训理论与机制》,《高等农业教育》2013 年第 5 期。

陈志芳、沈有禄:《试论实施免费中等职业教育的必要性和可行性》,《职教论坛》2013 年第 15 期。

陈祝林、王建初:《澳大利亚 TAFE 学院的师资队伍建设》,《职教论坛》2004 年第 21 期。

成丙炎、姜燕:《创业教育:高职改革和发展的必然选择》,《成人教育》2010 年第 2 期。

成有信:《教育政治学》,南京,江苏教育出版社,1993。

程志俊:《专业设置的实践与思考》,《中国职业技术教育》2002 年第 21 期。

大岳秀夫:《政策过程》,傅禄永译,北京,经济日报出版社,1992。

丁军:《职业培训在职业教育体系中的定位》,《职业技术教育》2004 年第 1 期。

丁留宝、张洁、王为:《中等职业教育免费政策:制度设计、问题及化解》,《教育学术月刊》2014 年第 3 期。

杜连森、庄西真:《中等职业教育招生政策的利益相关者分析》,《河北师范大学学报(教育科学版)》2014 年第 3 期。

范安平、张释元:《发达国家的农村职业教育:经验与借鉴》,《教育学术月刊》2009 年第 11 期。

范红:《基于新型城镇化的农村职业教育发展》,《教育与职业》2015 年第 29 期。

范锡兵:《渐进选择:非理性主义?》,《政治学研究》1996 年第 3 期。

范先佐:《教育经济学》,北京,人民教育出版社,1999。

方铭琳:《民办高职教育发展的形势分析和对策研究》,《职教论坛》2005 年第 10 期。

佛朝晖:《高职单独招生政策执行情况的调查报告》,《国家教育行政学院学报》2012 年第 11 期。

高洁:《德国职业教育教师培养方式及启示》,《世界教育信息》2011 年第 9 期。

高利兵:《安徽技能型人才培养与中等职业教育发展策略研究》,《职业技术教育》2009 年第 7 期。

高燕南：《新农村“三化”建设与农村职业教育专业设置互动研究》，《中国职业技术教育》2010 年第 6 期。

宫留记：《布迪厄的社会实践理论》，开封，河南大学出版社，2009。

关晓会、祁占勇：《农村职业学校发展中的问题及对策研究》，《职教通讯》2013 年第 7 期。

郭扬、胡秀锦：《职业教育经费保障机制的构建与思考》，《教育发展研究》2009 年第 1 期。

韩清林：《教育政策的若干理论与实践问题》，《当代教育科学》2003 年第 17 期。

韩云鹏：《发达国家职业教育教师的任职资格要求》，《职业技术教育》2011 年第 35 期。

郝文武：《平等与效率相互促进的教育公平论》，《教育研究》2007 年第 11 期。

何东昌：《中华人民共和国重要教育文献 2003~2008》，北京，新世界出版社，2010。

何振海：《比较视角下我国职业教育经费立法保障的缺憾与应对》，《教育与职业》2014 年第 32 期。

和震：《当前民办职业教育发展的路径选择》，《中国职业技术教育》2012 年第 12 期。

和震：《国际组织的职业教育政策：基本范畴及其意义》，《教育发展研究》2006 年第 21 期。

和震：《我国职业教育政策三十年回顾》，《教育发展研究》2009 年第 3 期。

和震：《职业教育校企合作中的问题与促进政策分析》，《中国高教研究》2013 年第 1 期。

洪列平：《农民工职业培训效果的影响因素与对策》，《教育与职业》2012 年第 3 期。

胡洪斌、张晓智：《农村剩余劳动力职业培训的经济博弈分析》，《教育与职业》2009 年第 6 期。

黄日强、邓志军：《英国职业教育的经费体制》，《河南职业技术师范学院学报（职业教育版）》2006 年第 4 期。

黄日强：《澳大利亚职业教育经费的来源与管理》，《世界教育信息》2003 年第 4 期。

黄文伟：《政策学习与变迁：一种倡议联盟框架范式——对我国高职院

校招生政策变迁的解读》,《清华大学教育研究》2012 年第 5 期。

基国林、马建富:《农村职业教育发展政策评析与改革创新》,《职业技术教育》2011 年第 22 期。

纪淑军:《创业富民战略视野下的高职院校创业教育研究》,《中国成人教育》2009 年第 10 期。

姜大源:《德国职业教育体制机制改革与创新的战略决策——德国职业教育现代化与结构调整十大方略解读》,《中国职业技术教育》2010 年第 30 期。

金宏义、王莉红:《职业教育与职业资格证书制度衔接研究》,《继续教育研究》2009 年第 7 期。

金毅伟:《普职融通是现代职业教育体系的重要维度》,《中国职业技术教育》2014 年第 21 期。

亢利平:《农村职业学校专业教师队伍建设因素分析及对策建议》,《成人教育》2014 年第 12 期。

匡瑛:《比较高等职业教育:发展与变革》,上海,上海教育出版社,2006。

赖德胜、孟大虎、李长安等:《中国就业政策评价:1998~2008》,《北京师范大学学报(社会科学版)》2011 年第 3 期。

蓝欣、吴乃欣:《职业资格制度影响职业教育发展的中日比较研究》,《中国职业技术教育》2007 年第 24 期。

劳凯声、刘复兴:《论教育政策的价值基础》,《北京师范大学学报(人文社会科学版)》2000 年第 6 期。

雷世平:《我国农村职业教育体制政策及其思考》,《职业技术教育》2005 年第 4 期。

黎志键、韦弘:《中高职衔接的政策演变轨迹及其思考》,《继续教育研究》2012 年第 5 期。

李秉德:《教育科学研究方法》,北京,人民教育出版社,1986。

李光寒:《对改革开放三十年农村职业教育政策的回顾与思考》,《教育与职业》2009 年第 5 期。

李洪渠、龚丽红:《大力发展中等职业教育的现实依据与时代契机》,《武汉职业技术学院学报》2014 年第 2 期。

李华玲:《对我国农村职业教育财政政策的回顾与建议》,《职教论坛》2013 年第 31 期。

李淮春:《马克思主义哲学全书》,北京,中国人民大学出版社,

1996。

李剑：《五国中等职业教育人才培养模式的文化比较》，《比较教育研究》2001 年第 6 期。

李静野：《公共政策的政治统治功能与政府活动的有效性》，《学术交流》2009 年第 3 期。

李峻：《三十年来农村职业教育政策评价与建议》，《国家教育行政学院学报》2008 年第 5 期。

李岚清：《努力开创职业教育工作的新局面——在全国职业教育工作会议上的讲话》，《中国职业技术教育》1996 年第 7 期。

李连科：《哲学价值论》，北京，中国人民大学出版社，1991。

李强、陈宇琳、刘精明：《中国城镇化"推进模式"研究》，《中国社会科学》2012 年第 7 期。

李向东、卢双盈：《职业教育学新编》，北京，高等教育出版社，2005。

李小丽：《我国高等职业教育政策的价值取向及其执行效度分析》，《职教论坛》2012 年第 16 期。

李宜江：《公共财政支持民办教育发展的政策法规变迁及启示》，《现代教育管理》2012 年第 8 期。

李玉静：《全民教育视野中的职业教育发展》，《职业技术教育》2013 年第 19 期。

林丹：《教育政策失真的假象与真相》，《教育与管理》2004 年第 16 期。

林水波、张世贤：《公共政策》，台北，五南图书出版公司，1982。

刘爱英：《中高职教育衔接的政策诉求》，《中国职业技术教育》2014 年第 11 期。

刘冰、于伟：《专业设置：发展农村中等职业教育的重要环节——基于四省七县的调研与思考》，《教育发展研究》2006 年第 21 期。

刘红：《我国职业资格证书制度和职业教育与培训关系的发展历程》，《中国职业技术教育》2006 年第 6 期。

刘婕：《挪威的职业教育教师培训》，《中国职业技术教育》2009 年第 31 期。

刘娜、朱凤玲、兰春：《谈政府对民办职业教育的宏观调控》，《职业技术教育》2003 年第 19 期。

刘巧利：《中国农村职业教育政策的变迁：办学方向的视角》，《教育学术月刊》2013 年第 9 期。

刘荣秀：《中高职衔接的现状调查与政策评析——以广东省为例》，《职业技术教育》2010年第16期。

刘圣中：《历史制度主义：制度变迁的比较历史研究》，上海，上海人民出版社，2010。

刘思聪：《职教师资政策有待完善》，《教育与职业》2009年第25期。

刘颖：《发达国家农村职业教育研究述评及对我国的启示》，《职教论坛》2015年第18期。

刘勇、宋豫：《论我国职业教育立法的完善》，《南京社会科学》2013年第2期。

刘占山：《日本的职业教育经费情况》，《职教论坛》1996年第5期。

刘志华、袁虎廷：《山西省中等职业教育人才培养模式研究》，《教育理论与实践》2012年第15期。

柳园：《农村职业教育：问题与出路之二：一个必须的追问：姓“农”还是姓“城”》，《教育与职业》2010年第11期。

吕海燕：《农村职业教育与新农村建设关系浅析》，《辽宁行政学院学报》2011年第10期。

马建斌：《新公共管理视角下我国公众参与教育改革问题研究》，《民办教育研究》2010年第5期。

马建富：《农村职业教育定位探析》，《河北师范大学学报（教育科学版）》2009年第11期。

马叔平、邢晖：《职业教育与就业准入制度互动关系研究》，北京，中央文献出版社，2008。

马万顺：《新型职业农民教育培训刍议》，《职教论坛》2014年第3期。

穆晓霞：《浅议我国“双师型”教师队伍建设的政策》，《职教论坛》2009年第35期。

南海：《职业教育的逻辑》，太原，山西人民出版社，2012。

宁骚：《公共政策学》，北京，高等教育出版社，2003。

宁永红、郝理想：《我国中等职业学校师资队伍建设的政策回顾与分析》，《职业技术教育》2012年第7期。

牛征：《浅析民办职业教育机制》，《教育与职业》2005年第29期。

潘建华：《制度变迁语境下中等职业教育发展——兼谈中职助学政策和中职免费政策》，《继续教育研究》2010年第5期。

潘黎、王素：《近十年来教育研究的热点领域和前沿主题——基于八种教育学期刊2000~2009年刊载文献关键词共现知识图谱的计量分析》，《教育研究》2011 年第 2 期。

庞海松：《构建高职院校就业指导模式的探索》，《教育探索》2007 年第 7 期。

彭华安：《新中国成立以来农村职业教育政策的演进逻辑》，《教育理论与实践》2013 年第 24 期。

齐守泉：《中高职专业衔接的政策诉求》，《教育与职业》2013 年第 18 期。

祁型雨：《教育政策价值取向的几个基本理论问题探讨》，《沈阳师范大学学报（社会科学版）》2006 年第 3 期。

祁型雨：《利益表达与整合——教育政策的决策模式研究》，北京，人民出版社，2006。

祁型雨：《论教育政策的价值及其评价标准》，《教育科学》2003 年第 2 期。

祁占勇、于海燕：《论职业教育的生成逻辑》，《职业技术教育》2014 年第 13 期。

祁占勇、于海燕：《我国职业教育政策研究现状分析——以 1985~2012 年职业教育政策研究论文为依据》，《职教论坛》2013 年第 28 期。

曲铁华、李楠：《改革开放以来我国农村职业教育政策影响因素及特征研究》，《河北师范大学学报（教育科学版）》2014 年第 1 期。

阮成武：《我国义务教育均衡发展政策的演进逻辑与未来走向》，《教育研究》2013 年第 7 期。

阮青：《价值取向：概念、形成与社会功能》，《中共天津市委党校学报》2010 年第 5 期。

桑玉成、刘百鸣：《公共政策学导论》，上海，复旦大学出版社，1991。

邵会婷、闫志利：《我国中职师资队伍建设政策：回顾与前瞻》，《继续教育研究》2015 年第 2 期。

沈承刚：《政策学》，北京，北京经济学院出版社，1996。

沈亚强、陈明昆：《中职师资队伍的特征及其培训策略》，《中国职业技术教育》2008 年第 12 期。

石学云、祁占勇：《中国职业教育改革发展的政策走向分析——1995~2008 年中国职业教育政策文本的定量分析》，《职业技术教育》2010 年第 34 期。

苏国勋：《理性化及其限制——韦伯思想引论》，上海，上海人民出版社，1988。

孙琳：《21 世纪我国职业教育发展的政策取向》，《职教论坛》2004 年第 4 期。

孙绵涛、邓纯考：《错位与复归——当代中国教育政策价值分析》，《教育理论与实践》2002 年第 10 期。

孙绵涛：《教育体制理论的新诠释》，《教育研究》2004 年第 12 期。

孙绵涛：《教育行政学》，武汉，华中师范大学出版社，1998。

孙绵涛：《教育政策论——具有中国特色的社会主义教育政策研究》，武汉，华中师范大学出版社，2002。

谭浩强、宋旭明：《更新观念 大力发展职业教育》，《中国职业技术教育》2005 年第 2 期。

谭晓宇、郭金林：《城镇化进程中农村职业教育发展的对策研究》，《当代教育科学》2011 年第 15 期。

谭移民、钱景舫：《论能力本位的职业教育课程改革》，《教育研究》2001 年第 2 期。

童骋：《运用整体优化原则发挥教育督导功能》，《教育管理研究》1997 年第 1 期。

涂端午：《教育政策文本分析及其应用》，《复旦教育论坛》2009 年第 5 期。

王斌华：《澳大利亚教育》，上海，华东师范大学出版社，1996。

王炳照：《中国职业技术教育问题的历史反思》，《教育学报》2005 年第 2 期。

王道荣：《人格教育：高等职业教育的缺失与回归》，《江苏高教》2009 年第 6 期。

王竞：《我国职业资格证书制度的走向及其政策研究》，《职业技术教育》2003 年第 28 期。

王敏、赵云芬：《论国外农村职业教育的经验在我国的借鉴意义》，《教育与职业》2008 年第 30 期。

王平风、张良清：《法律：德英法等国筹措职业教育经费的重要手段》，《成人教育》2009 年第 11 期。

王浦劬：《政治学基础》，北京，北京大学出版社，1995。

王蓉：《应放缓全面实施中等职业教育免费政策》，《教育与经济》2012 年第 2 期。

王兴华、席敦芹：《欧洲职业教育教师培训政策研究及其对我国的启示》，《职教论坛》2013 年第 33 期。

王星霞:《我国中职教育免费政策的合理性危机与调整》,《教育发展研究》2013年第1期。

王星霞:《中等职业教育免费政策评估研究》,《教育发展研究》2012年第17期。

魏萍萍、汤生玲:《福建省中等职业学校专业设置现状分析与发展对策》,《职业技术教育》2010年第13期。

翁吟:《职业教育师资队伍建设的政策研究》,《职教论坛》2009年第13期。

吴宏岳:《构建职业院校教师专业能力标准体系的内涵和理论依据分析》,《职业技术教育》2008年第4期。

吴言:《职业资格证书制度》,《职业技术教育》2001年第25期。

吴志宏、陈韶峰、汤林春:《教育政策与教育法规》,上海,华东师范大学出版社,2003。

谢明:《政策分析概论》,北京,中国人民大学出版社,2004。

谢维和:《教育活动的社会学分析:一种教育社会学的研究》,北京,教育科学出版社,2000。

谢勇旗:《浅谈中等职业教育师资队伍建设》,《教育与职业》2005年第18期。

邢晖、侯兴蜀:《职业教育与职业资格证书互动的障碍及成因分析》,《中国职业技术教育》2005年第24期。

徐国庆:《美国职业教育教师培训内容研究——以俄亥俄州为例》,《外国教育研究》2012年第6期。

徐涵:《职业教育人才培养模式创新》,《中国职业技术教育》2010年第3期。

徐梦秋:《公平的类别与公平中的比例》,《中国社会科学》2001年第1期。

徐小勇、黎桂芳:《高职高专教师专业化发展现状及应对策略》,《中国成人教育》2009年第2期。

杨林生:《教育行动研究与高职教师专业化发展》,《教育评论》2008年第2期。

杨同华:《德国经验的借鉴与超越:中国职业教育教师培养的现实选择》,《高等农业教育》2014年第2期。

于海燕、祁占勇:《我国职业教育政策研究热点的领域构成与拓展趋势》,《教育与职业》2015年第7期。

余国芳、田艾华：《加强教育政策研究，更好地为教育发展服务》，《江西教育科研》1994 年第 1 期。

余娟、曹晔：《基于系统论下的中等职业学校专业设置影响因素分析》，《教育与职业》2010 年第 14 期。

余雅风：《教育立法必须以教育的公共性为价值基础》，《北京师范大学学报（社会科学版）》2005 年第 1 期。

俞国良：《中等职业学校心理健康教育师资队伍建设：现状、问题及对策》，《中国职业技术教育》2010 年第 21 期。

袁振国：《教育政策学》，南京，江苏教育出版社，2001。

袁振国：《论中国教育政策的转变：对我国重点中学平等与效益的个案研究》，广州，广东教育出版社，1999。

袁振国：《中国教育政策评论 2001》，北京，教育科学出版社，2001。

张国庆：《现代公共政策导论》，北京，北京大学出版社，1997。

张海波、杨兆山：《“教育问题”探析》，《教育研究》2011 年第 11 期。

张红颖、李润华：《巴西普职一体化的职业技术教育及其启示》，《教育与职业》2013 年第 11 期。

张焕庭：《教育辞典》，南京，江苏教育出版社，1989。

张健：《试论高等职业教育资源优化配置的路径选择》，《教育与职业》2006 年第 35 期。

张书义：《试论我国职业教育体制改革及趋向》，《教育与职业》2008 年第 36 期。

张志增：《农村职业教育专业结构改革的基本策略》，《职业技术教育》2001 年第 28 期。

赵帮宏、张亮、张润清：《我国新型职业农民培训模式的选择》，《高等农业教育》2013 年第 4 期。

赵珑、宋庭凤、许锋华：《甘南藏区中等职业专业设置与区域产业结构的适应性研究》，《教育与职业》2014 年第 33 期。

赵文平、刘燕：《新世纪以来我国中职课程改革：成就、难题与趋势》，《职业技术教育》2014 年第 25 期。

赵新亭：《农村职业教育在社会主义新农村建设中的作用》，《继续教育研究》2007 年第 6 期。

赵玉：《澳大利亚职业教育教师专业发展探析》，《职教论坛》2010 年第 27 期。

中共中央文献研究室：《改革开放三十年重要文献选编》，北京，中央文献出版社，2008。

周昌顺：《建立职业教育管理体制良性运行机制》，《中国成人教育》2002 年第 6 期。

周凤华：《中等职业教育生均经费政策制定、执行情况及投入模式研究——基于浙江和福建两省的调研》，《中国职业技术教育》2012 年第 36 期。

周劲松、李怡：《高等职业教育经费投入现状分析及对策研究》，《职业技术教育》2008 年第 4 期。

周琪、曹晔、盛子强：《农村职业学校专业教师培养培训的 STW 模式构建》，《职教论坛》2015 年第 21 期。

周青：《农村职业教育办学目标定位的双重选择》，《经济与社会发展》2007 年第 2 期。

周燕莉：《中等职业教育师资队伍建设探析》，《教育与职业》2007 年第 12 期。

周正：《谁念职校——个体选择中等职业教育问题研究》，北京，教育科学出版社，2009。

周志刚、米靖：《职业教育价值论》，《中国职业技术教育》2009 年第 27 期。

索　　引

L

M

N

P

Q

R

S

T

W

X

Y

Z

后　　记

本书是国家社科基金后期资助项目“职业教育政策研究”（项目编号：15FJK001）的最终研究成果。

本书是典型的“以教促研、以研兴教、教学相长”的产物。2009年初，笔者的导师陈鹏教授让笔者给职业技术教育学硕士研究生开设“职业教育政策”这门课程。领了任务之后，笔者就投身于前期资料的准备工作。但比较遗憾的是，国内有关职业教育政策的研究几乎是空白的，无论是期刊论文还是相关著作都寥寥无几。遗憾之余，笔者只好硬着头皮不断地收集各方面的资料，并有意识地对相关问题进行专题研究。基于这样的考虑，笔者一方面从“大政策”的角度思考有关职业教育问题，另一方面尝试运用政策分析的方法来探究相关职业教育议题。

到2015年年初时，笔者与职业技术教育学硕士研究生已先后对职业教育政策特性、职业教育政策价值分析、职业教育政策研究现状、职业教育政策文本定量分析、中等职业教育政策、高等职业教育政策、农村职业教育政策、民办职业教育政策等问题进行了较为深入的研究与反思，部分成果也发表在职业教育领域期刊上。同时，笔者也从学理性、逻辑性、系统性的角度出发，对职业教育政策进行了整体梳理和总结，于当年申请了国家社科基金后期资助项目并有幸获批。虽然评审专家认为“该选题具有较高的现实意义和研究价值。资料来源可靠，大体充实。视野开阔，内容涉及面宽泛，不乏原创性研究和有参考价值的观点和论述”，但也提出了中肯的修改意见。笔者在消化和吸收专家意见的基础上，对文本又进行了反复斟酌和修改，以使体系结构更完整、政策范畴更清晰、政策层次更分明、政策问题更精准、政策设计更具体、政策分析更到位。

在课题研究过程中，笔者的导师陈鹏教授、栗洪武教授对课题设计、申报以及书稿的撰写都给予了精心指点。在此，笔者要向各位导师深深致谢！同时，笔者要特别感谢陕西师范大学职业技术教育学硕士研究生于海燕、安莹莹、杨丹华、余智慧、杨锐、王玺、陈琪、陈杨、张金凤、张军霞、王晓雪等，他们为本课题的顺利完成付出了大量心血，没有他们的前期资料准备，本书付梓尚不得时日。感谢笔者的爱人张旸，她对家庭、孩子的悉心照顾使我有较为充裕的时间和精力来完成本书的写作。同时，本书参考了大量已有的研究成果，在此，笔者对各位研究者的辛勤耕耘表示诚挚的感谢。

当然，由于个人能力和学术水平有限，加之职业教育政策研究在中国尚处于起步阶段，本书肯定还存在诸多不足，敬请大家不吝赐教。

陕西师范大学　祁占勇

2016年7月

出 版 人　李　东
责任编辑　薛　莉
版式设计　杨玲玲
责任校对　贾静芳
责任印制　叶小峰

图书在版编目（CIP）数据

职业教育政策研究 / 祁占勇著 . —北京：教育科学出版社，2018.6（2022.7 重印）
ISBN 978-7-5041-8517-4

Ⅰ.①职…　Ⅱ.①祁…　Ⅲ.①职业教育—教育政策—研究　Ⅳ.①G710

中国版本图书馆 CIP 数据核字（2018）第 095225 号

职业教育政策研究
ZHIYE JIAOYU ZHENGCE YANJIU

出版发行	教育科学出版社		
社　　址	北京·朝阳区安慧北里安园甲 9 号	**邮　　编**	100101
总编室电话	010-64981290	**编辑部电话**	010-64981280
出版部电话	010-64989487	**市场部电话**	010-64989009
传　　真	010-64891796	**网　　址**	http://www.esph.com.cn
经　　销	各地新华书店		
制　　作	北京金奥都图文制作中心		
印　　刷	唐山玺诚印务有限公司		
开　　本	720 毫米×1020 毫米　1/16	**版　　次**	2018 年 6 月第 1 版
印　　张	20.5	**印　　次**	2022 年 7 月第 4 次印刷
字　　数	334 千	**定　　价**	68.00 元